权威·前沿·原创

皮书系列为
“十二五”“十三五”国家重点图书出版规划项目

BLUE BOOK

智库成果出版与传播平台

中东欧蓝皮书
BLUE BOOK OF CEEC

中东欧国家发展报告（2020）

ANNUAL REPORT ON THE DEVELOPMENT OF CENTRAL AND EASTERN EUROPEAN COUNTRIES (2020)

北京外国语大学欧洲语言文化学院
主　编／赵　刚
副主编／林温霜　董希骁

社会科学文献出版社
SOCIAL SCIENCES ACADEMIC PRESS (CHINA)

图书在版编目(CIP)数据

中东欧国家发展报告.2020/赵刚主编.--北京:
社会科学文献出版社,2021.3
(中东欧蓝皮书)
ISBN 978-7-5201-7997-3

Ⅰ.①中… Ⅱ.①赵… Ⅲ.①社会发展-研究报告-
中欧-2020②社会发展-研究报告-东欧-2020 Ⅳ.
①D751.069

中国版本图书馆CIP数据核字(2021)第032149号

中东欧蓝皮书
中东欧国家发展报告(2020)

主 编/赵 刚
副主编/林温霜 董希骁

出版人/王利民
组稿编辑/张晓莉
责任编辑/叶 娟 崔 鹏

出 版/社会科学文献出版社·国别区域分社(010)59367078
地址:北京市北三环中路甲29号院华龙大厦 邮编:100029
网址:www.ssap.com.cn
发 行/市场营销中心(010)59367081 59367083
印 装/天津千鹤文化传播有限公司

规 格/开 本:787mm×1092mm 1/16
印 张:24 字 数:358千字
版 次/2021年3月第1版 2021年3月第1次印刷
书 号/ISBN 978-7-5201-7997-3
定 价/198.00元

本书由教育部国别和区域研究培育基地
北京外国语大学中东欧研究中心及
北京外国语大学区域与全球治理高等研究院
资助出版

北京外国语大学区域与全球治理高等研究院
“区域和国别研究蓝皮书系列”

主要编撰者简介

赵 刚 北京外国语大学副校长、教授、博士生导师，教育部国别和区域研究培育基地北京外国语大学中东欧研究中心主任。主要研究领域为波兰语言、文学、文化以及中国—中东欧合作等。现兼任教育部高等学校外国语言文学类专业教学指导委员会委员、非通用语种类教学指导分委员会副主任委员、中国非通用语教学研究会常务理事、中波友好协会副会长、中国欧洲学会中东欧分会理事等职务。

林温霜 博士，北京外国语大学欧洲语言文化学院副院长、教授，教育部国别和区域研究培育基地北京外国语大学中东欧研究中心副主任，保加利亚研究中心主任。主要研究方向为保加利亚文学、中保文学交流、巴尔干民族研究，长期从事保加利亚语言文学的教学与研究。2013 年获得保加利亚议长颁发的“保加利亚议会奖章”。

董希骁 博士，北京外国语大学欧洲语言文化学院副院长、教授。发表学术论文 50 余篇，出版多部专著、教材、译著。主要研究领域为社会语言学、应用语言学、罗马尼亚历史与文化。

摘 要

本书由教育部国别和区域研究培育基地北京外国语大学中东欧研究中心组织力量编写而成。作者以北外欧洲语言文化学院的教师为主，同时吸纳外交部、中国社会科学院等单位相关领域的专家学者，力求使用第一手资料，收集最翔实信息，以客观公正的立场，多角度呈现 2019 年中东欧国家在政治、经济、社会、文化以及对华合作等方面的面貌。

全书共分为四个部分，分别为总报告、专题报告、国别报告和附录。总报告《2019 年中东欧国家发展概况》全面介绍 2019 年中东欧各国在政治、外交、经贸、文化等领域的重大事件和总体趋势，同时关注中国与中东欧各国合作的现状。专题报告共有 5 篇，其中《2019 年中东欧国家安全环境与外交关系》涉及当前中东欧国家面临的国际环境和外交选择；《2019 年中国—中东欧国家合作概述》全面介绍了 2019 年中国与中东欧国家合作的最新进展；《1990 年以来中东欧国家移民概况》集中考察了已加入欧盟的中东欧国家在欧盟内部移民数量的变化、这些国家独特的双向移民特征、推动移民的因素，以及移民对中东欧社会经济的影响；《欧尔班现象——匈牙利政府如何用法律重塑政治生态》则深入分析了欧尔班政府执政以来所采取的一系列举措及其给匈牙利社会带来的变化；《塞尔维亚与科索沃“关系正常化”进程》则全面介绍了科索沃问题的最新进展。国别报告部分共包括 16 篇国别年度发展报告，每篇报告大致涉及中东欧各国的国内政治、经济形势、外交与安全、社会与文化以及对华交流合作等几部分内容，力求以全面而简略的方式呈现 2019 年该国在各领域的发展现状。在全书的最后部分，还编有大事记，集中记录 2019 年中东欧各国发生的重要事件。

需要特别说明的是，2019 年 4 月，希腊被接纳为中国—中东欧国家

“17+1合作”的正式成员。但考虑到希腊通常并不被看作中东欧国家，故《中东欧国家发展报告（2020）》国别报告部分暂未将希腊收入。

总体而言，2019年，中东欧国家面临的国际形势日趋复杂，欧盟、美国、俄罗斯等主要利益相关方在该地区的角力逐渐加剧，中东欧国家与这些外部势力之间的关系错综复杂。出于各自的地缘政治考虑，中东欧各国对美、俄以及欧盟等各方的外交政策重心并不完全一致。

2019年，中东欧各国政局大体保持稳定，但也有一些国家政局出现动荡，国内斗争加剧，特别是2019年各国都举行了一些重要选举，党派斗争在某些国家愈加激烈。

2019年，大部分中东欧国家经济形势保持平稳。匈牙利等国的经济表现亮眼，不仅给其执政党或执政联盟带来较大的政策空间，也使这些国家更有能力在保持政策独立性方面有所作为。但受到世界经济增长乏力、英国脱欧等多重因素的影响，中东欧大部分国家2019年的经济增长维持在中低速水平，部分国家增速较2018年有所回落。

2019年，大部分中东欧国家继续推进社会改革，重点在于支持家庭，鼓励生育，提高教育水平和科技竞争力等，以应对当前各国面临的挑战。同时，中东欧国家文化生活繁荣，世界影响力不断提高。

2019年是中国与保加利亚、罗马尼亚、捷克、斯洛伐克、匈牙利、波兰、阿尔巴尼亚七国建交70周年，各方以此为契机，开展了一系列纪念活动。中国与中东欧国家“17+1合作”取得新进展，但也存在一些消极因素和一些需要警惕的现象，值得高度关注。

总之，如何在国际形势日趋复杂、科技革命如火如荼的形势下，保持国家政局稳定，实现经济稳步增长，解决困扰各国的诸多社会问题，找到适合自身的定位和发展道路，仍然是中东欧国家面临的最大挑战。

关键词： 中东欧　“17+1合作”　政治形势　经贸与文化

目录

Ⅰ 总报告

Ⅱ 专题报告

Ⅲ 国别报告

Ⅳ　附录

皮书数据库阅读**使用指南**

总 报 告

General Report

B.1
2019年中东欧国家发展概况

赵 刚*

摘 要： 2019 年，中东欧各国政局大体保持稳定，大部分国家经济保持了平稳发展的态势。随着欧盟、美国、俄罗斯等主要利益相关方在中东欧地区的角力逐渐加剧，中东欧国家面临的国际形势日趋复杂；出于各自的地缘政治考虑，中东欧各国对美、俄及欧盟等各方的外交政策重心并不完全一致。2019 年，大部分中东欧国家继续推进社会改革，以应对当前各国面临的挑战。2019 年也是中国与保加利亚、罗马尼亚、捷克、斯洛伐克、匈牙利、波兰和阿尔巴尼亚建交 70 周年，各方以此为契机，开展了一系列纪念活动。中国与中东欧国家“17 +1 合作”取得新进展，也存在一些消极因素，值得高度关注。

* 赵刚，北京外国语大学副校长、教育部国别和区域研究培育基地北京外国语大学中东欧研究中心主任、教授、博士生导师。本文是在专题报告和国别报告的基础上综述而成。

关键词： 中东欧　政治形势　社会与文化　中国—中东欧国家合作

2019 年大国博弈不断加剧，国际形势日趋复杂，全球经济持续低迷。美国主导的强权政治和霸凌行径四处横行，贸易保护主义和民粹主义逆流涌动，全球范围内多边主义和单边主义之争更加尖锐。在欧洲，难民危机的影响余波未平，乌克兰问题引发的俄欧矛盾仍在持续，英国脱欧又给欧盟带来巨大冲击，美国奉行的单边主义政策使其与欧洲盟友日渐疏离，民粹主义在欧洲多国兴起。在内部问题尚未得到妥善解决，外部势力角力又逐渐加剧的背景下，中东欧国家面临的发展环境更为纷繁复杂。

一　内政：多数国家政局平稳，少数国家政局动荡

在国内政治方面，中东欧各国在 2019 年大都保持平稳，但也有少数国家政局动荡不安，国内斗争加剧。特别是一些国家在 2019 年举行了重要选举，党派斗争愈加激烈。

在阿尔巴尼亚，执政党与反对党、总统府与总理府之间的纷争日渐激化，最终在 2019 年上半年国内地方选举前酿成“政治危机”。3 月 5 日，阿反对党民主党的百余位议员候选人拒绝进入议会工作，其支持者举行大规模抗议游行，指责执政的社会党贪腐严重、政府与有组织犯罪集团过从甚密、涉嫌在 2017 年大选中贿选，要求拉马政府下台，推迟地方选举。大规模抗议游行持续数周，其间发生多起暴力冲突，严重影响议会正常运转。欧盟的干预并未化解矛盾，双方互相指责，总统梅塔也被牵扯其中，因宣布取消 6 月举行的地方选举，执政的社会党认为总统违宪，要求总统辞职。由于执政党与反对党实力对比悬殊，地方选举还是如期举行，执政的社会党获胜。[①]

① 《阿尔巴尼亚执政党在地方选举中获胜》，2019 年 7 月 4 日，http：//www.xinhuanet.com/world/2019－07/04/c_ 1124709894.htm，检索日期：2019 年 7 月 15 日。

10月公布的对梅塔总统取消并推迟地方选举事件的调查报告称，梅塔的做法虽没有法律依据，但不足以令其下台，[①] 这场政治危机才得以暂时缓解。

在波黑，由于波什尼亚克族政党和塞尔维亚族政党在北约政策上存在分歧，所以在2018年举行大选后，政府迟迟未能组成，直到2019年底，波黑美好未来联盟和民主阵线“背叛”了原先的盟友，和民主行动党组成新的议会多数，新政府才得以形成。

2019年塞尔维亚的政局整体平稳，执政的前进党支持率大幅领先其他党派，在中央和地方议会中有着明显的优势。其执政理念和政策获得国内中右和右翼势力选民的坚定支持。[②] 尽管如此，塞尔维亚的政治环境也并非风平浪静。2018年底在贝尔格莱德发起的每周六晚举行的反政府示威活动于2019年蔓延至全国60多个城市，示威者不断提出新诉求，甚至要求总统武契奇下台。武契奇表示愿意听取示威者的意见，但不会屈服于他们的压力。为此与执政联盟的代表在全国发起名为“塞尔维亚的未来”的运动作为回应。执政党的地位依然稳固。

在罗马尼亚，总统约翰尼斯在2019年举行的大选中成功连任。但分属不同党派的总统约翰尼斯与总理登奇勒之间矛盾重重，党际斗争因此愈发激烈。2019年3月，登奇勒总理因迎合美国总统特朗普的美以外交政策，宣布将罗马尼亚驻以色列大使馆从特拉维夫迁至耶路撒冷，[③] 招致总统约翰尼斯的批评，登奇勒总理于10月下台。11月，由约翰尼斯总统提名的奥尔班总理上台后，开始对前总理登奇勒所在的政党进行清洗，招致议会不满，新政府上任3个月后下台。政府更迭频繁，民众对政府的信任度持续下降，多

---

① 《威尼斯委员会：议会和宪法决定总统的去留》，2019年10月14日，https：//oranews. tv/article/komisioni－i－venecias－nxjerr－raportin－perfundimtar－presidentin－meta，检索日期：2019年10月14日。

② 《塞尔维亚初显繁荣稳定趋势》，新华网，http：//www. xinhuanet. com/globe/2019－02/26/c_137831352. htm，检索日期：2019年12月28日。

③ digi24新闻网，https：//www. digi24. ro/stiri/actualitate/politica/viorica－dancila－anunta－ca－ambasada－romaniei－din－israel－va－fi－mutata－la－ierusalim－1102927，检索日期：2020年2月20日。

个城市民众举行示威活动，对国家的反腐工作、司法独立性等问题表达不满。[①] 罗马尼亚反腐和司法改革工作仍任重道远。

在中欧，捷克的“不满意公民行动 2011”（ANO 2011，简称 ANO 党）虽然执政地位依然稳固，但该党领导人巴比什深陷政治风波。因掌控的爱格富集团涉及包括政府、党派、私人公司等多方利益，欧盟机构对巴比什展开长达四年的调查。2019 年 9 月调查一度暂停，但由于后续的舆论压力，调查于 12 月重新启动。受政治风波影响，2019 年政府成员更迭频繁。5 月底，总统泽曼因不满文化部部长的任命对 ANO 党施压，引发政府危机。8 月，政府更换新的文化部部长候选人，政府危机才得以解决。

波兰在 2019 年举行了议会选举，执政的法律与公正党赢得众议院绝对多数席位，继续保持第一大执政党的地位。反对党获得参议院的多数席位，尽管只是小胜，但足以对法律与公正党政策的推行进行掣肘，执政党面临更复杂的执政局面。执政党与反对党之间的矛盾日趋激烈，波兰社会的分裂愈加严重。

2019 年匈牙利国内政治局势总体保持稳定，青民盟政府进入第三个连续执政任期的第二年，青民盟一党独大，反对派各政党力量分散，缺乏整合，难以对青民盟的执政构成明显威胁。值得一提的是，在 10 月举行的地方政府选举中，反对派在首都布达佩斯联合战胜执政党青民盟：5 个反对党共同推举的市长候选人胜出，在首都议会的代表构成中反对党占多数，反对党候选人或反对党支持的候选人在布达佩斯 23 个区中得到多数区的区长职位。[②] 此外，反对党市长候选人在全国 23 个州级市中的 10 个城市中胜出。不过，青民盟在全国 19 个州级议会中均获得多数席位。执政党青民盟和

---

① dw 新闻网，https：//www. dw. com/en/romania – tens – of – thousands – rally – against – government – in – bucharest/a – 49983200；digi24 新闻网，https：//www. digi24. ro/stiri/actualitate/protestul – din – 10 – august – 2019 – in – imagini – video – fotogalerie – 1171885，检索日期：2020 年 2 月 20 日。

② 匈牙利 portfolio 新闻网站，https：//www. portfolio. hu/gazdasag/20191014/szavazott – az – orszag – nagy – valtozasokat – hozott – az – onkormanyzati – valasztas – 403753，检索日期：2020 年 5 月 1 日。

反对派阵营之间的力量对比旗鼓相当。匈牙利政治力量对比基本保持稳定。

二 经济：多数国家维持中低速增长，部分国家增速回落

在宏观经济层面，2019 年大部分中东欧国家保持平稳增长，其中 GDP 增长率最高的是匈牙利，达 4.9%，居欧洲前列，为世界经济贡献 0.14% 的 GDP。[①] 2019 年，匈牙利本土公司及海外投资公司在匈境内投资热情高涨，大型的投资协议首次突破 100 项，打破了历史纪录。2019 年匈牙利中央财政收支状况表现良好，财政赤字率实现连续 8 年下降。[②] 虽然外部商业环境欠佳，但匈牙利主要依靠内部因素推动经济发展，一定程度上通过内部因素平衡了外部影响。

塞尔维亚 2019 年 GDP 增长率为 4.4%，基本符合增长预期，营商环境得到改善，供求市场稳定，获得国际金融机构的认可。在世界经济论坛 2019 年发布的《全球竞争力报告》中，塞尔维亚在西巴尔干国家中排名最高。“10 号走廊”部分通车，“土耳其溪”天然气管道顺利建设，与欧亚经济联盟签订了《自由贸易协议》，这些都为塞尔维亚经济发展带来实实在在的好处。

2019 年罗马尼亚经济保持持续增长的势头，GDP 增长 4.1%。在英国脱欧的情况下，罗马尼亚 2019 年已超过捷克成为欧盟第 14 大经济体。[③] 但人均 GDP 在欧盟国家中位居倒数第二，仅高于保加利亚。[④] 得益于 2019 年 1

---

① 贸易经济学网站，https：//tradingeconomics.com/hungary/gdp，检索日期：2020 年 5 月 1 日。

② 《匈牙利民族报》官网，https：//magyarnemzet.hu/gazdasag/pm – a – koltsegvetesi – bevetelek – 2019 – ben – nagyobb – novekedest – ertek – el – mint – a – kiadasok – 7697243/，检索日期：2020 年 5 月 1 日。

③ 欧盟统计局，https：//appsso.eurostat.ec.europa.eu/nui/submitViewTableAction.do，检索日期：2020 年 3 月 22 日。

④ 欧盟统计局，https：//ec.europa.eu/eurostat/databrowser/view/sdg_ 08_ 10/CustomView_ 1/bar? lang = en，检索日期：2020 年 3 月 22 日。

月1日罗马尼亚政府调高最低工资标准的举措，居民工资大涨，家庭消费成为罗马尼亚经济增长的主要动力。2020年3月欧盟委员会发布的2019年数字经济与社会指数（DESI）结果显示，罗马尼亚的DESI指标几乎在所有维度上都有小幅改善，得益于快速和超高速固定宽带网络的广泛应用，罗马尼亚在连接性方面表现最佳。[①]

波兰以4%的GDP增长率紧随其后。相较2018年，2019年波兰经济各方面指标明显放缓，经济面临下行压力。通胀率略有上升，消费和固定投资同比略有下滑，但进出口并未受到影响，失业率依然控制在预期之内。与其他欧洲国家相比，波兰依然保持了不错的增势。

除罗马尼亚外，这些经济增速较高的国家的执政党均在国内拥有较高支持率。良好的经济表现不仅在各自国内给执政党带来较大的改革空间，也使这些国家在保持政策独立性方面能够有所作为。但与此同时，受到世界经济增长乏力、英国脱欧等多重因素的影响，中东欧大多数国家经济在2019年维持中低速增长，部分国家增速较2018年有所回落。从推动经济增长的因素看，投资和国内消费仍然是主要的推动力，相比之下，外贸增长对经济拉动的效果有限。2019年中东欧国家中贸易总额最高的是波兰，约为4698亿欧元；其次是捷克，贸易总额约为2660亿欧元；匈牙利为2087亿欧元。德国是大部分中东欧国家的主要贸易伙伴，俄罗斯仍是大多数中东欧国家的重要贸易伙伴，中国与中东欧国家的贸易额稳步上升。

三　社会与文化：社会改革艰难推进，文化事业欣欣向荣

近年来，中东欧各国都在推进社会改革政策，以应对经济、社会面临的各种挑战。2019年，匈牙利政府推出“家庭保护行动计划”，旨在通过提供政府补贴和各种优惠政策，鼓励年轻人组建家庭、购置房产和生育子女。

① 欧盟委员会，https：//ec. europa. eu/digital - single - market/en/desi，检索日期：2020年2月16日。

2019 年有超过 10 万个家庭申请生育补助。[①] 爱沙尼亚新政府上台后，推出《2019～2023 年政府行动纲领》，其中包含 486 项任务，旨在构建一个家庭友好型的爱沙尼亚，提高社会凝聚力，发展知识经济，提升国家治理水平。[②] 当前，中东欧国家普遍面临诸如人口外流、生育率降低和社会老龄化等社会问题。在全球范围内科技竞争日趋激烈的今天，这些问题不仅直接影响各国经济增长，长远看也对各国科技竞争力和社会活力造成不利影响。为此，波兰从 2016 年开始推行“家庭 500 +”计划，2019 年 7 月，法律与公正党对该计划进行了关键性修改，所有家庭无论收入高低，也不管有几个子女，18 岁以下的孩子均可以得到补贴。该计划覆盖波兰约 680 万名 18 岁以下的人口，对提高生育率、增加家庭收入、促进社会消费等有重要意义。2019 年 8 月，波兰新的《个人所得税法》修正案正式生效，对 26 岁以下且年收入低于 85528 波兰兹罗提（约合 20022 欧元）的年轻人免征 18% 的个人所得税。根据波兰国家统计局 2019 年 12 月统计的波兰平均工资水平，波兰人均年收入远远低于修正案规定的高线。因而刚工作的年轻人几乎可以全部免缴个人所得税，该修正案将惠及约 200 万人，一定程度上有助于吸引海外波兰年轻人回流。

此外，波兰、克罗地亚等国还采取了一系列举措来推动教育改革、提高退休人员待遇、减轻年轻人税负。不过，这些举措也激起了一些反对之声，在少数国家甚至还引发抗议示威活动。如波兰执政党 2017 年实施的名为“好学校”的新举措导致教育改革成本大幅上升，出现教师薪资过低、工作时间过长、教育设施太差等新问题，引发教师不满，酿成 2019 年 4 月教育部门大规模的罢工潮。尽管 2018 年底到 2019 年初波兰政府两次提升教师工资，但依然无法给予教育工作者应有的体面。9 月，波兰政府再次为教育工作者提薪，同时加大了对地方政府的教育补贴。截至 2019 年 12 月，对地方

---

① 匈牙利政府官网，https://www.kormany.hu/en/news/about – the – family – protection – action – plan，检索日期：2020 年 5 月 1 日。

② 爱沙尼亚政府网，https://www.valitsus.ee/sites/default/files/valitsuse_ tegevusprogrammi_ taitmise_ aruanne_ 2019_ loplik_ 19.12.19.pdf，检索日期：2020 年 6 月 22 日。

政府的教育补贴较4年前增长了16%。[①] 但依然是杯水车薪，波兰的教育改革仍需做出更多的调整。克罗地亚的社会问题同样严重。2019年，随着经济增长，克罗地亚社会各阶层、各领域人士纷纷提出自己的诉求，以求改善自己的社会经济地位，争取其作为公民应有的权利与利益，罢工与抗议活动此起彼伏。为此，政府不断调整政策，制定发展战略以维持政府与公民利益平衡，提升公民生活水平。2019年克罗地亚政府推行的养老保险制度改革方案遭到克罗地亚工会的强烈抵制，政府被迫撤销和修正相关有争议法案，满足工会要求，但克罗地亚原已不堪重负的养老金体系将面临更大压力。2019年，克医疗卫生部门债务持续积累，政府为此采取多项措施，试图纾解财政困局，一些举措引起克护士工会的不满，并引发抗议游行。政府被迫让步，增加医护人员工资。2019年，克罗地亚将2018年试点的课程改革引入国内所有中小学校，因教学与非教学人员工作复杂系数过低，且课程改革后教师任务大大增加，教师与工会于10月开始全国性大规模按地域轮番罢工。直到12月政府与工会达成最终协议，教学人员的诉求得到满足，罢工才结束。[②]

2019年中东欧国家在应对社会危机、推行社会改革的过程中艰难前行，文化事业却蓬勃发展。中东欧国家体量普遍较小，在政治、经济等领域缺乏国际话语权，在国际舞台上影响力有限。但一个有趣的现象是，该地区很多国家历史上就是文化大国，时至今日，文化艺术在这些国家依然呈现出欣欣向荣的景象。2019年，中东欧地区一系列文化事件值得关注。首先要提到的是波兰女作家奥尔加·托卡尔丘克在2019年10月荣获2018年度诺贝尔文学奖，成为该国第五位获得诺贝尔文学奖的作家，足见波兰文学在世界的地位和影响。此外，阿尔巴尼亚作家伊斯玛依尔·卡达莱荣获两项国际文学奖——韩国第九届“朴景利文学奖”和美国第26届“纽斯塔特国际文学

① 法律与公正党官网，http://pis.org.pl/aktualnosci/program-prawa-i-sprawiedliwosci，检索日期：2020年4月21日。

② Grabancijaš 网站，https://grabancijas.com/retrospektiva-znanosti-i-obrazovanja-u-2019/，检索日期：2020年1月5日。

奖”。2019 年，中东欧国家在影视、戏剧、体育等方面的成就也同样令人瞩目。爱沙尼亚还举办活动，纪念已被列入联合国教科文组织非物质文化遗产名录的“爱沙尼亚歌唱节”创办 150 周年。

四　外交：深度融欧的同时平衡与美、俄的关系

2019 年是大部分中东欧国家转型 30 周年，波兰、捷克、匈牙利等国还迎来加入欧盟 15 周年和加入北约 20 周年。欧盟依旧是中东欧各国的主要资金来源，无论是正式成员还是准成员，都将实现与欧盟的深度融合作为主要外交目标。在政治、经济、法律等层面“对标”欧盟，也是中东欧国家内部转型和发展的重要动力。与此同时，波兰、匈牙利等国近年来民粹主义抬头，更加强调自身利益和主张，与欧盟龃龉不断。部分西巴尔干国家入盟进程虽已开启，但入盟前景遥遥无期，令这些国家心存不满，并进一步激化了相关国家的国内矛盾。例如，10 月在布鲁塞尔举行的欧盟峰会在讨论北马其顿和阿尔巴尼亚入盟议题时，以法国为首的部分老成员国以民主建设、司法改革、打击腐败、管控移民等方面存在的问题为由反对开启阿尔巴尼亚的入盟谈判。阿反对党将其归咎于政府，并主张提前举行大选。

2019 年，美国奉行的“美国优先”和单边主义政策，使得美国、欧盟之间的裂痕进一步加深，中东欧国家在美国的外交版图上地位有所上升。美国有意借助中东欧部分国家的力量，增加制衡欧盟的砝码，同时也希望中东欧国家成为制约俄罗斯、中国等国扩大在欧影响的前哨。

乌克兰危机爆发以来，波兰等国与俄罗斯的关系持续紧张，提升美国和北约对自身的安全保障，成为部分中东欧国家的重要外交目标。为此，这些国家积极争取美国增加驻军，这也反过来使其与俄罗斯的关系更为紧张。而在欧盟内部，以德国为首的部分国家期望改善与俄罗斯的关系，通过建设中的北溪 2 号天然气管道，增加从俄罗斯的能源进口。这与波兰等中东欧国家期望限制俄罗斯的影响力、追求能源来源多元化的努力相抵触。新、老欧洲在如何对待俄罗斯的问题上存在矛盾。

当然，中东欧各国出于地缘政治考虑，外交政策重心并不完全一致。波兰是美国在中东欧地区最坚定的盟友。2019 年，波美高层互动频繁，6 月，波兰总统杜达访问美国，与美国总统特朗普共同商定增加美国在波兰驻军人数，并在波兰境内部署无人机编队。亲美的立场使波兰与欧盟日渐疏离，波兰总理莫拉维茨基对反美情绪在欧洲的传播表达了不满。同时，由于波兰在北溪 2 号天然气管道问题上与美国高度一致，与德国存在严重分歧，导致其与德国，乃至与欧盟关系不睦。与之相对照，捷克更加重视发挥维谢格拉德集团（V4）的作用，倡导在 V4 框架内加强与欧盟合作。在对俄关系上，捷克虽明确谴责俄罗斯在乌克兰问题等一系列事务中的立场，但仍努力保持和拓展对俄合作。2019 年上半年，罗马尼亚担任欧盟轮值主席国，借此机会努力加强其在欧盟中的地位和影响，同时努力加强与美国的关系。担任轮值主席国期间，罗马尼亚较出色地履行了职责，除了以极高的效率完成大量立法外，在编制财务框架、维护边境安全、减少二氧化碳排放和推动数字化欧洲建设等方面的工作也可圈可点。① 积极融入“欧洲—大西洋体系”，同时维护与美国、欧盟的关系，是罗马尼亚外交的基本原则。8 月，罗总统约翰尼斯访问美国，与美方商定在经贸、核能、通信等领域加强合作。在西巴尔干，塞尔维亚一方面努力推进入盟进程，另一方面继续致力于与俄罗斯发展关系。2019 年 1 月和 10 月，俄罗斯总统普京和总理梅德韦杰夫先后访问塞尔维亚，双方在经贸、能源、军事、科技等领域签署了一系列协议。2019 年，匈牙利与欧盟仍然龃龉不断，匈俄却在经贸、能源以及第三方合作方面取得进展。10 月，普京总统访问匈牙利，双方签订了一系列重要协议。对于波罗的海三国来说，紧紧依靠美国和北约，抗衡俄罗斯的威胁，仍是其外交政策的重心。但 2019 年，波罗的海三国也尝试调整对俄关系，例如爱沙尼亚总统卡柳莱德于 4 月访俄，这是爱沙尼亚总统时隔八年再次访问俄罗斯，② 重

---

① 曲岩：《盘点中东欧 2019 年十件大事》，《中东欧研究简讯》第 58 期，第 1 页。

② 爱沙尼亚总统网站，https：//www. president. ee/et/ametitegevus/koned/933 – meediakajastus/est – pressiteated/15389 – presidendid – kaljulaid – ja – putin – arutasid – moskvas – kahe – riigi – omavahelisi – suhteid – 3/layout – visit. html，检索日期：2020 年 5 月 1 日。

启波罗的海三国总统与普京之间已停滞 9 年的高层会晤。

2019 年中东欧国家值得关注的另外一件事是 10 月 10 日，塞尔维亚总统武契奇与北马其顿总理扎埃夫、阿尔巴尼亚总理拉马在诺维萨德签署《建立西巴尔干“迷你申根区”的宣言》，同时呼吁波黑等国和地区加入。① 建立“迷你申根区”，旨在实现西巴尔干各国间资本、货物、服务与人员的自由流动，降低失业率，提高人们的生活水平，预计在 2021 年实施。该举措体现了西巴尔干地区各国加强内部整合，破除碎片化带来的不利影响，改善在入盟谈判中不利地位的努力。

五　对华关系：“17 +1合作”持续推进，但需警惕强权干预

2019 年是中华人民共和国与保加利亚、罗马尼亚、捷克、斯洛伐克、匈牙利、波兰和阿尔巴尼亚七国建交 70 周年，各方以此为契机，开展了一系列纪念活动，中国与中东欧国家合作也取得新进展。4 月，在克罗地亚杜布罗夫尼克举行的第八次中国—中东欧国家领导人会晤期间，希腊被正式接纳为中国—中东欧国家合作的新成员，“16 +1 合作”扩充为“17 +1 合作”。这是中国—中东欧国家合作启动以来的首次扩容，意义深远。与此同时，中国领导人与中东欧国家领导人保持密切交往。多位中东欧国家元首或政府首脑来华参加第二届“一带一路”国际合作高峰论坛、亚洲文明对话大会、第二届中国国际进口博览会等重要活动，并与中国领导人会晤。中国与中东欧国家贸易和投资稳步发展，中国企业在中东欧地区获得了一批新的项目。中欧班列发车数量持续增长，带动中东欧国家更多商品进入中国市场。2019 年是“中国—中东欧国家教育、青年交流年”，双方先后举办了“中国—中东欧国家教育合作交流展”和“2019 中国与中东欧国家青年人文

① 《武契奇“安抚”拉马：我们将使用身份证出入边境》，2019 年 10 月 10 日，https：//gazetamapo. al/vucic – ngushellon – ramen – do – i – kalojme – kufijte – me – karte – identiteti/，检索日期：2019 年 11 月 23 日。

知识竞赛”等相关活动。

中方以构建人类命运共同体为宗旨，秉持互利互惠、合作共赢的理念，尽心竭力帮助中东欧国家解决现实困难，积极发展双边关系，并取得良好的社会和经济成效。例如，11 月末阿尔巴尼亚遭遇 6.4 级地震后，中国驻阿使馆、旅阿华人、留阿学生第一时间提供捐赠或志愿服务，协助赈灾和重建工作。[①] 与波黑合作建设的图兹拉火电站 7 号机组项目、波黑泛欧“5C 走廊”高速公路查普利纳段项目、多博伊“圣使卢卡”医院项目顺利启动。克罗地亚数字社会发展办公室则在李克强总理访克后启动了华为公司“未来种子”项目，选派克罗地亚大学生到华为总部参观学习，为面临困境的中欧高科技合作起到了正向推动作用。[②] 10 月，波罗的海地区首个中国文化中心——里加中国文化中心正式揭牌，成为中国和拉脱维亚人文交流的里程碑。罗马尼亚总理登奇勒在出席第八次中国—中东欧国家领导人会晤期间，除了表示愿意推进双边在各领域的务实合作外，还提议让摩尔多瓦共和国加入“17 +1 合作”。[③] 2019 年，塞尔维亚在发展对华关系方面更是成效显著，是与中国签订共建基础设施项目最多的中东欧国家，合作领域涉及钢铁、轮胎、矿业、交通、机械、能源等。匈牙利总理欧尔班也对“一带一路”倡议表示支持，并希望摒弃来自外部的意识形态压力，从自身利益出发开展与中国的双边合作。[④]

与此同时，应该注意的是，在大国博弈日趋激烈、中美矛盾不断加深的

---

① 《周鼎大使转交中国红十字会向阿尔巴尼亚提供的抗震救灾紧急援助》，中国驻阿尔巴尼亚使馆网站，2019 年 12 月 9 日，http：//al. china - embassy. org/chn/zagx/zajw/t1727256. htm，检索日期：2020 年 12 月 27 日。

② 中国驻克罗地亚大使馆，http：//hr. china - embassy. org/chn/gdxw/t1711402. htm，检索日期：2020 年 12 月 30 日。

③ digi24 新闻网，https：//www. digi24. ro/stiri/actualitate/politica/viorica - dancila - s - a - intalnit - cu - premierul - chinei - au - discutat - despre - parteneriatele - public - privat - 1112607，检索日期：2020 年 12 月 20 日。

④ 匈牙利政府官网，https：//www. kormany. hu/hu/a - miniszterelnok/hirek/az - egy - ovezet - egy - ut - kezdemenyezes - egybeesik - a - magyar - nemzeti - erdekekkel，检索日期：2020 年 12 月 10 日。

大背景下，中国—中东欧国家合作也存在一些消极因素，甚至出现了一些值得警惕的现象。2019 年，围绕华为 5G 建设问题，美国对中东欧多国施压，绝大多数国家虽未明确表态，但华为在中东欧各国的处境日益艰难。这也从一个侧面反映了中国企业在与中东欧国家合作中面临的挑战。在美国的强权干预之下，部分中东欧国家紧随其步伐，围绕涉藏、涉台问题及西方标榜的所谓人权标准，对中方发出无端指责，给双方合作造成不利影响。

结　语

总体而言，经过转型以来 30 年的发展，中东欧各国在错综复杂的国际大环境下，仍然保持了平稳发展的态势，国家治理水平逐步提高，经济稳步发展，文化生活活跃，与欧盟整体发展水平之间的差距在逐步缩小。另外，人口流失、老龄化、社会割裂严重等问题仍困扰着大部分中东欧国家。如何在“百年未有之大变局”的背景下，在新一轮科技革命如火如荼的形势下找到适合自身的定位和发展道路，仍然是中东欧国家面临的最大挑战。需要注意的是，在以美国为首的一些西方国家的威逼和挑拨之下，中东欧国家发展对华关系正面临日益严重的阻碍。如何抵御国际霸权，摒弃意识形态偏见，从各国人民的利益和福祉出发推动中国—中东欧国家务实合作，成为今后亟须思考的问题。

专题报告

Special Reports

B.2
2019年中东欧国家安全环境与外交关系

鞠　豪*

摘　要：　加入欧盟与北约，融入欧洲—大西洋进程一直是中东欧国家的主要外交目标，也是影响中东欧国家安全与外交环境的重要因素。2019 年，这一状况并未发生根本性的改变。虽然中东欧国家与欧盟存有分歧，但双方的争执是在欧洲一体化框架内的有限争执。对于中东欧国家来说，欧洲一体化在困境中前行仍然是重大的利好消息。美国与北约积极增加在中东欧地区的军事存在，因而中东欧国家保持平衡与自主的外交策略变得困难。中东欧国家的外交选择愈发呈现差异化。

* 鞠豪，中国社会科学院俄罗斯东欧中亚研究所副研究员。本文系国家社科基金青年项目“多速欧洲与中东欧国家的欧洲化进程研究”（项目编号：18CGJ018）的阶段性成果。

关键词： 中东欧 安全环境 欧洲一体化 军事合作

2019年是中东欧国家转型30周年，也是第一批中东欧国家加入欧盟15周年和加入北约20周年。转型30年间，回归欧洲与融入北大西洋进程一直是中东欧国家的主要外交方向。虽然漫长而差异化的入盟入约进程给中东欧国家带来了不同的影响，但总体而言，欧盟与北约为中东欧国家的政治转型与经济发展提供了稳定的外部保障与支持。2019年，欧盟与欧洲一体化进程、北约与美国依然是影响中东欧国家外交与安全环境的关键因素。虽然中东欧国家与欧盟有许多龃龉，但欧洲一体化进程能够在困境中前行对中东欧国家来说仍然是利好消息。在对欧关系上，中东欧国家的主要目标是在欧盟的框架内维护本国利益并争取更多话语权。这些国家不会退出欧盟，也不会成为瓦解欧洲一体化的主要力量。在过去的2019年里，俄欧关系缓慢复苏，但俄美关系继续处于谷底。加强与北约和美国的军事合作成为多数中东欧国家的外交选择。由于俄美欧在中东欧地区的激烈博弈，中东欧国家很难实现真正的平衡与自主，其外交选择也愈发呈现多样化的特征。

一　欧洲一体化背景下的中东欧外交环境

2019年是首批中东欧国家入盟15周年。2004年5月，波兰、捷克与斯洛伐克等8个中东欧国家正式成为欧盟的成员国。三年后，罗马尼亚与保加利亚加入欧盟。2013年7月，克罗地亚也成为欧盟的正式成员。截止到2019年底，已有11个中东欧国家加入了欧盟。塞尔维亚与黑山的入盟谈判正在进行之中。北马其顿和阿尔巴尼亚则是欧盟的候选成员国。波黑在2016年递交了入盟申请，欧盟正对其是否具备候选国资格进行评估。[①]

---

① European Neighbourhood Policy and Enlargement Negotiations，https：//ec.europa.eu/neighbourhood－enlargement/countries/detailed－country－information/bosnia－herzegovina_en，检索日期：2020年2月10日。

对中东欧国家而言，回归欧洲是国家转型中最为重要的外交目标。加入欧盟、融入欧洲一体化进程具有多重意义。在政治上，中东欧国家能够获得稳定的发展环境和进行政治经济改革的新动力；在经济上，中东欧国家可以获得欧盟的大量援助和更为广阔的市场；在外交上，中东欧国家能提升自身的国际地位，许多过去受制于国力而难以实现的战略目标可以转化为欧盟的外交决策予以实现。而对于欧盟来说，接纳中东欧国家使其由过去的“西欧俱乐部”转变为真正的“欧洲联盟”，综合实力与国际影响也都将大为提升。在双赢的局面下，中东欧国家愿意接受欧盟设立的标准，对国内的政治经济体系进行改革，欧盟与中东欧国家也在欧洲一体化的过程中保持了密切的合作关系。

但在金融危机席卷欧洲后，这一情况发生了变化。受危机影响，欧盟减少了对中东欧国家的直接投资与经济援助，致使长期依赖外部投资的中东欧国家遭受重创。除波兰外，其他所有中东欧国家都出现了不同程度的经济衰退。为了重振经济，中东欧国家开始寻求新的资本与贸易伙伴，并开始以一种开放与多元的态度看待欧盟之外的世界。由此在外交领域，中东欧国家呈现出集体“向东看”的趋势。2009 年，匈牙利正式提出了“向东开放”的政策。2012 年，波兰与塞尔维亚先后启动了“走向中国”战略与兼顾东西方“两扇门”的外交政策。① 而随着时间的推移，欧洲一体化进程遭遇了更多的挫折，欧债危机、难民涌入与英国脱欧都对欧盟的发展构成了挑战。因为价值理念的差异，中东欧国家与欧盟及西欧国家对难民分摊、多速欧洲与欧盟财政预算等议题有着不同的态度和看法。双方的分歧与摩擦也随之增多。波兰与匈牙利甚至出现了明显的政治转向。在这样的背景下，中东欧国家与欧盟的关系自然难言融洽。

对于欧盟来说，2019 年是经历重大变化的一年。② 根据 2018 年的脱欧协议草案，英国将于 2019 年 3 月正式脱欧。但因脱欧协议被英国议会数次

① 鞠豪：《浅谈“16 +1 合作”的影响因素》，《欧亚经济》2019 年第 3 期，第 91 ~93 页。

② The Economist，https：//www. economist. com/europe/2019/12/19/2019 - in - review - europes - fragmentation - and - fightback，检索日期：2020 年 2 月 2 日。

否决，英国脱欧的正式日期也一再延后。在经历首相辞职、提前举行大选和多次表决后，英国最终于2020年1月正式脱欧。英国脱欧是欧洲一体化进程的重大损失。但在英国脱欧已成定局的情况下，尽早完成脱欧程序有利于欧盟内部的稳定，也使欧盟能更好地规划欧洲一体化的未来。2019年5月，欧洲议会大选在各成员国举行。最终的结果显示，欧洲人民党和以社会民主党为主体的社会主义者与民主主义者进步联盟虽然失去了原有的议会多数，但民族主义与民粹主义政党也未能迎来预想的大胜，疑欧势力对欧洲议程的威胁仍保持在可控的状态。[①] 在欧洲一体化的发展方向上，“多速欧洲”因部分成员国的抵制而难以成为欧盟的整体战略，但欧盟的改革仍在多个领域内展开。2019年，“欧洲主权”与“战略自主”成为欧盟的高频词语，欧盟更首次将防务预算纳入欧盟预算。2019年1月，德国与法国签署《亚琛条约》，该条约承诺彼此在遭遇军事攻击时并肩作战，更对欧洲防务一体化的内容多有涉及。2019年6月，欧洲议会批准了2021～2027年的防务预算，其中欧洲防务基金高达130亿欧元。[②] 虽然各成员国尚未对2021～2027年的欧盟预算达成共识，但将防务预算纳入欧盟预算彰显了欧盟推动自主防务和军事一体化的决心。在欧元区改革方面，欧元区财政部长会议就设立欧元区统一预算机制达成了一致意见，同意建立170亿欧元的“促进竞争力和趋同性预算工具”。以此为基础，欧元区将进行一系列改革并致力于打造一个统一的财政联盟。[③]

2019年，欧盟与波兰就司法改革问题、与匈牙利就违规使用欧盟基金问题、与维谢格拉德集团就难民分摊问题的争执仍在持续。在西巴尔干国家入盟的问题上，欧盟虽承诺与北马其顿和阿尔巴尼亚举行入盟会谈，但因为部分成员国的反对，上述两国开启入盟谈判的时间被一再推迟。在

① 林德山：《2019年欧洲议会选举及其影响评析》，《当代世界》2019年第7期，第16～17页。

② 新华网，http://www.xinhuanet.com/mil/2019-06/27/c_1210171723.htm，检索日期：2020年3月10日。

③ 鞠豪：《欧盟政治格局碎片化分析》，《贵州省党校学报》2019年第5期，第115页。

2019年的欧盟—西巴尔干峰会上，欧盟也未就西巴尔干国家入盟提出实质性的举措。虽然中东欧国家对欧盟有所不满，但对这些国家来说，欧洲一体化进程在困难中前行仍然是重大的利好消息。纵观转型30年来中东欧国家的发展历程，欧洲一体化是决定其外交环境的主要因素。过去获得巨大一体化红利的中东欧国家如今依然受益于欧盟的资金支持、统一市场与其他隐性福利。英国脱欧使中东欧国家丧失了在欧盟内部的重要盟友，却也为这些国家留下了巨大的权力空间。在过去的一年里，打造德国、法国、波兰新三驾马车的说法一度被传得沸沸扬扬，这从一个侧面反映出中东欧国家在“后英国脱欧”时代面临的发展机遇。为摆脱现有困境，欧盟采取了一系列改革措施。这些改革虽然有助于欧盟加强对各成员国的控制，但也有利于中东欧国家的政治经济发展。考虑到中东欧国家对欧盟内部贸易和投资的依赖，欧元区改革和欧盟经济的发展将为其国内经济增长带来新的动力。而欧洲自主防务也为其提供了除北约和美国之外的新的安全选项。因此中东欧国家与欧盟虽有龃龉，但不会偏离欧洲一体化的基本方向，更不会成为一体化进程的瓦解者，其主要目标是维护本国的战略利益，增强在欧盟内部的自主权与话语权。

除双边关系外，欧盟对俄罗斯、美国及国际体系的态度也会影响中东欧国家的外交立场。因为特朗普的“美国优先”与单边主义外交政策，欧盟、美国之间的裂痕不断扩大。美国退出《中导条约》更加深了欧盟对美国的不信任感。在北约军费问题上，欧盟与美国的态度呈现两极化。马克龙公然抛出“北约脑死亡”的论调，力主欧盟打造属于自己的军队。在对俄关系上，欧盟不愿再承担对俄制裁的重大损失，而主张缓和与俄罗斯的关系。不顾美国的劝阻，德国等欧盟国家积极推动与俄罗斯的北溪2号天然气管道建设。而马克龙不仅提出“重塑欧洲”的宏大愿景，更呼吁俄罗斯重回G7集团。长期以来，中东欧国家在政治经济上依赖欧盟，在军事安全上依赖北约与美国，参与欧洲一体化进程与融入北大西洋进程并行不悖。但随着欧盟、美国裂痕的扩大，中东欧国家可能不得不在两者之间选边站位，其在外交领域的博弈空间迅速收窄。对于俄欧关系的缓和，中东欧国家的观感十分复杂。俄罗斯在中东欧地区有着传统的影响力，也是各国能源的主要供应方。乌克兰危机后，俄罗斯动作频频，给中东欧安全局势带来了巨大压力。缓和对俄关系有利于中东欧地区的安全与稳定。但因为克里米亚僵局的存在，俄欧关系难有实质性的突破，俄罗斯的军事威胁也就难以真正消除。保卫本国安全、维持地区稳定将依然是中东欧国家需要应对的重大议题。

二　俄美欧对峙背景下的中东欧安全环境

根据澳大利亚经济与和平研究所发布的2019年全球和平指数，中东欧地区仍然是世界上最为安全的地区之一。除波黑外，所有中东欧国家的得分都低于2.0分（分数越低，安全系数越高），属于非常安全的国家。而波黑的得分也仅为2.02分，属于中等安全的国家。[①] 对比2018年全球和平指数，有12个中东欧国家出现了得分下降的趋势。这样的结论看似与事实不符。在过去的数年里，多数中东欧国家持续增加军费开支，推动国防建设，并强化与北约和美国的军事合作。北约和美国则不断加强在中东欧地区的军事存在，美国重返中东欧的声音也甚嚣尘上。但另一方面，俄美欧对峙的局面已经维持了数年。双方的对峙由最初的零和博弈发展为相对可控的状态。各方在坚守底线的前提下，开始尝试对话甚至改变政策，爆发战争的可能性越来越小。因此从这一角度出发，中东欧的安全局势总体可控。在自身军事力量不足、欧洲自主防务尚未成型的情况下，美国与北约依然是多数中东欧国家的最优解。

事实上，早在开启回归欧洲进程时，许多中东欧国家已经提出了加入北约的计划。2019年是波兰、捷克与匈牙利加入北约20周年。上述三国是第一批加入北约的中东欧国家。2004年，保加利亚、罗马尼亚与爱沙尼亚等7

① GPI－2019，http：//visionofhumanity.org/app/uploads/2019/07/GPI－2019web.pdf，检索日期：2020年1月1日。

个中东欧国家正式加入北约。在2009年北约第6轮扩员中，阿尔巴尼亚与克罗地亚成为北约的成员国。2017年6月，黑山正式加入北约。截止到2019年，已有13个中东欧国家成为北约的正式成员。在更改国名后，北马其顿已经签署加入北约议定书，并获得绝大多数成员国的批准。波黑已加入北约成员国行动计划。塞尔维亚则在单个伙伴关系行动计划的框架内与北约展开合作。[①] 虽然多数中东欧国家早已处于北约的翼护之下，但在2013年之前，双方并未建立密切的合作关系。由于缺乏重大的安全威胁，中东欧国家不愿维持高昂的军费，而是将更多财力投入到国内政治经济发展中。历史上，中东欧国家多次被大国奴役或控制。对于外部军事力量的进驻，各国政府与民众都十分敏感与警惕。根据波兰民意研究中心的统计，在1999年，仅有32%的波兰人希望北约军队进驻波兰。此后10余年，该数值一直在40%上下浮动。[②] 克里米亚事件的发生真正改变了中东欧国家对地区安全局势的看法。乌克兰的遭遇使中东欧国家切实感受到了俄罗斯的威胁。而面对欧美的军事威慑与经济制裁，俄罗斯不仅没有让步，反而予以强硬回击。考虑到俄罗斯的进攻姿态，中东欧国家转而积极支持与北约和美国的军事合作。2013年，已有57%的波兰民众同意北约军队进驻波兰。而到2016年，这一数值更上升为65%。[③] 以此为契机，北约开始加强在中东欧地区的军事存在。而美国也借机重返中东欧。它们以增加驻军、出售军备、部署导弹防御体系与举行军事演习等方式向俄罗斯方面施压。俄美欧对峙，特别是俄罗斯对北约和美国的反制与威慑也成为决定中东欧安全环境的主要因素。

2019年，俄欧关系虽缓慢恢复，但俄美关系仍处于谷底。美国与俄罗斯先后退出《中导条约》，双方已实质性开启新一轮军备竞赛。在乌克兰、叙利亚与委内瑞拉等问题上，俄美有着明显的分歧与争执，两国的地缘政治

---

① NATO, https://www.nato.int/cps/en/natohq/nato_countries.htm，检索日期：2020年1月1日。

② CBOS, http://www.cbos.pl/，检索日期：2020年1月1日。

③ CBOS, http://www.cbos.pl/，检索日期：2020年1月1日。

冲突也从俄周边向全球扩展。2019 年 12 月，特朗普签署《保护欧洲能源安全法案》，试图以强硬手段叫停即将完工的北溪 2 号天然气管道建设。这样的做法显然加剧了两国的紧张关系。以对俄威慑为名，北约继续增加在中东欧地区的军事存在。在波罗的海地区，北约部署的兵力已接近 5000 人。2019 年 3 月，北约多国部队北方司令部 8 日在拉脱维亚举行揭牌仪式，拉脱维亚、爱沙尼亚和丹麦三国国防部长共同出席了仪式。[①] 这一司令部是北约在波罗的海地区设立的首个司令部，将负责计划与协调北约在这一地区的布防、训练与其他军事行动。在黑海地区，北约试图打造一个陆海空三位一体的军事框架。陆军方面，部署于罗马尼亚克拉约瓦的多国部队正式就位。空军方面，北约在黑海地区开展了多场空中培训与空中警务活动。海军方面，北约增加了在这一地区的海军常备部队数量，北约的军舰也频繁出入黑海地区。2019 年，北约海军在黑海的停留时间超过一百天。[②] 与北约一样，美国也不断强化自身在中东欧地区的影响力。2019 年，美国与中东欧国家进行频繁的高层互动。2019 年 2 月，美国国务卿蓬佩奥对匈牙利、斯洛伐克和波兰三国进行访问。这是 20 年来美国高层首次访问斯洛伐克，也是 2011 年以来美国国务卿首次到访匈牙利。受美国高层的邀请，多个中东欧国家的政要也对美国进行了访问。[③] 在军事领域，美国继续加强对欧洲威慑计划的资金支持。2019 年，美国对这一计划的投入达到 65.3 亿美元，比 2018 年增加了 36.7%。而根据美国国防部发布的 2019 年《导弹防御评估》，美国将持续增强中东欧地区的导弹防御能力。虽然波兰境内“宙斯盾”导弹防御系统的建成时间被推迟到 2020 年，但美国计划使用更新、更快的“标准”Ⅲ（SM－3）反弹道导弹拦截器武装罗马尼亚和波兰的基地，以扩

① 新华网，http://www.xinhuanet.com/world/2019－03/09/c_1124212519.htm，检索日期：2020 年 3 月 2 日。

② NATO Annual Report 2019，https://www.nato.int/nato_static_fl2014/assets/pdf/2020/3/pdf_publications/sgar19－en.pdf，检索日期：2020 年 3 月 25 日。

③ 贺之杲：《美国重返中东欧及其影响》，《国际问题研究》2020 年第 2 期。

大系统的防御覆盖范围。[①] 此外，美国还通过增派常规驻军、出售武器军备的方式加强与中东欧国家的军事合作。在能源领域，美国不仅与波兰签订了80亿美元的液化天然气供应协议，也向其他国家兜售油气资源，以扶植本国的油气产业，挤压俄罗斯能源在欧洲市场的份额。从军事合作出发，美国正全方位强化与中东欧国家的合作，并通过与中东欧国家的密切关系抢占在对欧盟、对俄罗斯博弈中的主动权。

三　中东欧国家的外交战略选择

在过去的几年内，世界政治体系经历了复杂而深刻的演变，旧有的政治秩序与治理模式也遭遇重重挑战。面对波谲云诡的全球与地区形势，中东欧国家的外交抉择愈发困难。虽然多数国家试图坚持平衡外交策略，但因为俄美欧在这一地区的激烈博弈，中东欧国家很难实现真正的平衡与自主，其外交选择也呈现多样化的特征。在俄美欧三方的选边站位中，波兰、罗马尼亚与塞尔维亚做出了三种截然不同的战略选择。而这三种选择也近乎代表了中东欧国家所有可能的外交选项。

在中东欧地区，波兰是美国最为坚定的盟友。2019 年 6 月和 9 月，波兰总统杜达先后两次访问美国，并签署了一系列合作协议。为应对国内飓风灾害，特朗普临时取消了访问波兰的计划，但他委派副总统彭斯出席在华沙举行的二战爆发 80 周年纪念活动。在访问波兰期间，彭斯与波兰总理莫拉维茨基签署了 5G 安全合作声明。声明中虽未提及任何具体企业，却为 5G 网络供应商设立了严格的评估标准。[②] 2019 年 11 月，波兰正式成为美国的免签对象国。此后波兰公民赴美只需提前注册即可获得短期签证。至此波兰期盼已久的免签政策终于落地。在众多合作领域中，军事安全仍然是波美合

① 王弘毅：《“延伸威慑”战略与特朗普政府的中东欧安全政策析论》，《欧洲研究》2019 年第 6 期，第 130 页。

② ABC News，https：//abcnews. go. com/Technology/wireStory/us – poland – sign – joint – document – 5g – technology – cooperation – 65338394，检索日期：2020 年 1 月 1 日。

作的重中之重。2019 年 4 月，美国政府宣布放松军售限制，并考虑将 F－35 战机出售给部分国家。波兰随即表达了采购美方军备的强烈愿望。次月，波兰政府递交了购买 F－35 战机的申请。9 月，美国国务院正式批准向波兰出售 32 架 F－35 战机，总金额为 65 亿美元。[①] 在 2019 年 6 月访美期间，波兰总统杜达与美国总统特朗普签署了加强军事合作的框架协议。美方将向波兰增派 1000 名士兵。至此，驻波美军总数已经达到 5500 人。而根据这一框架协议，美国也将在波兰境内部署一支无人机编队。不断强化与美军事合作代表了波兰政府的一种外交选择，正如波兰外长查普托维奇所言，美国在波兰的驻军有着重要的遏制作用，能够帮助波兰更好地应对外部威胁。[②]

亲美的立场也影响了波兰对欧盟的态度。在美欧离心倾向日益明显的局面下，波兰总理莫拉维茨基对反美情绪在欧洲的传播表达了不满。他认为，马克龙的“北约脑死亡”言论与事实不符；美国与北约在欧洲安全事务上发挥了重要作用，而德法却并未履行承诺，将其军费提升到占其 GDP 的 2%；欧盟应加强与美国的合作。在北溪 2 号天然气管道的问题上，波兰也与美国保持一致。在多个政治场合，波兰领导人都表达了对这一项目的坚决反对。事实上，即便抛开美国的因素，波兰与欧盟之间依然存在各种摩擦。2019 年，双方关于波兰国内司法改革的争执依然持续。欧洲最高法院警告称，波兰可能不得不因其司法改革问题离开欧盟。2020 年 1 月，欧洲议会投票通过决议，继续要求欧盟对波兰与匈牙利两国执行《里斯本条约》第 7 条的惩罚措施。[③] 而在能源减排问题上，波兰与欧盟也多有不睦。2019 年欧盟冬季峰会期间，欧盟其他各国共同签署了应对气候变化的绿色协议，而波

① 新华网，http：//www.xinhuanet.com/mil/2019－09/13/c_1210278502.htm，检索日期：2020 年 3 月 1 日。

② 新华网，http：//m.xinhuanet.com/mil/2019－08/17/c_1210245724.htm，检索日期：2020 年 3 月 5 日。

③ European Parliament，https：//www.europarl.europa.eu/news/en/press－room/20200109IPR69907/rule－of－law－in－poland－and－hungary－has－worsened，检索日期：2020 年 3 月 1 日。

兰则成为唯一拒绝签署这一协议的国家。[①] 在欧盟内部，波兰尚未处于完全孤立的局面。2019 年 1 月，意大利副总理萨尔维尼访问波兰。其间，萨尔维尼公开提到建立意波轴心，以挑战德法在欧盟的领导地位。[②] 而在英国脱欧已成定局的情况下，也有人呼吁波兰填补英国在欧盟内部留下的空缺，进而打造德法波的新三驾马车。但考虑波兰与欧盟的关系现状，实现上述两种设想有着不小的难度。

在过去的 2019 年里，波兰与俄罗斯的关系依然十分冷淡。因为 2019 年是第二次世界大战爆发 80 周年、华沙起义 75 周年，也是“天鹅绒革命”30 周年，两国都围绕历史问题大做文章。波兰政府不仅明确提出要维护波兰的历史观，也通过颁布法律摧毁境内的苏联纪念碑与建筑物。而这些行为遭到俄方的强烈反对。在 2019 年 12 月的年度记者会上，俄罗斯总统普京公开表示，苏联并不是二战的制造者。苏联出兵波兰时该国已经陷入混乱之中，因此无法联系其政府。这番言论引发了波兰方面的强烈反弹。波兰政府表示，普京的说法并不真实，“波兰是苏联侵略的受害者”。[③] 对于俄方庆祝华沙解放 75 周年的要求，波兰政府也予以拒绝。事实上，因历史问题而与俄罗斯产生摩擦的不止波兰一国。2019 年 11 月，捷克布拉格市政府打算撤除苏联元帅科涅夫雕像，并在原址为二战时期的苏联叛将弗拉索夫竖立雕像。这一做法招致俄方不满，也在一定程度上影响了当下的俄捷关系。在现有的国际政治环境中，历史问题与现实问题的结合更加紧密，而中东欧国家与俄罗斯有着复杂的历史纠葛。未来，双方关于历史问题的争执或将持续增多。

与波兰亲美疑欧的立场不同，罗马尼亚一直保持了既亲美又亲欧的态度。2019 年上半年，罗马尼亚正式担任欧盟的轮值主席国。欧盟与欧洲一

---

① 俄罗斯卫星社，http：//sputniknews. cn/politics/201912131030228326/，检索日期：2020 年 1 月 29 日。

② 高歌：《亲美疑欧：波兰外交的个性》，《世界知识》2019 年第 3 期，第 39 页。

③ WSJ，https：//www. wsj. com/articles/russia - and - poland - feud - over - putin - remarks - on - world - war - ii - 11578756818，检索日期：2020 年 1 月 15 日。

体化进程处于多事之秋，作为轮值主席国的罗马尼亚也自然面临着处理英国脱欧、难民涌入及敲定欧盟财政预算等诸多艰巨的任务。正如欧盟主席容克所言，罗马尼亚是在欧盟最为艰难的时刻成为欧盟的轮值主席国。在接任之前，罗马尼亚就已经开展了各种准备工作。2018 年底，罗马尼亚总统约翰尼斯与奥地利总理库尔茨会晤，对轮值主席国的各项工作进行交接。在会晤时，约翰尼斯也借机表达了罗马尼亚对英国脱欧等重大问题的观点与看法。在正式接任后，罗马尼亚制定了优先的工作目标，即打造一个更加凝聚、更加安全，拥有更强的全球行动力与共同价值的欧洲。以此为目标，罗马尼亚出色地完成了本职工作。虽然英国脱欧的正式日期一再推迟，欧盟未来的财政预算也悬而未决，但这些问题并非罗马尼亚的责任。欧洲理事会主席图斯克也称赞了罗马尼亚的工作。他认为，罗马尼亚在最初的 100 天里完成了 90 项立法法案，工作效率令人惊叹，而在财务框架、边境安全、二氧化碳排放和建设数字化欧洲等方面，罗马尼亚也做出了诸多努力。[①] 除担任欧盟轮值主席国外，罗马尼亚也积极申请加入欧元区与申根区。2018 年 12 月，欧洲议会通过决议，要求罗马尼亚与保加利亚尽快加入申根区。截止到 2019 年底，这一决议尚未成为现实。但在多个重要场合，罗马尼亚政要都强调，罗马尼亚已经满足加入申根区的所有要求，加入申根区只是时间问题。[②] 相比于成为申根国家，罗马尼亚加入欧元区的挑战更大。罗马尼亚央行行长伊萨雷斯库明确表示，将持续推动罗马尼亚加入欧元区，直至达成目标。[③]

除积极参与欧盟事务、融入欧洲一体化进程外，罗马尼亚也继续加强与北约和美国的合作。2019 年 4 月，北约“海上盾牌”军事演习在罗马尼亚

---

① 曲岩：《盘点中东欧 2019 年十件大事》，《中东欧研究简讯》第 58 期，第 1 页。

② Schengen Visa Info，https：//www. schengenvisainfo. com/news/romanian – pm – we – have – met – all – conditions – to – join – schengen/，检索日期：2020 年 3 月 10 日。Romania – Insider，https：//www. romania – insider. com/pm – romania – schengen – january – 2020，检索日期：2020 年 3 月 10 日。

③ 新华网，http：//www. xinhuanet. com/world/2019 – 07/04/c_ 1124710165. htm，检索日期：2020 年 1 月 15 日。

正式开启，来自保加利亚、加拿大与希腊等多个国家的2000多名士兵参加了演习。罗马尼亚是此次演习的主办国。演习期间，俄罗斯黑海舰队也在黑海进行了例行演习，以回应北约与罗马尼亚的行动。除“海上盾牌”军演外，“军刀卫士2019”演习和“快速反应2019”空降演习等多场军演也在罗马尼亚境内举行。罗马尼亚的“宙斯盾”反导系统是“欧洲分阶段适应方案”中美军导弹防御部署第二阶段的核心内容。[①] 2019年4月，美国欧洲司令部宣布，在罗马尼亚“宙斯盾”反导系统技术检修和升级期间，向罗短期部署“萨德”反导系统。而据媒体报道，罗马尼亚政府将斥资25亿欧元翻修米哈伊尔—科格尔尼恰努空军基地。在北约与俄罗斯的对峙中，这一基地扮演着极为重要的角色。如能按计划升级改造，将会对罗马尼亚与美国和北约的军事合作产生积极影响。

塞尔维亚一直在俄美欧之间奉行大国平衡外交的战略。不同于多数中东欧国家恐俄反俄的立场，塞尔维亚依然与俄罗斯保持了密切的合作关系。2019年1月，俄总统普京到访塞尔维亚。访问期间，两国领导人签署了20余项合作协议，以强化双方在能源供应、基础设施建设与军事安全等领域的合作。2019年10月，俄总理梅德韦杰夫与塞总理布尔纳比奇进行互访，前者出席贝尔格莱德独立75周年阅兵式，后者赴俄签署塞尔维亚与欧亚经济联盟自贸区协定。[②] 互访期间，双方也敲定了多项合作事宜。2019年，俄塞两国举行了数场军事演习。2019年6月，塞尔维亚与俄罗斯、白俄罗斯举行了“斯拉夫兄弟会－2019”联合演习，约300名塞尔维亚士兵参加了此次行动。2019年9～10月，塞尔维亚与俄罗斯举行了代号为“斯拉夫盾牌－2019”的军事演习。演习第一阶段在俄罗斯境内进行，第二阶段则移师塞尔维亚。在第二阶段的演习中，装备S－400防空导弹系统和“铠甲－

① 王弘毅：《“延伸威慑”战略与特朗普政府的中东欧安全政策析论》，《欧洲研究》2019年第6期，第130页。

② 徐刚：《西巴尔干2019：“失去的一年”》，《世界知识》2020年第1期，第49页。

S”弹炮合一防空系统的俄军首次出现在国外的军事演习中。[①] 演习结束后不久，俄方公开表示，将于数月内向塞尔维亚交付一套“铠甲 - S”防空系统。

加入欧盟是塞尔维亚的重要外交目标，也代表了塞国内社会的主流意见。2018 年底的官方民调显示，有 55% 的塞尔维亚民众支持加入欧盟，这一比例是十年以来的最高水平。[②] 2019 年，欧盟先后开启了塞尔维亚入盟谈判的第 9 章与第 4 章，[③] 其中第 9 章以金融服务为主要内容，第 4 章则涉及资本的自由流动。截止到 2019 年底，塞尔维亚已开启入盟谈判 35 章中的 18 章，并完成 2 章的谈判。塞尔维亚的入盟诉求得到了许多欧盟成员国的支持。在访问塞尔维亚期间，法国总统马克龙公开呼吁欧盟为接纳新成员国做好准备，并加快塞尔维亚等国的入盟进程。虽然塞尔维亚的入盟前景被人看好，但塞科关系依然是其入盟进程的巨大障碍。2019 年，塞科关系僵局仍在持续。在议会选举获胜后，科索沃自决党公开表示科方不会单方面取消对塞的惩罚性关税。而撤回关税的前提是塞尔维亚必须承认科索沃“独立”。塞尔维亚方面则拒不承认科索沃的独立，更对承认科“独立”的国家发起外交攻势，继续挤压科索沃的生存空间。[④] 近年来，塞尔维亚与美国的关系有所缓和。美国也有意加强与塞尔维亚的经贸合作。在塞尔维亚境内，美国企业的投资已达 40 亿欧元，雇用员工超过 2 万人。[⑤] 在外交领域，美国不仅公开支持塞尔维亚的入盟进程，也试图调和塞科之间的紧张关系。与

① 新华网，http：//www. xinhuanet. com/world/2019 - 10/24/c_ 1125148822. htm，检索日期：2020 年 3 月 10 日。

② Serbia National Documents，https：//www. mei. gov. rs/upload/documents/nacionalna_ dokumenta/istrazivanja_ javnog_ mnjenja/javno_ mnjenje_ decembar2018. pdf，检索日期：2020 年 3 月 3 日。

③ European Western Balkans，https：//europeanwesternbalkans. com/2019/12/11/serbia - opens - chapter - 4 - within - eu - accession - negotiations/，检索日期：2020 年 3 月 3 日。

④ 徐刚：《西巴尔干 2019：“失去的一年”》，《世界知识》2020 年第 1 期，第 48 页。

⑤ Ambassador Godfrey：Cooperation between American and Serbian Businesses Creates New Jobs，https：//cordmagazine. com/events/after - work/amcham - ambassador - godfrey/，检索日期：2020 年 3 月 1 日。

欧盟一样，美国多次呼吁科索沃取消对塞加征关税，并以实施制裁向科方施压。2019 年 10 月，特朗普任命驻德国大使格伦内尔为塞科谈判特使。在美国的斡旋下，塞科双方于 2020 年初签订了恢复铁路与公路联系的协议。[①] 虽然塞尔维亚与美国的合作日益增多，但因为过去的战争记忆，塞尔维亚与北约和美国的关系仍然十分微妙。塞尔维亚虽在单个伙伴关系行动计划的框架内与北约展开合作，却一直承诺不会加入北约。在武器采购与军事演练等方面，塞尔维亚也更加靠近俄罗斯，而非北约与美国。因此在俄美欧的三方博弈中，塞尔维亚处于相对中立的状态。

① AP，https：//apnews. com/acb16163e0ed5bd55d606418050daed0，检索日期：2020 年 3 月 1 日。

B.3
2019年中国—中东欧国家合作概述

霍玉珍*

摘　要： 2019年，中国—中东欧国家合作（以下简称“17+1合作”）在各方共同努力下，领域续有拓展、内涵不断丰富、规模逐步扩大、水平持续提升，彰显了强大的生机与活力。机制实现首次历史性扩员，“16+1合作”扩容为“17+1合作”。2019年被确定为中国—中东欧国家教育、青年交流年，系列相关活动亮点纷呈。中国—中东欧国家合作与中欧互联互通平台对接，助力“一带一路”建设。

关键词： 中国—中东欧国家合作　中国—中东欧国家教育、青年交流年　中国—中东欧国家合作机制扩容

一　2019年：中国—中东欧国家教育、青年交流年

2018年7月，第七次中国—中东欧国家领导人会晤在保加利亚首都索非亚举行。会晤通过了《索非亚纲要》，确定2019年为“中国—中东欧国家教育、青年交流年”。2019年，中国与中东欧各国围绕这一主题举行了一系列丰富多彩的活动。

2019年1月，“2018中国—中东欧国家地方合作年闭幕式暨2019中

* 霍玉珍，外交部中国—中东欧国家合作事务特别代表，中国驻捷克、罗马尼亚前大使，北京外国语大学名誉教授。

国—中东欧国家教育、青年交流年开幕式”在北京举行。中国—中东欧国家合作秘书处秘书长、外交部副部长王超，教育部副部长朱之文，辽宁省副省长陈绿平，中东欧国家驻华使节或代表，以及中方相关部委、地方省区市、企业代表，中外媒体代表等近 300 人出席。王超秘书长宣布“2019 中国—中东欧国家教育、青年交流年”正式启动，并指出教育是国家兴旺发达的重要保障，青年是未来的希望。中方愿与中东欧 16 国一道，抓住教育、青年交流年这一难得契机，进一步加强彼此教育政策对话，拓展教育交流合作，汇聚各方力量，促进民心相通，助力中国同中东欧国家双边关系及“16 +1 合作”迈上新台阶。

2019 年 4 月，“17 +1 合作”国家领导人会晤期间，“中国—中东欧国家教育合作交流展”在克罗地亚南部城市杜布罗夫尼克举办，中国国务院总理李克强与中东欧 16 国领导人一起参观了展览。中国教育部部长陈宝生、副部长田学军出席展览并向与会各国领导人介绍了中国与中东欧国家教育交流合作所取得的成果，对未来教育合作的广阔前景进行了展望。此展是中国—中东欧国家教育、青年交流年的重要活动，成为第八次中国—中东欧国家领导人会晤的一大亮点。

2019 年 5 月，第七届中国—中东欧国家教育政策对话会在罗马尼亚蒂米什瓦拉举行。包括东道国罗马尼亚在内的中东欧国家的教育部长和代表与会。中国驻罗马尼亚大使姜瑜率团代表中国教育部与会。会议有三个议题：（1）“如何通过大学合作交流促进教学”；（2）“加强语言教学合作”；（3）“发展高质量职业教育”。会上，中方就加强中国—中东欧国家教育合作提出三点倡议：（1）正式启动“中国—中东欧国家教育能力建设项目”与“中国—中东欧国家高校联合教育项目”；（2）全面推进精准教育合作；（3）发掘教育合作新领域。

2019 年 7 月，第四届中东欧国家孔子学院夏令营在北京语言大学开营。孔子学院总部副总干事赵国成、外交部中国—中东欧国家合作事务特别代表霍玉珍、北京语言大学校长刘利、匈牙利驻华大使白思谛等中东欧驻华使节和代表以及来自中东欧国家 31 所孔子学院的千余名师生出席了本次活动。

2019 年 8 月，中国—中东欧国家“教育发展与出版创新”论坛于第二十六届北京图书博览会期间举行。中宣部进出口管理局副局长赵海云、外交部中国—中东欧国家合作事务特别代表霍玉珍，黑山共和国驻华大使达尔科・帕约维奇、拉脱维亚驻华大使马里斯・塞尔加等中东欧国家使节和代表，以及北京外国语大学党委副书记胡志钢、中国出版协会副理事长李朋义、中国—中东欧国家出版联盟理事长、外语教学与研究出版社总编徐建中等中外嘉宾出席论坛活动。

2019 年 11 月，“2019 中国与中东欧国家青年人文知识竞赛”决赛暨颁奖仪式在京举行。竞赛主题为“教育改变世界，青年创造未来”。中国教育部中外人文交流中心主任杜柯伟在致辞中表示，此次活动对促进中国与中东欧国家青年人文交流与教育合作具有重要意义，相信中国与中东欧国家青年能不断拓展国际视野，提高人文交流能力，深化教育交流，厚植民心基础，总结本次竞赛的有益经验，把中外青年人文知识竞赛培育成知名品牌。自 5 月竞赛活动启动以来，共有来自捷克、匈牙利、克罗地亚、波兰、罗马尼亚等国的在华留学生，以及中国 20 个省、自治区、直辖市 50 余所高校的 360 余名大学生在线参赛。

2019 年 12 月，第三届中国—中东欧国家大学生冰雪嘉年华在中国哈尔滨开幕。波兰弗罗茨瓦夫市市长杰西克・苏特克，中国教育部学生体育协会联合秘书处副秘书长、中国大学生体育协会副主席申震，国际大学生体育联合会副主席马瑞・迪马尔斯基，教育部国际合作与交流司副司长张晋，哈尔滨体育学院校长朱志强，以及波兰、斯洛文尼亚、克罗地亚、拉脱维亚、保加利亚等参赛国代表团及大学生运动员出席开幕式。此次嘉年华系列活动丰富了“2019 中国—中东欧国家教育、青年交流年”的内涵，推动了中国同中东欧国家之间的教育合作，深化了各国青年学生之间的了解和友谊。

二 2019年中国—中东欧国家合作主要成果

中国—中东欧国家合作近年来稳步发展，理念深入人心，机制日臻成熟完善。2019 年，在各方的共同努力下，中国—中东欧国家合作继续提质升级，内涵不断丰富、规模逐步扩大、水平持续提升，生机与活力愈加彰显。

（一）希腊成为“17 +1 合作”正式成员

2019 年 4 月 12 日，出席第八次中国—中东欧国家领导人会晤的各国领导人共同宣布，欢迎希腊加入中国—中东欧国家合作并成为其正式成员，蓬勃发展的“16 +1 合作”由此扩容为“17 +1 合作”。这是中国—中东欧国家合作机制创立 7 年来首次扩员，具有里程碑意义。首先，希腊加入中国—中东欧国家合作，促进了北起波罗的海、南至爱琴海 17 国与中国之间的互联互通，扩大了合作规模，提升了合作质量，为机制未来发展注入了新的活力。其次，希腊加入中国—中东欧国家合作，不仅生动诠释了中国—中东欧国家合作的吸引力和生命力，而且充分彰显了这一合作平台的开放性和多元性，增强了合作各方的信心。最后，希腊加入中国—中东欧国家合作，使连接亚欧大陆的陆地与海上两条“丝路”在这一西方文明的发源地交汇，为中欧共建“一带一路”增添更深远的内涵，也为推进“中欧陆海快线”，实现“三海倡议”与“三海港区合作”对接等中国—中东欧国家合作倡议凝聚新的力量。

（二）双方高层保持频繁互动

2019 年，中国领导人与中东欧国家领导人保持密切交往。4 月，中国国家主席习近平分别与来华出席第二届“一带一路”国际合作高峰论坛的捷克总统泽曼、塞尔维亚总统武契奇、匈牙利总理欧尔班和希腊总理奇普拉斯会面。李克强总理与中东欧各国领导人共同出席第八次中国—中东欧国家领导人会晤并分别举行双边会见。5 月，希腊总统帕夫洛普洛斯来华进行国事访问并出席亚洲文明对话大会，习近平主席同其举行会谈。10 月，中国同保加利亚、罗马尼亚、捷克、斯洛伐克、匈牙利和波兰六国迎来建交 70 周年。中国国家主席习近平、国务院总理李克强、国务委员兼外长王毅分别同六国元首、政府首脑及外长互致贺电，中国同六国关系迈上新台阶。11 月，希腊总理米佐塔基斯和塞尔维亚总理布尔纳比奇来华出席第二届中国国际进口博览会，中国国家主席习近平分别同其会见。时隔不到一周，习近平主席对希腊进行国事访问，同帕夫洛普洛斯总统和米佐塔基斯总理分别举行会谈，就中希双边关系及共同关心的国际和地区问题深入交换意见，达成广泛共识。

（三）经贸、务实合作不断深化

2019 年，中国与中东欧国家务实合作有序推进。4 月，第九届中国—中东欧国家经贸论坛在“17 +1 合作”① 领导人会晤期间于克罗地亚杜布罗夫尼克举行，中国国务院总理李克强与中东欧各国领导人共同出席论坛开幕式。论坛主题为“搭建开放、创新、伙伴之桥”。李克强总理与克罗地亚总理普连科维奇分别在开幕式上致辞。1000 余名来自中国和中东欧国家商贸、投资、创新、旅游、基础设施等领域的高官和企业家代表出席了论坛研讨交流与商业对接活动。论坛期间，“16 +1 合作”中小企业协调机制网站正式启动。6 月，连续多年在宁波举办的中国—中东欧投资博览会升级为国家级展会，并以“中国—中东欧国家博览会暨国际消费品博览会”的新名称在宁波成功亮相。展会期间共举行了 15 场针对中东欧商品的对接会、3 场采购对接会，有 20 个项目签约，投资总额约 1000 亿元人民币，较上年增长 50%。11 月，187 家中东欧国家企业参加第二届中国国际进口博览会，成交额达 6. 49 亿美元。在世界贸易增速放缓的背景下，中国同中东欧国家的经贸投资合作逆势增长，合作规模和水平均创历史新高。据统计，2019 年中国同中东欧 17 国贸易额达到 954. 52 亿美元，同比增长 6. 91%；中国对 17 国直接投资达 4. 3 亿美元。2019 年，中国企业参建的克罗地亚佩列沙茨跨海大桥和塞尔维亚风电项目分别开工建设；5 月，黑山南北高速公路项目 19 号

---

① 这里之所以会出现“17 +1 合作”和后面的“16 +1 合作”两种提法，是因为 4 月论坛举行时对外还通称“16 +1 合作”会议，会后又将早有意向加入中国—中东欧国家合作的希腊代表邀请过来，宣布希腊加入中国—中东欧国家合作。之后媒体对外统一将此次会议称为“17 +1 合作”会议。

隧道顺利贯通；6月，中国机械进出口集团投资匈牙利考波什堡100兆瓦光伏电站项目开工，工程建设总投资1亿欧元；塞尔维亚E763高速公路奥布雷诺瓦茨—利格段和苏尔钦—奥布雷诺瓦茨段分别于8月和12月顺利通车；11月，黑山与中国、马耳他三方合作建设的莫茹拉风电项目正式投入运营；11月，中国建筑有限公司与中国电力建设集团有限公司承建的波黑泛欧"5C走廊"高速公路普布利纳段正式开工；中国华大基因集团在拉脱维亚首都里加开设中东欧国家首个生命科技中心——基因测序中心；12月，由中国国际水电集团承建的波黑塞族共和国优乐高水电站正式开工兴建。12月，塞尔维亚斯托拉茨电站项目二期工程全部竣工并顺利移交业主；中国机械进出口集团签署承建保加利亚瓦尔纳港口建设合同，总金额为1.2亿欧元。

（四）互联互通便捷各方

2019年，中国同中东欧国家互联互通顺利推进，形成"海陆空"齐头并进的良好局面。在共同打造海陆联运通道方面，匈塞铁路作为旗舰项目取得积极进展，未来将联通希腊比雷埃夫斯港、巴尔干地区以及中东欧各国，有效推进中欧之间的互联互通。在促进陆上互联互通方面，中欧班列发挥了举足轻重的作用。据统计，2019年中欧班列开行8225列，同比增长29%，发运72.5万标箱，同比增长34%。目前国内开行城市共71个，通达亚欧19国67个城市，其中包括波兰、拉脱维亚、立陶宛、斯洛伐克、匈牙利、捷克等中东欧国家的10余个城市，捷克、波兰、匈牙利成为中欧班列重要的联运枢纽和中欧进出口商品双向流通集散中心。同时，空中丝绸之路建设不断发力。中国国内航空公司加大对"一带一路"沿线市场的运力投放，已与阿尔巴尼亚、保加利亚、波兰、黑山、捷克、克罗地亚、拉脱维亚、罗马尼亚、塞尔维亚、斯洛伐克、斯洛文尼亚、匈牙利、希腊13个中东欧国家签订了双边航空运输协定，开辟7条直航航线，便利了双方人员交往与合作。

（五）农林环保合作持续深化

中国—中东欧国家农业、林业及环保合作良好，基础深厚，潜力巨大。

2019 年，根据中国—中东欧国家合作框架内创立的领域合作平台，中国—中东欧国家林业合作协调机制联络小组第三次会议于 4 月在波兰华沙举行。5 月，第四届中国—中东欧国家农业部长会议暨第十四届中国—中东欧国家农业经贸合作论坛在中国杭州召开。据统计，2012～2019 年，中国—中东欧国家农产品贸易额从 10.66 亿美元增长到 14.58 亿美元。越来越多的中东欧农产品通过中欧班列、航空运输、电商平台等进入中国的千家万户。

（六）金融合作续有扩展

中国—中东欧国家金融合作起步较早，形式多元，内容丰富，为“17＋1 合作”提供了有力的资金支持。其突出的合作方式系中国银行等中方主要银行陆续在中东欧国家设立分支机构，截至 2019 年底，这些分支机构已达到 10 家。2019 年 5 月，中国交通银行设立布拉格分行，此系其在境外设立的第 23 家分支机构，也是该行在中东欧地区的首家分行，旨在进一步完善交通银行全球网络布局，增强其在中东欧乃至整个欧洲地区的金融服务能力。11 月，中国银行在希腊开设首家分行，并已启动雅典区域业务。同时，中国工商银行也于 10 月取得希腊营业执照，并收到其可在希腊设立代表处的通知。12 月，中国银行布加勒斯特分行在罗马尼亚议会宫举行开业仪式，成为首家进入罗马尼亚市场的中资银行。此系继在匈牙利、捷克、波兰和塞尔维亚后，中国银行在中东欧地区设立的第五家分支机构。至此，中行海外机构已覆盖全球 60 个国家和地区。罗马尼亚参议长特奥多尔·维奥雷尔·梅莱什卡努、总理府秘书长安东内尔·德纳塞、罗马尼亚国家银行第一副行长弗洛林·乔治斯库和中国银行董事长刘连舸，以及中罗两国政界、工商界、金融界代表 300 余人出席开业仪式。刘连舸董事长在致辞中表示，希望中行布加勒斯特分行的设立，将进一步增强其在中东欧地区的服务能力，加大中国企业在罗等中东欧国家投资兴业，同时支持罗等中东欧国家的企业积极开拓中国市场。11 月，中国—中东欧国家高级别金融科技论坛在立陶宛首都维尔纽斯举行。中国人民银行副行长朱鹤新、外交部中国—中东欧国家合作事务特别代表霍玉珍及立陶宛财政部部长维柳斯等中东欧国家财政部部长及金融界高官出席会议。与会代表围绕“金融科技促进经贸发展”及“创新和风险平衡”两大论坛主题进行了深入交流探讨。论坛期间，“17+1”金融科技协调中心正式成立。

（七）地方合作与多元企业有机联动

地方合作是中国—中东欧国家合作的重要组成部分，并始终在合作机制中发挥着积极作用。截至2019年底，中国与中东欧17国近百个省、州、区、市建立了直接合作关系，成为“17+1”地方合作的中坚力量。2019年6月，第五次中国—中东欧国家地方省州长联合会工作组会议在中国辽宁省大连市举行。辽宁省省长唐一军出席会议并致辞，黑山共和国名誉总统菲利普·武亚诺维奇应邀出席会议。来自中东欧17国的36个代表团66位外宾和160多名来自国内的代表与会。其间，大连市政府还举办了“大连—中东欧国家经贸合作对接会”，双方签署了多项合作协议。“点对点合作”是“17+1”新的合作形式，现已有波兰对四川、塞尔维亚对河北、捷克对浙江、保加利亚对江西、匈牙利对湖南等多个对口合作实例。

在中国—中东欧国家合作中，双方企业特别是中小企业成为这一合作机制的重要行为主体，更是落实双方务实合作项目的践行者。2019年11月，第二届中国—中东欧国家中小企业论坛在河北省沧州市举行，来自中国与中东欧国家的700余位嘉宾参会。河北省省长许勤、斯洛伐克副总理理查德·莱希分别在开幕式上致辞。克罗地亚经济、创业与技术部部长助理安娜·曼达奇、中国工业和信息化部总经济师王新哲、外交部中国—中东欧国家合作事务特别代表霍玉珍和黑山驻华大使达尔科·帕约维奇分别致辞。与会代表和企业家围绕“务实、创新、共享”的论坛主题进行充分交流、对接、洽谈。其间，中外方企业共签约项目38个，总投资逾72亿元人民币，项目涉及无人机、医疗器械、生物医药、文化教育、科技研发、技术合作、环保设备、模块化集成房屋、现代物流等领域。

（八）人文交流空前活跃

2019年，中国与中东欧17国在文化、旅游、卫生、科技、媒体、智库等领域开展了丰富多彩且富有成效的合作，大大促进了18国人民之间的民心相通。2019年4月，第二届中国—中东欧国家文化遗产论坛在中国河南洛阳举行，来自中国与立陶宛、波兰、拉脱维亚、波黑、捷克等中东欧国家的近200名嘉宾及文化遗产保护利用领域的专家学者参会。与会代表围绕“文化遗产与城市发展”这一主题，对文化遗产保护活化方式方法、文化遗产助力城市发展的美好前景等展开交流研讨。5月，第二届中国—中东欧国家文化艺术嘉年华活动于2019年世界园艺博览会期间在北京举行。捷克、匈牙利、塞尔维亚等12个中东欧国家的18支展演团组，共100多位艺术家参加了文化展演活动。北京市副市长殷勇、北京世界园艺博览会事务协调局常务副局长周剑平、北京市文化和旅游局副局长庞微和立陶宛驻华大使玛丘利奥妮婕、克罗地亚驻华大使米海林及10万余名观众于现场和线上观看了文艺演出。6月，第四届中国—中东欧文化创意产业论坛在匈牙利布达佩斯开幕，中国和中东欧17个国家的政府高官、专家学者及文化产业代表230人出席论坛。论坛以“精心设计的未来——态度、技艺和技术”为主题，聚焦数字文化产业，探讨中国—中东欧国家文化领域的发展现状，深化企业间的交流与合作。7月，中国—中东欧国家新闻发言人对话会在中国贵阳举行，来自中东欧12个国家的政要和相关部门新闻发言人，以及中国多家部委和广东、四川、贵州等省新闻发言人出席。中国国务院新闻办公室副主任郭卫民与拉脱维亚总理新闻发言人萨巴耶夫斯分别在开幕式上致辞。郭卫民表示，加强新闻发言人间的相互交流和经验分享，既有利于丰富中国—中东欧国家人文交流内涵，更有利于促进双方的务实合作。10月，中国在波罗的海地区设立的首个文化中心在拉脱维亚首都里加揭牌运营。

此外，中国—中东欧国家旅游合作高级别会议、中国—中东欧国家高级别智库研讨会、中国—中东欧国家文化创意产业论坛、中国—中东欧国家卫生部长论坛、第四届中国—中东欧国家创新合作大会、中国—中东欧国家能源合作论坛、中国—中东欧国家首都市长论坛等一系列活动先后在中国和中东欧国家举行，并取得积极成果。

三　2019年中国—中东欧国家合作重要活动

（一）第八次中国—中东欧国家领导人会晤[①]

2019 年 4 月 12 日，第八次中国—中东欧国家领导人会晤在克罗地亚杜布罗夫尼克举行，中国国务院总理李克强和中东欧 16 国领导人及观察员奥地利、白俄罗斯、欧盟、希腊、瑞士、欧洲复兴开发银行的代表与会。此次会晤以“搭建开放、创新、伙伴之桥”为主题。李克强总理在发言中积极评价“16 +1 合作”过去一年取得的成就，并就“17 +1 合作”未来发展提出六项具体建议。与会领导人一致表示，期待携手推进中国—中东欧国家合作向更大范围、更宽领域、更高层次发展。

会后，与会各国领导人共同发表了《中国—中东欧国家合作杜布罗夫尼克纲要》[②]。纲要确认，与会各方支持 2020 年在中国举办第九次中国—中东欧国家领导人会晤；欢迎希腊作为正式成员加入中国—中东欧国家合作机制。李克强总理与保加利亚总理博里索夫、克罗地亚总理普连科维奇共同为“16 +1 全球伙伴中心”揭牌，宣布“16 +1 全球伙伴中心”正式成立。各国领导人还共同见证了“17 +1”框架下各领域 10 余项合作协议的签署，会后还发表了中国—中东欧国家领导人会晤成果清单。

（二）中国—中东欧国家合作国家协调员会议

中国—中东欧国家合作国家协调员会议每年举行两次，分别在中国和举办领导人会晤的东道国举行。会议旨在协调、跟进和落实 2016 年发布的《中国—中东欧国家合作中期规划》及年度纲要中所涉及的合作项目，规划

---

① 《第八次中国—中东欧国家领导人会晤成果清单》参见外交部官网（https：//www.fmprc.gov.cn/web/zyxw/t1653928.shtml）。

② 《中国—中东欧国家合作杜布罗夫尼克纲要》全文参见外交部官网（http：//www1.fmprc.gov.cn/web/zyxw/t1654172.shtml）。

和筹备新一次中国—中东欧国家领导人会晤。

2019 年 3 月 1 日，中国—中东欧国家合作秘书处秘书长、中国外交部副部长王超与克罗地亚外交和欧洲事务部国务秘书、中国—中东欧国家合作国家协调员布希奇在萨格勒布共同主持第十三次中国—中东欧国家合作国家协调员会议，中东欧 16 国国家协调员或代表与会，奥地利、白俄罗斯、瑞士、希腊、欧盟代表列席会议。会议回顾了《中国—中东欧国家合作索非亚纲要》的落实情况，[①] 重点就第八次中国—中东欧国家领导人会晤筹备工作和下阶段“16 +1 合作”有关工作设想深入交换了意见。

2019 年 10 月 29 日，中国—中东欧国家合作秘书处秘书长、中国外交部副部长秦刚在北京主持召开第十四次中国—中东欧国家合作国家协调员会议，中东欧 17 国国家协调员或代表参会，观察员奥地利、白俄罗斯、欧盟、瑞士、欧盟复兴开发银行的代表列席会议。会议回顾了杜布罗夫尼克领导人会晤以来“17 +1 合作”取得的积极进展，并就 2020 年工作重点以及下阶段如何调整、规范“17 +1 合作”框架下的相关活动，深入推进合作发展等议题交换了看法。

（三）各领域合作平台主要活动

1. 第五次中国—中东欧国家地方省州长联合会工作组会议

中国—中东欧国家地方省州长联合会工作组会议与中国—中东欧国家地方领导人会议、中东—中东欧国家首都市长论坛均为中国—中东欧国家合作的重要组成部分及地方合作的主要平台。自“17 +1 合作”机制创建以来，中国—中东欧国家地方省州长联合会工作组会议每年在中国或举办地方领导人会议的东道国举行。2019 年 6 月 11 日，第五次中国—中东欧国家地方省州长联合会工作组会议在中国辽宁省大连市举行，来自中东欧 17 个国家的 36 个代表团 66 位嘉宾及 160 多名来自国内的代表参会。会议决定于2020 年

---

① 《中国—中东欧国家合作索非亚纲要》相关举措落实情况作为《中国—中东欧国家合作杜布罗夫尼克纲要》的附件发表，参见外交部官网（http：//www1. fmprc. gov. cn/web/zyxw/t1654172. shtml）。

在沈阳市举办第五次中国—中东欧国家地方领导人会议。

2. 第五次中国—中东欧国家旅游合作高级别会议

中国—中东欧国家旅游合作高级别会议是中国—中东欧国家合作框架下的旅游领域合作平台。2019 年 10 月 23 日，第五次中国—中东欧国家旅游合作高级别会议在拉脱维亚首都里加举行，中国文化和旅游部部长雒树刚率团与会。雒树刚在发言中积极评价近年来中国—中东欧国家旅游合作取得的积极成果，希望各方本着“均衡普惠、务实创新、开放包容、互利共赢”的原则，不断丰富合作内涵，创新合作形式，出台更多便利化措施，扩大人员往来。会议期间，雒树刚部长分别同希腊旅游部部长西奥哈里斯、阿尔巴尼亚环境和旅游部部长克罗西、拉脱维亚文化部部长普图利斯、匈牙利外交与对外经济部国务秘书门茨尔举行双边会见。中国与斯洛伐克签署了《中华人民共和国文化和旅游部与斯洛伐克共和国交通建设部关于旅游合作的备忘录》。会议还颁发了首届“马可·波罗”奖，旨在奖励面向中国市场的创新型旅游线路和产品。

3. 中国—中东欧国家合作论坛

2019 年 6 月 9 日，中国—中东欧国家合作论坛在浙江宁波举办。中国国务院副总理胡春华出席论坛并发表主旨演讲。胡春华强调了中国继续扩大对外开放的坚定立场，表示中方将继续缩减负面清单，推动现代服务业、制造业、农业全方位对外开放，加快外商投资法配套法规的制定，加强在知识产权保护领域的国际合作，扩大优质商品和服务进口，实行高水平的贸易和投资自由化、便利化政策。欢迎中东欧各国企业参与进来，与中国企业一道，抓住时机，深挖潜力，把双方合作推向更高水平。出席论坛前，胡春华副总理还参观了首届中国—中东欧国家博览会暨国际消费品博览会的部分展馆，并集体会见了出席此次论坛的斯洛伐克副总理莱希、克罗地亚副总理托卢希奇、斯洛文尼亚副总理布拉图舍克和黑山名誉总统武亚诺维奇等中东欧国家领导人。

4. 第四届中国—中东欧国家农业部长会议

2019 年 5 月 17 日，第四届中国—中东欧国家农业部长会议暨第十四届中国—中东欧国家农业经贸合作论坛在浙江杭州召开。会议主题为“农业数字化——乡村振兴的动力引擎”。农业农村部部长韩长赋、浙江省省长袁家军出席开幕式并致辞。希腊、阿尔巴尼亚和立陶宛等中东欧 17 国农业部部长或高级代表团参会。韩长赋部长指出，一年来，在 18 国的共同努力下，农业贸易快速增长，农业投资加速落地，合作形式不断丰富，贸易便利化水平不断提升，农业合作成效显著。希望与会各国携手共进，加强粮食安全、农业投资与贸易合作，推进数字农业发展，共享发展机遇，共创美好未来。会议审议通过了《中国—中东欧国家农业部长会议杭州共同宣言》，提出将加强中国与中东欧国家在创新和数字技术发展、贸易和投资以及可持续农业生产领域，特别是农业数字化领域的合作，充分挖掘“数字红利”，为农业和乡村振兴注入动力。立陶宛农业部部长吉埃德留斯·苏尔普利斯、外交部中国—中东欧国家合作事务特别代表霍玉珍、湖南省副省长隋忠诚出席会议开幕式并发言。

5. 第四届中国—中东欧国家创新合作大会

2019 年 10 月 8 日，第四届中国—中东欧国家创新合作大会在塞尔维亚贝尔格莱德召开。中国科技部部长王志刚以及塞尔维亚、匈牙利、捷克、斯洛文尼亚等中东欧国家负责创新与科技发展的相关部门的部长或代表出席开幕式，并参观了包括中国高铁、华为 5G、中塞工业园等在内的中国高科技展位。会议通过了《中国—中东欧国家创新合作贝尔格莱德宣言》。

此次创新合作大会是落实《中国—中东欧国家合作中期规划》的重要举措，旨在进一步挖掘中国与中东欧国家的合作潜力，提升科技创新合作水平，促进产学研对接与融合。塞尔维亚政府对此次大会高度重视，与会各国政府也积极响应，参会人员和参展项目数量均创历史新高。中国有 15 个省市的 300 余名产学研代表参会，展示项目涉及高速铁路、信息通信、人工智能、智慧城市与智能交通、高端装备制造、新能源、新材料、健康医学、农业技术、科技园区建设与管理等多个领域。会议期间举办了丰富多彩的活动，如创新合作论坛、主题演讲、专题讨论、项目推介会、一对一洽谈、展览展示等，共签署了 12 项科技创新合作协议。

6. 第六届中国—中东欧国家高级别智库研讨会

2019 年 9 月 4 日，第六届中国—中东欧国家高级别智库研讨会在斯洛文尼亚布莱德市举行。斯洛文尼亚前总统达尼洛·图尔克，副总理兼教育、科学和体育部部长耶尔奈伊·皮卡洛，国务秘书多布兰·博日奇，中国社会科学院“一带一路”国际智库顾问委员会主席、“17 + 1”智库网络前副理事长赵白鸽，外交部中国—中东欧国家合作事务特别代表霍玉珍，中国国际问题研究基金会副理事长徐坚，中国社会科学院欧洲研究所所长、“17 + 1”智库网络理事长黄平，布莱德管理学院院长普尔格，以及中东欧国家的政要、官员、学者 100 余人出席研讨会。各国代表及专家学者围绕“中国—中东欧国家合作与中欧关系”“‘17 + 1 合作’的创新与可持续发展”“‘17 + 1合作’未来前景”等议题进行了深入研讨交流。

7. 中国—中东欧能源合作论坛

2019 年 10 月 8 日，中国—中东欧能源合作论坛在克罗地亚首都萨格勒布举办。中国国家能源局局长章建华以及克罗地亚环境能源部部长托米斯拉夫·科里奇、波黑对外贸易和经济关系部副部长马托·弗兰吉切维奇等中东欧国家能源领域高官及能源企业、研究院所、金融机构、智库等机构的 160 余名代表出席此次论坛。章建华局长在发言中表示，中国—中东欧国家合作机制启动已逾 7 年，现已成为跨区域合作的创新典范，双方在能源领域展开了一系列务实合作。随着能源转型进入加速期，双方能源合作的重要增长点将集中到风电、光伏等清洁能源领域。清洁能源技术的升级进步为能源转型发展提供了新的选项和机遇，保障能源供应安全，推动能源转型发展是中国与中东欧国家的一致行动。与会代表围绕中国—中东欧清洁能源合作前景、清洁能源发展支持政策、技术创新合作、项目金融支持等内容展开了深入的交流，共商清洁能源投资与产能合作新机遇，助力中东欧区域能源体系绿色低碳发展。

8. 第三届中国—中东欧国家海关合作论坛

2019 年 10 月 23 日，第三届中国—中东欧国家海关合作论坛在波兰索波特市举行。中国海关总署副署长王令浚出席论坛并发表了题为《构建持续发展的中国—中东欧海关互联互通合作平台》的主旨演讲。王令浚积极评价海关合作从“16＋1”到“17＋1”的发展历程，指出海关合作为中国—中东欧贸易健康发展做出了重要贡献，促进了双方贸易额的持续增长，提升了贸易便利化和供应链安全水平。他代表中国海关提出五点倡议：加强互联互通；推进能力建设合作；深化行政互助；拓展数据交换；探索科技创新。论坛期间，王令浚还与波兰财政部国务秘书兼国家税务局局长彼得·沃查克签署了《中华人民共和国海关总署与波兰共和国国家税务局关于上海海关和格但斯克税务局开展关际合作的谅解备忘录》。

9. 第四届中国—中东欧国家首都市长论坛

2019年10月25日，第四届中国—中东欧国家首都市长论坛在阿尔巴尼亚首都地拉那举办。阿尔巴尼亚总理埃迪·拉马、地拉那市市长埃里昂·维利阿伊、北京市副市长卢彦、外交部中国—中东欧国家合作事务特别代表霍玉珍出席论坛开幕式并致辞。本届论坛是“16＋1合作”扩容为“17＋1合作”后举行的首次首都市长论坛。论坛下设三个议题，分别为“绿色城市”、“城市规划”和“韧性城市”，旨在促进中国与中东欧各国首都在环境治理、城市规划和城市精细化管理等领域深入交流经验。

10. 第四届中国—中东欧国家文化合作部长论坛

2019年10月25～26日，第四届中国—中东欧国家文化合作部长论坛在北马其顿首都斯科普里举行。中国文化和旅游部部长雒树刚与中东欧17国旅游部长和代表出席论坛。北马其顿总理佐兰·扎埃夫25日出席论坛并在致辞中强调，文化合作将成为加强“17＋1合作”成员国团结、促进合作多样性的有效抓手。论坛为各参与国提升双边关系和多边合作提供了良好机遇。北马其顿文化部部长伊斯梅利表示，新创立的“17＋1文化合作网络”信息平台将成为强化18国相互交流合作的强大助推器。雒树刚部长积极评价了文化交流与合作对促进中国与中东欧国家民众民心相通所发挥的重要作用，充分肯定了自2013年第一届论坛举办以来所取得的丰硕成果。雒树刚部长建议，在未来文化合作中，中国与中东欧国家要不断丰富合作内涵，巩固发展交流平台，广泛吸纳社会力量，扩大开放合作，努力探索和完善文化交流的新模式、新平台、新手段，为“17 +1”文化合作持续注入生机与活力，提升合作水平。论坛通过了《中国—中东欧国家文化合作斯科普里宣言》和《中国—中东欧国家 2020 ~2021 年文化合作计划》。

11. 首届中国—中东欧国家高级别金融科技论坛

2019 年 11 月 27 日，首届中国—中东欧国家高级别金融科技论坛在立陶宛首都维尔纽斯举行。中国人民银行副行长朱鹤新与立陶宛、波兰、匈牙利、希腊、塞尔维亚等 17 国财长、央行行长及代表与会。外交部中国—中东欧国家合作事务特别代表霍玉珍亦应邀出席论坛。霍玉珍在论坛开幕式致辞，重点介绍了“17 +1 合作”近年来的发展情况及取得的重要成果，强调“17 +1 合作”顺应经济全球化和自由贸易潮流，是 18 国共同的事业，需要各国积极参与并贡献力量。与会代表围绕“金融科技对经济增长与贸易的贡献”和“创新与风险管理平衡”两个主题，就利用金融科技促进贸易和旅游、金融监管、防范金融科技带来的风险等交流看法，并分享各自经验。论坛期间，与会方宣布成立“17 +1”数字金融科技协调中心，并发布了《“17 +1”金融科技报告》。

B.4

1990年以来中东欧国家移民概况

朱晓中*

摘　要： 1990年以来，特别是2004年欧盟东扩后，中东欧国家出现了大规模移民现象。与非欧盟国家（如独联体国家）相比，中东欧国家在移民方面具有独特的发展道路，移民转型过程具有复杂性和长期性，亦兼具双向移民特征。中东欧国家国情差异较大，推动移民的因素不尽相同，移民对中东欧国家社会经济的影响各异。研究中东欧国家移民进程，有助于更好地理解欧盟东扩后欧洲劳动力市场的变化、人员流动对欧洲一体化进程的影响、移民输出国和移民接收国之间的关系，以及中东欧国家未来移民转型如何发展。

关键词： 中东欧　移民　欧盟　独联体

中东欧地区有着相当长的移民历史。20世纪50年代，随着（中）东欧国家工业化的开展，大批农村人口向城市迁移。但这个进程很短暂。此后直到1989年政局剧变前，中东欧国家的人员流动比较平缓。在社会主义时期，人们在国内的自由流动受到多种政策和法规的限制，向国外移民更是受到绝大多数东欧国家政府的严格控制。① 1989~1991年发生的政局剧变使中东欧

* 朱晓中，中国社会科学院俄罗斯东欧中亚研究所研究员，研究方向为中东欧国家转型和中东欧国家对外关系等。

① 社会主义国家中的一个例外是南斯拉夫联邦。1968年，联邦德国同南斯拉夫联邦社会主义共和国签署协定，在此后5年内，允许50万名南斯拉夫人到联邦德国工作。1960年，在联邦德国登记的外籍工人中，8800人来自南斯拉夫，1968年这一数字为119100人，到1974年大幅上升至74万人（包括家属）。南斯拉夫移民工人多为年龄在20~40岁的男性，女性仅占1/3。

国家的移民行为发生相当大的变化。转型初期的经济下降和失业率大幅上升，以及东西欧之间的发展水平差异推动中东欧国家众多民众向外移民。2004年开启的欧盟东扩改变了欧洲空间，不仅促进了东西欧移民运动，也创造了欧洲内外移民的新格局。

一　转型以来中东欧国家的移民概况

（一）中东欧国家移民的四个阶段

20世纪90年代初，当中东欧国家开始政治和经济转型之后，西方国家一度担心取消国际旅行限制后，东西方会出现大规模的人口流动。但事实是，转型开始后，中东欧国家并未立即出现西方国家所担忧的情况，这些国家的移民潜力只是逐渐展现出来。

转型30年来，中东欧国家的移民运动大致可以划分为四个时期。

第一阶段（从转型开始到20世纪90年代中期）：随着南斯拉夫联邦和捷克斯洛伐克联邦解体，这一时期迁徙最直接的原因更多是解决同民族或同宗教信仰人员的聚居问题。以民族为基础的流动在人口流动中占重要比例。因此，这一时期人员流动大都在中东欧（包括苏联曾经的加盟共和国）区域内进行，[①] 由此出现了一个所谓单独的中东欧移民空间。

第二阶段（从20世纪90年代中期到2004年欧盟第一次东扩前）：中东欧国家经济转型造成高失业率，但众多中东欧国家受益于西欧国家提供的循环性质的非正常移民和季节工方案，一定程度上缓解了这些国家的失业问题。与此同时，在中东欧国家申请加入欧盟的过程中，欧盟不断放松劳动力自由流动的限制，加速了中东欧国家劳动力向西欧和南欧（主要是西班牙）的流动。这一时期，中东欧国家的移民具有明显的临时性，即众多移民是短

① M. Okolski, "The Effects of Political and Economic Transition on International Migration in Central and Eastern Europe". In: D. S. Massey, J. E. Taylor, eds., *International Migration. Prospects and Policies in a Global Market* (Oxford, Oxford University Press, 2004), pp. 35－58.

期和往复的，[①] 永久移民规模不大。这不仅与欧盟相关法律限制有关，也与人们务实的考虑有关，导致临时或循环移民成为比永久移民更有利可图的选择，即在国外挣钱，在国内消费。人们也称这种临时的和循环流动移民为“不完全移民”。[②]

第三阶段（2004～2007年）：欧盟东扩加大了欧盟内部人员的流动，对欧盟劳动力市场产生较大影响。这一时期，向外移民人数居前三位的国家分别是波兰、罗马尼亚和保加利亚。当时欧盟15个成员国中来自中东欧国家的移民的数量从160万人增加到450万人。

第四阶段（2008年至今）：2008年，全球金融危机爆发，欧盟发生欧元区主权债务危机，欧盟内的劳动力流动性下降，部分中东欧国家移民迫于生计不得不重返家园。2008～2009年，波兰、斯洛伐克、罗马尼亚和保加利亚等国出现较为明显的移民回流。在罗马尼亚和保加利亚，移民回流主要是由于两国一些地区经济好转。2008～2013年，罗马尼亚和保加利亚两国一些地区的移入人口超过移出人口。

在1990年至2004年欧盟第一次东扩之前的15年间，已有大量来自中东欧国家的劳动力以各种方式和名义进入一些西欧国家。在此期间，一些西欧国家与波兰、保加利亚和罗马尼亚等国签订了双边条约，允许劳动力临时流动。1991年，德国与波兰签订了这样的条约，到2002年，有25万名波兰工人前往德国从事季节性工作。[③] 英国与多个中东欧国家签订了季节性农业工人计划（SAWS），使波兰等中东欧国家的数万名工人可以在英国临时

---

① Claire Wallace, Dariusz Stola eds., *Patterns of Migration in Central Europe* (New York, Palgrave Publishers Ltd., 2001).

② Marek Okólski, “Incomplete Migration: A New Form of Mobility in Central and Eastern Europe. The Case of Polish and Ukrainian Migrants”, in Claire Wallace, Dariusz Stola, eds., *Patterns of Migration in Central Europe* (New York, Palgrave Publishers Ltd., 2001), pp. 105–128.

③ Godfried Engbersen et. al., “On the Differential Attachments of Migrants from Central and Eastern Europe: A Typology of Labour Migration”, *Journal of Ethnic and Migration Studies*, Vol. 39, No. 6 (2011): 959–981. http://dx.doi.org/10.1080/1369183X.2013.765663，检索日期：2020年5月28日。

工作。[1] 荷兰也与中东欧国家缔结了这样的协定。在此期间，来自罗马尼亚的大量合法和非法移民进入意大利和西班牙。[2] 据不完全统计，在保加利亚，临时或季节移民的人数占适龄劳动人口的6%左右，有些地方甚至高达45%；[3] 在罗马尼亚，临时或季节移民占总人口的1%～2.8%。[4] 在2004年欧盟首次东扩之前，中东欧国家的劳动力流动多为临时和短期性的，且多以“外籍工人”的面貌出现。而且，在2004年之前，绝大多数中东欧国家为人口净移出国家，只有捷克和匈牙利两国例外（见表1）。

表1　1989～2004年中东欧国家的移民状况

单位：千人

国家	净移民
罗马尼亚	-1245
保加利亚	-688
波兰	-667
立陶宛	-235
拉脱维亚	-199
爱沙尼亚	-153
斯洛伐克	-53
斯洛文尼亚	-5

① S. Castles, “Guest Workers in Europe: a Resurrection”, *International Migration Review*, Vol. 40, No. 4 (2006): 741 - 766. https: //doi. org/10. 1111/j. 1747 - 7379. 2006. 00042. x，检索日期：2020年5月28日。

② A. Ana Bleahu, “With Calluses on Your Palms They Don't Bother You: Illegal Romanian Migrants in Italy”, *Journal of Global and Historical Anthropology*, Vol. 2007: Issue 49 (2007): 102 - 109. https: //doi. org/10. 3167/foc. 2007. 490108，检索日期：2020年5月29日；D. Sandu, “Living Abroad on a Temporary Basis. The Economic Migration of Romanians: 1990 - 2006”, https: //ec. europa. eu/migrant - integration/librarydoc/living - abroad - on - a - temporary - basis - the - economic - migration - of - romanians - 1990 - 2006，检索日期：2020年5月29日。

③ R. Guentcheva et. al., “Bulgaria. The Social Impact of Seasonal Migration” (International Organization for Migration, Vienna), 2003.

④ Mikolaj Stanek, “Patterns of Romanian and Bulgarian Migration to Spain”, *Europe-Asia Studies*, Vol. 61, No. 9 (2009): 16 - 28.

续表

国家	净移民
捷克	19
匈牙利	26

资料来源：Ali Mansoor and Bryce Quillin ed.，Migration and Remittances：Eastern Europe and the Former Soviet Union，2006，Appendix 1，http：//documents1.worldbank.org/curated/en/183131468024337798/pdf/384260Migratio101OFFICIAL0USE0ONLY1.pdf，检索日期：2020年5月26日。

（二）欧盟东扩后中东欧国家移民的几个特征

2004年和2007年欧盟两次东扩后，中东欧国家的移民运动进入一个新阶段，出现如下几个新特征。

首先，欧盟两次东扩后，新成员国劳动力流动规模空前增大。据统计，欧盟首次东扩后来自8个中东欧新成员国的劳动力移民存量从2003年的89.3万人增加到2007年底的191万人，占欧盟15个老成员国人口总数的0.5%。[①] 换句话说，2004年后，平均每年从中东欧新成员国进入老成员国的劳动力移民大约为25万人，而2000~2003年每年平均仅为6.2万人。其中，保加利亚和罗马尼亚移民到欧盟老成员国的人数持续增加，2007年增加到186万人。2007年欧盟东扩后，罗马尼亚和保加利亚两个新成员国移民占欧盟15个老成员国人口总数的0.4%~0.5%，[②] 而2003年时，这两个国家的移民总数

---

① H. Brücker et al.，"Labour Mobility within the EU in the Context of Enlargement and the Functioning of the Transitional Arrangements". Final Report（IAB，CMR，FRDB，GEP，WIFO，WIIW，Nürnberg）2009，https：//www.wifo.ac.at/jart/prj3/wifo/resources/person_dokument/person_dokument.jart?publikationsid=35641&mime_type=application/pdf，检索日期：2020年6月5日。

② European Commission，The Impact of Free Movement of Workers in the Context of EU Enlargement，Report on the First Phase（1 January 2007 –31 December 2008）of the Transitional Arrangements Set out in the 2005 Accession Treaty and as Requested According to the Transitional Arrangements Set out in the 2003 Accession Treaty. Communication from the Commission to the European Parliament，the Council，the European Economic and Social Committee and the Committee of the Regions. Brussels，18 November 2008；European Commission（2008），Employment in Europe，Chapter 3：Geographical Labour Mobility in the Context of EU Enlargement. Directorate – General for Employment，Social Affairs and Equal Opportunities. Office for Official Publications of the European Communities. Luxembourg，October 2008.

只占欧盟老成员国人口总数的0.2%。这期间，中东欧新成员国的移民目的地相对集中。数据显示，自2004年欧盟东扩以来，移民数量增幅居前两位的是爱尔兰和英国。自2003年以来，英国和爱尔兰吸收了来自中东欧新成员国近70%的移民，因为奥地利和德国设置了长达7年的劳动力自由流动过渡期（见表2），合法移民人数下降。而较早开放劳动力市场的国家接收了更多的劳动力移民。

表2　欧盟成员国对中东欧新成员国人员流动的限制

欧盟成员国	取消限制中东欧新成员国人员自由流动的日期
2004年东扩后	
英国、爱尔兰	2004年5月1日
希腊、西班牙、葡萄牙、芬兰	2006年5月1日
意大利	2006年7月27日
荷兰	2007年5月1日
卢森堡	2007年11月1日
法国	2008年7月1日
比利时、丹麦	2009年5月1日
德国、奥地利	2011年5月1日
2007年东扩后	
捷克、爱沙尼亚、塞浦路斯、拉脱维亚、立陶宛、波兰、斯洛文尼亚、斯洛伐克、芬兰和瑞典	2007年5月1日
希腊、匈牙利、丹麦和葡萄牙	2009年1月1日
西班牙	2009年1月1日(2011年1月1日重新实施限制,2014年1月1日取消)
意大利、爱尔兰	2012年1月1日
德国、英国、奥地利、比利时、丹麦、法国、荷兰、卢森堡、马耳他	2014年1月1日

资料来源：Martin Kahanec，Mariola Pytliková，Klaus F. Zimmermann，The Free Movement of Workers in an Enlarged European Union：Institutional Underpinnings of Economic Adjustment，Table 1 Overview of Policy Changes with Respect to Lifting Restrictions on Access to the Labor Market for Workers from the New 2004 EU8 and 2007 EU2 Member States，*IZA DP*，No. 8456，September 2014，http：//ftp. iza. org/dp8456. pdf，检索日期：2020年7月15日。

欧盟劳动力统计数据显示，2004 年欧盟东扩后的 10 年内，居住在 15 个欧盟老成员国的欧盟公民总数增长了 4.5 倍，从 2004 年的 110 万人增至 2014 年的 610 万人，① 其中，来自 10 个中东欧新成员国的移民总数约 500 万人，平均每年移民 50 万人。

其次，虽然欧盟两次东扩之后出现了大规模移民，但 2004 年欧盟东扩后移民的增幅远高于 2007 年东扩后移民增幅，其原因大致有三方面。第一，2004 年和 2007 年欧盟两次东扩时，成员国开放劳动力市场的过渡期有所不同。2004 年欧盟首次东扩时，欧盟规定，根据各成员国不同国情，可以在扩大之日起立即向新成员国开放，也可以设立开放劳动力市场的过渡期。除英国和爱尔兰在 2004 年首次东扩之日起就向中东欧新成员国开放了劳动力市场之外，大部分老成员国都遵照“2 +3 +2”的模式设置了开放劳动力市场的过渡期，即开放劳动力市场的过渡年限可以为 2 年（如希腊、西班牙、葡萄牙和芬兰），也可以是 5 年（如比利时和丹麦），但最长不能超过 7 年（如德国和奥地利）。整体而言，老成员国开放劳动力市场的过渡期相对较短。而 2007 年东扩时，大部分老成员国将开放劳动力市场的过渡期限设为 7 年，这在一定程度上延缓了保加利亚和罗马尼亚合法移民的进程。第二，在欧盟东扩之前，保加利亚和罗马尼亚公民已经大规模（合法和非法）进入了欧盟劳动力市场（见表 3）。第三，2008 年爆发的欧元区主权债务危机导致大多数欧洲国家经济停滞和下滑，部分经济部门的劳动力需求下降，对中东欧新成员国部分劳动力流动产生消极影响。

再次，中东欧新成员国移民到欧盟老成员国的停留时间越来越稳定。2009 ~2012 年，波兰在荷兰、爱尔兰、德国和英国这四个国家的移民的平均停留时间至少增加了 18 个月。这表明，中东欧新成员国的移民在欧盟框架内进行自由流动已经越来越持久。

---

① A. Fihel et. al.,“Free Movement of Workers and Transnational Arrangements: Lessons from the 2004 and 2007 Enlargements”(Warsaw, University of Warsaw, 2015), http://www.migracje.uw.edu.pl/wp-content/uploads/2015/07/CMR_report_final_08052015.pdf，检索日期：2020 年 6 月 27 日。

表 3　2004～2012 年中东欧新成员国向欧盟老成员国移民数量

单位：千人

国家	2004 年	2005 年	2008 年	2010 年	2012 年
保加利亚	171	229	333	437	482
捷克	74	71	113	105	108
爱沙尼亚	28	34	45	59	68
拉脱维亚	23	32	57	80	128
立陶宛	50	99	167	193	254
匈牙利	92	92	131	152	184
波兰	580	776	1328	1497	1798
罗马尼亚	541	882	1640	2218	2400
斯洛伐克	66	99	150	166	158
斯洛文尼亚	34	36	38	41	43

资料来源：Anna Organiściak-Krzykowska, et. al, "Remittances as Consequences of Labour Immigration of Central and Eastern Europe Citizens in 2004－2013", *Olsztyn Economic Journal*, Vol. 11, No. 2 (2016)：95. http：//www. uwm. edu. pl/wne/podstrony/oej1/wydania/eko11＿16＿2. pdf，检索日期：2020 年 7 月 22 日。

最后，中东欧国家的移民中受教育程度更高、来自城市的年轻人的比例开始增大。到 2007 年，欧盟 40% 受过高等教育的人来自中东欧新成员国。新移民受教育程度更高，与移民接收国所提供的工作岗位的要求呈正相关。[①] 虽然部分高学历移民在目的国实现了"人尽其才"，但至少三分之一的高学历移民在其工作岗位上是"知识浪费"，因为诸多岗位只需中低端人才即可。[②]

（三）双向移民

在中东欧国家一些民众向西方国家移民的同时，随着经济发展，中东欧

① P. Kaczmarczyk, M. Okólski. "Demographic and Labour Market Impacts of Migration on Poland", *Oxford Review of Economic Policy*, No. 3 (2009)：599－624.

② European Commission, "Employment in Europe 2008", Ch. 2, Section 8. 3. Luxembourg DOI：10. 2767/5224.

一些国家也日益成为其他国家的移民目的国，中东欧成为双向移民地区。中东欧国家的移民主要来自邻国。在中欧，移民捷克的主要是斯洛伐克人（占全部移民总数的 39%），移民斯洛伐克的主要是捷克人（55%），移民波兰的主要是乌克兰人（33%），移民匈牙利的主要是罗马尼亚人（49%）。移居罗马尼亚的摩尔多瓦人占该国接收移民总数的 25%，移居斯洛文尼亚的波黑人则占该国接收移民总数的 34%。

在流向中东欧国家的移民中，来自非欧盟成员国的移民约占移民总数的四分之三（72%），与欧盟 15 个老成员国相若（75%）。在地处中欧的维谢格拉德集团国家的移民存量中，来自独联体国家的移民，如乌克兰人、白俄罗斯人和俄罗斯人占相当大的比例。在波罗的海三国中，俄罗斯移民占三国移民存量的 90% 以上（2013 年）。[①] 而在匈牙利和斯洛伐克，非欧盟国家移民不到移民总数的一半。同期，在保加利亚的俄罗斯人占该国接收移民的 24%。这种情况不仅与它们的地理位置有关，也与移民目的国相对较高的经济吸引力有关。

来自独联体国家的移民有几个特点。第一，来自独联体国家的移民具有临时性、循环性和不定期性等基本特征。[②] 这与部分中东欧国家对非熟练劳动力移民采取的限制性措施有关，[③] 即临时工作许可签证数量大大超过永久工作许可签证数量。第二，移民目的国中外国公民的比例相对较小。2013 年，在欧盟 15 国中，外国公民的平均占比约为 10%，有些国家超过 12%。

---

① Julia Kovalenko et. al.，"New Immigrants in Estonia，Latvia and Lithuania"，https：//ec. europa. eu/. . . /librarydoc/new - immigrants - in - estonia - latvia - and - lithuania，检索日期：2020 年 6 月 2 日。

② A. Górny，M. Kindler，"The Temporary Nature of Ukrainian Migration：Definitions，Determinants and Consequences"，In O. Fedyuk M. Kindler eds.，*Ukrainian Migration to the European Union. Lessons for Migration Studies*（Heidelberg，New York，Dordrecht，London，Springer，2016），pp. 91 - 112.

③ T. Blahotova，"Czech Republic：towards a Restrictive Migration Policy". In F. Medved ed.，*Proliferation of Migration Transition. Selected New EU Members States. European Liberal Forum*（Brussels，2014），pp. 50 - 83. https：//politicalcapital. hu/pc - admin/source/documents/Proliferation%20of%20Migration%20Transition. pdf，检索日期：2020 年 6 月 2 日。

而在中东欧国家，这一比例更低，比例最高的斯洛文尼亚还不到6%。[1] 第三，乌克兰是中东欧国家外国劳动力的主要来源国。乌克兰人的主要移民目的地是德国、意大利、波兰和捷克。而波兰、捷克等中东欧国家只是他们前往更富裕国家的第一站或最容易的一站。[2] 因为这两个国家获取工作许可签证很简单。2013 年波兰发放此类签证的数量为 23.5 万份，2016 年骤增至 100 万份。1990 ~2017 年中东欧国家双向移民的具体数据详见表 4。

表 4　1990 ~2017 年中东欧国家双向移民状况

	移(入)民存量（百万人）	移(入)民存量占总人口比例(%)	移(出)民存量（百万人）	移(出)民存量占总人口比例(%)
保加利亚	0.2	2.1	1.3	18.2
克罗地亚	0.5	12.9	0.9	21.9
捷克	0.4	4.1	1.0	9.0
爱沙尼亚	0.2	14.6	0.2	15.1
匈牙利	0.5	5.0	0.6	6.5
拉脱维亚	0.3	13.2	0.4	19.1
立陶宛	0.1	4.4	0.6	20.9
波兰	0.6	1.7	4.7	12.4
罗马尼亚	0.4	1.8	3.6	18.2
斯洛伐克	0.2	3.4	0.4	6.5
斯洛文尼亚	0.2	10.6	0.1	6.9
阿尔巴尼亚	0.1	1.6	1.1	39.8
波黑	0.1	1.1	1.7	49.5
北马其顿	0.1	6.2	0.5	25.7
黑山	0.1	11.2	0.1	21.9
塞尔维亚	—	—	—	—

资料来源：World Bank，Migration and Brain Drain（Washington，World Bank Group，2019），p. 29. https：//openknowledge. worldbank. org/handle/10986/32481，检索日期：2020 年 5 月 25 日。

① Agata Górny，"Eastwards EU Enlargements and Migration Transition in Central and Eastern Europe"，*Geografie*，122/4（2017）：485. https：//geografie. cz/media/pdf/geo_ 2017122040476. pdf，检索日期：2020 年 6 月 25 日。

② 参阅 B. A. Vollmer，*Ukrainian Migration and the European Union. Dynamics，Subjectivity and Politics*（Houndmills，Basingstoke，Hampshire，Palgrave Macmillan，2016）.

表4显示，1990～2017年，已入盟的中东欧国家中净移民数量居前两位的是波兰（470万）和罗马尼亚（360万）。在尚未入盟的中东欧国家中，波黑和阿尔巴尼亚是向外移民数量居前两位的国家，分别为170万和110万。同样，这两个国家也是向外移民总数占人口比例最高的国家，分别为49.5%和39.8%。另外，根据国际移民组织的最新统计，由于移民活动、出生率和死亡率的共同作用，2009～2019年部分中东欧国家人口大幅减少，其中减少较多的国家分别是立陶宛（－13%）、波黑（－12%）、拉脱维亚（－11%）、保加利亚（－6.5%）、罗马尼亚（－6.5%）、克罗地亚（－5%）。①

（四）西巴尔干国家移民

20世纪90年代初南斯拉夫解体后，暴力冲突不断，从中央计划经济向市场经济缓慢转型，宗教沙文主义和民族主义盛行。这些因素不断引发西巴尔干国家的大规模移民潮，促使本已庞大的移民群体不断扩大。根据世界银行的统计，1990～2017年，西巴尔干国家的440万人生活在国外，该地区的平均移民率达到24.5%（不含塞尔维亚），其中波黑高达49.5%，其后依次为阿尔巴尼亚（39.8%）、（北）马其顿（25.7%）、黑山（21.9%）。

2008年，全球经济危机重创了西巴尔干地区。经济学人智库称，2012年，西巴尔干国家的国内生产总值（GDP）比1989年的水平仍低近10%，而2004年7月加入欧盟的8个中东欧国家的GDP则比1989年平均高出近60%。② 这种灰暗的经济形势进一步推动西巴尔干国家民众走出国门，寻找其他机会，以获得更好的生活。

---

① International Organization for Migration, *World Migration Report 2020*, p. 87, https://publications.iom.int/system/files/pdf/wmr_2020.pdf，检索日期：2020年7月27日。

② EIU, "Why are the Western Balkans Lagging Behind?" (24 March 2015), http://bit.ly/2aC6grG，检索日期：2020年7月26日。

二　影响向外移民的若干因素

如同商品、资本甚至技术的跨国流动，向外移民也受一系列因素的影响。潜在的移民会权衡经济、社会和其他成本及利益，以决定是否迁移和迁移到哪里。但总的趋势是，人们一般被当前和未来就业机会更好的劳动力市场吸引，从低工资国家移民到高工资国家。世界银行列举了影响移民的“推出”和“拉入”因素（见表5）。

表5　影响移民的“推出”和“拉入”因素

“推出”因素	动机类型	“拉入”因素
贫困	经济和人口因素	更高的工资前景 改善生活的潜力 个人和专业发展
失业	政治因素	安全 政治自由
低工资	社会和文化因素	家庭团聚 民族家园 非歧视

资料来源：A. Mansoor, B. Quillin eds., *Migration and Remittances. Eastern Europe and the Former Soviet Union* (Washington, World Bank Group, 2006), http://documents1.worldbank.org/curated/en/183131468024337798/pdf/384260Migratio101OFFICIAL0USE0ONLY1.pdf，检索日期：2020年7月17日。

总体而言，影响移民的因素主要包括以下几个方面。

第一，收入差距因素。收入差距或许是影响劳动力流动的最重要因素。[①] 在20世纪80年代末，中东欧国家的人均收入只有西欧国家平均水平的1/8，1991年时进一步下降为1/10（保加利亚为1/12）。[②] 中东欧国家的

① World Bank, “Moving for Prosperity: Global Migration and Labor Markets”, *Policy Research Report* (Washington, DC); David Michael Gould, *Critical Connections: Promoting Economic Growth and Resilience in Europe and Central Asia* (Washington, DC: World Bank Group, 2018), http://doi: 10.1596/978-1-4648-1157-9，检索日期：2020年5月28日。

② Miguel León-Ledesma and Matloob Piracha, “International Migration and the Role of Remittances in Eastern Europe”, *International Migration*, Vol. 42, No. 4 (2004).

经济转型导致这些国家的失业率上升。世界银行的一项研究表明，高收入水平对外来移民有强大的吸引力。移民目的国的人均 GDP 每增加 2000 美元，移民选择该目的地的可能性就会增加 10% 。而中东欧国家之间的移民对收入差距的敏感性则小得多。这种差异表明，其他因素也对移民产生了重要影响。例如，欧盟内部的自由劳动力流动的相关规范，或中东欧国家之间的历史和政治联系等。

第二，劳动力市场因素。随着国家从计划经济向市场经济转型和产业结构重组，中东欧国家的失业率曾在很长时间内居高不下。从个人角度看，失业导致失业者收入减少或完全消失，生活水平下降，健康恶化并滑向社会的边缘。从国家层面看，失业率居高不下意味着预算收入的损失，导致公共财政状况恶化。因此，失业成为经济状况恶化的一个重要因素，并因此降低特定人口的生活水平，它反过来又推动人们追求更好的生活。[①] 这是理解中东欧国家移民规模的重要方面。

第三，成本因素。影响移民的一个重要的决定因素是地理和文化距离。远距离或带来高昂的交通成本，经济拮据的移民因预算考虑大多选择移居邻近国家。同时，文化的适应性和定居的成本也是移民必须考虑的。先期移居西欧国家的人们大多已建立了特定的社区和人脉网络。这些移民网络帮助本国的后来移民在移民接收国寻找工作，克服语言和法律障碍，开始新的生活。[②] 加入欧洲联盟是影响中东欧成员国在欧盟内部移民规模和分布的一个关键因素。

第四，国内政策等其他因素。如果人们无法获得适当的公共服务，政治权利受到限制，或者感到人身安全受到威胁，即使没有明确的国内冲突，他们也更有可能移居国外。这些因素也影响到移民的教育、技能、性别和年龄

① Anna Organisciak-Krzkowska，“The Determinants and the Size of International Migration in Central and Eastern Europe After 2004”，*Comparative Economic Research*，Vol. 20，No. 4（2017），https：//doi. org/10. 1515/cer－2017－0033，检索日期：2020 年 7 月 2 日。

② Ekaterina Sprenger，“The Determinants of International Migration in the European Union：An Empirical Analysis”，*IOS Working Papers*，No. 325（January 2013），https：//www. econstor. eu/bitstream/10419/79240/1/733903029. pdf，检索日期：2020 年 7 月 17 日。

构成。高收入国家吸引了众多拥有技术背景的移民。这些移民接收国也倾向于选择有技能的人才，因为人力资本回报较高。

三　经济危机与移民回流

一般而言，移民通常对经济周期反应敏感，并成为劳动力市场的“蓄水池”。在经济景气时期，移民填补了接收国职位空缺，解决了劳动力需求问题，并有助于缓解通胀压力。同时，移民还有效地缓解了输出国劳动力市场的劳动力过剩问题，帮助缓解失业和提高在职人员的工资。在经济困难时期，部分移民选择返回输出国或前往其他有工作机会的目的地。

当然，如果是临时移民，其回流的决定将不仅基于移民接收国当前和未来的收入，而且基于输出国未来的预期回报。移民回流的主要动机包括偏爱本国的消费、回归正常家庭生活和享有国内人脉网络，享受移民输出国和接收国之间的物价差（高工资和低价格）。当移民的上述某些预定目标实现时（如完成教育或积累一定数量的财富），移民回流便可实现。此外，高素质人才可能会发现在自己国家更容易找到合适的工作。另外，由于众多移民在移民接收国只能从事低技术含量的工作，因此这些移民可能更愿意返回家乡，从事更能够发挥其才干的工作。

数据显示，从 2007 年开始，中东欧国家的移民回流有所增加（见图 1），并在 2008 年达到高峰。英国和爱尔兰两国中的中东欧国家劳动力回流最快，尤其是波兰移民。在 2004 年 5 月至 2009 年 3 月期间，2004 年加入欧盟的 8 个中东欧国家移民英国的人数达到 140 万人，其中近一半在 2008 年底返回输出国。[①] 当然，并非所有离开欧盟 15 国的中东欧移民都回到了自己的国家，其中一些人选择继续移民到其他国家。

---

① Equality and Human Rights Commission and Migration Policy Institute，“The UK's New Europeans-Progress and Challenges Five Years after Accession”（EHRC，Manchester，2009），https：//www.migrationpolicy.org/sites/default/files/publications/new_ europeans.pdf，检索日期：2020 年 7 月 26 日。

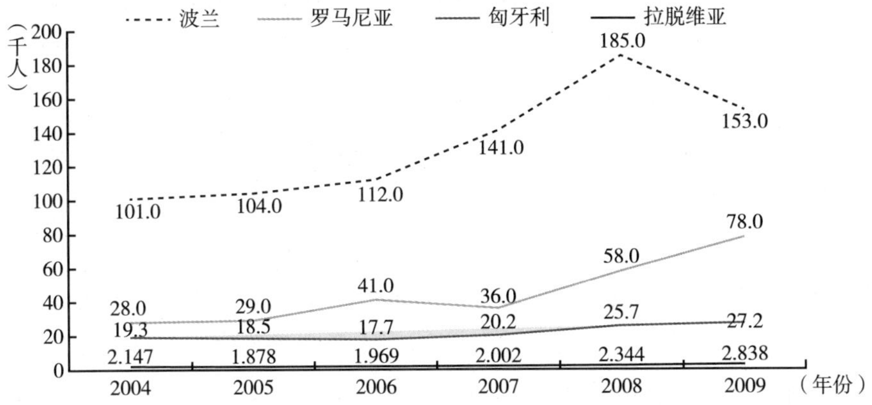

图1　2004～2009年中东欧4国移民回流状况

资料来源：OECD International Migration Database。

移民的这种回流带来三方共赢局面，即移民输出国和接收国都从移民中获益，同时移民本身也获得经济利益。移民回流对移民输出国有利，因为回流能带来新的技术和能力，增加整体人力资本，提高生产力，也在一定程度上消除移民和人才外流的负面影响，对移民输出国的劳动力市场和整体经济增长产生积极影响。此外，技术移民的回流可能会促进输出国与接收国间的贸易和投资。

中东欧国家的移民回流具有三个显著特征。

第一，适龄劳动人口（15～65岁）占多数，其中45岁以下者居多。2009年，从西班牙返回罗马尼亚的人中，45岁以上的只有15%；在匈牙利，回流移民为45岁以上者只有20%；在拉脱维亚，移民回流的可能性与年龄成反比，90%的回流移民年龄低于50岁；[①] 在波兰，回流移民的年龄多在20～44岁。此外，回流移民的平均年龄比向外移民的平均年龄要大一些，向外移民的人口年龄大多为20多岁。根据欧盟统计局对所有欧盟

① M. Hazans, K. Philips, "The Post-Enlargement Migration Experience in the Baltic Labour Markets", *IZA Discussion Paper*, No. 5878（2011）, http://ftp.iza.org/dp5878.pdf，检索日期：2020年7月18日。

成员国的研究，2008 年中东欧回流移民的平均年龄超过30 岁。[1] 匈牙利的案例研究显示，2008 ~ 2010 年，回流的移民有一半年龄在 30 ~ 45 岁。同时期从西班牙返回罗马尼亚的移民也出现同样的趋势。在拉脱维亚，大约 1/3 的回流移民在 35 岁以上。在中东欧国家中，只有波兰回流移民多为 30 岁以下的年轻人。

第二，回流移民中男性多于女性。在罗马尼亚，2009 年离开西班牙的罗马尼亚人中 3200 人为男性，2300 人为女性。根据匈牙利统计资料，大约 2/3 的回流移民是男性。回流移民男性多于女性的趋势或许与移民在移民接收国从事的工作类型有关。此外，在建筑业、制造业、旅游业中就业的男性占多数，而这些行业是受经济危机打击最严重的领域。遇到经济危机，这些行业的男性往往选择回流。而从事社会护理工作或提供其他日常服务的女性受经济衰退的影响较小。

第三，家庭原因是众多移民回流的重要因素。移民回流要么是为了回归家庭，要么是为了和家人一起行动，要么是因为关心孩子的教育问题。

此外，原籍国经济状况改善，社会网络成熟使移民更容易在国内找到就业机会，也促进了移民回流。当然，不排除许多回流移民重复移民的可能性，而且有很大一部分人计划未来再次出国工作一段时间，[2] 这表明，未来从中东欧国家向欧盟老成员国的移民可能具有循环性质。

不同于英国和爱尔兰，在 2008 年经济危机爆发后，其他西欧国家并没

---

① A. Herm, "Recent Migration Trends: Citizens of EU27 Member States become Ever More Mobile while EU Remains Attractive to Non-EU Citizens", *Statistics in Focus* (Brussels, Eurostat, 2008), http://epp.eurostat.ec.europa.eu/cache/ITY_OFFPUB/KS-SF-08-098/EN/KS-SF-08-098-EN.PDF，检索日期：2020 年 7 月 18 日。

② Eurofound, "Labour Mobility within the EU: The Impact of Return Migration. European Foundation for the Improvement of Living and Working Conditions" (Dublin, Ireland, 2012), https://www.eurofound.europa.eu/sites/default/files/ef_publication/field_ef_document/ef1243en.pdf，检索日期：2020 年 7 月 18 日。

有出现中东欧国家移民大规模回流的现象。[①] 在这些国家的中东欧移民采取了观望策略：虽然在经济危机之前这些移民可以挣得相对高的工资，但经济危机发生后他们选择接受较低的工资，做兼职，放弃假期，愿意自费参加更多的职业培训以学习新技能。同时，尽可能申请享受移民接收国提供的福利并继续留在那里。在罗马尼亚，由于 2009 年和 2010 年就业岗位大幅减少，即便是那些在国外失去工作的移民也可能比在罗马尼亚更容易找到工作。这也是阻碍移民回流的一个因素。

当然，经济危机会加速一些原本就打算有朝一日返回输出国的移民的回流进程。此外，移民回流也是自然移民周期的一部分，在某一时刻，移民出于个人和家庭原因决定回流，而并非仅仅经济环境使然。[②]

由此可见，2008 年经济危机前后中东欧国家的移民图景大致是：在危机爆发前，向外移民处于增长趋势，危机爆发导致部分中东欧国家移民回流；危机结束之后，欧盟的中东欧成员国净移民率都大幅下降，但整体上仍然是移出大于回流。[③]

四　移民对输出国的社会经济影响

移民对输出国社会经济产生多方面影响，主要包括劳动力市场、金

---

① J. Koehler, et. al., *Migration and the Economic Crisis in the European Union: Implications for Policy* (Geneva, International Organization for Migration, 2010), p. 24. https://publications.iom.int/system/files/pdf/migration_ and_ the_ economic_ crisis. pdf，检索日期：2020 年 7 月 18 日。D. Holland, et. al., Labour Mobility within the EU—The Impact of Enlargement and the Functioning of the Transitional Arrangements, Final Report (London, National Institute of Economic and Social Research for the European Commission, 2011), p. 35, https://www.niesr.ac.uk/sites/default/files/publications/050811_ 152043. pdf，检索日期：2020 年 7 月 18 日。

② J. Kochler, et. al., *Migration and the Economic Crisis in the European Union: Implications for Policy* (Geneva, International Organization for Migration, 2010), p. 15, https://publications.iom.int/system/files/pdf/migration_ and_ the_ economic_ crisis. pdf，检索日期：2020 年月 27 日。

③ D. Holland et. al., Labour Mobility within the EU—The Impact of Enlargement and the Functioning of the Transitional Arrangements, Final Report (London, National Institute of Economic and Social Research for the European Commission, 2011), p. 50, https://www.niesr.ac.uk/sites/default/files/publications/050811_ 152043. pdf，检索日期：2020 年 7 月 18 日。

融市场、劳动生产率、国家竞争力、人口增长率、退休制度和社会保障等方面。

第一，移民对输出国的竞争力产生影响。人力资本大量外流，导致输出国劳动力短缺，而受过高等教育的人员移民加剧了这些国家业已存在的高技能劳动力短缺的问题。这个问题在波罗的海国家和东南欧国家特别严重。熟练劳动力的大量外流会降低劳动生产率。一项分析表明，1995 ~ 2012 年，如果没有大量移民外流，中东欧国家的累计实际劳动生产率增长会高出约 6 个百分点。这种影响在东南欧国家尤其明显。此外，技术工人的流出降低了输出国的全要素生产率。1995 ~ 2012 年，如果没有技术移民，中东欧国家全要素生产率的累计增长率会高出 2.5 个百分点。

此外，劳动力的减少对国内工资造成上行压力。① 在波罗的海国家和西巴尔干国家，大量技术工人外流导致这些国家的工人在劳动力市场上的议价能力提高，企业面临职工工资上涨的压力。

第二，移民对经济增长和收入趋同产生负面影响。实证分析表明，1995 ~ 2012 年，如果没有大量向外移民，中东欧国家的实际 GDP 增长率会高出 7 个百分点。反过来，由于经济增长下降减缓了人均收入的趋同，特别是在阿尔巴尼亚、保加利亚、克罗地亚和罗马尼亚，这些国家的对外移民，年轻人和有技能者所占比重较高。在爱沙尼亚、立陶宛和斯洛文尼亚等国家中，也存在类似现象。同样，1995 ~ 2012 年，如果没有大量技术人才移出，在欧盟东扩 10 周年的时候（2014），欧盟的中东欧成员国与欧盟 28 国的人均收入差距原本可以缩小 5 个百分点。②

第三，移民降低了中东欧国家适龄劳动人口的潜在增长率。东南欧国家和波罗的海国家尤其明显。1999 ~ 2014 年，移民导致阿尔巴尼亚、黑山、

① Prachi Mishra, “Emigration and Wages in Source Countries: A Survey of the Empirical Literature”. In Robert Lucas ed., *International Handbook on Migration and Economic Development* (Northampton, Massachusetts: Edward Elgar, 2015).

② Ruben Atoyan et al., “Emigration and Its Economic Impact on Eastern Europe”, IMF SDN/16/07 (July 2016), p. 22. https://www.imf.org/external/pubs/ft/sdn/2016/sdn1607.pdf，检索日期：2020 年 7 月 10 日。

罗马尼亚、拉脱维亚和立陶宛的适龄劳动人口年增长率减少了0.6～0.9个百分点。①

第四，移民对输出国人口结构产生了消极影响。向外移民使移民输出国出现两个相互关联的人口进化过程：一方面，适龄劳动人口大量外流；另一方面，人口老龄化日益加剧。② 人口中老年人比例的上升推高了抚养比率，加大了政府养老金和医疗支出。2015 年，中东欧国家主要由养老金和医疗支出推动的社会支出在 GDP 中增长了约 2.5 个百分点。为抵消社会支出压力带来的日益加重的财政负担，部分中东欧国家提高了劳动税（labor tax）税率。③ 移出人口占总人口的比重每增加 1 个百分点，劳动税就增加 4.4 个百分点。反过来，更高的劳动税可能会增加结构性失业，阻碍经济增长。④

第五，侨汇对移民输出国具有一定的积极影响。侨汇在缓解移民输出国贫困方面发挥了重要作用，⑤ 它可促进投资，支持消费并改善私人信贷和储蓄率。一项跨国研究显示，在严重依赖侨汇（侨汇占当年 GDP 的比重超过10%）的国家，侨汇在改善私人信贷和支持私营部门活动中起到了至关重要的作用。表 6 为 2004～2019 年中东欧 13 国的侨汇数据。

---

① 虽然斯洛文尼亚、匈牙利和捷克等国家的经济增长也因技术人才的流失而减弱，但它们也从劳动力流入中受益。

② Zane Varpina, "Countries of Old Men? Demographic Challenges in Estonia, Latvia and Lithuania", *The Friedrich-Ebert-Stiftung Analysis* (Feb. 2018), https://www.fes-baltic.org/fileadmin/user_upload/documents/FES_Countries_of_old_men_final.pdf，检索日期：2020 年 6 月 29 日。

③ 劳动税是西方国家对个人征收的一个税种。

④ Jens Arnold, "Do Tax Structures Affect Aggregate Economic Growth? Empirical Evidence from a Panel of OCED Countries", *Working Paper* 643 (Paris, OECD, 2008), http://dx.doi.org/10.1787/236001777843，检索日期：2020 年 7 月 18 日。

⑤ Drinka Peković, "The Effects of Remittances on Poverty Alleviation in Transition Countries", *Journal of International Studies*, Vol. 10, No. 4 (2017), pp. 37-46. http://doi: 10.14254/2071-8330.2017/10-4/2，检索日期：2020 年 7 月 27 日。

表6　2004～2019年中东欧13国侨汇数据

单位：百万欧元

国家	2004年	2010年	2015年	2016年	2017年	2018年	2019年
阿尔巴尼亚	1161	1587	1291	1306	1312	1458	1473
波黑	2053	1822	1801	1846	2017	2263	2261
保加利亚	1723	1333	1495	1666	2194	2395	2342
克罗地亚	1874	2287	2521	3022	3430	3808	4033
捷克	1222	1229	2675	3126	3585	3936	3860
匈牙利	633	1850	3954	4171	4124	4392	4710
黑山	—	416	470	481	523	589	584
(北)马其顿	213	388	307	291	314	344	371
波兰	4724	7712	6835	6764	6933	7112	6497
罗马尼亚	131	641	5391	5930	6556	6984	7692
塞尔维亚	—	4117	3370	3205	3590	4446	4238
斯洛伐克	703	1591	2138	2120	2164	2211	2087
斯洛文尼亚	261	164	400	452	502	579	611

资料来源：World Bank，Migration and Remittances，https：//www. worldbank. org/en/topic/labormarkets/brief/migration – and – remittances，检索日期：2020年12月3日。

根据世界银行的数据，如图2所示，2019年，在中东欧国家中，西巴尔干国家个人侨汇占本国当年GDP比重最高，按占比从高到低排序，这些国家依次为黑山（25.4%）、波黑（10.9%）、阿尔巴尼亚（9.4%）、塞尔

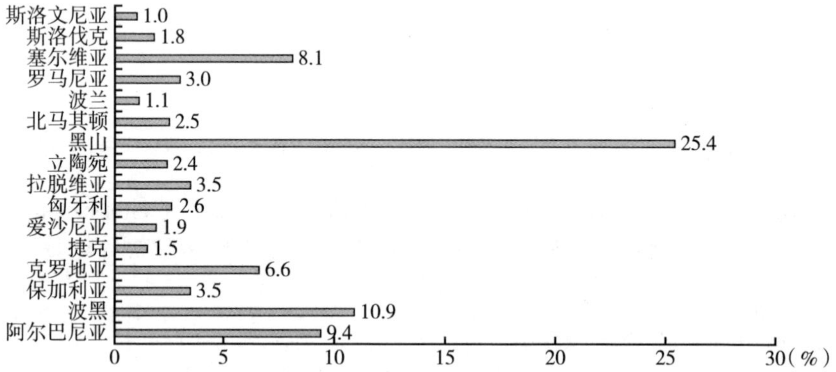

图2　2019年侨汇在中东欧国家GDP中所占比重

资料来源：Annual Remittances Data，Inflows（April 2020）（Washington D. C.，World Bank Group，2020）. https：//www. worldbank. org/en/topic/labormarkets/brief/migration – and – remittances，检索日期：2020年7月27日。

维亚（8.1%）。这表明，这些国家的经济增长对侨汇的依赖更多。在欧盟中东欧成员国中，克罗地亚（6.6%）、保加利亚（3.5%）和拉脱维亚（3.5%）侨汇占当年GDP的比重较大。中东欧国家侨汇的主要来源国是德国、瑞士、美国、英国、希腊、意大利、加拿大、澳大利亚、西班牙和土耳其。

总体而言，侨汇对金融发展中信贷相关指标的影响强于对存款相关指标的影响。私营部门信贷在GDP中所占的份额受汇款影响最大。侨汇占GDP的比重每增加1个百分点，私营部门信贷占GDP的比重就会增加0.59～1.15个百分点。同时，侨汇对存款总额的影响也很大。①

结语

转型30多年来，中东欧国家出现了规模空前的移民潮。移民的主要动因是经济，移民的主要目的地是西欧国家。移民活动改善了移民自身的生活，侨汇使其家人和移民输出国受益。

1990年之后，特别是欧盟东扩之后，中东欧国家的人口主要在欧盟内部移动。在中东欧国家中，波兰、罗马尼亚、保加利亚、阿尔巴尼亚和波黑等国家是向外移民大国。

西巴尔干国家大规模向外移民主要是受20世纪90年代连绵不断的武装冲突、经济发展缓慢和民族主义泛滥等因素的推动。2008年全球经济危机又重创了西巴尔干地区经济，进一步推动西巴尔干国家出现移民潮。从移民占一国总人口比例的角度看，西巴尔干这些小国都是名副其实的移民"大国"。

---

① Jakhongir Kakhkharov, "The Impact of Remittances on Financial Development: The Case of Transition Economies of Central & Eastern Europe and Former Soviet Union", *Discussion Paper*, No. 2014-09 (2014), https://research-repository.griffith.edu.au/bitstream/handle/10072/390398/2014-09-impact-of-remittances-on-financial-development.pdf，检索日期：2020年7月26日。

在向外移民的同时，很多中东欧国家也接收了大量来自周边国家，尤其是独联体国家的移民，这就使得中东欧成为一个名副其实的双向移民地区。

中东欧国家大量向外移民的主要驱动力是东西欧之间存在明显的工资差异。此外，移民输出国的经济形势、劳动力市场，以及其他因素也是推动移民活动不容忽视的因素。

2008 年爆发的金融危机以及随后的经济危机，导致部分中东欧国家的移民回流。回流移民中男性多于女性，家庭团聚是移民回流的重要考量因素。移民回流给移民输出国带来新的技术，增加了整体人力资本，提高了生产力，对劳动力市场和经济产生积极影响。

移民对输出国社会经济产生诸多方面的影响。人力资本大量外流，导致输出国劳动力短缺。劳动人口流出降低了中东欧国家适龄劳动人口的潜在增长率，老龄化趋势明显，推高了抚养比率，加大了政府养老金和医疗支出。这些因素不同程度上都对移民输出国的社会经济产生消极影响。

如何保持经济可持续发展，不断缩小与西欧国家的经济和收入差距，改善国内就业市场，以减缓本国向外移民的速度，减小移民规模，改善人口结构，是中东欧国家现今和未来一个时期必须应对的挑战。

B.5 欧尔班现象

——匈牙利政府如何用法律重塑政治生态

王秋萍*

摘　要： 匈牙利总理欧尔班1989年开始步入政坛，经过1998～2002年首次执政的坎坷和历练，蛰伏8年后于2010年强势回归。欧尔班领导的青年民主主义者联盟先后于2010年、2014年和2018年三次赢得国会选举，成为匈国会选举历史上首个连续三次胜选，且三次均以三分之二绝对多数胜选组阁的政党。欧尔班政府充分利用国会三分之二绝对多数的优势，大开修宪、立法便利之门，迂回推进司法改革，重塑匈牙利的政治生态，为谋求青民盟的连续、长久执政奠定法律基础。

关键词： 匈牙利　欧尔班现象　政治生态

近年来，欧盟关于匈牙利民主法治状况的质疑和批评声不断——这与当前匈牙利执政党青年民主主义者联盟（FIDESZ，简称青民盟）及总理欧尔班·维克多（Orbán Viktor）的执政理念和执政纲领有关。匈牙利执政联盟青民盟－基民党（FIDESZ－KDNP，鉴于在执政联盟中基民党政治影响力极小，后文将以青民盟指代现匈牙利执政联盟）先后于2010年、2014年和2018年三次赢得国会选举，成为匈国会选举历史上首个连续三次胜选且均

---

* 王秋萍，北京外国语大学匈牙利语讲师，主要从事匈牙利国别研究和中匈关系研究。

以三分之二绝对多数胜选组阁的政党，青民盟主席欧尔班连续三度出任总理，成为中东欧甚至整个欧洲令人瞩目的政治家。自青民盟 2010 年胜选以来，匈牙利政坛左、右翼分庭抗礼的平衡局势一去不复返，取而代之的是青民盟一党独大、反对派政党不断分化的局面。手握国会三分之二绝对多数授权的欧尔班，在过去 10 年间，不断通过法律手段，带领青民盟迂回推进司法改革，重塑匈牙利的政治生态，为谋求青民盟的连续、长期执政不懈努力。

一　欧尔班早期的政治经历

匈牙利总理欧尔班是青民盟的创始人之一。欧尔班的政治生涯开启得很早，但并非一帆风顺。丰富而坎坷的执政经历促使欧尔班在后来的三个总理任期内致力于推动新立法，使政治风向朝着对自己所在党派有利的方向发展。

欧尔班在匈牙利政坛的首秀发生在 1989 年 6 月。当时，他作为新成立的青年政治团体青民盟的创始人，在重新安葬纳吉总理①的全国性集会上，发表了《让苏军撤出匈牙利》的演讲，一时声名鹊起，成为全国知名青年政治领袖。1990 年 5 月，匈牙利第一届自由选举的国会成立后，欧尔班以青民盟代表的身份当选为国会议员。1998 年，他带领青民盟赢得大选并出任总理，时年 35 岁，是匈历史上最年轻的总理。首届欧尔班政府是由青民盟和匈牙利民主论坛（匈语缩写：MDF）以及独立小农党（匈语缩写：FKgP）组成的联合政府。在首个任期内，欧尔班虽雄心勃勃，但由于缺乏经验，执政四年成绩平平，青民盟也因此在接下来的两届大选中落败，左翼社会党（匈语缩写：MSZP）连续执政。

---

① 纳吉·伊姆莱（Nagy Imre），1956 年匈牙利“十月事件”期间，他应起义民众要求出任匈牙利总理，组织多党联合政府，试图摆脱苏联控制，并向西方请求协助，阻止苏联对匈武装干涉。苏联出兵后，他在南斯拉夫驻匈大使馆避难，后被捕并被送往罗马尼亚。1958 年被押解回匈，经公审后被处以绞刑。

2002～2010 年，欧尔班充分利用这段在野时间壮大自身实力，谋求再次崛起。一方面，他积极开展党内建设，强化其个人对青民盟的领导，并对上一任期进行反思，不断为胜选执政做准备；另一方面，他大搞街头政治，对左翼社会党政府施政进行阻挠和攻击。2003 年，青民盟一手扶持极右翼政党尤比克党（Jobbik）发展壮大。尤比克党的全称为“为了更好的匈牙利运动”，其前身为 1999 年成立的大学生青年组织“右翼青年团体”，相当于青民盟的青年分支。在青民盟的支持下，尤比克党在社会党执政期间大搞街头政治，给当时的社会党执政造成极大干扰。此外，欧尔班带领青民盟不断吞并小党，整合右翼势力，逐渐形成了日渐强大且忠于欧尔班的青民盟。

2008 年，全球金融危机和欧债危机爆发，欧尔班看到了东山再起的机会。由于匈牙利经济为出口导向型，外贸依存度高达 70% 以上，主要出口对象为德国等西欧国家，单一的经济增长方式使得其抗击危机的能力极其脆弱。2009 年，匈牙利成为继冰岛之后第二个濒临国家破产的欧洲国家。在国际货币基金组织（IMF）200 亿欧元紧急援助贷款的帮助下，匈牙利虽幸免于国家破产，但执政的社会党政府已难以为继。时任总理久尔查尼·费伦茨（Gyurcsány Ferenc）于 2009 年 3 月因政治丑闻被迫辞职，[①] 为避免提前大选，社会党决定成立看守政府维系国家运转直至 2010 年 4 月。[②]

匈牙利民众对社会党执政能力感到失望，转而支持右翼政党青民盟，社会和舆论气氛已经倒向青民盟。大选前，匈国内外民调机构、媒体几乎一边倒地预测欧尔班胜选。2010 年 4 月，经过两轮选举，青民盟获取了 386 个议席中的 263 席，占全部议席的 68%，获得了三分之二绝对多数。欧尔班本人也毫无悬念地当选匈牙利总理。青民盟的这场胜利，创下了匈国会选举历史上的政党最佳成绩，被称为“革命性的胜利”。

---

① 匈牙利 Index 新闻网，https：//index. hu/belfold/2009/03/21/gyurcsany_ lemond/，检索日期：2020 年 6 月 21 日。

② 匈牙利 Portfolio 新闻网，https：//www. portfolio. hu/gazdasag/20090414/megtortent - bajnai - gordon - az - uj - miniszterelnok - 113404，检索日期：2020 年 6 月 21 日。

青民盟在大选中的胜利，对匈牙利政坛格局造成颠覆性影响，左翼政党遭到毁灭性打击。左翼最大政党社会党彻底分崩离析，社会党主席兰德瓦伊·伊尔迪科（Lendvai Ildikó）和主席团全体辞职，之前争夺党内领导权失利的前国会主席西丽·卡塔琳（Szili Katalin）退党，后加入社会正义运动人民党（匈语缩写：KTI），此后逐渐淡出匈政坛。此外，社会党分裂为年轻派和年老派，年轻派接管社会党，由前总理久尔查尼领导的年老派则成立民主联盟（匈语缩写：DK），这两党成为左翼的主要力量。曾经联合执政的中左翼民主论坛（匈语缩写：MDF）和自民盟（匈语缩写：SZDSZ）均未能进入国会，也逐渐从政坛消失。极右翼政党尤比克党和绿党“政治可以是别样的党”（匈语缩写：LMP）均进入国会，这也是极右翼政党和绿党首次进入匈国会。

2010 年大选彻底打破了匈牙利自制度变革以来逐渐形成的左右翼抗衡交替的格局，取而代之的是青民盟一党独大、左翼反对党散弱、极右翼强势抬头的格局，青民盟再无真正的竞争者和制衡者。青民盟拥有国会三分之二绝对多数优势，执政之路畅通无阻，可以大刀阔斧地推行改革，而这也成为西方批评其独裁、民主倒退的把柄。①

二　欧尔班三个任期内的法治改革

2010 年，欧尔班领导的青民盟以三分之二绝对多数赢得国会选举，一方面实现了欧尔班“蛰伏”8 年后再度执政的愿望，展现了他领导的青民盟在竞选宣传和选民动员上的绝对优势。另一方面，此次胜选执政也是青民盟谋求连续、长期执政的开端。青民盟在国会拥有三分之二绝对多数优势，相当于得到了修改任何法律的授权，为稳固自身地位、压缩反对派生存空间提供了绝佳机会。政法专业出身的欧尔班，在 2010 年上台后，充分利用这一机会，通过不断推行法治改革稳固其执政地位。

---

① Bíró-Nagy András，*Orbán 10*（《欧尔班执政 10 年》），匈牙利政策方案研究所，2020 年。

（一）出台全新宪法，强化国家和政府权力

2011 年 4 月，匈牙利国会以 262 票赞成、44 票反对、1 票弃权的结果通过了青民盟政府提交的新宪法（也称基本法）草案。① 作为宏观法律基本框架，匈牙利新宪法的主要变化体现在社会文化、价值规范等领域，比如将匈牙利共和国更名为匈牙利，隐指诞生于 19 世纪中期的匈牙利国歌中的“上帝保佑匈牙利”中的“匈牙利”，将家庭婚姻定义为仅限于男女两性之间的组合，将宪法命名为“基本法”，将宪法法院命名为 kúria（中世纪法庭）等，青民盟希望借此类变化强调其重视匈牙利历史传统、基督教价值观、传统婚姻家庭等政治理念。在涉及政策和治理的具体领域，新宪法最大的特点是体现了青民盟强化国家和政府的公共权力、削弱公民社会个体权利的理念，通过加大对宪法法院、中央银行的权力限制等来为政府施政提供便利。② 比如取消了宪法法院对财政预算、税法的复核权。此外，新宪法的起草和通过过程也备受非议，比如仅有青民盟一党参与起草，未进行全民讨论；政府于 2011 年 3 月向国会提交草案，仅一个月之后便获国会投票通过、总统签署；青民盟政府在此后两年对新宪法进行了 5 次修订。③ 总之，新宪法作为国家基本大法，无论从内容上，还是从立法程序上，都体现了欧尔班强势改革的决心和能力，为接下来开启的一系列法律改革吹响了号角。

（二）加强媒体管控，出台系列“媒体法”

媒体宣传是欧尔班政府 2010 年赢得大选的关键因素之一。欧尔班深知媒体宣传对胜选后执政更加重要，因此上台执政后即致力于加强对媒体管理，并推动一系列涉及媒体运营和管理的法律法规。首先，在国会设立媒体

---

① 匈牙利《每周世界经济》杂志官网，https：//hvg. hu/itthon/20110418_ uj_ alaptorven，检索日期：2020 年 6 月 14 日。

② 国际在线，http：//news. cri. cn/gb/27824/2011/04/26/2625s3229491. htm，检索日期：2020 年 6 月 20 日。

③ Magyar Bálint，*A magyar maffiaállam anatómiája*（Budapest：NORAN LIBRO KFT. 2015），p. 47.

委员会（MT）及国家媒体和新闻管理局（NMHH），分别相当于媒体领域的最高决策机构和执行机构。成立管理机构之后，政府继续出台系列“媒体法”，依法将电视、无线电台等传统媒体以及纸媒、网媒等全都划归国家媒体和新闻管理局管理。其在制度设计上有如下两个特点值得关注。

1. 机构领导授权大，管辖范围广

国家媒体和新闻管理局可以对境内几乎所有媒体进行监管和施加影响，局长甚至有立法权，可以对频段管理、使用、分配、竞标、用途等进行规定，甚至在不需要国会媒体委员会同意的情况下，做出与媒体运营体制相关的重要决定。此外，局长拥有绝对人事管理权，可以任命、解雇副局长和各部门领导。机构授权之大、管辖范围之广，在欧洲其他国家中均无先例。

2. 两大机构负责人的选举方式和任期年限均对青民盟十分有利

国会媒体委员会由国会选举产生，国家媒体和新闻管理局局长由总理提名，国会投票通过，任期 9 年，允许连任。这对目前掌握国会三分之二绝对多数议席的青民盟而言毫无障碍，目前两机构负责人均为青民盟人士。这意味着，即便青民盟在此后选举中意外落败，仍可实现对媒体的影响。而对于反对派小党而言，即便侥幸胜选执政，如未能获得三分之二绝对多数席位，几乎不可能撼动青民盟的改革。

（三）通过新的选举法，对选举体系进行大幅改革

在匈牙利，国会选举是权力诞生的唯一合法途径。对选举程序进行修改，重塑选举制度，能够最直接地影响选举结果，为执政党连续执政提供保障。2011 年 12 月，匈牙利国会通过了新的选举法，新的选举法对匈牙利的选举体系进行了大幅改革，其核心内容可以总结为以下几点：国会议员数量由 386 名缩减至 199 名；重新划分选区；将两轮制投票改为一轮制；改革碎片化选票的处理方式；等等。这些新举措无一例外有利于处于强势的青民盟，对散弱的反对派政党而言，可谓雪上加霜。

1. 缩减国会议员数量

这是顺应匈牙利选民意愿的改革举措，青民盟顺水推舟，将议员人

数由 386 人减少至 199 人。对于一党独大的青民盟来说，国会议员人数越少，越有利于其在竞选中赢得权力，在施政过程中集中权力，减少障碍。对在野的其他小党而言，议员数量减少意味着对执政党制衡的可能性进一步降低。

2. 重新划分选区

此举是打乱小党布局的一个重要举措。反对党的传统票仓被拆散重组，失去自己的阵地的反对党，将在之后的大选中难有作为。这也是导致 2010 年以来匈牙利反对派政党长期散弱、难以恢复元气的一个重要因素。

3. 将两轮制投票改为一轮制

匈牙利此前的选举为两轮投票制，选民在第一轮选举中可以根据心中偏好自由选择，相当于“淘汰赛”。在第二轮选举中，选民会在候选人中，选择具有相对优势的一位，相当于“决赛”。两轮制选举中，实力较弱的小党可以在第二轮大选之前加强联合。改革之后，投票制度改为一轮混合制选举，即每位选民在自己的选票上一次性投两票，其中一票直接投给选区候选人，另一票投给政党。199 名国会议员中，106 名由各选区个人名单直接选举产生，93 名则由各政党通过全国名单得票比率选举产生。这样一来，实力较弱的党派便失去了加强联合的机会。

4. 改革碎片化选票处理规则

此前，在直选国会议员的选举过程中，只有未当选的候选人获得的选票可以贡献给其所属党派的全国名单，获胜当选的候选人选票全部用于换取胜选的席位。根据改革后的新法案，获胜的候选人只需比第二名多出 1 票，即为胜出成本，其他多余的胜出票，可以转移至该候选人所在党派的全国名单中。这一措施无疑有利于强势政党进一步扩大其优势。

5. 禁止在竞选期内通过电子媒介进行政治宣传

在控制了媒体宣传之后，青民盟还以立法的方式禁止在电子媒介上为大选宣传造势。尽管这条规定适用于所有参选政党，但对于没有媒体控制能力的反对派各党而言，要想将其施政纲领有效传达给民众、在选前动员自己的选民变得更加困难，这使得反对派各党在大选中处于不利地位。

6. 赋予境外匈牙利人投票权

在匈牙利，居民只要满足年龄在 18 岁以上、拥有匈牙利国籍这两个条件，即享有投票权。为了扩大选民基数，青民盟政府推动国会批准双重国籍法，允许境外匈牙利裔人申请同时获取匈牙利国籍。因历史原因，匈牙利境外居住着大量匈族人，数量超过 100 万人。他们大多在一战时期因割让土地而变成其他国家的居民，如今均为别国公民。青民盟通过双重国籍法赋予境外匈族人选举权，作为回应和回馈，境外匈族人的选票大多会投给青民盟。此外，欧尔班政府还曾试图推动“家庭选票”，即赋予未成年儿童选举权，由监护人代为行使。此举被全民公投否决。

（四）推行司法改革，降低司法监督对政府施政的约束

欧尔班通过一系列司法改革措施，降低司法监督对政府施政的约束，谋求更高效、更强势地执政。2011 年，青民盟修订法官法，将法官的退休年龄由 70 岁降至 62 岁。通过这一举措，欧尔班政府可以依合法途径，强行更换原本可以继续工作的法官，进而可以任命亲信担任法官。欧盟因此特别对欧尔班政府提出批评，认为此举违反了欧盟劳工法。此外，欧尔班政府还设立国家司法局，局长由青民盟政治家担任。国家司法局有权提名法官。新法律规定成立数据保护局，取代原数据保护专员办公室，提前结束数据保护专员的六年任期。新的规则允许总理或总统提名和解雇数据保护局局长。上述措施均受到欧盟的批评指责。

2018 年 12 月，匈牙利议会通过了关于设立“行政法院”的法律提案。根据青民盟政府设想，行政法院未来将负责处理选举法、示威和贪污等敏感议题。然而该提案遭到国内反对派和欧美国家质疑，认为设立行政法院的做法将关键行政决定从法院转移到单独的行政司法机构，危及司法独立性，青民盟政府被迫撤回提案，设立行政法院的计划流产。然而，青民盟政府的改革通常以迈一大步、撤回一小步的方式迂回推进。

（五）推行大部制改革，强化总理个人权力

2010 年 5 月，欧尔班政府组阁后将上届政府中的 18 个内阁部门缩减为 9 个。推行大部制改革，精简内阁人员，目的是强化总理个人权力，提高政府决策运作效率。大部制改革强化国务秘书职能，以弥补被缩减的主管部门部长职能。以人力资源部为例，该部共设有 8 名国务秘书，分别主管文化、体育、高等教育、基础教育、卫生、社会进步、宗教、社保等领域。同时，政府部门实行政治职务和专业职务分离的原则，大部制改革的目的之一是清除社会党等反对派在各部中的官员。大部制改革为确保欧尔班政令畅通、提升政府运作效率起到了重要作用。

（六）树立“外敌”，推出反索罗斯法案

近年来，欧尔班政府采取树立“外敌”的方式，加强国内社会的团结，谋求国内民众对青民盟民族主义政策的支持，其中重要的外敌之一是美籍匈裔金融大鳄索罗斯。索罗斯作为自由主义的倡导者，在 20 世纪 90 年代支持过学生时代的欧尔班。然而 2010 年以来欧尔班政府奉行非自由主义，与索罗斯的自由主义针锋相对。

2017 年，欧尔班政府修订高等教育法，规定非欧盟国家在匈牙利开设的分校如需在匈牙利颁发学位，必须在匈牙利以外设有母校区。而索罗斯创办的中欧大学（CEU）正是该法针对的主要对象，因为中欧大学是美国在匈设立的高校，但其在美国没有实体母机构。[①] 欧尔班对中欧大学的打击，遭到国内各界的反对和批评，但政府仍然坚持不妥协。目前，中欧大学已停止在匈牙利招生，学校本部也已迁至奥地利。2018 年，匈牙利通过《阻止索罗斯法案》，该法案规定，任何帮助非法移民的援助行为都将被认定为犯罪，或将面临监禁。这项法案以边境开放倡导者索罗斯的名字命名，是欧尔

---

① 新华网，http://www.xinhuanet.com/globe/2017-06/21/c_136361684.htm，检索日期：2020 年 6 月 20 日。

班政府对索罗斯的又一次公开宣战。欧尔班认为索罗斯是欧洲难民危机的幕后推手，匈牙利将全力阻止难民大量涌入欧盟。[①] 通过立法与索罗斯以及难民潮进行斗争，欧尔班在国内赢得了较高支持率。

三 欧尔班政府的执政成就

2018 年 5 月，欧尔班第四次当选匈牙利总理，也是他自 2010 年以来连续三次担任总理。欧尔班成为迄今为止中东欧国家中任职总理时间最长的政治家，这在政府变动频繁、政党格局尚未定型的中东欧国家中堪称政坛奇迹。

欧尔班政府充分利用国会三分之二绝对多数的优势，大开修宪、立法便利之门，打破了匈牙利自制度变革以来逐渐形成的左右翼抗衡交替的格局，为青民盟一党独大、长期执政奠定了法律基础。反对派各党在青民盟的压制下持续衰退，一盘散沙。在 2018 年大选中，尽管青民盟长期执政导致选民出现了厌倦情绪，但是由于对手过于散弱，青民盟仍以高达 66.83% 的得票率稳稳赢得大选，得票率最高的反对党尤比克（极右翼）仅得到 13% 的选票，曾经多次执政的左翼政党更是不堪一击。[②] 在 2019 年 5 月的欧洲议会选举中，青民盟充分调动民众参与投票，并再次以高支持率获胜。[③] 在2019 年 10 月 13 日举行的匈牙利地方政府选举中，反对派面对无力翻盘的形势，选择抱团取暖，通过联合推举候选人的方式与青民盟抗衡。尽管反对派阵营在地方政府选举中取得了一定突破，但依旧难以对青民盟执政形成掣肘：青民盟虽然失掉了首都布达佩斯，但赢得了全国 23 个州级市中的 13 个，并且在全国 19 个州级议会中均获得多数席位。因此，展望匈牙利未

---

① 观察者网，https：//www.guancha.cn/internation/2018_06_21_460890.shtml，检索日期：2020 年 6 月 20 日。

② 匈牙利国家选举办公室网站，http：//www.valasztas.hu/ogy2018，检索日期：2020 年 5 月 21 日。

③ 本次匈牙利欧洲议会选举的投票率远高于前三次，青民盟在本次欧洲议会选举中的得票率为 52.56%，在欧洲各国政党中排名第二位。

来的政治格局，短期内没有任何一个政党或政党联盟可以与青民盟相抗衡。

尽管欧尔班的“非常规”执政和施政方式饱受欧盟和美国批评，匈国内也不断出现关于欧尔班打击异己、任人唯亲、腐败加剧等现象的报道。甚至有人认为，匈牙利已沦为欧尔班一手创建的、独裁的“欧尔班王国”，而不是欧洲的民主法治国家。但这些人又显得很无奈，因为在政治上除了青民盟，没有其他选择。在国会选举、地方选举或者欧洲议会选举中，他们也只能将选票投给欧尔班领导的青民盟。

匈牙利近年来政治格局上的深刻变化与政治强人欧尔班密不可分。一项针对欧尔班执政10年的调查显示，匈牙利多数民众认为，“只有欧尔班，没有青民盟”，“欧尔班在现行制度下已经无法撼动”。[①]《纽约时报》的一名美国记者称：匈牙利政府已经放弃了传统的民主方式，人们无法弄清楚匈牙利的政治制度是什么——这种不确定性使这个“小而边缘化的国家”在国际舞台上变得有趣。[②] 很多媒体把2010年以来的匈牙利称作欧尔班时代，不少学者也对这一现象做了注解，“欧尔班主义”、“欧尔班体制”、“欧尔班现象”和“欧尔班经济学”等词不断涌现。

事实上，欧尔班并不是一个只会玩弄政治手腕的政客。纵观欧尔班自2010年以来的三个任期，这位强势总理确实给匈牙利政治带来了很多积极变化。欧尔班改变了往届政府的官僚主义作风，加强了中央集权，提高了决策和行动效率。欧尔班看到很多议题在议会里争吵却没有下文，也看到各部门相互牵制，相互推诿。为了提升效率，欧尔班将总理府打造成核心决策团队，可以协调各部门工作，必要时甚至下达命令。比如进入匈牙利的外国投资商，可以直接向总理府提出意愿，总理府将视其重要程度设立专案，协调投资可能涉及的相关部门，快速推进，无须经过烦琐的官僚程序。2010～

① 匈牙利《每周世界经济》杂志官网，https://hvg.hu/itthon/20200422_Mar_a_fideszesek_tobbsege_is_ugy_gondolja_Orban_nem_levalthato，检索日期：2020年5月3日。

② 《匈牙利联合报》，http://www.lianhenews.com/index.php?a=set&c=Article&cid=4&id=1657&m=Xapp，检索日期：2020年5月3日。

2014 年的政府内阁中，总理府的负责人为国务秘书（低于部级，相当于副部级），2014 年被升格为总理府部长，成为现政府名副其实的“总管”部长，可以真正协调内阁其他各部。此外，在地方政府设立中央政府办公室，将中央权力直接延伸至地方，这也是 2014 年胜选后的改革措施。

在政党建设方面，欧尔班称得上治党有方，在党内享有绝对权威；同时确保党内团结，为政府决策和施政提供坚强的后盾。这是过去 10 年来青民盟政府成功的重要保障。但这些同时成为欧盟和美国对欧尔班政府批评指责的源头，认为其权力过于集中，导致了匈牙利政府机构中的腐败和任人唯亲等现象加剧。

过去 10 年，欧尔班除了在稳固政权、谋求长期连任、加强青民盟党建等方面取得良好成绩外，也为匈牙利社会经济发展做出了贡献，让国内民众获得了看得见的收益。

2010 年，欧尔班政府临危受命，亟待将匈牙利从濒临国家破产的边缘拉回到正常轨道上来。为此，欧尔班实施非常规经济政策，通过改革税制、引入新税种等措施，带领匈牙利走出危机，提前偿还 IMF 贷款，顺利摆脱了自加入欧盟之初就扣在匈牙利头上的紧箍咒——超额赤字程序，并通过各种手段，实现了降低水电气暖费用、降低失业率、提高最低工资额度等目标。2010 年 7 月，匈政府公布《新塞切尼计划》（ÚSZT），详细描绘了国家发展规划，提出“积极扩大就业、保持金融稳定、创造经济发展的条件、提高匈牙利竞争力”四大目标。[①]

2010 年至今，匈牙利经济表现可谓亮眼。2019 年，在欧洲整体经济表现不佳的情况下，匈牙利经济实现了 4.9% 的增长，处于欧洲前列。宏观经济其他各项指标也表现优异：失业率为 3.4%，同比下降 0.3 个百分点；财政赤字率从 2018 年的 2.3% 降为 1.8%，实现连续 8 年下降。2019 年，匈牙利本土公司以及海外企业和投资公司共签署了 101 项在匈境内进行大型投资

① 匈牙利政府网站，https：//2010 - 2014. kormany. hu/hu/gyik/uj - szechenyi - terv，检索日期：2020 年 5 月 3 日。

的协议，首次突破 100 项，打破了历史纪录。

除了账面上各项经济指标令反对派无可挑剔，匈牙利人民也通过欧尔班政府的各项新政得到实惠。比如，2013 年，青民盟政府推出降低水电气暖费用的政策，暖气、燃气、居民用电费用的平均降幅为 25%，平均每个家庭每年能节省 11 万福林（约合人民币 2750 元），令普通家庭受益。为促进生育、减缓人口负增长，匈牙利政府对年轻夫妇提供生育补贴、无息贷款、税收减免等支持和鼓励政策，比如允许生育四个孩子的母亲终身免缴个人所得税，通过在组建家庭、购房、生育等方面提供政府补贴和优惠来刺激年轻人组建家庭和生育子女的意愿。2019 年政府颁布的小城镇振兴计划，帮助匈牙利的小城镇改善了财政状况、基础设施，提高了教育和医疗水平，深得民心。

结　语

欧尔班 1989 年开始步入匈牙利政坛，经过 1998～2002 年首次执政的坎坷和历练，蛰伏 8 年后于 2010 年强势回归，10 年来成为中东欧甚至全欧洲备受关注的政治人物。正如欧尔班在 2020 年初的年度国情咨文讲话中所说，过去的 10 年，是匈牙利 100 年历史中最成功的 10 年。欧尔班熟知欧洲选举政治，在 2010 年大选获得国会三分之二绝对多数的优势地位后，充分用好这一绝佳授权，通过法律手段来重塑匈牙利政治生态。匈牙利从危机走向发展，从负债走向投资，从欧盟新成员向欧盟经济新引擎转变。欧尔班和他领导的青民盟对匈牙利政治的改革之路将延续多久、延伸至何处，值得期待。

B.6

塞尔维亚与科索沃“关系正常化”进程

彭裕超*

摘　要： 在欧洲一体化的共同愿景下，塞尔维亚和科索沃努力达成实现“关系正常化”的共识，双方在2013年签订了《布鲁塞尔协定》。然而，由于缺乏稳固的内部根基和积极的外部推力，这一进程进展非常缓慢。2019年，塞科谈判陷入僵局，而“关系正常化”进程停滞，事态频发。科索沃“议会”大选后，执政党下台，反对党却无法成功组建新政府，导致科索沃的政治陷入混乱。在这一年里，欧盟面临诸多挑战，无法把科索沃问题作为优先项。然而，美国的介入，让停滞的塞科“关系正常化”出现新的转机。打破谈判僵局，成为各方的期待。

关键词： 塞尔维亚　科索沃　塞科谈判

塞尔维亚与科索沃的关系问题有着很深的历史渊源。塞尔维亚人视科索沃为“民族精神发源地”,[①] 自7世纪以来其就在科索沃地区居住和活动。1389年的科索沃战役，使塞尔维亚落入奥斯曼帝国长达5个世纪。几次民族大迁徙大大改变了科索沃的人口构成，多个民族混居、多个宗教共存、多

* 彭裕超，北京外国语大学欧洲语言文化学院讲师，主要研究领域为克罗地亚语、塞尔维亚语语言文学，中国—中东欧国家文化关系史。

① 陈志强：《科索沃通史》，中国社会科学出版社，2016，第2页。

种文化交融成为科索沃的特点。不过，不同民族之间敌对与仇恨的种子同时也在这里埋下了。

20 世纪，作为共同国家的南斯拉夫出现，虽然国家性质不断变化，但还是为不同民族间的历史整合带来较为良好的机遇，科索沃问题得到暂时的压制。20 世纪末，随着南斯拉夫解体，民族问题被重新激化，科索沃问题再度凸显。2008 年 2 月，科索沃单方面宣布脱离塞尔维亚“独立”，此举使塞科关系变得更加紧张与复杂。塞尔维亚一直坚持对科索沃的主权，从一开始就不承认科索沃的“独立”，但是由于加入欧盟的需要以及美欧的压力和推动，塞尔维亚多次与科索沃进行谈判，希望彻底解决塞科“关系正常化”问题。2013 年，塞科双方签署《布鲁塞尔协定》，作为双方走向欧盟的前提。但是，在过去的几年里，协定在执行上遇到了重重困难。

一 塞科“关系正常化”内部根基薄弱

在融入欧洲一体化的共同愿景下，塞尔维亚和科索沃努力达成实现“关系正常化”的共识。然而，这种共识是脆弱的，它缺乏可靠根基——双方对科索沃的地位之争仍然是个死结，导致“关系正常化”进程频繁“失常”。

2018 年，科索沃为报复塞尔维亚阻挠其申请加入国际刑警组织，对塞尔维亚（和波黑）的商品加征 100% 关税，并把是否承认科索沃“独立”作为撤销关税的前提，该事件使塞科谈判彻底搁浅。同年 12 月，科索沃“议会”通过了将安全部队转变为正规军的提案，这一举动引起了西巴尔干地区多国和国际社会的高度紧张。虽然事态没有进一步激化，但是美、英、德等北约国家的默许和支持将不可避免地使科索沃“建军”成为事实，并成为影响塞科关系的隐患。

2019 年，塞科紧张关系依然没有明显改善。5 月 28 日早晨 6 点半，科索沃警方以打击贪污腐败、滥用职权和有组织犯罪为名，在科索沃北部塞尔维亚族人聚居地北米特罗维察展开抓捕行动，逮捕并扣押塞族公民、阿尔巴尼亚族公民、波黑公民以及俄罗斯公民等共 28 人。这些被扣押的人当中有 19 名警察和 9 名普通公民。多名警察、记者和联合国官员在抓捕过程中受伤。俄罗斯籍联合国科索沃特派团官员米哈伊尔·克拉斯诺晓科夫也被逮捕，随后很快被释放。当天中午，科索沃警察从北米特罗维察撤离。这场行动引起了塞尔维亚和俄罗斯的强烈反应，塞尔维亚总统武契奇命令塞尔维亚武装力量和警察进入全面战备状态。这是半年以来塞尔维亚第二次因为科索沃问题而进入全面战备状态，可见塞科关系的紧张程度。俄罗斯外交部对俄罗斯公民遭到扣押表示谴责与不满。随着紧张气氛的升级，包括联合国、欧盟在内的国际组织都加紧介入，呼吁塞科双方保持克制，强调任何“执法行为”都不应当削弱双方恢复“关系正常化”的努力。

6 月，塞尔维亚的社交网络中出现了一场挑战活动，即晒出写有“科索沃属于塞尔维亚”口号的钞票。塞尔维亚副总理兼外交部部长达契奇也参加了这一活动，随即引起科索沃的批评，科索沃“总统”塔奇（Hashim Thaci）对达契奇的行为表示谴责。达契奇在回应中重申科索沃是塞尔维亚领土的一部分。

2019 年，科索沃内部的政治局势也充满了变化，不利于塞科关系的积极发展。7 月 19 日，科索沃领导人哈拉迪纳伊在接受海牙法庭科索沃专家分庭和特别检察官办公室的传唤之后，宣布辞去“总理”职务。在塞科关系陷入僵局之际，此事引起国际社会的广泛关注。除此以外，这是哈拉迪纳伊第三次被海牙法庭传唤和第二次辞职，其用心饱受外界猜疑。塞尔维亚总统武契奇评价这起事件是科索沃领导人在选举前炒作的“政治把戏”。[①] 他认为，哈拉迪纳伊想行“苦肉计”，为自己打造光辉的英雄形象，为即将举行的选举造势。武契奇呼吁塞尔维亚人要对此事保持冷静，不要陷入狂热。[②] 他还强调，这次事件或使科索沃阿族政党更加团结，进而挤压塞族政

① BBC 塞尔维亚语网站，https://www.bbc.com/serbian/lat/srbija - 49057333，检索日期：2020 年 7 月 8 日。

② BBC 塞尔维亚语网站，https://www.bbc.com/serbian/lat/srbija - 49057333，检索日期：2020 年 7 月 8 日。

党如“塞尔维亚名单”的力量。[①] 在宣布辞职后，哈拉迪纳伊立即向欧盟和美国进行汇报，但是欧美没有对此做出回应。有分析人士推测，此次传唤有可能是美国暗中授意，有关方面认为立场强硬的哈拉迪纳伊是塞科谈判的障碍，因此希望将其“暂时抽离”，帮助双方重启谈判。7 月 23 日，哈拉迪纳伊出发前往海牙。在约一个小时的审讯过程中，哈拉迪纳伊全程保持缄默。海牙检察官未对外发表官方说明，由于审讯不公开，具体情况不得而知。正如武契奇所料，哈拉迪纳伊 7 月 24 日就返回科索沃，之后随即敦促科索沃政府提前举行大选。

10 月 6 日，科索沃“议会”大选如期进行，当晚公布选举结果，执政党和反对党交换位置。哈拉迪纳伊领导的科索沃未来联盟在选举中落败。阿尔宾·库尔蒂（Albin Kurti）领导的中左翼反对党自决党以不到 1 个百分点的微弱优势击败了穆斯塔法（Ise Mustafa）领导的科索沃民主联盟，获得选举胜利，双方都获得 25% 左右的选票。由于没有任何政党获得过半数选票，自决党和“科索沃民主联盟”10 月 11 日宣布组成联合“政府”。[②]

哈拉迪纳伊在选举中落败虽是意料之外，却也在情理之中。哈拉迪纳伊的强硬立场使塞科“关系正常化”进程陷入僵局，这种困境已经使塞科双方以及国际社会感到厌倦。选举结果表明，哈拉迪纳伊的“英雄主义”做法最终没有奏效。看来相比于强硬的民族主义立场，科索沃人更愿意换一种气象，希望看到务实的发展，因此期待自决党和民主联盟能为科索沃政治带来新的氛围。这一风向其实在选举进行以前就已经非常明确。库尔蒂政纲中的优先任务就是重启与塞尔维亚方面的谈判。关税问题已经成为塞科双方都无法承受的国际压力，因此打破塞科关系的僵局，成为本次选举的主题。自决党和民主联盟在此问题上有所共识，不约而同地传递出信号：迅速取消

① BBC 塞尔维亚语网站，https：//www. bbc. com/serbian/lat/srbija – 49057333，检索日期：2020 年 7 月 8 日。

② 维塞利（Kadri Veselli）领导的科索沃民主党落后 4 个百分点，排第三位。而在北部地区，塞族政党“塞尔维亚名单”赢得 98% 的选票，在“议会”中获得 10 个议席。武契奇对该党表示支持。

100%关税，与塞尔维亚重启对话。除此以外，双方对打击腐败、控制失业率、发展经济、改善民生等目标也达成了默契。

然而，组阁的过程却远不如想象中顺利，自决党和民主联盟的内部竞争导致科索沃政治出现混乱。12 月底，自决党领导人库尔蒂表示与民主联盟的谈判已经破裂，新政府组建失败。自决党与民主联盟虽然同意各占有五个部长职位，但主要分歧在于两党无法就“总统”候选人的提名权达成一致意见。截至 2019 年底，科索沃的政治局势很不明朗。

二　塞科“关系正常化”外部推力不足

塞尔维亚与科索沃“关系正常化”进程，如其他的西巴尔干事务一样，很大程度上取决于欧盟、俄罗斯、中国、土耳其、海湾国家以及北约（美国）六个行为体之间的互动与博弈。① 外部约束和推力缺失，是塞科“关系正常化”一直难以取得积极进展的重要原因。2019 年 4 月 29 日，由德国和法国联合牵头的、旨在解决科索沃问题的西巴尔干会议在柏林召开。会议被寄予厚望，然而却未能提供解决问题的方案。原定于 7 月 1 日在巴黎举行的西巴尔干领导人会议最后因故取消，塞科双方回归谈判桌的前景又一次落空。7 月中旬，法国总统马克龙在访问塞尔维亚期间表达了帮助重启塞科谈判的意愿和信心。在回应马克龙的支持时，塞尔维亚总统武契奇表示塞方已为回归谈判桌做好准备，希望能跟科索沃当局一起找到折衷的解决方法，但这也需要科索沃方面的配合，不能只靠塞方单方面的妥协。② 同时，塞尔维亚也呼吁俄罗斯、中国、美国等参与谈判。种种迹象显示，调和塞尔维亚和科索沃的关系，引领西巴尔干国家走向欧洲一体化，在欧盟的政策当中并不占优先位置。在欧债危机、乌克兰危机和恐怖袭击等的多重冲击下，欧盟面

---

① 徐刚：《西巴尔干 2019：“失去的一年”》，《世界知识》2020 年第 1 期，第 48～49 页。

② “欧洲西巴尔干”网站，https://europeanwesternbalkans.com/2019/07/16/macron-visits-belgrade-membership-possible-after-reforms-in-both-eu-and-serbia/，检索日期：2020 年 7 月 8 日。

临着前所未有的挑战：英国“脱欧”僵局，法国“黄背心运动”不断发酵并产生全球外溢效应，欧洲多国右翼政党势力持续壮大。除此以外，欧盟的议会大选及大选后力量格局与政策走向变化，都对欧洲一体化产生重要影响，进而波及欧盟的西巴尔干政策。还有一件事折射出欧盟的冷淡态度：欧洲议会在 2018 年 9 月通过了科索沃签证自由化决议草案，两年时间过去了，该草案仍未获得欧盟内务部长会议的审批。至于那些与塞尔维亚“关系正常化”相关的议题，进展难度可想而知。

对欧盟感到失望的同时，塞尔维亚和科索沃方面转向美国寻求帮助，而美国也不断释放出介入塞科谈判乃至西巴尔干事务的信号，任命特使是其中一项举措。2019 年 8 月，美国负责欧洲和欧亚事务的副助理国务卿帕尔默（Matthew Palmer）被任命为西巴尔干事务特使。10 月 3 日，美国总统特朗普任命驻德国大使格伦内尔（Richard Grenell）兼任塞尔维亚和科索沃和平谈判特使，试图为双方谈判注入新的动力。在多个场合，格伦内尔反复敦促科索沃方面撤销对塞尔维亚商品加征的 100% 关税，也敦促塞尔维亚方面停止呼吁其他国家撤销承认科索沃的外交活动。过去两年，塞尔维亚的外交目标之一是逐步取消对科索沃的承认，减少多边机构中与科索沃互动或投票支持科索沃的国家数量，截至 2019 年底，已有约 10 个国家撤销了承认。在国际外交中，科索沃缺乏主动性使塞尔维亚的政治地位有所提高。半岛电视台评论员哈利米（Fisnih Halimi）认为：塞尔维亚在国际空间对科索沃的“反制”逐渐让塞科关系问题成为美国外交的障碍。[①] 11 月，新上任的美国驻塞尔维亚大使戈德弗雷（Anthony Godfrey）明确表示，他的任务之一正是重启塞科双方之间的谈判。[②] 科索沃“总统”塔奇承认，“特朗普在任的最后一年是达成协议的最佳时机……美国对我们地区的关注重新出现，是上帝给科

① 半岛电视台网站，http：//balkans. aljazeera. net/vijesti/grenell - dao - beogradu - i - pristini - konkretne - zadatke，检索日期：2020 年 7 月 8 日。

② 半岛电视台网站，http：//balkans. aljazeera. net/vijesti/ambasador - cilj - sad - je - da - ohrabri - dijalog - kosova - i - srbije，检索日期：2020 年 7 月 8 日。

索沃和塞尔维亚的礼物，我们必须利用这一点”。[①]

随着美国的介入，俄罗斯也希望发挥更多的影响。俄罗斯是塞尔维亚的传统盟友。在科索沃问题上，俄罗斯立场与塞尔维亚一致，至今不承认科索沃。2019 年 1 月和 12 月，普京和武契奇两度会晤，话题涉及塞尔维亚与北约关系和塞尔维亚与科索沃“关系正常化”。10 月，梅德韦杰夫和塞总理布尔纳比奇互访，两国关系得到加强。除了高层互访频繁以外，俄罗斯还向塞尔维亚赠予和出售武器，两国联合举行军事演习。对于塞尔维亚武装力量的加强，科索沃感受到了压迫，并指这是对科方的威胁和挑衅。显然，俄罗斯的介入引起了科索沃方面的警觉。

2019 年，对于西巴尔干来说，是失望的一年。2018 年欧盟出台的《新西巴尔干扩大战略》曾认为 2019 年是关键的一年，塞尔维亚与科索沃“关系正常化”全面协定有望在这一年签署。然而事与愿违，塞科关系陷入僵局，无论是内部还是外部，解决问题的动力显得有所不足。塞科双方越来越深刻地认识到，停滞的谈判对它们融入欧洲一体化进程没有任何帮助。打破谈判僵局，成为各方的期待。

① 半岛电视台网站，http：//balkans. aljazeera. net/vijesti/thaci - nikad - blizi - i - nikad - dalji - od - rjesenja - spora - sa - srbijom，检索日期：2020 年 7 月 8 日。

国别报告

Country Reports

B.7 阿尔巴尼亚

陈逢华　马 赛*

摘　要： 政治领域，2019年，阿尔巴尼亚围绕地方选举引发“政治危机”，各方矛盾激化，形势不稳定；开启入盟谈判未果，但欧盟委员会、欧洲议会及欧美多数国家支持其加入欧盟，肯定其入盟进程中的改革举措与进展。经济领域，阿尔巴尼亚虽受到世界经济增长放缓和国内地震影响，但经济总体呈增长态势，旅游业发展最快，基础设施建设和交通运输业持续发展。外交领域，2019年，阿积极签署“迷你申根”协议，力图推动西巴尔干地区各国的经济合作，同时与美国及北约加

* 陈逢华，博士，北京外国语大学欧洲语言文化学院阿尔巴尼亚语教研室主任，副教授，主要研究方向为阿尔巴尼亚语语言文学、中阿文化交流等，撰写第一、第三部分；马赛，博士，北京外国语大学欧洲语言文化学院讲师，主要研究方向为阿尔巴尼亚语语言文学、巴尔干区域研究等，撰写第二、第四、第五部分。

强在其境内建设军事基地的协商，以应对安全威胁。社会与文化领域，2019 年，阿作家卡达莱两度获得国际文学奖项，修整后的斯坎德培广场也荣获欧盟建筑奖，文学艺术的国际知名度得到提升。中阿关系领域，2019 年，中阿两国建交 70 周年之际，双方召开第四届中国 - 中东欧国家首都市长论坛；阿对华首次实现免签；双方举行一系列文化交流活动；在地震救灾中，中方积极提供援助，双方友好关系在各领域均有体现。

关键词： 阿尔巴尼亚　政治危机　“迷你申根”

一　国内政治形势

（一）2019年地方选举与政治危机

2019 年阿尔巴尼亚国内政治形势总体不稳定，执政党与反对党、总统府与总理府之间的纷争日渐激化，最终在上半年国内地方选举前酿成“政治危机”。

3 月 5 日，阿尔巴尼亚最大的反对党民主党的百余位议员候选人向中央选举委员会提出拒绝进入议会工作的要求，同时数千名民主党支持者举行大规模抗议游行，指责执政的社会党贪腐严重，政府与有组织犯罪集团关系密切，在 2017 年的大选中有贿选嫌疑，要求拉马（Edi Rama）政府下台，推迟在 6 月底举行的地方选举。此次大规模抗议活动持续了数周时间，其间发生多起警方与抗议者的暴力冲突，严重影响了议会的正常运转。拉马政府方面则否认反对派的各项指控，然而其增补议员的做法又招致反对派更大的不满，“政治危机”初显。

随后，欧盟呼吁执政党与反对派缓和矛盾，但双方并未达成任何有效解决方案，抗议示威继续进行。随着选举日的临近，双方矛盾进一步激化。5月中旬，民主党方面指责地方选举管理委员会存在违法问题，他们表示“当前我们无宪法法院，也没有高等法院，选举不具备法律保障”，① 抵制如期举行地方选举，但迫于国际社会压力，后来又参与了地方选举的有关工作。针对反对派的做法，社会党给予回击，强烈谴责反对派退出议会、制造社会混乱、无视宪法的“流氓”行为，② 但矛盾无法化解，“政治危机”继续发酵。

6月初，执政党与反对派的选举谈判陷入僵局，阿尔巴尼亚总统梅塔（Ilir Meta）以担忧国内政治危机为由，宣布“废除2019年6月30日举行地方政府机构选举的第10928号法令”，③ 并表示当前国内的条件不能保证选举的真实性、民主性和全面性，当务之急是国内外共同努力缓解国内紧张局势。这一事件引发国内强烈反响，民主党认为“总统的决定是人民抗议的结果”，④ 而社会党则认为总统此举违反宪法。议会召开紧急会议，要求梅塔总统辞职，“政治危机”最终白热化。

然而，执政党与反对派实力对比悬殊，虽然遭到民主党的抵制，6月30日地方选举还是在紧张的气氛中如期进行。投票期间未发生暴力事件，执政的社会党在地方选举中获胜，在61个城市中赢得了59个（后修正为57个）城市的选举。⑤ 随后，威尼斯委员会⑥接受阿议会多数党的提议，调查梅塔

① 《巴沙不会动摇：6月30日不会举行选举》，2019年5月17日，https：//gazetamapo. al/basha - nuk - lekundet - sdo - kete - zgjedhje - ne - 30 - qershor/，检索日期：2019年5月21日。

② 《巴拉：6月30日不可改期！巴沙和“流氓”无法阻止我们》，2019年5月16日，https：//gazetamapo. al/balla - 30 - qershorin - se - luan - topi - basha - me - huliganet - sna - bllokojne/，检索日期：2019年5月21日。

③ 《最新消息：梅塔宣布6月30日地方选举无效》，2019年6月8日，https：//gazetamapo. al/lajmi - i - fundit - meta - shfuqizon - zgjedhjet - vendore - te - 30 - qershorit/，检索日期：2019年6月15日。

④ 《梅塔推迟选举，抗议活动中的巴沙做出回应》，2019年6月8日，https：//gazetamapo. al/meta - shtyu - zgjedhjet - basha - reagon - nga - protesta/，检索日期：2019年6月15日。

⑤ 《阿尔巴尼亚执政党在地方选举中获胜》，2019年7月4日，http：//www. xinhuanet. com/world/2019 - 07/04/c_ 1124709894. htm，检索日期：2019年7月15日。

⑥ 威尼斯委员会又名欧洲民主法制委员会，是欧洲委员会的咨询机构，由宪法方面的独立专家组成，可做出裁决。每年在威尼斯举行四次会议。

总统取消并推迟地方选举事件。同年10月，该委员会公布调查报告，称梅塔的做法虽没有法律依据，但不足以令总统下台，①“政治危机”暂时缓解。

（二）入盟谈判未能开启

2014年阿尔巴尼亚成为欧盟候选国，寻求早日开启入盟谈判是阿尔巴尼亚的重要政治目标。美国、德国等主要国家及欧洲理事会大力支持阿尔巴尼亚入盟，2019年5月底欧盟委员会关于阿尔巴尼亚的年度报告肯定了阿尔巴尼亚在司法改革、打击有组织犯罪、公共管理改革和逐步提升经济发展质量方面的努力与进展。② 该报告称，在司法改革方面，阿尔巴尼亚设立了高级司法委员会、高级检察院委员会和司法任命委员会等新机构，司法机构独立性和问责制得到加强。法官及检察官审查程序取得切实成果，这增强了司法机构的独立性、公正性和专业性。在打击有组织犯罪方面，警方展开空中巡视，承诺坚决打击大麻的生产与走私，在过去两个收获季未发现露天大麻种植园。③

10月18~19日，在布鲁塞尔举行的欧盟峰会以北马其顿与阿尔巴尼亚两国是否开启入盟谈判为主要议题，但以法国为首的几个欧盟成员国出于对阿尔巴尼亚民主法治、司法改革、选举、腐败、有组织犯罪、移民等问题的担忧，反对开启与阿尔巴尼亚的入盟谈判。入盟问题在阿尔巴尼亚国内屡屡引发热议，对于此次失利，舆论反应同样激烈。执政党认为，问题主要在于欧盟内部存在严重的分歧，而反对派则将失败归咎于政府的无能。有人主张提前举行大选或重组政府，执政党应承担起失败的责任；更多的人则呼吁国

---

① 《威尼斯委员会：议会和宪法决定总统的去留》，2019年10月14日，https：//oranews.tv/article/komisioni－i－venecias－nxjerr－raportin－perfundimtar－presidentin－meta，检索日期：2019年10月14日。

② 《外交政策：察卡依称阿尔巴尼亚100%像欧盟一样》，2019年5月30日，http：//gazetashqiptare.al/2019/05/30/politika－e－jashtme－cakaj－shqiperia－100－si，检索日期：2019年6月10日。

③ 《2019年阿尔巴尼亚进展报告：要点》，2019年5月29日，https：//exit.al/raport－perparimi－2019－per－shqiperine－pikat－kryesore/，检索日期：2020年5月28日。

内政党尽快达成政治共识，加快司法改革，建立具有机制保障的选举制度。

虽然阿尔巴尼亚的入盟谈判并未如期开启，但其加入欧盟的进程还将继续。布鲁塞尔峰会后，欧盟委员会主席容克批评欧盟成员国犯下重大历史性错误，欧洲理事会主席图斯克则乐观地表示“2020年5月再议入盟问题”。[①] 10月24日，欧洲议会就阿尔巴尼亚和北马其顿开启入盟谈判问题进行投票，“出席会议的578名议员中，412人赞成开启谈判”。[②] 欧洲议会一方面强调两国必须继续改革，另一方面呼吁考虑欧盟与两国建立新的伙伴关系，这也表明了欧盟对两国入盟问题的现实立场。

（三）两次强震考验政府抗灾保障能力

9月21日，阿尔巴尼亚发生5.8级浅源地震，造成至少108人受伤，无人员死亡；[③]11月26日，阿尔巴尼亚再次发生6.4级浅源地震，致51人死亡，900余人受伤。[④] 后一次地震为阿尔巴尼亚三十年来最强的地震，与前一次地震相比，余震更加频繁，人员和财产损失也更大。国际社会对阿尔巴尼亚人民深表关切，积极提供援助，国内外阿尔巴尼亚人也纷纷捐赠资金与物资。世界银行向阿尔巴尼亚提供1亿美元贷款，美国、土耳其、希腊和意大利等多国均表示支持阿尔巴尼亚的灾后重建。然而，更值得关注的是，强震充分暴露出阿尔巴尼亚社会的两极分化，凸显公共服务不健全、建筑质量缺乏监督、紧急避难设施有限、军队能力不足

---

① 《拉马政府未能成功开启谈判，唐纳德·图斯克：2020年5月再议》，2019年10月19日，http://shekulli.com.al/deshton-qeveria-rama-nuk-hapen-negociatat-donald-tusk-rikthehmi-ne-maj-2020/，检索日期：2019年10月25日。

② 《欧洲议会对重新开启谈判进行投票》，2019年10月24日，https://gazetamapo.al/strasburg-412-vota-pro-rezolutes-per-celjen-e-bisedimeve-me-shqiperine/，检索日期：2019年10月25日。

③ 《阿尔巴尼亚遭遇30年来最强地震，至少108人受伤》，2019年9月23日，http://www.xinhuanet.com/yingjijiuyuan/2019-09/23/c_1210289365.htm，检索日期：2019年9月24日。

④ 《51人死于大地震（附遇难者完整名单）》，2019年11月30日，https://www.vizionplus.tv/51-te-vdekur-nga-termeti-shkaterrues-lista-e-plote-me-emrat-e-viktimave/，检索日期：2019年12月24日。

等问题，[1] 可以说，地震成为阿尔巴尼亚 2019 年最后一个季度的社会舆论热点和反思话题。

二 经济发展状况

（一）经济整体呈增长态势

2019 年，西巴尔干地区经济增长放缓。由于公共投资缩减、制造业发展放缓和出口减少，西巴尔干地区生产总值增长率低于 2018 年的 4.0%。[2] 阿尔巴尼亚虽受到世界经济增长放缓的影响和地震灾害的冲击，经济总体仍保持增长势头。[3] 标准普尔评级机构（S&P）对阿尔巴尼亚主权评级为B+，展望为稳定，预计中期经济将保持增长，财政赤字可控，公共债务降低。[4]

2018 年阿尔巴尼亚国内生产总值增长率为 4.1%。[5] 2019 年增长率为 2.21%，[6] 四个季度国内生产总值增长率分别为 2.21%、2.31%、3.81%和 -0.15%（见图 1）。贸易、运输和餐饮服务业连续四个季度实现增长，平均增长率为 1.02%；第四季度受地震影响，工业、电能和水能增长率较高，为 1.06%，建筑业受损严重，增长率为 -1.68%。除能源产业因干旱受到影响外，其余产业均有不同程度的发展。[7]

① 《必须来一场政治地震》，2019 年 12 月 3 日，http://shekulli.com.al/termeti-i-nevojshem-politik/，检索日期：2019 年 12 月 24 日。

② 《全球经济展望》，世界银行，2020 年 1 月 8 日，https://www.worldbank.org/en/publication/global-economic-prospects#data，检索日期：2020 年 3 月 27 日。

③ 《2019 年度报告》，世界银行，2019 年 10 月 2 日，https://openknowledge.worldbank.org/handle/10986/32333，检索日期：2020 年 3 月 7 日。

④ 《标准普尔确定 B+和稳定展望评级》，阿尔巴尼亚财政部，2020 年 2 月 1 日，http://www.financa.gov.al/sp-konfirmon-vleresimin-ne-b-dhe-perspektiven-te-qendrueshme/，检索日期：2020 年 4 月 5 日。

⑤ 世界银行，https://databank.shihang.org/indicator/BN.KLT.DINV.CD/1ff4a498/Popular-Indicators#selectedDimension_WDI_Ctry，检索日期：2020 年 4 月 5 日。

⑥ 阿尔巴尼亚统计局，http://www.instat.gov.al，检索日期：2020 年 11 月 26 日。

⑦ 阿尔巴尼亚统计局，http://www.instat.gov.al，检索日期：2020 年 4 月 5 日。

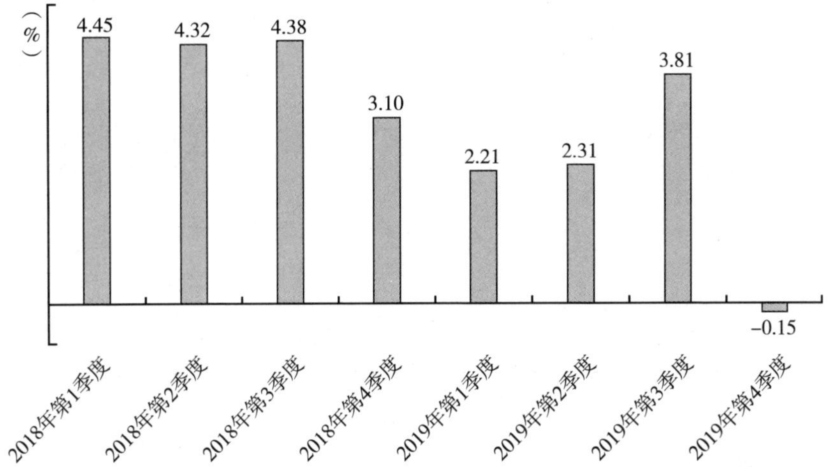

图 1 2018～2019 年各季度阿尔巴尼亚国内生产总值增长率

资料来源：阿尔巴尼亚统计局，http：//www.instat.gov.al，检索日期：2020 年 4 月 5 日。

尽管阿尔巴尼亚央行推行的货币政策旨在保持物价稳定，但居民消费价格指数依然有所增长，2019 年达 106.91，较上一年上升 1.4 个百分点，其中上涨幅度最大的是食品和软饮以及文娱类消费。[①] 2019 年通胀率为 1.40%，低于 2018 年 2.04%，稳中有降。[②] 2019 年 1～12 月通胀率见图 2。

在公共财政方面，2019 年阿尔巴尼亚财政整顿力度较前一年降低，财政刺激政策对增加社会总需求产生积极影响。2019 年财政收入为 39.58 亿美元，同比增长 2.1%，其中税收为 36.65 亿美元，同比增加 1.6%。全年财政支出 42.3 亿美元，同比增加 3.3%。财政赤字 2.72 亿美元，较上一年增长 20.4%。公共债务占国内生产总值的 65.4%，财政赤字占比为 2.2%。[③]

① 阿尔巴尼亚统计局，http：//www.instat.gov.al，检索日期：2020 年 4 月 5 日。

② 阿尔巴尼亚央行，https：//www.bankofalbania.org/Politika_Monetare/Objektivi_dhe_strategjia/，检索日期：2020 年 4 月 5 日。

③《议会通过 2020 年预算和财政政策》，阿尔巴尼亚财政部，2019 年 12 月 18 日，http：//www.financa.gov.al/kuvendi-miraton-buxhetin-2020-dhe-paketen-fiskale/，检索日期：2020 年 3 月 5 日。

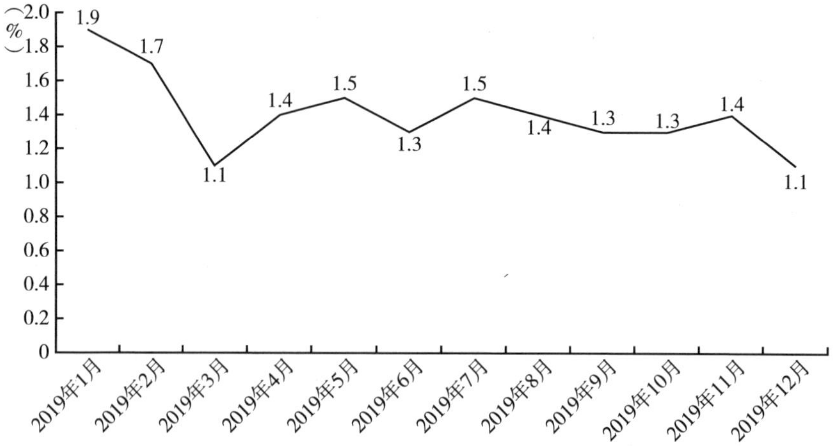

图2　2019 年 1～12 月阿尔巴尼亚通胀率

资料来源：阿尔巴尼亚央行，https：//www.bankofalbania.org/Politika_ Monetare/Objektivi_ dhe_ strategjia/，检索日期：2020 年 4 月 5 日。

在人口与就业方面，2020 年 1 月 1 日统计人口为 284.6 万人，同比下降 0.6%。① 2019 年，全国就业率延续了 2015 年以来的增长势头，15～64 岁就业率达 61.2%，较上一年增加 0.7 个百分点。全年四个季度中，就业率分别为 60.3%、61.4%、61.5% 和 61.6%，稳步提升。失业率在第四季度降到 11.2%，为五年内最低。②

（二）各领域持续发展

2019 年，旅游业从众多产业中脱颖而出，成为阿尔巴尼亚发展最快的产业。旅游部部长布兰迪·克罗西（Blendi Klosi）表示，尽管地震对旅游

① 《2020 年 1 月 1 日，阿尔巴尼亚人口》，阿尔巴尼亚统计局，2020 年 3 月 26 日，https：//databank.shihang.org/indicator/BN.KLT.DINV.CD/1ff4a498/Popular－Indicators#selectedDimension_ WDI_ Ctry，检索日期：4 月 17 日。

② 《2019 年第四季度阿尔巴尼亚劳动力调查》，阿尔巴尼亚统计局，2020 年 3 月 10 日，http：//www.instat.gov.al/al/temat/tregu－i－pun%C3%ABs－dhe－arsimi/pun%C3%ABsimi－dhe－papun%C3%ABsia/#tab3，检索日期：2020 年 3 月 10 日。

业造成冲击，2019 年外国游客到访阿尔巴尼亚仍达 640 万余人次，较 2018 年增长 8.1%（见图 3），这一年是名副其实的旅游年。总理拉马专门在社交网站发帖称，仅 10 月就有 38.7 万人次外国游客进入阿尔巴尼亚，同比增长 14.7%。[①] 在 640 万外国游客中，有 515 万人经陆路入境，占比逾 80%；乘飞机和乘船入境的游客分别占 12.2% 和 7.3%。此外，超过 95% 的游客的出行目的为度假、探亲，另有部分游客因疗养、宗教或中转等事由访阿。[②]

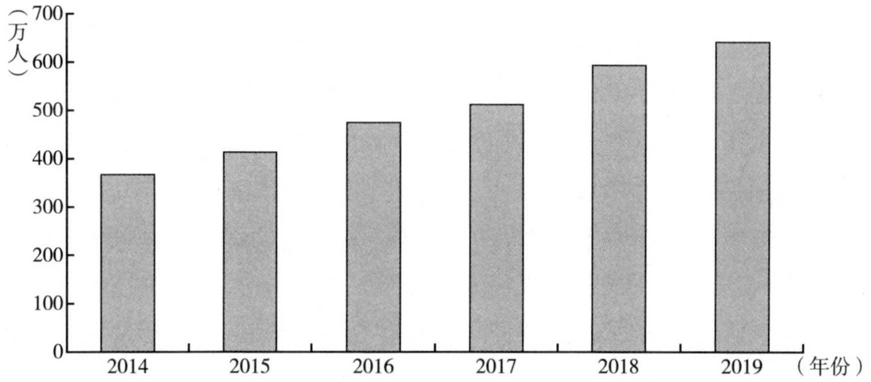

图 3　2014～2019 年阿尔巴尼亚外国游客人数

资料来源：阿尔巴尼亚统计局，http：//www. instat. gov. al，检索日期：2020 年 2 月 20 日。

对外贸易方面，2019 年阿尔巴尼亚进出口总额约合 85.4 亿美元，较 2018 年下降 1.3%。其中，出口额为 26.9 亿美元，同比下降 3.7%。纺织类和鞋类占据出口总额最大比重，约 39.6%，其次是矿产品和燃料以及建筑材料和金属等。主要出口国家和地区为意大利、西班牙、科索沃、希腊和德国。进口额为 58.5 亿美元，同比增长 1.2%。机械设备和零部件占进口总

① 《2019 年是旅游年和地震年》，《日记报》2019 年 12 月 31 日，https：//dritare. net/2019 – viti – i – turizmit – dhe – 2020 – qofte – i – turizmit/，检索日期：2020 年 2 月 20 日。

② 《外国游客出入境方式与目的》，阿尔巴尼亚统计局，2020 年 1 月 23 日，http：//www. instat. gov. al/al/temat/industria – tregtia – dhe – sh% C3% ABrbimet/turizmi/#tab3，检索日期：2020 年 2 月 20 日。

额的21.4%，食品、饮料和烟草占17.0%。[①] 主要进口国家为意大利、土耳其、中国、希腊和德国。[②]

2019年，阿尔巴尼亚国家营商环境便利度得分为67.7分，较2018年提升0.7分，世界排名为第82位，保持不变。在跨境贸易、办理破产和获得信贷三个领域，阿尔巴尼亚世界排名较高，分别为第25位、第39位、第38位；而执行合同、纳税和办理施工许可证则排名落后，分别为第120位、第123位、第166位。[③] 2019年前三个季度，外商投资同比增加7.3%，总额为8.1亿欧元。[④] 由于阿尔巴尼亚的劳动力数量与成本优势，以及位于东南欧的地理位置和近年来政府提供的优惠政策，一些国际制造公司开始将目光转向这片土地。2019年，韩国汽车工业的电缆和电线制造商亚荣公司（Yura Corporation）在费里（Fier）投资建造第一座厂房，投资金额达1300万欧元，并提供600个工作岗位，计划未来将在阿企业员工规模扩大至4000人。[⑤]

此外，基础设施建设及交通运输领域获得国际项目资助，持续发展。2019年，51.9%的进出口货物采取海运，42.3%由公路运输完成。[⑥] 西巴尔

① 《2019年12月数据报告》，阿尔巴尼亚央行，2020年2月20日，https://www.bankofalbania.org/Botime/Botime_ Periodike/Raporti_ Mujor_ Statistikor/Raporti_ Statistikor - dhjetor_ 2019.html，检索日期：2020年3月7日。注：进出口数据参照2020年1月1日阿央行列克对美元汇率得出。

② 《2019年12月对外贸易》，阿尔巴尼亚统计局，2020年1月17日，http://www.instat.gov.al/al/temat/tregtia - e - jashtme/tregtia - e - jashtme - e - mallrave/#tab3，检索日期：2020年2月20日。

③ 《2020年阿尔巴尼亚营商环境》，世界银行，https://chinese.doingbusiness.org/zh/data/exploreeconomies/albania，检索日期：2020年4月9日。

④ 《2019年消费与支出呈增长态势》，框架网，2020年1月10日，https://konica.al/2020/01/mallrat - dhe - sherbimet - konsumi - ka - pesuar - rritje - gjate - 2019/，检索日期：2020年3月5日。

⑤ 《费里大区的新投资，韩国亚荣公司入驻阿尔巴尼亚》，阿尔巴尼亚投资发展局，http://aida.gov.al/investim - i - ri - ne - qarkun - e - fierit - kompania - koreano - jugore - yura - corporation - tashme - prezente - ne - shqiperi - 2/，检索日期：2020年4月13日。

⑥ 《运输数据，2019年12月》，阿尔巴尼亚统计局，2020年1月27日，http://www.instat.gov.al/al/temat/industria - tregtia - dhe - sh% C3% ABrbimet/transporti - dhe - aksidentet/#tab3，检索日期：2020年3月7日。

干各国之间货物过境时间较长，导致物流成本高。为加强互联互通和促进贸易发展，世界银行“西巴尔干贸易和运输便利化项目”① 一期项目于2019年获批，项目为阿尔巴尼亚提供2000万美元，用来改善基础设施、引进新技术以及加强机构协调，从而降低每年进出口成本，促进阿同西巴尔干地区内其他国家的贸易往来。

三 外交与安全

（一）签署“迷你申根”协议，加强西巴尔干区域经济合作

10月10日，塞尔维亚总统武契奇（Aleksandar Vuçiç）与北马其顿总理扎埃夫（Zoran Zaev）、阿尔巴尼亚总理拉马在诺维萨德签署《建立西巴尔干“迷你申根区”的宣言》，同时呼吁波黑、黑山以及科索沃地区尽快加入。② 建立“迷你申根区”，旨在实现西巴尔干各国和地区间资本、货物、服务与人员的自由流动，降低失业率，提高人们的生活水平，预计在2021年实施，届时，该区域内所有国家和地区的民众可以仅凭身份证件自由往来。③

加入欧盟是阿尔巴尼亚的长远目标，而“迷你申根”协议作为建立区域经济一体化的实质举措，力图在正式加入欧盟前，实现在西巴尔干地区的更深度融合，以更好地适应欧盟的标准与规则。科索沃地区因地位问题拒绝加入“迷你申根”协议，对此，拉马总理承诺阿尔巴尼亚将为建立“无边界巴尔干”而努力，并敦促科索沃地区尽快加入。他表示，阿尔巴尼亚支

① 《2019年度报告》，世界银行，2019年10月2日，https://openknowledge.worldbank.org/handle/10986/32333，检索日期：2020年3月7日。

② 《武契奇“安抚”拉马：我们将使用身份证出入边境》，2019年10月10日，https://gazetamapo.al/vucic-ngushellon-ramen-do-i-kalojme-kufijte-me-karte-identiteti/，检索日期：2019年11月23日。

③ 《“迷你申根”是个好主意，但签署者存在疑虑》，2019年10月12日，https://gazetamapo.al/shengeni-i-vogel-ideja-e-mire-nenshkruesit-te-dyshimte/，检索日期：2019年11月24日。

持深化区域合作，并不意味着阿尔巴尼亚改变了对于塞尔维亚和科索沃问题的态度，尽管该问题还没得到解决，但这不能成为科索沃拒绝参与该区域协议、不维护阿尔巴尼亚及科索沃切实利益的理由。[①] 由此可见，阿尔巴尼亚对“迷你申根”的经济诉求大过政治诉求。

（二）在阿尔巴尼亚建设北约军事基地

2009 年阿尔巴尼亚加入北约后，其军队多次参加北约在波黑、科索沃等国家和地区的行动，参与这些行动的武装力量占到该国总兵力的 10% 。[②] 2019 年阿国防部长两度访问美国国防部，寻求加强与美国在军事领域的合作。美国肯定阿尔巴尼亚参与北约框架内的国际行动，视阿为可靠的伙伴。2018 年，美阿双方拟建库乔亚（Kuçovë）空军基地，并将其作为北约在西巴尔干地区唯一的空军基地。库乔亚基地既可作为阿尔巴尼亚的国家基地，又将被视为北约在阿尔巴尼亚的战略投资，由阿尔巴尼亚的战略盟友美国协助其实现军队现代化。2019 年 4 月会晤期间，美阿双方强调年内库乔亚空军基地将开工建设，北约计划对该基地投资 5100 万欧元，主要修建跑道和机库，并有望签署协议对阿尔巴尼亚军队，特别是空军加强现代化建设，配备若干黑鹰直升机，进行武器维护和人员培训。[③] 10 月 28 日，阿尔巴尼亚总统梅塔与北约秘书长延斯·斯托尔滕贝格（Jens Stoltenberg）会晤期间，阿尔巴尼亚提议，除建设库乔亚空军基地外，应在帕夏·利曼（Pasha

---

① 《拉马就巴尔干“迷你申根”批评科索沃在自我排除》，2019 年 11 月 10 日，https://gazetamapo.al/mini-shengeni-ballkanik-rama-kritika-kosoves-po-veteperjashtohet/，检索日期：2019 年 11 月 24 日。

② 《〈阿尔巴尼亚——至关重要的国家〉，北约纪录片提及库乔亚》，2019 年 2 月 5 日，https://www.balkanweb.com/shqiperia-vend-me-rendesi-kritike-nato-dokumentar-per-kucoven，检索日期：2019 年 3 月 4 日。

③ 《从俄罗斯影响到北约库乔亚基地，扎奇卡在五角大楼》，2019 年 4 月 19 日，https://a2news.com/2019/04/19/nga-ndikimi-rus-te-baza-e-nato-s-ne-kucove-xhacka-ne-pentagon/?utm_source=a2-related&utm_source=a2news&utm_campaign=general，检索日期：2020 年 1 月 20 日。

Liman）设立北约海军基地。[①] 俄罗斯舆论认为，阿尔巴尼亚邀请北约在阿设立基地是实施“大阿尔巴尼亚”计划。

（三）地拉那国际机场巨额劫案或影响其安全形象

4 月 9 日，阿尔巴尼亚地拉那国际机场停机坪发生巨额现金劫案，当时一架奥地利航空公司飞机正在装运某保险公司外币现金，多名武装劫匪从飞机上劫走了数百万美元（媒体称上千万欧元，未经证实），阿尔巴尼亚警方随后逮捕了四名嫌疑人，其中一名枪手在与警察的交火中被击毙。这起抢劫案至今尚未告破，巨额资金也无下落。案件发生后，军队暂时接管了机场，社会舆论对机场的安保措施、警方的搜捕行动等提出质疑，案件给阿尔巴尼亚的安全形象也带来了负面影响。

四　社会与文化

2019 年，阿尔巴尼亚文豪伊斯玛依尔·卡达莱荣获两项国际文学奖。

9 月 19 日，韩国第九届“朴景利文学奖”（Park Kyong-ni Prize）评委会宣布获奖者为卡达莱。这是卡达莱第二次入围该奖决赛名单，此次一同入围的还有安东尼奥·穆尼奥斯·莫利纳、爱德华多·门多萨、玛格丽特·阿特伍德和阎连科。“朴景利文学奖”设于 2011 年，是韩国著名的国际文学奖。评委会主席、韩国文学评论家金佑昌（Kim Uchang）表示，卡达莱的作品引发读者沉思，并使读者对自身同特定历史事件的关系产生强烈的共鸣。[②]

10 月 16 日，美国俄克拉何马大学国际文学和文化刊物《今日世界文学》宣布卡达莱为第 26 届“纽斯塔特国际文学奖”（Neustadt International

---

① 《与斯托尔滕贝格会晤，阿尔巴尼亚要求在帕夏·利曼设北约基地》，2019 年 10 月 28 日，https：//a2news. com/2019/10/28/konferenca – me – stoltenbeg – shqiperia – kerkoi – baze – te – nato – s – ne – pashaliman/，检索日期：2020 年 1 月 20 日。

② 《卡达莱荣获 2019 年朴景利奖》，巴尔干网，2019 年 10 月 26 日，https：//www. balkanweb. com/zeri – i – amerikes – kadare – nderohet – me – cmimin – pak – kyongni – 2019，检索日期：2020 年 2 月 20 日。

Prize）得主。该奖创立于1969年，素有“美国的诺贝尔文学奖”之称，每两年颁发一次，授予对象包括诗人、小说家和剧作家。《今日世界文学》执行主编罗伯特·肯·戴维斯－安迪亚诺（Robert Con Davis-Undiano）称卡达莱是“世界上最伟大的作家之一，是民主和言论自由的捍卫者”。①

首都地拉那市中心的斯坎德培广场入围2019年“密斯·凡·德罗欧洲当代建筑奖”② 决赛，并从来自欧洲17个国家提交的共40个作品项目中脱颖而出。评委会对斯坎德培广场给予高度评价，“斯坎德培广场自2008年起便让人对它刮目相看，它变得多样化，并营造出了一种开放的感觉。该设计以一种简单而激进的方式对社会主义时期建造的空间重新布局，让人们以一种新的方式来认识它”。③

五　与中国的关系

（一）政府及民间组织往来密切

2019年为中阿建交70周年，两国政府及民间组织往来密切。4月12日，李克强总理在克罗地亚杜布罗夫尼克会见出席第八次中国—中东欧国家领导人会晤的阿尔巴尼亚总理拉马。同月17日，全国政协副主席张庆黎访阿。根据《中国—中东欧国家合作索非亚纲要》，10月25日，在地拉那召开第四届中国—中东欧国家首都市长论坛，为各国首都城市管理者提供交流经验的机会和深化对华合作的平台。作为会议成果，北京市贸促会与地拉那工商会在阿首都地拉那签订了友好合作协议。

① 《卡达莱荣获2020年纽斯塔特国际文学奖》，https：//www. neustadtprize. org/ismail－kadare－wins－prestigious－2020－neustadt－international－prize－for－literature/，检索日期：2020年2月20日。

② “密斯·凡·德罗欧洲当代建筑奖”是以建筑师密斯·凡·德罗命名的建筑奖项，由密斯·凡·德罗基金会策划。该奖项每两年颁发一次，旨在表彰在“概念、社会、文化、技术和建设性方面”表现卓越的欧洲项目。

③ 《斯坎德培广场》，2019年欧洲密斯奖网，https：//miesarch. com/work/4190，检索日期：2020年4月17日。

（二）经济合作深化

2019 年，中阿进出口总额达 70376 万美元，同比增长 8.6%。阿尔巴尼亚对华出口额为 10292 万美元，同比减少 4.7%；自华进口额为 60084 万美元，同比增长 11.3%。[①] 2019 年，中国排在意大利、希腊之后，成为阿第三大合作伙伴。[②] 中阿贸易额整体稳步增长，中国成为非欧盟国家中阿尔巴尼亚最重要的贸易伙伴。受较低的工业水平限制，阿尔巴尼亚从中国主要进口机械设备和零部件、纺织品和鞋类、建筑材料和金属及化学和塑料制品等，向中国主要出口矿产品。

（三）阿首次对华实行免签政策

2018 年，阿尔巴尼亚政府宣布对持普通护照的中国公民实行旅游旺季免签。此后，中国赴阿度假的游客数量大幅增长。2019 年前 8 个月，中国访阿游客人数同比增长 65%，在所有外国游客中增长率最高。10 月 23 日，第五次中国—中东欧国家旅游合作高级别会议在拉脱维亚首都里加召开。中国文化和旅游部部长雒树刚率团与会，并会见阿旅游部部长克罗西。会上，雒树刚表达了增加中国访阿游客数量以及为两国旅行社搭建直接交流平台的意愿，以加强两国的合作交流。[③]

2019 年 12 月 18 日，阿尔巴尼亚部长会议决议规定，对短期赴阿的中国公民实行免签政策，持普通护照的中国公民可免签入境，180 天内在阿停

---

① 《2019 年 1 ~ 12 月中国与欧洲国家贸易统计表》，商务部欧洲司，2020 年 3 月 2 日，http://ozs.mofcom.gov.cn/article/zojmgx/date/202003/20200302941074.shtml，检索日期：2020 年 6 月 3 日。

② 《2019 年 12 月对外贸易》，阿尔巴尼亚国家统计局，2020 年 1 月 17 日，http://www.instat.gov.al/al/temat/tregtia-e-jashtme/tregtia-e-jashtme-e-mallrave/publikimet/2019/tregtia-e-jashtme-dhjetor-2019/，检索日期：2020 年 3 月 6 日。

③ 《克罗西会见中国文化和旅游部部长，着眼增加旅游业合作》，2019 年 10 月 24 日，https://ata.gov.al/2019/10/24/foto-klosi-takim-me-homologun-kinez-te-turizmit-ne-fokus-rritja-e-bashkepunimit-ne-kete-fushe/，检索日期：2020 年 3 月 6 日。

留不超过 90 天。[①] 此次单方面免签普遍被视为阿尔巴尼亚进一步吸引中国游客访阿，推动阿旅游业发展及阿中相关产业合作的举措。阿尔巴尼亚成为继塞尔维亚和波黑之后，第三个对中国公民免签的中东欧国家。

（四）中阿建交70周年系列活动

为庆祝中阿建交 70 周年，10 月，阿尔巴尼亚科学院、阿尔巴尼亚国家图书馆、发罗拉大学、北京外国语大学和阿中文化协会共同主办了一系列活动，包括建交 70 周年图书出版成果展和举办“阿中关系：历史、现状及前景”国际学术研讨会。这些活动增进了双方对阿尔巴尼亚及周边区域的关注与研究，促进了中阿两国的文化交往和文明互鉴。其间，阿总统梅塔为中国艺术科学院研究员、阿尔巴尼亚文学翻译家郑恩波和新华社高级记者、阿尔巴尼亚问题研究专家王洪起颁授了“纳伊姆·弗拉舍里”金质荣誉奖章（Titulli “Naim Frashëri”），表彰两人在阿尔巴尼亚文学研究与翻译和中阿关系领域所做出的杰出贡献。[②] 该奖章是阿尔巴尼亚总统授予有突出贡献的国内外学者的最高荣誉，这也是中国学者首次获得此奖章。

11 月 11 日，阿总理府举办纪念中阿建交 70 周年艺术展开幕式。此次展览展出了阿不同历史时期发行的以中国为主题的纪念邮票，以及来自中国的中国画、剪纸、云锦等艺术作品。总理拉马在开幕式上致辞，表示愿同中国进一步加强多领域合作，阿方愿为越来越多的访阿中国游客提供便利，进一步推动两国在旅游领域的合作。[③]

① 《2019 年 12 月 18 日第 816 号决议》，阿尔巴尼亚司法部，2019 年 12 月 18 日，https：//qbz. gov. al/eli/vendim/2019/12/18/816，检索日期：2019 年 12 月 28 日。

② 《总统向两位杰出的中国学者授予“纳伊姆·弗拉舍里”奖章》，《我们的时代报》2019 年 10 月 12 日，https：//www. kohajone. com/2019/10/12/presidenti - dekoron - me - titullin - naim - frasheri - dy - personalitete - te - shquara - kineze/，检索日期：2019 年 10 月 30 日。

③ 《周鼎大使出席纪念中阿建交 70 周年艺术展开幕式》，中国驻阿尔巴尼亚使馆网站，2019 年 11 月 13 日，http：//al. chineseembassy. org/chn/zagx/zajw/t1715348. htm，检索日期：2020 年 3 月 27 日。

（五）中方向阿方提供抗震救灾援助

11 月 26 日凌晨，阿尔巴尼亚发生 6.4 级地震，致 51 人死亡，900 余人受伤，千余座建筑倒塌，超万栋房屋受损，人员和财产损失惨重。此次地震对阿尔巴尼亚经济造成负面影响。地震发生后，在阿华人向灾区提供援助。12 月 6 日，中国驻阿大使周鼎慰问地拉那市法尔克行政区灾民，并代表中国驻阿使馆向当地灾民捐赠折叠床、毛毯等物资。[①] 12 月 9 日，周鼎大使会见阿红十字会主席阿鲁希（Ylli Alushi），转交中国红十字会向阿红十字会提供的 10 万美元人道主义紧急援助资金，用于帮助赈灾和重建工作。[②] 除了驻阿使馆和中国红十字会的捐赠，在阿中国留学生也积极加入志愿服务行列，帮忙搬运和分发救灾急需品。

---

① 《周鼎大使向阿震区灾民捐赠物资》，中国驻阿尔巴尼亚使馆网站，2019 年 12 月 6 日，http：//al. china - embassy. org/chn/zagx/zajw/t1727250. htm，检索日期：2020 年 3 月 27 日。

② 《周鼎大使转交中国红十字会向阿尔巴尼亚提供的抗震救灾紧急援助》，中国驻阿尔巴尼亚使馆网站，2019 年 12 月 9 日，http：//al. china - embassy. org/chn/zagx/zajw/t1727256. htm，检索日期：2020 年 3 月 27 日。

B.8
爱沙尼亚

张　甜*

摘　要： 2019年爱沙尼亚举行议会选举，改革党维持议会第一大党地位，之前被看好的Eesti 200无缘议会席位；中间党、保守人民党和祖国联盟—共和国党组成新的执政联盟，于里·拉塔斯再次当选爱沙尼亚总理。2019年爱沙尼亚经济发展良好，国内生产总值持续稳步增长。2019年，爱沙尼亚成功入选2020年和2021年联合国安理会非常任理事国，与俄罗斯重启停滞多年的高层会晤，两国经贸关系开始走向正常化，然而双方在语言和领土问题上依然争执不断。2019年，新政府推出2019～2023年政府行动纲领，在多个领域进行系统全面的改革；爱沙尼亚迎来歌唱节150周年；最新PISA评估结果显示，爱沙尼亚排名居欧洲之首。随着“中国—中东欧国家合作”的不断深入，中爱两国政治互信不断加强，经贸合作、文化交流等方面的内容也愈加丰富。

关键词： 爱沙尼亚　经济形势　爱俄关系　中爱关系

一　国内政治形势

（一）第14届议会选举

2019年3月3日，爱沙尼亚选出第14届议会的101位议员，其中改革

* 张甜，北京外国语大学欧洲语言文化学院爱沙尼亚语教研室主任、讲师，主要研究方向为爱沙尼亚语语言文学。

党获得34席，成为议会第一大党，中间党获得26个席位，保守人民党获得19个席位，祖国联盟—共和国党获得12个席位，社会民主党获得10个席位。此次议员选举投票率为63.7%。887420名有选举权的公民中，有565040人参加了此次投票。①

之前颇被看好的新政党Eesti 200，② 则因为2019年初的《这里只有爱沙尼亚人》和《这里只有俄罗斯人》的海报而备受争议。时任内政部长凯特丽·拉伊克更是用“纳粹时期的德国”来形容此事。俄罗斯驻爱沙尼亚大使馆称海报带有“南非种族隔离时代的气息”。虽然Eesti 200解释此海报旨在引起人们对于种族隔离问题的关注，但还是在选举中失去了大量选票而无缘议会席位。

爱沙尼亚新一届议会于2019年4月4日举行首次会议，选举保守人民党副主席亨·珀吕埃斯为议长，祖国联盟—共和国党主席赫利尔-瓦尔多尔·塞德尔为议会第一副议长，改革党名誉主席西姆·卡拉斯为第二副议长。

（二）新政府上台

2019年爱沙尼亚进行了新的政府选举，4月24日，爱沙尼亚总统卡柳莱德任命了由中间党、保守人民党和祖国联盟—共和国党组成的执政联盟。新的执政联盟政府成员于2019年4月29日宣誓就职，③ 于里·拉塔斯再次当选爱沙尼亚总理。政府成员名单见表1。

---

① 爱沙尼亚议会网站，https：//www.riigikogu.ee/riigikogu/，检索日期：2020年5月4日。

② Eesti 200正式成立于2018年11月3日。该政党致力于解决爱沙尼亚的长期发展问题，目的是促进爱沙尼亚更好的发展，并以保护爱沙尼亚语言、文化、经济繁荣，为居住在爱沙尼亚的人提供安全高品质的生活为工作重心。爱沙尼亚著名教育家克里斯蒂娜·卡拉斯成为该党派的首位主席。

③ 中华人民共和国商务部，http：//www.mofcom.gov.cn/article/i/jyjl/m/201905/20190502859937.shtml，检索日期：2020年5月3日。

表 1　2019 年爱沙尼亚政府成员名单

职务	姓名	外文名	所属党派	党派在议会中所占席位(个)
总理	于里·拉塔斯	Jüri Ratas	中间党	26
经济事务与基础设施部部长	塔维·阿斯	Taavi Aas	中间党	
公共管理部部长	雅克·阿普	Jaak Aab	中间党	
教育与研究部部长	玛伊利斯·莱普斯	Mailis Reps	中间党	
社会事务部部长	达内尔·迪克	Tanel Kiik	中间党	
司法部部长	赖沃·艾格	Raivo Aeg	祖国联盟—共和国党	12
国防部部长	于里·卢伊克	Jüri Luik	祖国联盟—共和国党	
人口事务部部长	瑞娜·索尔曼	Riina Solman	祖国联盟—共和国党	
外交部部长	乌尔马斯·雷音萨鲁	Urmas Reinsalu	祖国联盟—共和国党	
文化部部长	托尼斯·卢卡斯	Tõnis Lukas	祖国联盟—共和国党	
农村事务部部长	阿尔沃·阿莱尔	Arvo Aller	保守人民党	19
内政部部长	马特·赫尔梅	Mart Helme	保守人民党	
外贸与信息技术部部长	劳尔·西艾姆	Raul Siem	保守人民党	
环境部部长	雷内·高克	Rene Kokk	保守人民党	
财政部部长	马丁·赫尔梅	Martin Helme	保守人民党	

资料来源：爱沙尼亚政府网站，https://www.valitsus.ee/et，检索时间：2020 年 4 月 29 日。

二　经济发展状况

2019 年爱沙尼亚经济发展良好，国内生产总值为 280 亿欧元，[①] 持续稳步增长。

2019 年，爱沙尼亚适龄劳动人口为 70.26 万人，就业人口为 67.13 万人，劳动力参与率为 71.6%，就业率为 68.4%，失业率为 4.4%，失业率为近十年内最低（见表 2）。[②]

① 爱沙尼亚国家广播电视台，《2019 年 GDP 增长了 4.3%》，http://www.err.ee/1057935/gdp-grew-4-3-percent-in-2019，检索日期：2020 年 11 月 30 日。

② 中华人民共和国商务部，http://www.mofcom.gov.cn/article/i/jyjl/m/202002/20200202938257.shtml，检索日期：2020 年 4 月 24 日。

表 2　2007～2019 年爱沙尼亚失业率

单位：%

年份	2007	2008	2009	2010	2011	2012	2013	2014	2015	2016	2017	2018	2019
失业率	4.6	5.5	13.5	16.7	12.3	10.0	8.6	7.4	6.2	6.8	5.8	5.4	4.4

资料来源：爱沙尼亚国家统计局，https：//www.stat.ee/stat－tootuse－maar，检索日期：2020 年 4 月 20 日。

近十年来，爱沙尼亚人均工资、人均劳动力成本持续增长，且人均劳动力成本高于平均工资水平。爱沙尼亚统计局数据显示，2019 年爱沙尼亚月平均工资为 1407 欧元，每小时平均工资为 8.13 欧元，平均每个员工每月的劳动力成本是 1886 欧元，平均每个员工每小时的劳动力成本是 12.50 欧元（见表 3）。其中信息通信与金融保险行业的月平均工资最高，住宿和餐饮及其他服务行业的月平均工资最低。①

表 3　2009～2019 年爱沙尼亚人均工资、劳动力成本

	2009 年	2010 年	2011 年	2012 年	2013 年	2014 年	2015 年	2016 年	2017 年	2018 年	2019 年
月平均工资（欧元）	784	792	839	887	949	1005	1065	1146	1221	1310	1407
每小时平均工资（欧元）	4.80	4.78	5.04	5.34	5.73	6.14	6.51	6.90	7.40	7.56	8.13
个人月劳动力成本（欧元）	1067	1074	1137	1203	1284	1357	1437	1548	1648	1756	1886
个人每小时劳动力成本（欧元）	7.33	7.22	7.55	7.98	8.56	9.13	9.67	10.28	10.99	11.61	12.50

资料来源：爱沙尼亚国家统计局，https：//www.stat.ee，检索日期：2020 年 4 月 29 日。

2019 年爱沙尼亚进出口总额为 305 亿欧元，其中进口额为 161 亿欧元，出口额为 144 亿欧元，贸易顺差约为 17 亿欧元。出口表现不佳，较上一年有所下降。爱沙尼亚向 183 个国家和地区出口货物，从 145 个国家和地区进

① 中华人民共和国商务部，http：//www.mofcom.gov.cn/article/i/jyjl/m/202003/20200302942307.shtml，检索日期：2020 年 4 月 29 日。

口货物，其中与137个国家和地区的外贸收支为顺差。2019年，对欧盟国家出口占爱沙尼亚总出口额的70%，自欧盟国家进口占爱沙尼亚总进口额的79%。在与欧盟国家的贸易中，出口增长3%，进口增长1%；与非欧盟国家的贸易中，出口下降8%，进口下降7%。2019年爱沙尼亚主要出口对象国是芬兰、瑞典和拉脱维亚，主要进口来源国则是芬兰、立陶宛和德国。

2019年爱沙尼亚原产地商品占货物出口总额的71%。与2018年相比，爱沙尼亚原产地商品出口下降1%，转口贸易增长3%。其中矿物产品及电气设备大幅度减少，农产品和食品出口有所增长。统计数据显示，2019年爱沙尼亚矿物产品出口下降4.5亿欧元，电气设备出口下降1.84亿欧元，但农产品和食品出口增长2.26亿欧元，运输工具出口增长1.42亿欧元。

根据欧盟统计局的统计数据，2019年爱沙尼亚的政府债务占GDP的比重在欧盟成员国中最低，为8.4%。①

三　外交与安全

（一）成功当选联合国安理会非常任理事国

2019年6月7日，爱沙尼亚以132票成功当选2020年和2021年联合国安理会非常任理事国，与爱沙尼亚同时当选安理会非常任理事国的国家还有尼日尔、圣文森特和格林纳丁斯、突尼斯及越南。爱沙尼亚总统卡柳莱德表示，爱沙尼亚加入联合国安理会是历史性的一步，② 成为安理会非常任理事国使爱沙尼亚在国际事务中比以往任何时候都拥有更多的发言权。总理拉塔斯表示，爱沙尼亚再次证明自己是国际社会的积极参与者，爱沙尼亚会认真地对待这份信任。

① 欧盟统计局，https：//ec. europa. eu/eurostat/documents/2995521/10294660/2 - 23042020 - AP - EN. pdf/82252e2f - 7336 - a45b - 9735 - 5dc29176aa06，检索日期：2020年5月23日。

② 爱沙尼亚公共广播，https：//www. err. ee/950247/eesti - sai - uro - julgeolekunoukogu - liikmeks，检索日期：2020年4月29日。

（二）与俄罗斯的关系

2019年4月18日，爱沙尼亚总统卡柳莱德访俄，与俄罗斯总统普京在克里姆林宫举行会晤。这是爱沙尼亚总统时隔八年再次访问俄罗斯，[①] 卡柳莱德总统此次访俄，重启了波罗的海三国总统与普京之间已停滞9年的高层会晤。会晤重点是探讨爱俄两国关系、经济合作以及国际形势。普京总统表示：邻国之间缺少官方接触是不正常的，这已导致近年来两国间的贸易额减少了将近一半。在波罗的海地区，俄爱两国在安全和生态环境等问题上有着共同的利益。卡柳莱德总统表示，希望与俄罗斯的经贸关系回到积极的轨道上来，也希望欧盟与俄罗斯中断的一些合作项目能够恢复。[②]

在两国经贸关系开始走向正常化的同时，两国在语言和领土问题上的争端依然存在。2019年4月4日，卡柳莱德总统在第14届议会首次会议上致辞时宣称，双语（爱沙尼亚语、俄语）学校制度威胁着爱沙尼亚语言和文化的延续，强调爱沙尼亚只有一种官方语言。以俄罗斯国家杜马教育和科学委员会副主席鲍里斯·切尔尼绍夫为首的俄议员对此表达了不满，认为此举侵犯俄语居民的权益，并向联合国秘书长古特雷斯发出请求，要求将爱沙尼亚驱逐出联合国。

此外，面对即将到来的《塔尔图和约》[③] 签订100周年纪念日，爱俄两国之间就领土问题再次展开争论。作为苏联曾经的两个接壤的加盟共和国，在苏联解体后，由于对《塔尔图和约》的态度相左，两国并未明确划定具有法律约束力的边界。两国围绕在二战期间被并入苏联、苏联解体后被俄罗斯继承的前爱沙尼亚领土伊万哥罗德市和佩乔雷市的归属等问题一直争执不

① 爱沙尼亚总统网站，https：//www.prcsidcnt.cc/ct/ametitegevus/koned/933 - meediakajastus/est - pressiteated/15389 - presidendid - kaljulaid - ja - putin - arutasid - moskvas - kahe - riigi - omavahelisi - suhteid - 3/layout - visit.html，检索日期：2020年5月1日。

② 中国新闻网，https：//m.chinanews.com/wap/detail/sp/sp/shipin/2019/04 - 19/news8814476.shtml，检索日期：2020年5月23日。

③ 爱沙尼亚与苏维埃俄国于1920年2月2日签署《塔尔图和约》，双方代表分别为阿道夫·越飞与扬·波斯卡。

断。11 月 18 日，俄外交部欧洲二司司长别利亚耶夫在接受俄新社采访时称，《塔尔图和约》早已失效，毫无法律效力。11 月 19 日，爱沙尼亚保守人民党出身的议长珀吕埃斯在社交媒体上予以回击，称《塔尔图和约》依旧有效，要求俄方据此归还此前占据的爱沙尼亚领土；他强调，不承认《塔尔图和约》就意味着不承认爱沙尼亚共和国。爱沙尼亚外交部部长乌尔马斯·雷音萨鲁也于当日表示，爱沙尼亚在与俄罗斯商讨边界问题时不应放弃《塔尔图和约》的原则。① 11 月 20 日，俄外交部做出回应，声称《塔尔图和约》自爱沙尼亚加入苏联起就失去了效力。当晚，俄国家杜马议员莫洛佐夫也做出回应，称爱方的无理要求不利于与俄方建立建设性关系，对两国关系有害无利。而俄国家杜马国际事务委员会副主席波克隆斯卡娅更是威胁称，只要是国家之间出现领土争议的案例，受损失的一般会是小国。②

四　社会与文化

（一）2019～2023年政府行动纲领③

爱沙尼亚新政府上台后，推出了 2019～2023 年政府行动纲领，涉及 486 项任务，旨在构建一个家庭友好型爱沙尼亚，增强社会凝聚力，发展知识经济，使爱沙尼亚成为有效治理、自由与受保护的国家。涉及社会文化与民生领域的行动纲领主要内容有如下几个方面。

针对“家庭友好型爱沙尼亚”这一目标，爱沙尼亚对《所得税法》进行修正，即每年最后一个季度领取产假津贴的人可将部分津贴转入下一年使用；并规定生育第三个孩子后，家庭每月免税 100 欧元。此外，政府批准了

---

① 爱沙尼亚公共广播，https：//www. err. ee/1005019/polluaasa – sonad – piirileppe – asjus – said – vastukaja – kremlis – ja – vene – riigiduumas，检索日期：2020 年 6 月 6 日。

② 《文汇报》，http：//www. whb. cn/zhuzhan/huanqiu/20191122/304406. html，检索日期：2020 年 5 月 23 日。

③ 爱沙尼亚政府网，https：//www. valitsus. ee/sites/default/files/valitsuse_ tegevusprogrammi_ taitmise_ aruanne_ 2019_ loplik_ 19. 12. 19. pdf，检索日期：2020 年 6 月 22 日。

《2019~2023年预防家庭暴力行动计划》。近年来，爱沙尼亚一直在完善家庭政策。2019年，联合国儿童基金会对经合组织（OECD）欧盟中31个富裕国家的家庭政策进行了对比研究，涉及育儿假期以及0~6岁儿童保障服务等政策。研究显示，爱沙尼亚为母亲提供的全薪假期最长，为85周。[①]

为更好地增强社会凝聚力，爱沙尼亚政府批准了针对养老金第二支柱[②]的修正方案。根据该方案，这部分养老金允许在退休前支取，而不必积攒到退休后才能领取。

为更好地发展与完善知识经济型社会，政府批准了《2021~2035年爱沙尼亚研究、开发、创新和创业发展计划》提案，并制定了《2030年国家能源和气候计划》。

针对有效治理，爱沙尼亚政府批准了《2019~2023年国家改革行动计划》以及在教育、交通、环境、农村、规划等领域内合并公共行政部门的建议，允许推行全面的国家预算审计，制定了区域政策计划，批准了《审计法》《金融危机预防和解决法》等草案。

（二）歌唱节150周年

爱沙尼亚歌唱节是世界上最大型的合唱节之一，已被列入联合国教科文组织非物质文化遗产名录。诞生于1869年的爱沙尼亚歌唱节2019年迎来了150周年庆典。此次歌唱节的主题是“我的爱”，[③] 从2019年7月4日开始，活动为期三天，爱沙尼亚总统卡柳莱德在开幕式上致辞。[④]

---

① 联合国儿童基金会，https：//www. unicef. org/press – releases/sweden – norway – iceland – and – estonia – rank – highest – family – friendly – policies – oecd – and – eu，检索日期：2020年4月29日。

② 爱沙尼亚的养老金有三大支住：第一支柱为国家养老金，国家支付，由社会保险局处理；第二支柱为强制性养老金，工资内扣除，退休后由养老金中心负责发放；第三支柱为补充性养老金，由商业保险负责。

③ 此次歌唱节主题出自爱沙尼亚著名诗人吕蒂亚·科依杜拉（1843~1886）的作品《我的祖国是我的爱》（*Mu isamaa on minu arm*）。

④ 2019年歌唱节网站，https：//2019. laulupidu. ee/，检索日期：2020年4月27日。

（三）PISA① 评估结果位列欧洲之首

2019 年 12 月初，OECD 公布了 2018 年 PISA 评估结果，爱沙尼亚名列欧洲各国之首。2018 年，来自 79 个国家（地区）的 60 万名 15 岁学生参加了测试，其中爱沙尼亚参加测试的学生共 5371 人（爱沙尼亚语学生 4000 人，俄语学生 1371 人）。通过调研，爱沙尼亚 77% 的学生抱持成长心态，是此次参试国家（地区）中最高的。70% 的学生计划接受高等教育，最受欢迎的职业是信息通信领域专家、医生、建筑师和心理学家。70% 的爱沙尼亚学生对自己的生活感到满意，超过 OECD 平均值，2018 年 PISA 首次研究了学生在生活中的感受。结果表明，爱沙尼亚 89% 的学生在大多数时间感到快乐和愉快，53% 的学生感到焦虑，51% 的学生感到悲伤。爱沙尼亚教育与研究部部长玛伊利斯・莱普斯表示，PISA 的评估结果再次证明了爱沙尼亚教育体系、教育政策的正确。②

（四）体育方面

爱沙尼亚运动员玛古斯・基尔特与麦塞尔・乌博参加了 2019 年世界田径锦标赛，分别获得标枪比赛亚军与十项全能比赛亚军。汽车拉力赛选手奥特・塔那科夺得世界汽车拉力锦标赛冠军，这是爱沙尼亚历史上首个 WRC 冠军。

五　与中国的关系

（一）高层互访

2019 年，中爱两国政治互信不断加强，高层交流频繁。

---

① PISA 是经济合作与发展组织开展的15岁学生阅读、数学、科学能力评价研究项目。从2000年开始，每三年进行一次测评。

② 爱沙尼亚教育部网站，https：//www. hm. ee/en/news/pisa－2018－estonia－ranks－first－europe，检索日期：2020 年 4 月 27 日。

4 月 12 日，国务院总理李克强出席在克罗地亚杜布罗夫尼克举行的第八次中国—中东欧国家领导人会晤，其间会见了爱沙尼亚总理拉塔斯。李克强表示，两国通过多种渠道保持密切交往，并利用中国—中东欧国家合作平台全面推进双边关系与合作；中国愿同爱方加强电子商务、教育、创新、数字经济合作，扩大进口中国消费者喜爱的爱沙尼亚农畜产品和海产品，共同促进两国关系健康稳定发展。爱沙尼亚总理拉塔斯表示，中国是爱沙尼亚在亚洲最大的贸易伙伴，也是爱沙尼亚企业非常重要的市场，爱沙尼亚与中国的经济关系存在更广阔的发展空间。[①] 爱方愿以双方此次签署一系列合作协议为契机，进一步推进双方在农业、人工智能、5G 等领域务实合作，密切多边领域沟通协调。[②]

5 月 17 日，农业农村部部长韩长赋在杭州会见来华出席第四届中国—中东欧国家（“17 + 1”）农业部长会议的爱沙尼亚时任农村事务部部长马特·雅尔维克。韩长赋表示中爱两国在农业领域具有广阔的合作空间，建议双方进一步完善合作机制，强化合作措施。[③]

10 月 18 ~21 日，文化和旅游部部长雒树刚应邀率团访问爱沙尼亚，其间分别与爱沙尼亚文化部部长托尼斯·卢卡斯、旅游局局长玛格斯·萨梅尔、文物保护局局长希姆·拉伊、塔林市市长米哈伊尔·科瓦特、塔尔图市市长乌尔马斯·克拉斯举行会谈，并调研了塔林和塔尔图两地的文化和旅游工作。雒树刚积极评价近年来中爱两国文化、旅游交往取得的成就，希望两国文化、旅游部门加强各层级人员往来，深化务实合作，拓展交流平台，在“一带一路”和“中国—中东欧国家合作”框架下推动中爱文化、旅游交流再上新台阶。爱方感谢中方长期以来为推动中爱文化、旅游合作所做的巨大

① 爱沙尼亚政府网站，https：//www. valitsus. ee/et/uudised/tapsustatud – peaminister – juri – ratas – osaleb – dubrovnikus – hiina – ja – kesk – ning – ida – euroopa – riikide，检索日期：2020 年 4 月 29 日。

② 新华网，http：//www. xinhuanet. com/world/2019 – 04/13/c_ 1124361014. htm，检索日期：2020 年 4 月 20 日。

③ 中华人民共和国商务部，http：//www. mofcom. gov. cn/article/i/jyjl/m/201905/20190502864596. shtml，检索日期：2020 年 5 月 23 日。

努力，愿与中方继续共办“欢乐春节”活动，期待双方在文化、旅游领域开展更多务实合作。[①]

（二）经贸往来

2019年中国与爱沙尼亚的贸易总额为12.1999亿美元，中国自爱沙尼亚进口额为2.9875亿美元，[②] 其中机械类占40%，木材及木制品占22%，医用类占11%，动物制品占7%；中国对爱沙尼亚出口额为9.2124亿美元，其中机械类占52%，金属及金属类制品占11%，纺织品占10%，其他工业产品占8%。此外，据统计，截至2019年9月已有191家中国企业在爱沙尼亚注册。[③]

近年来，中爱两国签署了多项农产品输华检疫议定书，2019年爱沙尼亚继续发展对华农产品贸易，积极参加中方举办的展会，推介爱沙尼亚农产品。5月16日，爱沙尼亚时任农村事务部部长马特·雅尔维克率多家爱沙尼亚企业出席中国国际食品和饮料展览会（中食展）。[④] 11月4日，马特·雅尔维克部长再次率团参加第二届中国国际进口博览会。

爱沙尼亚是一个数字化程度极高的国家，根据爱沙尼亚银行的数据，爱沙尼亚电子购物持续增长。2019年爱沙尼亚每月平均线上采购金额为1.18亿欧元，其中近6000万欧元为跨境订购，增长26%。[⑤] 2019年，两国加大了在跨境电商和物流方面的合作。10月14日，爱沙尼亚经济部副部长卢比率领爱沙尼亚电子商务及物流企业代表团在北京希尔顿酒店举行B2B商务洽谈会议，两国多家企业参与此次洽谈。

① 中华人民共和国驻爱沙尼亚共和国大使馆，http：//www.chinaembassy.ee/chn/sbjw/t1710039.htm，检索日期：2020年4月29日。

② 中华人民共和国商务部，http：//www.mofcom.gov.cn/article/tongjiziliao/sjtj/xyfzsbjmsj/202003/20200302941074.shtml，检索日期：2020年5月23日。

③ 爱沙尼亚驻华使馆，https：//beijing.mfa.ee/et/eesti－ja－hiina/majandussuhted/，检索日期：2020年5月22日。

④ 中华人民共和国商务部，http：//www.mofcom.gov.cn/article/i/jyjl/m/201905/20190502864596.shtml，检索日期：2020年5月20日。

⑤ 爱沙尼亚电商协会，https：//e－kaubanduseliit.ee/eesti－e－kaubanduse－statistika/，检索日期：2020年6月6日。

（三）文旅交流

近年来，前往爱沙尼亚旅游的中国游客越来越多。2019 年访问爱沙尼亚的亚洲游客中有 26% 来自中国，[①] 这一数字比过去五年增长了 3 倍。[②] 2019 年前往爱沙尼亚旅游的中国游客超过 5.4 万人次，同比增长 25%，其中 60% 为多日游，平均时长为 2.9 天。[③]

爱沙尼亚企业局[④]旅游发展总监马库斯·萨梅尔认为，支付的方便与否是影响中国游客的一个重要因素。为更好地吸引中国游客，爱沙尼亚积极发展电子支付。继 2018 年塔林客[⑤]开通支付宝之后，2019 年，位于塔林市中心的斯托克曼百货公司[⑥]也开通了支付宝。

为更好地推动两国之间的交往，2019 年 10 月 23 日，中国民用航空局局长冯正霖率团访问塔林，并与爱沙尼亚经济事务与通信部官员库宁格举行了双边航空会谈。双方就修订 1999 年签订的《中爱航空运输协定》、扩大两国间航权安排等达成协议，并签署谅解备忘录。[⑦]

（四）电影交流

2019 年，中爱两国积极开展电影交流。6 月，《斯堪的纳维亚的沉默》、

---

① 爱沙尼亚驻华使馆，https://beijing.mfa.ee/et/eesti-ja-hiina/majandussuhted/，检索日期：2020 年 5 月 22 日。

② 中华人民共和国驻爱沙尼亚共和国大使馆经济商务处，http://ee.mofcom.gov.cn/article/jmxw/201904/20190402858916.shtml，检索日期：2020 年 4 月 29 日。

③ 爱沙尼亚驻华使馆，https://beijing.mfa.ee/et/eesti-ja-hiina/majandussuhted/，检索日期：2020 年 5 月 22 日。

④ 爱沙尼亚企业局，简称 EAS，成立于 2000 年，旨在通过提高爱沙尼亚出口能力、增加旅游收入和吸引优秀外国投资促进爱沙尼亚经济发展。

⑤ 塔林客，爱语为 Tallink，是爱沙尼亚著名航运公司，也是波罗的海地区最大的客货运输公司，主要服务范围为波罗的海地区、爱沙尼亚至芬兰、爱沙尼亚至瑞典等航线。

⑥ 斯托克曼（Stockmann）于 1862 年成立于芬兰，主要经营零售贸易。其位于赫尔辛基的旗舰店每年接待超过 1700 万人次游客，是北欧国家最大的百货公司。

⑦ 中国民用航空局，http://www.caac.gov.cn/XWZX/MHYW/201910/t20191024_199089.html，检索日期：2020 年 5 月 21 日。

《时间之桥》、《猫咪历险记》和《要或不要》四部爱沙尼亚电影亮相第22届上海国际电影节,[①] 其中由爱沙尼亚、拉脱维亚、立陶宛三国合拍的《时间之桥》获最佳纪录片奖。[②] 11月，由王男栿、张嘉玲联合执导的纪录片《独生之国》，以及由王小帅执导的电影《地久天长》参加2019年塔林黑夜国际电影节。[③] 12月，由尤瑟夫·马特尤执导的爱沙尼亚电影《风砌之地》荣获2019年北京国际绿色电影周“独立精神影片”。[④]

---

① 《邮差报》网站，https：//kultuur. postimees. ee/6704725/eesti - filmid - lahevad - hiina - festivalile,，检索日期：2020年5月5日。

② 《爱沙尼亚晚报》网站，https：//www. ohtuleht. ee/968276/ajasillad - saavutas - shanghai - filmifestivalil - dokumentaalfilmide - kategoorias - esikoha，检索日期：2020年5月5日。

③ 塔林黑夜国际电影节网站，https：//poff. ee，检索日期：2020年5月5日。

④ 《邮差报》网站，https：//kultuur. postimees. ee/6861087/ev100 - loodusfilmi - tuulte - tahutud - maa - saadab - edu - hiinas? _ ga = 2. 128320328. 578407563. 1587233935 - 328737788. 1512231068，检索日期：2020年5月2日。

B.9
北马其顿

陈　巧*

摘　要： 2019年2月，按照与希腊达成的协议，马其顿正式更名为北马其顿。北马其顿加入北约的过程较为顺利，但在加入欧盟的进程中一再受阻。同年，该国国内发生“敲诈勒索案”，扎埃夫政府面临国内外双重压力。2019年，北马其顿经济平稳发展，逐渐走出了2016年因政治危机而引发的经济发展低谷。社会文化方面，奥赫里德地区因遭到严重破坏而险被列入《世界濒危遗产名录》。对华关系方面，双方在政治、经济、文化等各领域加深了合作。

关键词： 北马其顿　国名争议　中国－北马其顿关系

一　国内政治形势

2019年2月，根据《普雷斯帕协议》的要求，马其顿正式将国名更改为“北马其顿共和国”。伴随着国名更改，该国一些反对声音仍时有出现，但扎埃夫政府在内政外交方面的系列举措带来了可观的变化。在5月的总统选举中，由社会民主联盟（Social Democratic Alliance）和阿尔巴尼亚族融合民主联盟（Democratic Union for Integration）共同推举的候选人斯特沃·彭

* 陈巧，硕士，北京外国语大学欧洲语言文化学院讲师，主要研究方向为保加利亚、北马其顿政治与外交。

达罗夫斯基（Stevo Pendarovski）成功当选，再次证明了新的执政联盟具有一定的社会基础。然而，7 月发生的“敲诈勒索案”，一度打击了扎埃夫政府在司法改革方面的可信度。

（一）彭达罗夫斯基当选总统

2019 年，北马其顿举行了总统选举。本届总统选举共有三名候选人，除彭达罗夫斯基外，还有内部革命组织民族统一民主党（Internal Macedonian Revolutionary Organisation-Democratic Party of Macedonian National Unity）推举的候选人戈尔达娜·斯利亚诺夫斯卡－达夫科娃（Gordana Siljanovska-Davkova），以及阿尔巴尼亚人联盟（Alliance for Albanians）和贝萨运动党（BESA Movement）推举的布莱里姆·雷卡（Blerim Reka）。在第一轮投票中，三名候选人的支持率都没有超过 50%，因此本轮投票的前两名进入第二轮较量。作为政府官员兼教授的彭达罗夫斯基和作为大学教授的斯利亚诺夫斯卡－达夫科娃在竞选中均表示会全力以赴促进国家加入欧盟和北约，双方的主要分歧在于 2018 年 6 月政府与希腊达成的《普雷斯帕协议》。社会民主联盟认为，更改国名的做法能够换取希腊对于自己加入欧盟和北约的支持，国名虽然变更，但“马其顿语”和“马其顿人”的说法依然保留，因此对北马其顿来说是有利的。反对派则表示更改国名是对国家的背叛，并指责政府在经济改革方面的拖延。

在 5 月 5 日的第二轮投票中，彭达罗夫斯基赢得了 51.65% 的选票，而他的主要竞争对手斯利亚诺夫斯卡－达夫科娃获得了 44.75% 的选票。[①] 总体来说，这届选举是该国新政府组建和国名更改以来的首次总统选举，其中经历了一些波折，但还是以彭达罗夫斯基的成功当选顺利结束。一方面，选举反映出的低投票率、人民对于经济改革的诉求等给以社会民主联盟为首的新国家领导层带来了挑战；另一方面，彭达罗夫斯基的成功当选也使总理与

① 北马其顿国家选举委员会，https：//rezultati. sec. mk/en－US/1/r，检索日期：2019 年 12 月 26 日。

总统之间不再存在较为明显的政治分歧，政府与总统之间可以互相合作，通过改革新政，共同推进外交进程，加快实现入盟入约的政治蓝图。

（二）“敲诈勒索案”产生恶劣影响

2019年7月，北马其顿发生了一起敲诈勒索案件，起因是商人博扬·约瓦诺夫斯基（Bojan Jovanovski）和同谋佐兰·米列夫斯基（Zoran Milevski）涉嫌向另一名商人奥尔采·卡姆采夫（Orce Kamcev）勒索钱财而被捕。据称，约瓦诺夫斯基及其同谋涉嫌从卡姆采夫处收取现金，从而承诺利用与时任首席特别检察官卡蒂卡·简内娃（Katica Janeva）的关系，帮助卡姆采夫在另一个案件中避免牢狱之灾或减轻处罚。8月8日，意大利报纸《真相》（*La Verita*）开始发布所谓的卡姆采夫和约瓦诺夫斯基之间的对话录音，其中也可以听到简内娃的声音。

此前简内娃已于7月辞职，理由是该国在解决特别检察官办公室地位的立法问题上存在政治争议。该办公室成立于2015年，旨在调查前一届政府陷入危机期间的高级别犯罪。

8月21日，北马其顿警方逮捕了简内娃。检察院表示简内娃在被讯问了四个小时后因涉嫌“滥用职权”而被捕。此前她虽然承认录音里的确是自己的声音，但否认有任何不法行为，并表示她“没有负罪感”，检察院则宣布收集了“无可辩驳的证据”。[①] 12月，佐兰·米列夫斯基被判入狱三年。

“敲诈勒索案”在社会上持续发酵，对扎埃夫政府来说是一个巨大的挑战。北马其顿正致力于开启加入欧盟的谈判，此前也因司法改革、打击腐败和有组织犯罪有进展而获得欧盟的赞赏。这次丑闻极大地破坏了该国反腐运动的可信度，不仅打击了民众对扎耶夫政府的信任，而且也对北马其顿入盟进程造成一定的影响。

---

① Balkan Insight，https：//balkaninsight. com/2019/08/21/north – macedonia – arrests – outgoing – chief – special – prosecutor/，检索日期：2019年12月27日。

二　经济发展状况

《北马其顿共和国政府工作计划（2019）》指出，该国在2019年的工作重点是“发展经济，增加生产性就业，提高公民的生活水平”和“加入欧盟与北约”,[①] 这两条工作重点互为前提，既是扎埃夫政府的执政承诺，也是他们获得民意支持的保障。

伴随着内政的逐渐稳定，北马其顿的经济从2018年起便处于缓慢回升的状态。在宏观经济方面，根据该国最新统计数据，北马其顿2019年各季度的实际GDP增长率依次为4.1%、3.1%、3.6%和3.4%。如图1所示，从2018年第二季度起，该国的GDP增长率基本保持在3%以上，逐渐走出了2016年政治危机引起的经济发展低谷。

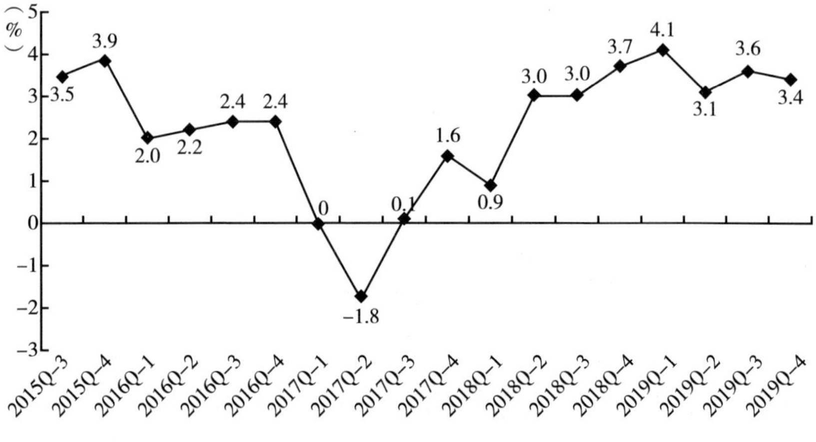

图1　2015～2019年北马其顿共和国实际GDP增长率

资料来源：北马其顿国家统计局，http：//www. stat. gov. mk/，检索日期：2020年4月18日。

① 《北马其顿共和国政府工作计划（2019）》，https：//vlada. mk/strateshki－prioriteti？ln＝mk，检索日期：2019年12月26日。

从经济结构来看，2019 年第四季度，除工业部门以外的其他经济活动都取得了积极的成就。具体来说，建筑业保持了良好的发展态势，实际增长 6.7%，其中土木工程领域的建筑活动贡献最大。同时，服务业实际增长 4.6%，这主要归功于贸易、运输及餐饮行业等的增长（8.1%）。此外，农业部门在第四季度实际增长 3.1%。[①]

该国劳动力市场在 2019 年第四季度继续保持积极发展的态势，就业人数总体增加 4.6%，与 2018 年同期相比增加了 3.56 万人。从产业部门来看，就业增长贡献最大的是服务业（增加 4.18 万人，增长 10.3%），其次是工业（增加 0.86 万人，增长 4.6%）。建筑业就业人数减少了 0.65 万人，减少 11.2%；农业部门的就业人数减少了 0.98 万人，减少 8.6%。总的来说，2019 年第四季度该国的就业率为 47.9%，与 2018 年同期相比增长了 2 个百分点。就业增长伴随着失业人数的减少，第四季度该国的失业率降至 16.6%，与 2018 年同期相比下降 2.8 个百分点，与前一季度相比下降 0.5 个百分点。[②]

对外贸易方面，根据北马其顿国家统计局的数据，2019 年该国的出口总额约为 64.724 亿欧元，与 2018 年同期相比增长了 10.4%；进口总额为 85.280 亿欧元，比 2018 年增长 11.2%。因此，2019 年 1～12 月北马其顿的贸易逆差为 20.556 亿欧元。按照国际贸易标准分类法进行分析，机械及运输设备、非燃料原料、动植物油脂、食品等在 2019 年第四季度的进出口方面都展现出积极态势。动植物油脂、饮料烟草、食品对出口增长做出了主要贡献；非燃料原料、动植物油脂、矿物燃料和润滑剂则是进口增长的主要贡献者。欧盟仍是北马其顿最主要的贸易伙伴，2019 年第四季度北马其顿与欧盟的双边贸易总额与 2018 年同期相比增长了 1.7%，占该国对外贸易总额的 68.1%，由此可见欧盟市场对于北马其顿的重要性。

---

① "Republic of North Macedonia: Quarterly Economic Report —Fourth Quarter of 2019", p. 3, https: //www. finance. gov. mk/files/u1269/Kvartalen% 20ekonomski% 20izvestaj_ K4% 202019. pdf，检索日期：2020 年 5 月 12 日。

② "Republic of North Macedonia: Quarterly Economic Report—Fourth Quarter of 2019", p. 3, https: //www. finance. gov. mk/files/u1269/Kvartalen% 20ekonomski% 20izvestaj_ K4% 202019. pdf，检索日期：2020 年 5 月 12 日。

三　外交与安全

（一）北马其顿加入北约进程顺利

2019 年 2 月 6 日，北约签署《北马其顿北约成员资格议定书》（Protocol for North Macedonia's Membership in NATO），将其放入成员国批准程序中，揭开了该国的入约序幕。2 月 8 日，希腊遵守承诺，成为第一个通过该议定书的国家。随后，其他成员国也相继批准北马其顿的入约议定书。① 由此看来，北马其顿在克服了来自希腊的阻力之后，在加入北约的进程上较为顺利，也为自己赢得了一定的安全保障。对此，扎埃夫在 3 月 3 日的新闻发布会上评论道："北约除了意味着安全与稳定外，还为公民带来了更多的资金。仅在 2018 年收到成员国邀请后，外国投资同比增长就达到了创纪录的 300% 以上。如今，加入北约为我国的企业打开了一个年均 40 亿欧元的市场大门。北约的服务、采购、信息和通信机构为我国企业的国际竞争和产品出售提供了便利。"②

（二）欧盟内部分歧阻碍北马其顿入盟进程

相较于加入北约进程，北马其顿的加入欧盟之路一波三折。2019 年 6 月在卢森堡举行的欧盟总务委员会部长级会议上，欧盟外交事务负责人费代丽卡・莫盖里尼（Federica Mogherini）表示，会议是在《普雷斯帕协议》签署一周年之际举行的，所以现在是时候让北马其顿实现入盟愿望了。与此同时，会议还赞赏了阿尔巴尼亚和北马其顿在改革司法，打击腐败、有组织犯

---

① 2020 年 2 月 11 日，北马其顿议会举行投票，以 114∶6 的压倒性优势正式批准本国加入北约，至此，除西班牙外，北约的成员国均承认了北马其顿的入约资格。2020 年 3 月 12 日，北马其顿外交部部长尼古拉・迪米特洛夫（Nikola Dimitrov）在社交媒体上宣布，西班牙参议院将于 3 月 17 日举行会议，投票批准北马其顿加入北约。

② Makfax News Agency，https：//makfax. com. mk/makedonija/заев – влеговме – во – нато – очекувам – за – 6 – год/，检索日期：2020 年 3 月 10 日。

罪及洗钱方面取得的进展。但最终，会议还是决定将是否开启入盟谈判推迟到 2019 年 10 月的欧盟峰会上揭晓，这对北马其顿造成重大打击。此次会议暴露了欧盟内部的严重分歧。[①]

法国总统马克龙在同年 10 月以“无论是这些国家还是欧盟都没有做好‘扩欧’的准备”为理由，再次表示不支持北马其顿开启入盟谈判。马克龙的决定立即遭到欧盟委员会主席容克的谴责，称其犯下了“历史性错误”，但马克龙坚持认为欧盟应该先处理好英国脱欧及其他问题带来的诸多挑战，“在考虑是否接受新成员之前，先关注自己的家园，扩大需要改革”。入盟谈判的再次推迟使北马其顿的欧洲一体化进程陷入停滞，扎埃夫政府也面临国内外的双重压力。

四　社会与文化

（一）政府更换文化牌匾遭遇抵制

从 2010 年起，由尼古拉·格鲁埃夫斯基（Nikola Gruevski）领导的往届政府发起了名为“斯科普里 2014”的首都大规模改造工程，其中包括修建大量文化雕像与纪念碑。这次修建虽然得到了部分马其顿人的赞赏，但也进一步恶化了该国与希腊的关系，后者认为这是挑衅。为了换取希腊对其加入欧盟与北约的支持，北马其顿与希腊签署的《普雷斯帕协议》中不仅承诺更改国名，而且还承诺做出其他方面的修改，其中包括在有争议的文物上放置新牌匾，以阐明这些历史人物属于希腊遗产的一部分。

2019 年 8 月，北马其顿当局根据协议的要求在首都斯科普里及全国各

① 在此次部长级会议上，罗马尼亚表示自己全力促进欧盟扩大化进程，捷克也展现出积极支持西巴尔干国家入盟的态度。荷兰是欧盟扩大化的坚决反对者，法国则认为欧盟在进一步扩大之前首先应强化自身的机制和决策力。塞浦路斯警告称，除非欧盟对目前在其经济区钻探海上天然气的土耳其采取行动，否则它将否决所有扩大决定。塞浦路斯的立场遭到意大利的批判，后者称塞浦路斯提出的问题“与扩大无关”。

地的文物上安装了由马其顿语、阿尔巴尼亚语和英语三种语言标注的新牌匾，以阐明相应的历史人物“属于古希腊历史和文明，属于世界文化和历史遗产”。第二天，几处雕像和纪念碑上的新牌匾就被损坏或移除，其中亚历山大大帝及其父亲腓力二世雕像上的牌匾被完全摧毁，无一幸免。除此之外，两国的争议还包括维吉纳太阳标志的使用。1995 年，马其顿取消了国旗上的维吉纳太阳标志，以缓和与邻国的关系。但直到现在该标志仍然被北马其顿的民族主义者广泛使用。《普雷斯帕协议》要求北马其顿在公共场所移除维吉纳太阳标志，这再一次激起了社会民众的不满情绪。根据该国一些媒体报道，甚至有市民将维吉纳太阳标志喷涂在了人孔盖上，此举及其他破坏新牌匾的行为在社交网站上获得了赞扬。与此同时，还有一部分攻击性评论直指总理扎埃夫，认为其应受到严厉惩罚，为达成该协议付出代价。①

（二）奥赫里德保护区或被列入《世界濒危遗产名录》

2017 年，联合国教科文组织世界遗产委员会发布了一份对奥赫里德保护区的监测结果报告，指出奥赫里德保护区的自然和文化价值面临诸多威胁：水位降低，废水处理系统不足造成水污染，旅游业的沉重压力，城市不受控制的发展，以及对沿湖地区的不当开发，导致更高的耗水量，生态环境被破坏以及保护区视觉质量的严重降低。因此，委员会为该国提供了一份两年期限的框架性建议。尽管北马其顿政府表示一直在采取积极措施执行委员会的建议，纠正以上情况，但 2019 年 5 月，联合国教科文组织仍然宣布建议将奥赫里德列入《世界濒危遗产名录》，同时指出该国并未及时上报在保护区内的开发活动，呼吁该地区政府与他们一起制定一套纠正措施，使奥赫里德脱离濒危情况。此外，联合国教科文组织要求该国在 2020 年 2 月 1 日之前提交一份有关保护状况的最新报告。

① Balkan Insight，https：//balkaninsight. com/2019/08/16/unknown - hands - destroy - hellenic - plaques - in - north - macedonia/，检索日期：2020 年 2 月 12 日。

在2019年7月举行的第43届世界遗产大会上，北马其顿政府强调，近两年该国做出了一系列努力来保护奥赫里德地区，包括取消在卡利奇察（Kalichica）的滑雪胜地和高速公路建设计划，取消萨特斯卡河（Sateska）引水项目，通过了新的管理法等。委员会成员广泛支持该国政府为维护该地区遗产的完整性和真实性所做的努力，因此，本次会议宣布暂时不将奥赫里德列入《世界濒危遗产名录》。

目前，北马其顿政府声称奥赫里德地区的保护措施得到很好的执行，收到令人满意的效果。但一些环保主义者和公民则认为当地的情况并没有发生改变，湖岸上的违章建筑和城市发展仍然对该地区构成严重威胁。世界遗产委员会仍然要求该国在2021年2月按期提交保护措施执行报告，最终结果将于2021年6月在中国举行的第44届世界遗产大会上宣布。①

五　与中国的关系

为了吸引更多外资，拉动经济增长，促进国内改革以全面达到加入欧盟的标准，扎埃夫政府一直积极寻求与中国在各方面的合作。2019年4月，扎埃夫率团参加了在克罗地亚举行的第八次中国—中东欧国家领导人会晤，多次表达了支持“17+1合作”倡议，以及与中国在经济方面合作，尤其是农业、能源和基础设施领域合作的愿望。2019年9月，总统彭达罗夫斯基在接受中国新任驻北马其顿大使张佐递交国书时也表示高度重视发展与中国的关系。2019年10月，北马其顿国防部副部长贝基姆·马克苏提（Bekim Maksuti）率团参加在北京举行的香山论坛，在接受媒体专访时肯定了中国在维和方面做出的贡献。此外，在克罗地亚峰会期间，北马其顿与中国签署了《农业合作行动计划（2020～2022）》，成为中东欧地区第一个与中国签署此类协议的国家。该行动计划将加强两国在农业领域的双边

① 4NEWS. MK，https：//4news. mk/ohrid－go－cheka－izveshtajot－na－unesko/，检索日期：2020年3月10日。

合作，具体包括农产品贸易、农村发展与经济合作、农业科学与信息技术交流、食品安全、兽医服务以及渔业领域等方面的内容。扎埃夫政府希望通过农业领域合作提高其国内的农业产量，提升农业发展水平，增加北马其顿对中国的农产品出口。

经济方面，中国与北马其顿的贸易总量呈现稳步增长的趋势。根据北马其顿国家统计局2019年最新数据，两国1～8月的贸易总额约为3.8亿欧元，较2018年同期（约3.1亿欧元）增长了0.7亿欧元。两国贸易主要还是以中国向北马其顿出口基础设施、通信设备、棉织物、铁或非合金钢类产品为主，出口额在贸易总额中占79%。对北马其顿来说，中国是其第7大贸易伙伴，仅次于德国、英国、希腊、塞尔维亚、意大利、保加利亚。[①] 从目前来看，基础设施建设仍然是中国与北马其顿经济合作的主要方式。2019年7月6日，由中国水利水电建设股份有限公司承建的北马其顿米拉蒂诺维奇（Milutinovic）至斯蒂普（Stip）的高速公路项目正式通车。该项目是2012年以来中国面向中东欧国家100亿美元专项优惠贷款名下的第一批落地项目，也是迄今为止中国与北马其顿最大的合作项目。这段高速公路长达47.1公里，它的完成有效改善了北马其顿的交通条件，进一步打通了地区运输网络，为当地民众带来极大好处。此前，该项目的另一段在建公路，即由肯切沃（Kičevo）至奥赫里德的高速公路隧道段也于2019年3月顺利竣工。这两条公路的建设为中国与北马其顿在基础设施以及其他方面的经济合作奠定了坚实的基础。

同时，2018年在北马其顿成立的中国—中东欧文化合作协调中心为两国的人文交流注入了新动力。2019年9月，中国科学院院长白春礼率团访问北马其顿，和科学与艺术学院签署了科技合作协议。根据协议，双方将利用人员交流、共同举办会议、共同组织科研项目等形式加强双边合作。同月，中国驻北马其顿使馆与该国库马诺沃（Kumanovo）市政府和马中友协

① 北马其顿国家统计局，http：//103.78.124.70：81/2Q2W9C64149A541FAB7459409B6677AC433544D8C76A_unknown_1E606756D71E4CB084BE690FE8E713DD1F1579D1_6/www.stat.gov.mk/pdf/2019/7.1.19.13_mk.pdf，检索日期：2019年11月5日。

联合举办了“我眼中的中国”图片展，从侧面展现了两国民众的交流图景，使更多的北马其顿民众增进了对中国的了解。可见，两国的人文交流不再浮于表面，而是开始发展为教育与科研文化合作，探究更加具体的双边及多边合作方式。这将对两国之间加深文化理解、发展科技创新、提升政治与经济合作水平起到辅助作用。

B.10
保加利亚

张书评　詹彦怡　刘昌晶*

摘　要： 2019年，保加利亚政坛基本保持稳定。欧洲发展公民党领导的执政联盟积极应对欧洲议会保加利亚籍议员选举和国内地方选举，继续在保政坛保持压倒性优势。但多名高官因涉及房产贪腐门丑闻引咎辞职，执政联盟内部的冲突，以及与总统的对抗都使公民党的政治地位进一步被削弱。2019年保加利亚经济保持稳步增长势头，GDP及家庭人均年收入、进出口额等较上一年均有较大幅度的增长。保加利亚高层重视同美国、俄罗斯的关系，同两国高层交往密切。此外，保加利亚政府继续在加入申根协定和欧元区问题上同欧盟开展密集磋商，并成功加入空域申根区。

关键词： 保加利亚　欧洲议会选举　空域申根区

一　国内政治形势

2019年，保加利亚政坛基本保持稳定。欧洲发展公民党（简称公民党）

* 张书评，硕士，亿嘉模咨询公司（天津）营销经理兼业务翻译，关注中东欧国家经济社会发展，负责本文第一部分、第三部分及第五部分前三小节内容的撰写；詹彦怡，北京外国语大学欧洲语言文化学院保加利亚语专业硕士研究生，负责本文第四部分与第五部分第四小节的撰写；刘昌晶，北京外国语大学欧洲语言文化学院保加利亚语专业硕士研究生，负责本文第二部分的撰写。

领导的政府积极应对欧洲议会保加利亚籍议员选举和国内地方选举，继续在保政坛保持压倒性优势。2019 年热点政治事件如下。

（一）贪腐门丑闻曝光，多名高官引咎辞职

2019 年 3 月，保加利亚多家媒体爆料，议长、议员、多名政府部门高级官员和公民党高层领导于 2018 年底以优惠价格购买了多处公寓。由于交易价格远低于同期市场价格，且涉及众多高官，保各界为之哗然。据媒体透露，高官所购房产都来自同一家地产公司，该地产公司在申请项目用地时存在手续不全等问题，通过低价售楼给负责审批的高官以换取手续便利和通融。涉及的官员主要有司法部部长、前议长察切娃，议会文化委员会主席、前文化部部长拉西多夫，体育部副部长克列娃，能源部副部长珀尔瓦诺夫，以及公民党副主席、前副总理兼内务部部长茨维塔诺夫等。涉嫌的察切娃等高官先后递交了辞呈，博里索夫总理接受了辞呈。保检察院、反腐败委员会等机构介入调查。

（二）社会党在欧洲议会选举中落败，党主席宣布辞职

2019 年 5 月，保加利亚举行欧洲议会保加利亚籍议员选举，公民党获得超过 30% 的选票，社会党获得不足 25% 的选票，争取权利与自由运动党获得 15% 的选票，其他小党得票率均不超过 10%。选举结果表明，两大传统政党公民党、社会党的主导地位稳固，公民党强势格局继续保持。5 月 28 日，在野党的社会党主席妮诺娃在社会党全国代表大会上宣布，承担社会党在欧洲议会保加利亚籍议员选举中落败的责任，辞去党主席职务。同时，妮诺娃提议，社会党于 6 月 15 日召开新一届全国代表大会特别会议，通过全体社会党代表投票选举新一届党主席。

（三）执政联盟伙伴“团结的爱国者”联盟发生分裂

2019 年 7 月，“团结的爱国者”联盟发生分裂。该联盟中的三个政党马其顿内部革命组织党、保加利亚人民阵线党、“阿塔卡”党的党主席政见不

和，其中马其顿内部革命组织党主席和保加利亚人民阵线党主席认为无法同“阿塔卡”党主席西德罗夫合作，因为西德罗夫不尊重联盟协议，联盟已经无法运作，遂在“阿塔卡”党主席及其议员不在的情况下，召开联盟议员团内部会议，决定将西德罗夫和“阿塔卡”党两名议员驱逐出“团结的爱国者”联盟议员团。其他4名“阿塔卡”党议员暂不驱逐，由其自定是否脱离。由此，西德罗夫成为独立议员。“团结的爱国者”联盟发生分裂，直接影响到公民党政府执政稳定性。3名执政联盟议员退出，导致公民党和“团结的爱国者”执政联盟在议会的议席由122席降至119席，低于总计240个议席的半数120席。自此，以公民党为首的执政联盟开始游走在少数派政府的边缘。

（四）举行地方选举

2019年10月27日，保加利亚举行地方选举首轮投票。地方选举每4年举行一次，各政党和政治联盟历来重视地方选举。此次地方选举共有60多个政党和政党联盟的3万多名候选人参加保加利亚265个市市长和市议会议员的竞选。据统计，此次地方选举的投票率为49.8%。在首轮选举中，公民党一举赢得了28个大区中8个首府城市的市长职位，取得了首轮地方选举胜利。其余20个首府城市未能在第一轮选举中决出胜负。11月3日，地方选举第二轮拉开帷幕，据统计，投票率为35.9%。最终统计结果显示，公民党赢得首都索非亚、第二大城市普罗夫迪夫以及瓦尔纳、布尔加斯等共17个大区首府城市市长职位。社会党仅赢得鲁塞等4个大区首府城市市长职位。争取权利与自由运动党赢得科尔贾里1个大区首府城市市长职位。

二 经济发展状况

近年来保加利亚经济持续稳步增长，2019年继续保持增长势头。据保加利亚国家统计局初步数据，2019年保加利亚名义GDP达到1186.69亿列弗，约合606.74亿欧元，同比增长3.4%。人均GDP为16973列弗，约合

8678欧元。2019年总增加值（GVA）① 为1022.69亿列弗，实际增长3.0%，其中工业部门占比为25.9%，服务业占70.4%，农业占3.7%。②

2019年保加利亚家庭人均年收入为6592列弗，较上一年增长9.6%；家庭人均支出为6214列弗，较上一年增长7.7%，消费性支出占家庭总支出的81.5%。③ 2019年保加利亚全国贫困线为家庭人均每月可支配收入413.04列弗。按这一标准，贫困人口为158.62万，占总人口的22.6%。④

2019年12月保加利亚居民消费价格指数（CPI）同比增长3.8%，2019年全年平均居民消费价格指数同比上涨3.1%，生产者价格指数（PPI）同比上涨3.1%，GDP平减指数4.7%。2019年保加利亚就业人口223.6万，平均月工资为1274列弗。截至2019年底，就业局登记失业人口19.5万，失业率为5.9%。⑤

2019年底保加利亚外债总额约为340.714亿欧元，占全年GDP的56.2%，其中公共部门外债为61.817亿欧元，私人部门外债为278.897亿欧元，短期外债占外债总额的24.7%。⑥

列弗与欧元实行固定比价，1欧元兑换1.95583列弗；2019年各季度末，美元兑列弗汇率分别为1.74084、1.71886、1.79615、1.74099。⑦

---

① 总增加值或增加值总额（Gross Value Added，GVA）为农业、工业，服务业增加值总和，据此可以估计国内生产总值（GDP），有一个估算公式：GVA－生产的税收－生产的补贴＝GDP。

② 保加利亚国家统计局，https：//www.nsi.bg/sites/default/files/files/pressreleases/GDP2019q4_D2PKTZF.pdf，检索日期：2020年5月25日。

③ 保加利亚国家统计局，https：//www.nsi.bg/sites/default/files/files/pressreleases/HBS2019_N6MSN8R.pdf，检索日期：2020年5月25日。

④ 保加利亚国家统计局，https：//www.nsi.bg/sites/default/files/files/pressreleases/SILC2019_ARTRFBK.pdf，检索日期：2020年5月25日。

⑤ 保加利亚国家银行，https：//www.bnb.bg/Statistics/StMacroeconomicIndicators/index.htm，检索日期：2020年5月25日。

⑥ 保加利亚国家银行，https：//www.bnb.bg/Statistics/StMacroeconomicIndicators/index.htm，检索日期：2020年5月25日。

⑦ 保加利亚国家银行，https：//www.bnb.bg/Statistics/StMacroeconomicIndicators/index.htm，检索日期：2020年5月25日。

2019 年保加利亚商品出口总额为 583.934 亿列弗，较上一年增长 4.2%；商品进口总额为 651.357 亿列弗，较上一年增长 3.6%，贸易逆差为 67.423 亿列弗。①

2019 年，保加利亚对欧盟出口额达到 387.795 亿列弗，同比增长 2.9%。保加利亚在欧盟的主要出口国是德国、罗马尼亚、意大利、希腊、法国和比利时，保加利亚对这六国的出口额占保加利亚对欧盟成员国出口总额的 66.5%。与上一年相比，2019 年保加利亚对欧盟出口中“无酒精饮料、酒类和烟草”增长最多，增长了 19.1%，“按材料类型分类的商品”出口减少最多，下降了 4.6%。2019 年保加利亚从欧盟的进口增长了 3.1%，达 411.43 亿列弗。保加利亚从德国、意大利、罗马尼亚、希腊和西班牙进口最多。保加利亚从欧盟进口的“无酒精饮料、酒类和烟草”增长最多，增幅达 27.9%；“非食用原材料（燃料除外）”的进口减少最多，减少了 16.5%。2019 年保加利亚与欧盟的贸易逆差为 23.635 亿列弗。②

2019 年保加利亚对非欧盟国家商品出口额增长 7.0%，达 196.139 亿列弗，保加利亚在欧盟外的主要出口国是土耳其、中国、塞尔维亚、美国、俄罗斯和北马其顿。2019 年保加利亚从非欧盟国家进口的商品额达 239.927 亿列弗，增长 4.5%，主要进口来源国为俄罗斯、土耳其、中国、埃及和塞尔维亚。2019 年保加利亚与非欧盟成员国贸易逆差为 43.788 亿列弗。③

2019 年到保加利亚旅游的外国游客为 9311681 人次，比 2018 年增长 0.4%，其中 62.9% 是以休闲度假为目的。2019 年到保加利亚旅游的欧盟游客为 5662041 人次，较 2018 年减少 0.5%，但欧盟仍然是保加利亚最大的国际旅游市场，欧盟游客占到保加利亚旅游的总人次的 60.8%，其中罗马尼亚到保加利亚旅游的人次最多，其次是希腊。2019 年保加利亚国际旅游收

---

① 保加利亚国家统计局，https://www.nsi.bg/sites/default/files/files/pressreleases/FTS_Intrastat_2019-12_DXU56N0.pdf，检索日期：2020 年 5 月 25 日。

② 保加利亚国家统计局，https://www.nsi.bg/sites/default/files/files/pressreleases/FTS_Intrastat_2019-12_DXU56N0.pdf，检索日期：2020 年 5 月 25 日。

③ 保加利亚国家统计局，https://www.nsi.bg/sites/default/files/files/pressreleases/FTS_Intrastat_2019-12_DXU56N0.pdf，检索日期：2020 年 5 月 25 日。

入约为37亿欧元，同比增长0.4%。2019年保加利亚出境游客达7006585人次，比2018年增长4.6%，主要出行目的国为土耳其和希腊。①

三　外交与安全

保加利亚高层重视同美国、俄罗斯的关系。2019年，保加利亚总统和总理先后访问美国、俄罗斯，出席联合国大会、圣彼得堡国际经济论坛等活动。访问频次和同美、俄两国高层交往密集度近年来十分罕见，是保加利亚全年对外交往的突出特点。此外，保加利亚政府继续在加入申根协定和欧元区问题上同欧盟开展密集磋商。

（一）同美国的关系

2019年，保加利亚更多在安全领域发展与美国的关系。2月，保总理博里索夫赴德国出席慕尼黑安全会议，其间会见了美国副总统彭斯。7月，保加利亚国民议会批准自美国采购军事装备的合同，斥资22亿列弗（约合13亿美元）购买了美国产的8架F16型战斗机。9月，保总统拉德夫出席第74届联合国大会并对美国进行工作访问。11月，保总理博里索夫正式访问美国，其间两国共同发表《美国和保加利亚在战略伙伴关系框架下的联合声明》和《美国、保加利亚两国领导人联合声明》。12月，保总统拉德夫赴英国出席北约伦敦峰会，其间会见了美国总统特朗普。

（二）同俄罗斯的关系

2019年，保加利亚与俄罗斯更多在能源领域发展合作关系。3月4日，即保加利亚国庆节次日，俄罗斯总理梅德韦杰夫对保加利亚进行正式访问，祝贺保国庆。访问期间，梅德韦杰夫同博里索夫总理举行会谈，双方就“土耳其溪”天然气管道在保过境、建设贝列内核电站等能源合作项目初步

① 保加利亚旅游部，http：//www.tourism.government.bg/bg，检索日期：2020年5月23日。

达成一致。6月，保总统拉德夫赴俄罗斯出席第23届圣彼得堡国际经济论坛，发表演讲并与普京总统共同出席论坛。8月，保总理博里索夫赴土库曼斯坦出席首届里海经济论坛，其间同梅德韦杰夫总理再次举行双边会晤。10月，保加利亚同俄罗斯签署了“土耳其溪”天然气管道过境保加利亚输往奥地利的建设项目合作协议。

（三）同欧盟的关系

2019年，保加利亚政府继续在加入申根协定和欧元区问题上同欧盟开展密集磋商。除荷兰等少数国家外，欧盟申根协定其他成员国对保加利亚加入申根协定持欢迎态度。荷兰方面以保加利亚司法体系改革推进缓慢、腐败问题严重和保加利亚人向西欧发达国家非法移民等为由，拒绝接受保加利亚加入申根协定的申请。作为折中方案，保加利亚采取分步加入申根协定的策略，成功加入空域申根区。截至2019年末，因对希腊边境移民压力的担忧以及其他边境安全问题的考虑，保加利亚政府对于加入申根协定持消极态度。① 2018年，保加利亚提交加入ERM II汇率机制（所谓欧元区“等候区”）申请；2019年10月媒体报道称，保加利亚有望于2020年6月前加入ERM II。②

四　社会与文化

（一）人口老龄化及移民问题延续

据保加利亚国家统计局（下称“保国统局”）最新数据，截至2019年底，保加利亚人口总数为6951482人，较2018年同期下降0.7%。③ 自1989

① 保加利亚“自由欧洲”新闻网站，https：//www. svobodnaevropa. bg/a/30145666. html，检索日期：2020年7月7日。

② 保加利亚《24小时报》官网，https：//www. 24chasa. bg/novini/article/7703611，检索日期：2020年7月7日。

③ 保加利亚国家统计局，https：//www. nsi. bg/sites/default/files/files/pressreleases/Population 2019_ XE8MEZL. pdf，检索日期：2020年4月13日。

年“东欧剧变”后，保人口总数一直呈下降趋势，成活新生婴儿数也仍在走低。保国统局数据显示，2018年保人口老龄化进程仍然持续，65岁以上人口占总人口的21.6%，同期增长0.3%，国家人口平均年龄为43.8岁，2019年为43.9岁（见图1）。女性人口老龄化问题更为严重：女性人口中，65岁以上的人口占25.1%；男性人口中此比例为17.9%。①保国统局分析，人口老龄化的延续将会影响劳动年龄的界定，进一步影响和养老金发放相关的法律。保加利亚现行退休年龄为女性为61岁2个月，男性为64岁1个月。截至2019年底，保加利亚劳动适龄人口占总人口的59.8%，全年同期减少了1.1%。尽管保加利亚是目前欧盟人均预期寿命最低的国家（74.8岁）②，但总体而言，保加利亚人口老龄化的趋势仍在加深。

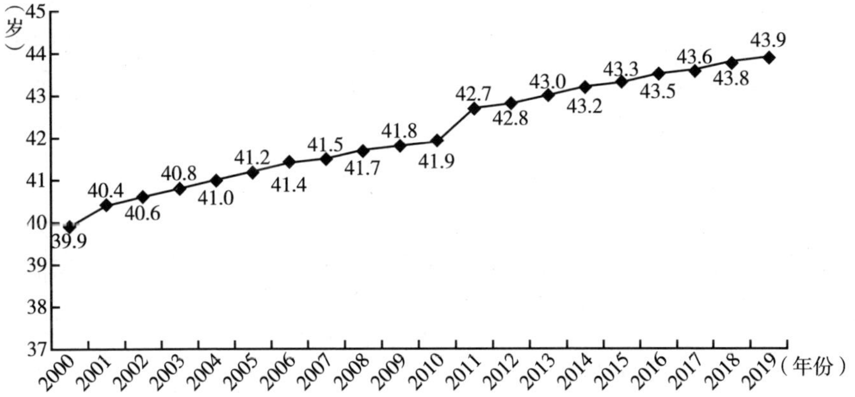

图1 2000～2019年保加利亚人口平均年龄

资料来源：保加利亚国家统计局《2019年保加利亚人口及人口统计报告》，https://www.nsi.bg/sites/default/files/files/pressreleases/Population2019_XE8MEZL.pdf，检索日期：2020年4月13日。

① 保加利亚国家统计局，https://www.nsi.bg/sites/default/files/files/pressreleases/Population2019_XE8MEZL.pdf，检索日期：2020年4月13日。

② 数据来自“中国—中东欧研究院”微信公众号。

2019 年，保加利亚人口流失和劳动力紧缺的问题仍然严峻。据保国统局数据，2019 年全国共有 39941 人移居国外，其中近一半（49.1%）处于 20～39 岁年龄层，20 岁以下的移民占 15.9%。[①] 2020 年 2 月最新的国民调查[②]显示，超过 22% 的保加利亚人计划在未来五年内移民，其中受过高等教育的人占 1/3。在移民原因中，占比较高的是保国内较低的工资水平（40%）、安全感缺失（48%）和社会公正及法治环境的缺失（40%）。专家保守估计要等到保加利亚人均 GDP（按购买力平价计算）达到欧盟水平的 75% 时，保年轻人才会选择留在国内或者回国发展。[③] 但据保加利亚社会科学院经济研究所 2019 年度报告，要达到这个水平，估计还需要 37 年。[④] 大规模的移民潮对保加利亚的人口、社会、教育及社会资本造成了巨大的消极影响，然而移居国外者通过向留保亲属账户大量汇款也间接促进了国家的经济发展。据统计，2019 年保加利亚移民向祖国账户所汇款项超过 11 亿欧元（统计数额不包括换汇和现金），创下历史新高。同时，常住地由其他国家回迁保加利亚的公民人数也在逐年增加。[⑤] 专家认为，人口流动将会成为越来越多保加利亚人的生活常态。[⑥]

---

① 保加利亚国家统计局，https：//www.nsi.bg/sites/default/files/files/pressreleases/Population 2018_ ZG7X53J.pdf，检索日期：2020 年 5 月 20 日。

② 此调查意在探明保国内社会公共需求和劳动力短缺的原因，调查样本为 2000 人，其中 50% 为 18～40 岁的劳动适龄人口。

③ 保加利亚《当下报》官网，https：//www.segabg.com/hot/category - bulgaria/blizo - 2 - miliona - sa - emigriralite - bulgari，检索日期：2020 年 5 月 20 日。

④ 保加利亚社会科学院经济研究所，https：//www.iki.bas.bg/godishen - doklad - 2019，检索日期：2020 年 5 月 20 日。

⑤ 保加利亚 Nova 电视台官网，https：//nova.bg/news/view/2019/11/13/268536/%D0%B1%D1%8A%D0%BB%D0%B3%D0%B0%D1%80%D0%B8%D1%82%D0%B5 - %D0%B2 - %D1%87%D1%83%D0%B6%D0%B1%D0%B8%D0%BD%D0%B0 - %D0%B8%D0%B7%D0%BF%D1%80%D0%B0%D1%82%D0%B8%D1%85%D0%B0 - %D1%80%D0%B5%D0%BA%D0%BE%D1%80%D0%B4%D0%BD%D0%B0 - %D1%81%D1%83%D0%BC%D0%B0 - %D1%83 - %D0%BD%D0%B0%D1%81 - %D0%B2%D0%B8%D0%B4%D0%B5%D0%BE，检索日期：2020 年 5 月 20 日。

⑥ 保加利亚《资本报》官网，https：//www.capital.bg/politika_ i_ ikonomika/bulgaria/2019/08/09/3949227_ kolko_ bulgari_ jiveiat_ v_ evropa/，检索日期：2020 年 5 月 20 日。

（二）医护工作人员抗议示威活动

2019年初，保加利亚医护工作人员长期积累的不满情绪终于爆发，开始了持续超过一年的冲突性的示威活动（主要是用帐篷设置路障），因当局开出一张张空头支票以及参加示威者被所在单位开除等事件，示威活动愈演愈烈，截至2019年底尚未平息。示威活动通过社交网络Facebook进行号召和组织，一时间席卷整个保加利亚。除首都索非亚外，普罗夫迪夫、瓦尔纳等主要城市均有系列性的、冲突性较强的示威游行，此类活动在其他城市也陆续展开。

医护人员群体提出“八大诉求”：（1）进行医疗改革，改善医护人员工作环境，使其得到合理的晋升机会；（2）完善医疗标准；（3）停止医疗行业内的贸易性活动，以降低贪污腐败的发生概率，使国家下拨的医疗资金有的放矢；（4）将医护人员的月工资标准提高到最低工资的两倍以上，即1220列弗（约624欧元）；①（5）提高夜班工资到3列弗/小时；（6）签订国家层面的行业群体劳务合同；（7）制定相关法律支持护士群体成立独立的组织；（8）调整职业劳动等级，即降低退休年龄。② 此冲突根源已深，不满早已埋下。有示威护士表示，他们提了20年，工资都还没有涨起来；2008年也因同样的诉求得不到满足、工资远远低于欧盟其他国家水平和国内最低工资标准而爆发了护士的移民潮，导致保境内医生多、护士少，医生、护士的比例严重失调，不少私人医院因此倒闭。③

冲突爆发后，保卫生部就与维权代表进行持续性的协商。在2019年9月的一场示威活动中，一位示威的护士表示，在国家卫生部的资金支持下，目前仅有国有及部分急救类医疗单位的工资标准得到提高，但私人医疗机

---

① 据欧盟统计局2020年1月数据，目前保加利亚月最低工资标准为312欧元，为欧盟内最低。

② 保加利亚btv电视台新闻频道官网，https://btvnovinite.bg/bulgaria/eskalacija-na-naprezhenie-medicinskite-sestri-sa-poveche-ot-denonoshtie-v-bivshija-partien-dom.html，检索日期：2020年5月20日。

③ 保加利亚新闻网站，mediapool.bg，https://www.mediapool.bg/bolnitsi-pred-zatvaryane-zaradi-bum-na-sestrinskata-emigratsiya-news142697.html，检索日期：2020年5月20日。

构、学校的医务部等医疗单位不在卫生部框架协议的范围之内，其管理层依旧我行我素，维权之路还很漫长，他们也将继续进行无限期的示威活动；不过他们促使国家通过了一项新的法律，允许各专业群体成立独立的协会，以进行维权。示威活动得到了内务部雇员工会、医生和药剂师群体、患者维权组织等来自社会民众的广泛支持。① 2019 年 12 月 23 日，保卫生部制定了《2020～2022 年国家医疗活动框架协议》②，将强制医疗单位把近 50% 的收入用于发放医护人员的工资。③

（三）2019年文化领域动态

1. 文学领域

2019 年 12 月 5 日，第 18 届“HELIKON 当代保加利亚文学奖”尘埃落定，保加利亚文学家、编剧博扬·比奥尔切夫（Боян Биолчев）教授以其新作《迁徙》（*Преселението*）获得保文学界最具分量的奖项之一“HELIKON 之鹰”。该书出版于 2018 年，作者还于当年获得由保文化部颁发的“伐佐夫国家奖”。埃列娜·阿列克西埃娃（Елена Алексиева）的小说《圣狼》（*Свети Вълк*）获得保文化部评选的 2019 年度“13 世纪保加利亚”国家文学奖；作家特奥多拉·迪莫娃（Теодора Димова）获得保文化部和普罗夫迪夫市政府共同颁发的 2019 年度“赫里斯托·格·达诺夫”国家图书出版奖。

2019 年的“科勒斯坦·迪昂科夫”（Кръстан Дянков）英译保文学翻译奖也于同日揭晓。获奖译者为佐尔尼察·赫丽斯托娃（Зорница Христова），所译作品为美国作家汤姆·沃尔夫（Tom Wolfe）1987 年出版

① 保加利亚新闻网站 marica. bg，https：//www. marica. bg/region/pazardjik/pazardjishki – medici – se – vlivat – v – nacionalen – protest – pred – parlamenta，检索日期：2020 年 5 月 20 日。保加利亚新闻网站 mediapool. bg，https：//www. mediapool. bg/godina – po – kasno – meditsinskite – sestri – podnovyavat – protestite – si – ot – 1 – mart – news303666. html，检索日期：2020 年 5 月 20 日。

② 该协议于 2019 年 12 月 23 日通过，并于 2020 年 4 月 28 日再次修订。

③ 保加利亚新闻网站 mediapool. bg，https：//www. mediapool. bg/mz – v – povecheto – bolnitsi – zaplatite – veche – sa – uvelicheni – s – 15 – 20 – news304124. html，检索日期：2020 年 5 月20 日。

的小说《浮华篝火》（*The Bonfire of the Vanities*）。

2. 影视领域

影视方面，2018 年上映的保加利亚剧情类电影《伊琳娜》（*Ирина*）于 2019 年在全球多地电影节展映，获得 20 多个国际奖项，并获得 2019 年“欧洲新发现奖”提名。饰演女主角的演员马尔蒂娜·阿波斯托洛娃（Мартина Апостолова）凭借此片斩获 8 个国际“最佳女演员”奖，其中包括第 43 届香港国际电影节。虽然近年来保加利亚影视行业逐步攀升，涌现了不少在国际舞台上出彩的影片及演员，但实体影视行业仍然受到来自网络平台的冲击，影厅放映影片的平均观影人数逐年走低，大小影院均面临着经济压力。

3. 文化活动

普罗夫迪夫围绕“2019 欧洲文化之都”展开的各项文化类活动是 2019 年保加利亚文化领域的大事件。“欧洲文化之都”活动起源于 1985 年，每年由欧盟评选出若干个（近几年多为两个，东西欧各一个）城市进行为期一年的该市文化生活的展示和推广，吸引欧盟其他成员国的文化艺术家到该市进行展演，为该市的文化发展、创新及文化基础设施改造注入动力。通过提高城市知名度和文化影响力刺激当地旅游、投资、就业等领域的发展，促进当地经济繁荣。①

拥有约 8000 年历史的普罗夫迪夫是欧洲最古老的城市之一，凭借其丰富的历史遗产和深厚的文化底蕴，在 2014 年成功入选“2019 欧洲文化之都”，成为保加利亚第一个获得此称号的城市。为践行“一起来”的 2019 年度主题，筹办方采用了开放性的方案邀请形式。所开放的 20 个项目征集到了 1700 多个设计方案和想法构思。在 2019 年为期一年的活动期里，“欧洲文化之都”团队与保境内 150 个文化设计类团队进行合作，共完成项目 320 多个，举办活动近 500 场，活动范围不仅扩展到保加利亚南部，还囊括了索非亚、瓦尔纳和大特尔诺沃等主要城市。

① “普罗夫迪夫——2019 欧洲文化之都”活动官网，https：//plovdiv2019. eu/data/fms/Plovdiv2019_ ProgramBook_ website. pdf，检索日期：2020 年 5 月 20 日。

五 与中国的关系

（一）中保建交70周年庆祝活动

保加利亚是继苏联后第二个与中华人民共和国建交的国家。2019 年，中保两国迎来建交 70 周年。10 月 4 日，两国建交纪念日当天，国家主席习近平、国务院总理李克强分别与保加利亚元首互致贺电，祝贺两国建交 70 周年。

为迎接中保两国建交 70 周年，2019 年，中保两国各界举办了一系列庆祝活动。1 月 28 日，由索非亚中国文化中心、索非亚孔子学院、宁波市文化广电旅游局、泉州市文化广电和旅游局共同举办的盛大联欢会在保加利亚首都索非亚举行，庆祝中保建交 70 周年和即将到来的中国农历新年。5 月 29 日，中保建交 70 周年文化节文艺演出在保加利亚古城大特尔诺沃举行。7 月 3 日，保加利亚驻华大使馆举行庆祝中保建交 70 周年活动。保加利亚总统鲁门·拉德夫（正在对华进行国事访问）出席活动并致辞。9 月 20 日，纪念中保建交 70 周年艺术展在保加利亚首都索非亚开幕，中保各界人士聚集一堂，共庆中保友谊历久弥新。10 月 16 日，国务委员兼外长王毅在钓鱼台国宾馆出席庆祝中国与保加利亚等国建交 70 周年招待会，并发表题为《继续做友好合作的先行者》讲话。10 月 30 日，“两个遥远国度之间的亲密接触——中保建交 70 周年主题展”开幕式在北京外国语大学附属外国语学校举办。12 月 11 日，庆祝中保建交 70 周年文化交流研讨会在保加利亚首都索非亚举行，与会者围绕“中保建交 70 周年的文化交流成果与展望”这一主题，广泛深入交换意见，促进中保友谊不断发展，保加利亚总统鲁门·拉德夫为研讨会发来贺信。与此同时，庆祝中保建交 70 周年出版成果展亮相索非亚国际图书展。

（二）两国高层往来频繁，中保关系上升为战略伙伴关系

2019 年，两国高层往来频繁，两国以建交 70 周年为契机，将两国关系

提升为战略伙伴关系并加以巩固。

4 月 18 日，应保加利亚议会邀请，全国政协副主席张庆黎率团访保，向拉德夫总统转达了习近平主席的亲切问候和良好祝愿，并表达了与保方共同推动中保全面友好合作伙伴关系再上新台阶的愿望。拉德夫高度评价两国友好关系，对新中国成立 70 周年表示祝贺，愿进一步深化双方各领域务实合作，希望保成为共建“一带一路”的重要合作伙伴。访保期间，张庆黎还分别与保议会副议长赫里斯托夫、保中友好小组主席博伊切夫等举行会谈。

7 月 1 ~ 5 日，应国家主席习近平邀请，保加利亚共和国总统鲁门·拉德夫借出席第 13 届夏季达沃斯论坛之机对中国进行国事访问。访问期间，李克强总理、习近平主席、栗战书委员长分别与拉德夫举行了会谈。

在同拉德夫总统会谈时，李克强总理表示，双方要加强发展战略对接，按照双向开放的原则，推进贸易、投资、农业、科技等领域合作。中方愿同保方继续加强在中国—欧盟、中国—中东欧国家框架内的交流与合作。2019 年 4 月，“中国—中东欧国家全球伙伴中心”正式揭牌，中方愿同各方抓紧推进后续工作，助力中国—中东欧国家经贸、投资合作，维护多边主义和自由贸易。拉德夫表示，中国是保加利亚重要合作伙伴。保方愿同中方扩大贸易、投资、科技、人文等合作，希望尽早与中方开通直航。保方愿积极参与中国—中东欧国家合作。

习近平主席在同拉德夫会谈时表示，希望将两国关系提升为战略伙伴关系，以此为新起点，携手应对国际风云变幻的考验，为中保友谊增添新内涵，为中保合作注入新动力。习近平主席强调，双方要互尊互信，加强政府、立法机构、政党等各方面交往，在涉及彼此核心利益和重大关切问题上继续给予彼此坚定支持，共同维护以多边主义和国际法为基础的国际体系。中方愿同保方加强发展战略对接，促进基础设施互联互通，扩大贸易和投资规模，密切人文交流，弘扬传统友谊。拉德夫表示，很高兴在庆祝保中建交 70 周年之际访华。保中关系提升为战略伙伴关系将进一步夯实两国关系的基础。“一带一路”倡议有利于世界和平与繁荣，保方愿深度参与，充分发挥自身区位优势，成为连接欧洲和亚洲的门户和枢纽。保方愿同中方加强贸易、运输、航空、物流、金融、创新、地方、人文等领域的交流合作，欢迎中国企业加大对保加利亚投资。保加利亚支持多边主义，支持世界贸易组织，愿同中方加强协调配合。保方将继续致力于推动欧中关系以及中东欧国家同中国的合作。

在同拉德夫会谈时，栗战书委员长表示，值此新中国成立 70 周年、中保建交 70 周年之际，两国元首一致同意将两国关系提升为战略伙伴关系。中国全国人大愿同保方一道，落实好两国元首达成的重要共识，密切两国立法机构往来，加强立法、监督合作，开展治国理政经验交流。拉德夫表示，保方致力于发展保中战略伙伴关系，愿积极参与共建“一带一路”，支持中东欧国家同中国合作。

7 月 11 ~13 日，应保加利亚公民党邀请，中共中央政治局委员、天津市委书记李鸿忠访问保加利亚。保加利亚公民党主席、政府总理博里索夫在索非亚会见李鸿忠。在会谈中，李鸿忠表示，中方愿与保方一道，落实好前不久两国元首关于将两国关系提升为战略伙伴关系的共识，以共建“一带一路”为依托，推动双边务实合作取得丰硕成果。中国共产党愿继续深化同公民党的友好交往，夯实两国关系政治基础。此外，李鸿忠还同博里索夫就拓展天津市与保地方合作深入交换意见。博里索夫给予积极回应，强调保方愿积极参与共建“一带一路”，深化两国各领域互利合作。公民党愿与中国共产党加强治党治国经验交流，共同推动保中战略伙伴关系不断向前发展。博里索夫欢迎天津市企业来保投资兴业。访问期间，李鸿忠还会见了保加利亚议长卡拉扬切娃。

（三）双边经贸合作进一步增强

2019 年，中保双边经贸合作意愿进一步增强，双边经贸稳步增长。据中国海关统计，2019 年中国同保加利亚双边经贸额为 27.2 亿美元，同比增长 5.1%，中方出口 15.6 亿美元，同比增长 7.9%，进口 11.6 亿美元，同比增长 1.5%。

2019 年 11 月，保副总理尼科洛娃（Марияна Николова）来华出席第二届中国国际进口博览会，推介保加利亚投资环境和旅游资源。尼科洛娃表示，外商投资是保加利亚经济增长的动力之一，欢迎外商前往保加利亚投资。

（四）文化教育领域交流频繁

2019 年，以中保建交 70 周年为契机，借文旅融合之势，两国在社会文化领域交流频繁，成果显著。1 月 24 日晚，随着庆祝中保建交 70 周年首场演出活动——中国新春音乐会暨民族交响乐《陇上行》在保加利亚国家文化宫成功上演，2019 年的各项文化活动拉开帷幕。据不完全统计，中国驻保使馆共主办 37 场大型文化交流活动：各级艺术团体访保，举办专场演出；6 月，由中国文旅部倡议，全球联动举办的“中国旅游文化周”活动在保首都索非亚的中国文化中心举行；9 月，第五届“莫斯利安酸奶文化节”在保成功举办，成为除其本土玫瑰节外宣传保农产品和得天独厚自然资源的又一广阔平台，吸引更多游客慕名前来；2019 年下半年，“中保建交 70 周年”文献展分别在保加利亚议会大厅和保加利亚国家档案馆举行，由两国档案局共同甄选出最具代表性的文献资料，以展示建交 70 年中保关系的珍贵时刻；11 月，两国国家美术学院合作举办的“丝绸之路：从传统到当代——中保建交 70 周年展”在保开幕。

教育领域，2019 年 7 月，两国续签了 2020 ~ 2023 年教育合作协议。目前，中国有北京外国语大学（专业设立于 1961 年）、北京第二外国语大学（2017 年）和天津外国语大学（2018 年）3 所院校开设保加利亚语专业，在河北外国语大学暂作为第二外语课程开授；保加利亚也有 3 所院校开设汉语及相关专业，分别为索非亚大学（专业设立于 1991 年，但自 1953 年起便有汉语教学活动）、大特尔诺沃大学（2003 年）和普罗夫迪夫大学（2011 年）。其中，大特尔诺沃大学教育系于 2019 年 2 月开设了保加利亚首个汉语初级教育学专业，并于 2019/2020 学年开课招生。

保加利亚共有两所孔子学院。成立于 2006 年 6 月的索非亚孔子学院是巴尔干半岛首个、中东欧国家首批孔子学院之一，被评为全球 14 所示范孔院之一，截至2019年底共有孔子课堂7所，教学点14个，当前在册学生约3000人。据孔院提供的数据，2019年索非亚孔子学院共举办各类活动101场。成立于2012年10月的大特尔诺沃孔子学院截至2019年底已在保14个城市设立50个教学点，现有注册学生1500余人。据孔院提供的数据，2019年有中保国家领导层参加的大特尔诺沃孔院活动共30余次，被新华社、保国家电视台等媒体转载300余次；承办“汉语桥”世界大学生和中学生保加利亚赛区预赛。自2014年“中国与中东欧政治、经济、文化关系国际学术研讨会”举办至今，大特尔诺沃孔院已出版《中国与中东欧政治、经济、文化关系国际学术研讨会学术论文集》共5辑。

B.11
波　黑

陈慧稚*

摘　要： 由于波族政党和塞族政党在波黑对北约政策上存在分歧，波黑新政府直到2019年底才产生，距离2018年大选结束已一年有余。受主要贸易伙伴经济疲软影响，2019年波黑经济增速放缓，出口总额近年来首次出现下滑。2019年，波黑向欧盟提交了入盟问卷补充问卷，在对波黑出具的意见书中，欧盟对波黑的政治改革提出了苛刻的要求。2019年，此前一年在波黑发生的"难民潮"愈演愈烈。2019年，波黑与中国的关系继续深入和全面发展，免签效应凸显，大项目合作捷报频传。

关键词： 波黑　波黑－欧盟关系　中国－波黑关系

一　国内政治形势

（一）"年度国家项目"之争

2018年10月波黑大选结束后的一年多时间内，试图在波黑国家层面组阁的波族政党和塞族政党就波黑是否要向北约提交"年度国家项目"① 的问

---

* 陈慧稚，硕士，《上海日报》记者，首都师范大学文明区划研究中心兼职研究人员，从事巴尔干研究，主攻波黑研究。

① "年度国家项目"（Annual National Program，ANP），加入北约"成员行动计划"（Membership Action Plan，MAP）的国家需每年提交的改革计划。北约2018年12月宣布准备接受波黑第一个"年度国家项目"，即对波黑启动"成员行动计划"。一国加入"成员行动计划"不等于必将成为北约成员国。

题争执不下。波族政党倾向于波黑加入北约，而塞族政党则反对波黑在塞尔维亚未加入北约的前提下加入北约。因为波族的民主行动党（SDA）坚持要求先提交“年度国家项目”，再提名波黑部长会议主席，塞族的独立社会民主人士联盟（SNSD）则坚决不同意提交“年度国家项目”，波黑组阁一度陷入僵局，直到2019年11月，波黑主席团①通过“改革纲要”，新政府的提名才随之在次月完成。②

实现政治妥协之后，各方却上演了一出“年度国家项目”的罗生门。民主行动党党首巴基尔·伊泽特贝戈维奇（Bakir Izetbegović）表示，“改革纲要”是内容和名称修改过的“年度国家项目”，“虽然不叫‘年度国家项目’了，但是（改革内容）时间段是从2019年11月到2020年11月”。③波黑主席团克族成员热利科·科姆希奇（Željko Komšić）则明确说“改革纲要”就是“年度国家项目”，而塞族成员、独立社会民主人士联盟党首米洛拉德·多迪克（Milorad Dodik）则坚决否认“改革纲要”是“年度国家项目”。北约方面也并没有说明波黑提交的“改革纲要”是否为“年度国家项目”，④ 但仍然认定波黑是“决心加入北约”的国家。⑤ 波黑主席团是在北约斡旋下出台这份“改革纲要”的。⑥

独立社会民主人士联盟此前已经推动塞族共和国议会通过军事中立协议，于是，“年度国家项目”问题遭到塞族反对党的炒作，后者坚称这份文

① 成员分别来自民主行动党、独立社会民主人士联盟和“民主阵线”（DF）。

② 人权和难民事务部长和安全部副部长人选因故未获提名。

③ 民主行动党官网，伊泽特贝戈维奇2019年12月30日在新年媒体见面会上的讲话，http：//sda. ba/2019/12/obracanje – predsjednika – sda – bakira – izetbegovica – na – novogodisnjoj – konferenciji – za – medije/，检索日期：2020年2月1日。

④ 波黑klix. ba新闻网，2019年12月24日，https：//www. klix. ba/vijesti/bih/glasnogovornik – nato – a – radujemo – se – saradnji – s – bih – na – temelju – programa – reformi/191224149，检索日期：2020年1月27日。

⑤ “Relations with Bosnia and Herzegovina”，https：//www. nato. int/cps/en/natohq/topics _ 49127. htm，检索日期：2020年2月1日。

⑥ 波黑klix. ba新闻网，2019年11月29日，https：//www. klix. ba/vijesti/bih/dzaferovic – o – kompromisu – nato – podrzava – dokument – koji – smo – usvojili – ovo – je – pobjeda – bih/191119116，检索日期：2020年2月20日。

件就是“年度国家项目”，指责多迪克背叛了塞族共和国军事中立协议，背叛了塞族人民。但塞族共和国议会 2019 年 12 月 24 日通过有关决议，要求波黑在加入北约问题上必须尊重塞族共和国议会的决定以及塞族共和国对此问题的公投结果。①

（二）波黑美好未来联盟和民主阵线的“背叛”

2018 年波黑大选过后，在波黑联邦的萨拉热窝州，虽然民主行动党得到了最多的 10 个席位，但总共获得州议会 35 席当中 24 席的六个较小的政党——我们的党（NS）、人民与正义党（NiP）、社会民主党（SDP）、波黑美好未来联盟（SBB）、民主阵线（DF）和独立波黑名单（NBL）——组成了执政联盟。然而，2019 年 12 月，波黑美好未来联盟和民主阵线“背叛”了原先的盟友，和民主行动党组成新的议会多数，体现出波黑波族政党内部政治斗争的激烈。

民主阵线领导人科姆希奇一度认为，应该由选举结果最好的左翼政党②社会民主党来决定左翼是否要和民主行动党结盟，他本人也有统一所有左翼政党的愿望，但社会民主党不愿意自我解散。③ 民主阵线在萨拉热窝州抛弃盟友之后遭到左翼政党的指责，但科姆希奇否认自己背离了左翼路线，表示自己反对人民与正义党④党首埃尔梅丁·科纳科维奇（Elmedin Konaković）

① 波黑 klix. ba 新闻网，2019 年 12 月 24 日，https：//www. klix. ba/vijesti/bih/osam - zakljucaka - nsrs - a - o - eventualnom - clanstvu - u - nato - gradjani - da - odluce - na - referendumu/191224001，检索日期：2020 年 2 月 1 日。

② 在波族政治圈中，社会民主党、从社会民主党脱离的人另立的政党（如民主阵线）以及“我们的党”自称是左翼政党。左翼政党党员民族构成虽仍以波族为主，但更加多元，他们反对民族政党的政治垄断，倾向于使波黑成为“公民国家”，而不是波族、塞族和克族三个民族的国家。波黑右翼政党是指波黑战争时期的三大民族政党民主行动党、塞族民主党和波黑克族民主共同体（HDZ BiH）以及战后成立的民族主义政党。

③ YouTube 官网，科姆希奇 2019 年 2 月 7 日接受波黑 Face TV 专访视频，https：//www. youtube. com/watch？ v = dCNLwB913Z8，检索日期：2020 年 1 月 28 日。

④ 从民主行动党脱离的人组成的政党，在 2018 年波黑大选的萨拉热窝州议会选举中成为继民主行动党之后获得议席数量最多的政党（6 席）。

在萨拉热窝州一手遮天，称该党比民主行动党还右得多。①

有了新盟友之后，民主阵线在波黑联邦和波黑国家层面也成为执政联盟党派之一。波黑左翼方面，社会民主党和“我们的党”关系比较密切，两者于2019年6月结成“波黑阵营”（Bosanskohercegovački blok）。

（三）塞族政治新气象

在波黑塞族共和国，以民主进步党（PDP）的德拉什科·斯塔尼武科维奇（Draško Stanivuković，出生于1993年5月）、叶莲娜·特里维奇（Jelena Trivić，出生于1983年8月）和伊万·贝吉奇（Ivan Begić，出生于1997年6月）以及塞族民主党的奈博伊沙·武卡诺维奇（Nebojša Vukanović，出生于1979年1月）为代表的新生代政客使反对派的政治斗争呈现街头化和表演化的新特点。②

这些年轻政客开设网站，在视频网站YouTube上开通自己的主页，用手机记录和直播议会会议以及和多迪克等人的私下接触。他们嘲讽塞族共和国广播电视台（RTRS）是多迪克和他的独立社会民主人士联盟的传声筒，在该机构大楼前搭台直播“真实新闻”。他们讽刺多迪克使波黑走向北约，把有北约标志的小旗子带进塞族共和国议会。多迪克及其同僚显然对这些年轻人很不满，公开用一些侮辱性的字眼辱骂他们。

塞族反对派的年轻政客面临的争议也不少。斯塔尼武科维奇和特里维奇都有过支持“切特尼克”思想③的言行，引起塞族左翼人士和波族的不满。

---

① YouTube官网，科姆希奇2020年1月30日接受波黑BN电视台“Puls”节目专访视频，https：//www.youtube.com/watch？v=K1zRlbgTCXM，检索日期：2020年2月1日。

② 2018年3月，21岁的巴尼亚卢卡青年大卫·德拉吉切维奇（David Dragičević）在失踪六天后被发现死亡，警方认为德拉吉切维奇为意外身亡，但其家人坚持认为他是被杀害的，且官方在掩盖证据，此后几乎每天都有人在巴尼亚卢卡集聚抗议政府，并形成了一个叫“大卫要正义”（Pravda za Davida）的运动。斯塔尼武科维奇等民主进步党人士被指是抗议运动的组织者（波黑atvbl.com新闻网，https：//www.atvbl.com/vijesti/republika-srpska/pdp-organizator-protesta-grupe-pravda-za-davida-29-12-2018，检索日期：2020年1月28日），这是塞族共和国反对派年轻政客成为政坛新活跃势力的开端。

③ “切特尼克”为二战时期的塞族武装组织，有民族主义和沙文主义特征，其意识形态如今在塞族人当中仍有影响。

二 经济发展状况

根据波黑统计局数据，2019 年波黑 GDP 总量为 352.3 亿马克（约合 180.2 亿欧元），年增长率为 2.7%，CPI 同比增长 0.1%。2019 年，波黑人均 GDP 首次突破 10000 马克大关，达到 10108 马克。

受到德国、塞尔维亚和克罗地亚等主要贸易伙伴经济疲软以及波黑大型铝制品厂商 Aluminij 年中停产影响，① 2019 年波黑出口总额近年来首次出现下滑。

表 1 2015～2019 年波黑对外贸易情况

单位：百万马克

	2015 年	2016 年	2017 年	2018 年	2019 年
贸易总额	24839	25556	29188	31170	30990
进口总额	15852	16139	18134	19270	19498
欧盟	9646	10007	11076	11660	12080
CEFTA 国家	1957	2069	2319	2329	2420
出口总额	8987	9417	11054	11900	11492
欧盟	6452	6734	7866	8681	8388
CEFTA 国家	1334	1394	1790	1948	1904

注：CEFTA 国家指中欧自贸区，包括阿尔巴尼亚、波黑、北马其顿、摩尔多瓦、黑山和塞尔维亚。

资料来源：波黑统计局，http://bhas.gov.ba/，检索日期：2020 年 2 月 15 日。表中列出的仅为波黑与主要贸易伙伴欧盟以及 CEFTA 国家的贸易额。

波黑全国工资水平不断上升，根据波黑统计局数据，2019 年 12 月，波黑人均月工资净收入为 951 马克（约合 3804 元人民币）。波黑联邦工资水平仍然高于塞族共和国，根据两个实体统计局数据，当月波黑联邦和塞族共和国人均月工资净收入分别为 958 马克和 939 马克。

根据波黑统计局 2019 年的劳动力调查结果，当年 4 月，波黑全国调查失业率为 15.7%，呈下降趋势，2017 年和 2018 年同期分别为 20.5% 和

① 《波黑中央银行 2019 年前三季度波黑经济形势报告》，https://cbbh.ba/content/DownloadAttachment/?id=b105903d-9804-45ff-a32e-fd0c3a2a3f8e&langTag=bs，检索日期：2020 年 2 月 12 日。

18.4%。塞族共和国调查失业率低于波黑联邦，且近年来降幅较大，2019 年 4 月时为 11.7%，2017 年和 2018 年同期分别为 21% 和 17.2%。波黑联邦 2019 年 4 月调查失业率为 18.4%，2017 年和 2018 年同期分别为 20% 和 19.2%。

2019 年 3 月 11 日，波黑部长会议通过决定，允许波黑通信管理局向移动服务商发放 4G 牌照，由此，波黑终于引入 4G 移动通信网络。波黑是最后一个引入 4G 网络的欧洲国家。波黑通信管理局局长当天表示，一年后波黑 60% 有人居住的地方都能用上 4G 网络，五年后 4G 网络将覆盖波黑全境。①

根据 Speedtest 全球网速指数排名②，2019 年 4 月开始，波黑的移动网络网速开始大幅提升，当年 12 月在 140 个国家和地区中排第 55 位，而 2018 年 12 月时，波黑该项排名仅为第 119 位。但这一排名在所有西巴尔干国家当中仍然是最低的。2019 年 12 月，波黑移动网络下载和上传速度分别为 33.56Mbps 和 16.97Mbps，当月全球移动网络平均下载和上传速度为 32.31Mbps 和 12.02Mbps。

公路基础设施建设方面，在波黑塞族共和国，2019 年 6 月 17 日，首个位于该实体境内的泛欧“5C 走廊”高速公路③路段开建，为“托维拉”（Tovira）立交到科斯塔伊尼察（Kostajnica）立交路段，全程大约 6 公里。10 月 11 日，塞族共和国波斯尼亚格拉迪什卡（Bosanska Gradiška）开建一座跨萨瓦河大桥，这座桥将把波斯尼亚格拉迪什卡到巴尼亚卢卡的高速公路同克罗地亚境内的高速公路相连。

在波黑联邦的泛欧“5C 走廊”高速公路 2019 年共有两个路段开工，分别是 11 月 22 日开工的查普利纳（Čapljina）路段，即全长 11.75 公里的从波契特利（Počitelj）到兹维罗维契（Zvirovići）的路段，以及 12 月 9 日开工的弗兰杜克（Vranduk）到波尼拉克（Ponirak）路段，全长 2.7 公里。3

① 波黑 klix.ba 新闻网，2019 年 3 月 11 日，https://www.klix.ba/vijesti/bih/vijece-ministara-bih-usvojilo-odluku-o-uvodjenju-4g-mreze-potpuna-pokrivenost-za-pet-godina/190311103，检索日期：2020 年 2 月 12 日。

② 网址为 https://www.speedtest.net/global-index。

③ 规划总长 335 公里，贯穿波黑南北，连接克罗地亚和匈牙利，接入欧洲高速公路网。

月 4 日，萨拉热窝—戈拉日代（Goražde）快速路项目中最复杂的工程赫拉涅恩（Hranjen）隧道开建，该快速路建成后，两地距离将缩短近 40 公里，开车仅耗时 45 分钟。

截至 2019 年底，波黑共有 203.6 公里高速公路，其中 97.6 公里位于波黑联邦境内，106 公里位于塞族共和国境内。

塞尔维亚、波黑和土耳其三方合作的贝尔格莱德到萨拉热窝高速公路项目 2019 年正式启动，当年 8 月底，首个路段、位于塞尔维亚境内的斯雷姆拉查（Sremska Rača）到库兹明（Kuzmin）路段开工。该高速公路为环状，在波黑境内穿越比耶利纳（Bijeljina）、布尔奇科（Brčko）、图兹拉（Tuzla）、热普切（Žepče）、萨拉热窝、帕莱（Pale）、罗加蒂察（Rogatica）和维舍格拉德（Višegrad），并且连接戈拉日代。波黑境内路段造价预计为 30 亿欧元，塞尔维亚境内路段造价预计为 10 亿欧元。

波黑从 2019 年 6 月 1 日开始全面禁止进口低于欧 4 排放标准的二手乘用车，二手车被定义为首次登记至少在交易三个月之前或者行驶里程至少达到 3000 公里的车辆。欧 4 排放标准于 2009 年开始实行。这一措施是由波黑联邦汽车经销商联合会建议的，被认为有利于提高波黑汽车安全性并减少交通事故和空气污染。[①]

三 外交与安全

（一）与欧盟的关系

2019 年 3 月，波黑向欧盟提交了共有 655 道题的入盟问卷补充问卷[②]的

① 波黑 klix.ba 新闻网，2019 年 6 月 3 日，https://www.klix.ba/vijesti/bih/u-bih-se-zvanicno-vise-ne-smiju-uvoziti-automobili-stariji-od-10-godina-odnosno-sa-euro-4-normom/190603061，检索日期：2020 年 2 月 12 日。

② 2016 年波黑向欧盟提交入盟申请后，欧盟对波黑发放了涉及波黑政治、经济、社会和外交等各方面政策、立法以及与欧盟衔接情况的问卷，基于波黑的回答出具入盟意见。此处为该问卷的补充问卷。

答卷，对其中 22 个问题未予作答，主要涉及教育领域各层级政府之间职权分配的问题，以及“为何波黑宪法法院有 13 项决定至今未能落实”等问题。

基于波黑提交的答卷，欧盟 2019 年 5 月对波黑出具了入盟意见书，指出波黑大多数政策领域仍处于入盟准备的较低级阶段，并向波黑提出了民主、法治、人权和公共行政四大方面的 14 项关键优先改革目标，关注波黑决策过程的确定性问题，涉及波黑政治和司法体制的多个症结。欧盟理事会 2019 年 12 月通过了该意见书。

欧盟提出的建议包括：允许波黑国家政府在下级政府违反欧盟法律时临时承担有关职权；取消行政机关决策过程中的否决权；成立对波黑全境法律有解释权的新司法机构；落实欧洲人权法院的“塞伊迪奇—芬齐”案判决[①]；确保行政部门的职业性、去政治化以及国有企业的去政治化。欧盟方面表示，波黑针对以上问题进行改革将是其与波黑开启入盟谈判的前提。[②]这意味着，波黑各主体民族需要放弃一些波黑宪法赋予其的集体性政治权利，波黑各实体需要向国家让渡一些权力，从波黑目前的政治形势来看存在很大困难。

此间，法国总统马克龙 2019 年 11 月接受英国《经济学人》采访时说波黑是“克罗地亚旁边跳动着的定时炸弹，面临着圣战者回国的问题”，[③]在波黑和法国之间引发了一场外交风波，时任波黑主席团主席科姆希奇立即召见了法国驻波黑大使。数日后，科姆希奇在巴黎参加国际活动期间和马克龙会面时对后者表示，他认为马克龙在接受《经济学人》采访时所说的话

① 根据波黑宪法，波黑罗姆人和犹太人不能参选波黑主席团成员，不能成为波黑议会民族院议员。波黑罗姆人戴尔沃·塞伊迪奇（Dervo Sejdić）和犹太人亚科布·芬齐（Jakob Finci）以此为案由，2006 年向欧洲人权法院状告波黑违反《欧洲人权公约》，该法院 2009 年做出对其有利的判决。

② 欧盟委员会官网，https：//ec. europa. eu/neighbourhood - enlargement/sites/near/files/20190529 - bosnia - and - herzegovina - opinion_ en. pdf，检索日期：2020 年 2 月 2 日。

③ 《经济学人》网站，2019 年 11 月 7 日，https：//www. economist. com/europe/2019/11/07/emmanuel - macron - in - his - own - words - english，检索日期：2020 年 2 月 2 日。

与事实不符，令波黑人深感不安，而马克龙表示同意双方应该就此话题好好谈一谈。[①]

（二）与塞尔维亚的关系

2019 年 12 月，塞尔维亚议会通过新版国防战略，[②] 其中涉及波黑塞族共和国的内容引发了波黑和塞尔维亚之间的外交风波。该战略把“取缔《代顿和平协议》（*Dayton Accords*）和塞族共和国的倾向”列为影响塞尔维亚所在地区安全的因素之一，将“根据《代顿和平协议》确保塞族共和国作为组成波黑的一个实体并促进本地区和世界各地塞族人的地位”列为塞尔维亚国防政策的目标之一，称该目标对塞尔维亚的安全和国防有着“特殊意义”。该战略指出，塞尔维亚作为保证落实《代顿和平协议》的国家之一，将继续在尊重波黑主权和领土完整的同时，同塞族共和国发展“特殊平行关系”。[③]

塞尔维亚国防部部长亚历山大·武林（Aleksandar Vulin）在就该战略对议会进行说明时表示，“（塞尔维亚政府）从来没有像在这份文件中一样讲过（波黑）塞族共和国及其存续是我们外交政策的优先目标，塞尔维亚国家以这一方式非常清楚地表达了什么是我们的国家利益，什么必须得到保卫”。[④]

---

① 波黑 klix. ba 新闻网，2019 年 11 月 12 日，https：//www. klix. ba/vijesti/bih/komsic – se – susreo – s – macronom – i – porucio – mu – vasa – izjava – nije – tacna – uznemirili – ste – gradjane – moje – zemlje/191112073，检索日期：2020 年 2 月 2 日。

② 塞尔维亚议会官网，“Strategija odbrane Republike Srbije”，http：//www. parlament. gov. rs/upload/archive/files/lat/pdf/ostala_ akta/2019/2207 – 19%20 – lat. （RS60）. pdf，检索日期：2020 年 2 月 3 日。

③ 根据波黑宪法，波黑实体可在不破坏波黑主权和领土完整的情况下与邻国建立“特殊平行关系”。波黑塞族共和国和塞尔维亚 2006 年签署《特殊平行关系协议》，此前的 2001 年，波黑塞族共和国和当时的南联盟签署过同样的协议。其现行协议表示尊重波黑主权和领土完整，同时促进波黑塞族共和国和塞尔维亚之间的全方位各领域合作关系。

④ 波黑 klix. ba 新闻网，2019 年 12 月 25 日，https：//www. klix. ba/vijesti/bih/srbija – predstavila – strategiju – ocuvanje – republike – srpske – kao – nacionalni – prioritet/191225017，检索日期：2020 年 2 月 3 日。

塞尔维亚的新版国防战略遭到了波黑波族各主要政党的齐声讨伐。民主行动党在一份声明中说："波黑内部关系不是塞尔维亚国防的威胁，把该问题纳入其国防战略再次体现了塞尔维亚国防部对波黑的家长主义姿态和侵略性。塞尔维亚不是保证落实《代顿和平协议》的国家，该国在协议上签字只是承认其参与了波黑战争，保证《代顿和平协议》落实的是以美国为首的世界大国。"①

波黑主席团克族成员科姆希奇在2018年10月和2019年12月分别接受德国和科索沃媒体采访时说，对他来讲，"科索沃是一个独立国家"。该言论引发塞尔维亚方面的抗议，甚至有塞政客反戈一击称塞族共和国也可以是一个"独立国家"。② 塞尔维亚新版国防战略的公布正是在科姆希奇接受科索沃媒体采访之后。科姆希奇认为，科索沃"独立"等于"大阿尔巴尼亚梦"的终结，这有助于遏制西巴尔干地区的其他类似政治野心，暗示所谓将导致波黑分裂的"大塞尔维亚梦"因此也将被挫败。③

（三）波黑塞族共和国成立宪兵队

2019年9月24日，波黑塞族共和国内务部宪兵队正式成立，在波黑国内引发巨大争议。塞族共和国官方称，该宪兵队的使命是保卫塞族共和国的宪法秩序和所有公民的安全，将根据本地区其他国家宪兵队的标准对该队伍进行装备。④ 塞族共和国政府并未对外公布该支队伍的人员构成情况，但是，据塞族共和国知名反对派人士斯洛博丹·瓦斯科维奇（Slobodan Vasković）说，该宪兵队成员都是独立社会民主人士联盟"最忠诚的党员"，

---

① 民主行动党官网，http://sda.ba/2019/12/sda-srbija-nije-garant-dejtonskog-sporazuma/，检索日期：2020年2月3日。

② 波黑 klix.ba 新闻网，2018年10月11日，https://www.klix.ba/vijesti/bih/dacic-komsic-vec-provocira-za-mene-licno-republika-srpska-moze-biti-nezavisna/181011009，检索日期：2020年2月3日。

③ YouTube 官网，科姆希奇2020年1月30日接受波黑 BN 电视台"Puls"节目专访视频，https://www.youtube.com/watch?v=K1zRlbgTCXM，检索日期：2020年2月1日。

④ 波黑塞族共和国广播电视台，2019年9月24日，https://lat.rtrs.tv/vijesti/vijest.php?id=351915，检索日期：2020年2月11日。

第一阶段将包括1000名成员，人数还将增加，所有地方警察厅都将配备宪兵队，其装备将包括特种武器、战斗车辆、俄罗斯的安萨特直升机和轻型火炮，部分成员还将受到俄罗斯特种部队教官的训练。①

塞族共和国政权的反对派以及主要波族政党都批评塞族共和国宪兵队的成立将加速该实体的军事化。2019年10月，有波黑媒体报道说塞族共和国宪兵队已经开始和波黑边防警察一起巡守波黑和塞尔维亚的边境，且使用塞族共和国内务部的车辆进行联巡。② 2020年2月，波黑边防警察总长佐兰·加利奇（Zoran Galić）说，塞族共和国共有73名警察对边防警察进行了支援。③ 塞族共和国政府此前拒绝为应对难民危机增援波黑边防警察。

四　社会与文化

（一）难民潮愈演愈烈

2019年波黑“难民潮”愈演愈烈。根据波黑官方统计，2019年仅1～9月就有22211名入境波黑的难民到波黑外国人事务局进行登记，④ 这一数字已经接近2018年波黑全年登记外国难民的总数。除了靠近波黑与克罗地亚边界的乌纳—萨纳州，图兹拉州也涌现了大量难民，且很多难民风餐露宿，破坏了当地的生活环境，当地人怨声载道。

① 波黑《自由报》网站2019年9月25日发表的斯洛博丹·瓦斯科维奇撰写的文章中提到上述内容，https：//www. oslobodjenje. ba/vijesti/bih/vaskovic – ukoliko – stranci – uopste – ne – reaguju – zandarmerija – rs – ce – se – pretvoriti – u – oruzane – snage – rs – ma – sta – o – tome – sada – govoril – 492906。检索日期：2020年2月11日。

② 波黑Žurnal新闻网，2019年10月3日，https：//zurnal. info/novost/22437/sipa – se – povukla – dodikova – zandarmerija – na – granici，检索日期：2020年2月11日。

③ 波黑部长会议官网，2020年2月11日，http：//vijeceministara. gov. ba/saopstenja/saopstenja_ predsjedavajuceg/default. aspx? id = 32233&langTag = bs – BA，检索日期：2020年2月15日。

④《波黑部长会议1月23日会议纪要》，http：//vijeceministara. gov. ba/saopstenja/sjednice/ saopstenja_ sa_ sjednica/default. aspx? id = 31999&langTag = bs – BA，检索日期：2020年2月15日。

2019 年晚些时候，萨拉热窝布拉如伊（Blažuj）的一个兵营开放为集装箱营地式的难民临时接纳点，可容纳 700 余名难民。截至 2019 年底，一座大型难民临时收容设施在比哈奇（Bihać）附近的利帕（Lipa）开建，向难民提供 700 多个集装箱房。波黑塞族共和国政府仍然无意接纳难民，而波黑克族的领导政党波黑克族民主共同体也宣布莫斯塔尔（Mostar）所在的黑塞哥维那—内雷特瓦州不欢迎难民。

根据国际移民组织（International Organization of Migration，IOM）统计，从 2018 年 6 月到 2020 年 3 月，国际社会总共向波黑政府提供了 4000 万余欧元资金用于处理难民问题，其中 75% 用于人道主义援助，12% 用于建造新的难民收容中心，9% 用于支持波黑政府机构与之相关的工作，4% 用于行政支出。①

（二）波黑民族关系负重前行

2019 年 5 月，在波黑战争期间被摧毁的位于今塞族共和国福查（Foča）的波黑最古老清真寺之一、有 470 年历史的阿拉扎清真寺（Aladža džamija）正式重新开放，成为波黑民族和解和共生的一个新符号，但是受到历史牵累的波黑民族关系仍在负重前行。

2019 年 2 月，波黑塞族共和国政府设立了两个波黑战争调查国际委员会，分别调查 1991 ~ 1995 年萨拉热窝塞族遭到杀害以及 1992 ~ 1995 年斯雷布雷尼察（Srebrenica）地区各民族人民的死难情况。2019 年 7 月 1 日，由波黑所有以克族人口为主的市镇和州资助的“黑塞哥 - 波斯尼亚电视台”（TV Herceg-Bosne）开播，克罗地亚政府和一些海外波黑克族侨民也参与资助。②该电视台的名称正是波黑战争期间单方面宣布成立的克族政权的名字。

① 波黑 klix. ba 新闻网，2020 年 1 月 15 日，https：//www. klix. ba/vijesti/bih/bih - za - skoro - dvije - godine - dobila - oko - 80 - miliona - km - za - rjesavanje - migrantske - krize/200115043，检索日期：2020 年 2 月 15 日。

② 波黑 klix. ba 新闻网，2020 年 2 月 5 日，https：//www. klix. ba/vijesti/bih/tv - herceg - bosne - i - pored - 800 - hiljada - km - javnih - sredstava - na - niskim - granama/200205129，检索日期：2020 年 2 月 16 日。

（三）2019年波黑体坛盛事

体育方面，2019 年 2 月 10 日在萨拉热窝开幕的欧洲冬季青年奥林匹克节（EYOF）是 1984 年萨拉热窝冬奥会以来波黑举办的规模最大的国际体育赛事，来自 46 个国家的 1700 余名年龄在 14～18 周岁的运动员参赛。比赛在萨拉热窝和东萨拉热窝举行，2 月 16 日在东萨拉热窝闭幕。

五 与中国的关系

（一）全面免签带动波黑旅游热

2018 年 5 月波黑和中国全面免签之后带动的波黑旅游热在 2019 年得到了充分的展现。根据波黑统计局数据，2019 年共有 102758 人次中国游客入境波黑，比 2018 年（58235 人次）增长了 76.5%；2019 年，中国游客在波黑平均过夜天数为 1.2 天，超过 2018 年的平均 1.1 天。从入境波黑人次上来看，中国在 2019 年跃居波黑第二大客源国，仅次于克罗地亚（138293 人次）；从在波黑过夜总天数来看，中国是继克罗地亚、塞尔维亚、沙特阿拉伯和斯洛文尼亚之后的波黑第五大客源国。

为便利中国游客和商人，中国银联在 2019 年相继与两家波黑银行——诺瓦银行（Nova Banka）和联合圣保罗银行（Intesa Sanpaolo Banka）开启银行卡业务合作。中国游客可以使用银联卡在波黑这两家银行的 ATM 机上取现，并可在与这两家银行签约的商户 POS 机上刷银联卡付款。

（二）经贸合作与人文交流成果丰硕

2019 年也是波黑和中国在经贸合作和人文交流方面成果丰硕的一年。

基础设施建设合作方面成果丰硕。2019 年 12 月，波中合作的波黑战后最大基础设施项目图兹拉火电站 7 号机组项目合同生效。该项目由中国能建葛洲坝集团和广东省电力设计研究院总承包，合同金额为 7.22 亿欧元（不含增值税），是迄今为止中国企业在中东欧国家的最大电力项目，也是波黑第一个采用欧盟最新环境排放标准的火力发电机组。2019年11月，中国建筑股份有限公司和中国电力建设集团有限公司承建的波黑泛欧“5C走廊”高速公路查普利纳段项目正式开工，工程总造价约1亿欧元，由欧洲投资银行提供融资，这是中国企业首次在波黑同欧盟开展三方合作项目。

此外，2019年3月，中国国药集团承建的波黑塞族共和国多博伊（Doboj）“圣使卢卡”医院项目签约并奠基，这是中国企业在波黑实施的第一个医疗卫生项目。4月，中国继2005年之后第二次以主宾国身份参加莫斯塔尔经贸博览会，展位面积达2000平方米，超过该展会历史上所有其他主宾国，中国共有90家企业的200余人参加，代表团规模也为参展以来最大。

中国和波黑双边贸易方面，2019年中国仍为波黑最大贸易逆差来源国，波黑从中国进口商品和出口中国商品总额一升一降（见表2），波黑对华贸易逆差扩大。

表2　2015～2019年波黑与中国双边贸易情况

单位：百万马克

	2015年	2016年	2017年	2018年	2019年
波黑进口总额	1091.7	1092.0	1186.1	1339.3	1449.4
波黑出口总额	28.3	26.0	38.3	37.0	30.0
波黑贸易逆差	1063.4	1066.0	1147.8	1302.3	1419.4

资料来源：波黑统计局，http://bhas.gov.ba/，检索日期：2020年2月15日。

中小学汉语教育在波黑有了长足发展，汉语已被波黑塞族共和国列入该实体中小学法定第二外语清单。截至2019年底，波黑已有三个汉语教室，有四所中小学开设了汉语课。2019年，2011年开设汉学系的东萨拉热窝大学哲学院成立了波黑首个中国研究中心。

波黑和中国的民间交流创意也层出不穷。中国天津市和与其结为友好城市的萨拉热窝决定交换有各自文化特色的建筑。作为和萨拉热窝老城地标“甘露亭”（Sebilj）施工设计方案书的交换，2019 年 12 月，由天津市赠建的一座中式亭子在萨拉热窝的萨菲特·扎伊科（Safet Zajko）体育公园揭幕，取名“联谊亭”，颇为惊艳。

B.12
波　兰

陈思杨*

摘　要： 政治方面，2019 年波兰举行了议会选举，法律与公正党赢得了众议院绝对多数席位，在参议院丧失绝对多数席位，面临着更复杂的执政局面。经济方面，波兰虽然面临经济下行压力，但依旧维持了 4% 的国内生产总值增长率，失业率也进一步下降。外交方面，波兰延续“亲美、疑欧、反俄”的外交风格，2019 年波兰与美国在安全和军事方面的关系尤为密切。社会政策方面，执政党推行的“家庭 500 +”计划、养老金改革、年轻人免税等政策取得了不错的效果。文化方面，波兰作家获得 2018 年度诺贝尔文学奖。中国和波兰关系方面，2019 年双边关系在“一带一路”倡议和“17 +1 合作”框架下稳定发展。

关键词： 波兰　议会选举　社会政策　中国 – 波兰关系

一　国内政治形势

2019 年，波兰国内政治生活中最热门的话题是“选举”，上半年是欧洲议会选举，下半年是波兰议会选举。两次选举中，执政党法律与公正党

* 陈思杨，中国社会科学院大学博士研究生，中国社会科学院欧洲研究所助理研究员，研究方向为波兰社会政策、中波关系。

(波兰语缩写：PiS）总体上保持了优势，而反对党也有扳回劣势之势，加之国内政治丑闻和反对声音从未间断，与四年前相比，执政党无疑面临着更大的执政压力。

（一）欧洲议会选举，执政党大获全胜

2019 年 5 月 23～26 日，波兰参加欧洲议会选举。虽然欧洲议会议员拥有的权力不是很大，但欧洲议会选举历来被波兰人视为下半年国内议会选举的风向标，极具象征意义，所以各个党派都希望在其中力争上游。2019 年，有 45.68% 的波兰选民参与了欧洲议会选举投票，投票率创有史以来最高。因此，投票结果可以比较客观地反映出波兰民众对于各个党派的支持状况。

如表 1 所示，在欧洲议会选举中，波兰执政党法律与公正党以 45.38% 的得票率斩获了欧洲保守与改革党团（European Conservatives and Reformists，ECR）的 26 个席位，得票率遥遥领先。而最大的反对党公民纲领党（波兰语缩写：PO）联合了波兰人民党（波兰语缩写：PSL）、民主左翼联盟（波兰语缩写：SLD）、现代党（波兰语缩写：.N）和绿党组成名为“欧洲联盟”（波兰语缩写：Coal KE）的选举联盟，以 38.47% 的得票率斩获人民党党团（Group of the European People's Party，EPP）的 17 个席位和社会民主党党团（Group of the Progressive Alliance of Socialists and Democrats in the European Parliament，S&D）的 5 个席位。春天党在众多反对党派中表现尚可，以 6.06% 的得票率获得社会民主党党团的 3 个席位。从票选结果来看，法律与公正党获得了较大的胜利，公民纲领党领导的五大政党联盟，得票率依然没有超过法律与公正党。

与 2014 年的欧洲议会选举相比，一直被称为最大反对党的公民纲领党在本次选举中表现不佳。四年前，公民纲领党无需联合选举就获得了 31.78% 的选票，而法律与公正党则获得了 32.19% 的选票。在本次欧洲议会选举中，反对党尽管组成了一个“反法律与公正党”的联合体，但效果似乎并不理想。

表 1　2019 年欧洲议会选举波兰参选结果

党派名称	得票率(%)	席位数(个)/党团名称
法律与公正党	45.38	26/欧洲保守与改革党团
欧洲联盟	38.47	17/人民党党团 +5/社会民主党党团
春天党	6.06	3/社会民主党党团
联盟党	4.55	0
库奇兹 15	3.69	0
左翼在一起党	1.24	0
波兰公平竞赛	0.54	0
其他	0.07	0

资料来源：2019 年欧洲议会选举官网，https：//www.europarl.europa.eu/election - results - 2019/en/national - results/poland/2019 - 2024/，检索日期：2020 年 4 月 21 日。

（二）波兰议会选举，执政党赢得众议院多数席位，在参议院丧失绝对多数席位

2019 年 10 月 13 ~ 14 日，波兰举行议会选举，这也是 2019 年波兰国内最为关注的政治议题。2015 年的议会选举使波兰政局发生深刻变化，法律与公正党击败公民纲领党重新成为执政党，并获得议会多数席位。本次选举无疑是 2015 年之后法律与公正党执政格局的延续，法律与公正党得以继续保持第一大执政党的地位。但与之前不同的是，反对党获得了参议院的多数席位，这为法律与公正党政府之后推行政策增加了难度。

如表 2 所示，法律与公正党联合了团结波兰党和雅罗斯瓦夫·戈温协议党，以 43.59% 的得票率赢得了众议院 460 席中的 235 席，继续在众议院中保持第一大党的地位；由公民纲领党、现代党、绿党、创新波兰党（波兰语缩写：IPL）组成的公民联盟以 27.4% 的得票率居第二位，获得了众议院 134 个席位；民主左翼联盟联合了左翼在一起党和春天党，以 12.56% 的得票率排第三位，获得 49 个席位，成功回归议会；波兰人民党以 8.55% 的得票率获得 30 个席位。法律与公正党赢得众议院选举，获得多数席位。

表 2　2019 年波兰众议院选举结果

党派名称	得票率(%)	席位数(个)
法律与公正党	43.59	235
公民联盟	27.4	134
民主左翼联盟	12.56	49
波兰人民党	8.55	30
自由与独立工会	6.81	11
德意志少数民族党	0.17	1

资料来源：2019 年波兰议会选举官网，https：//sejmsenat2019. pkw. gov. pl/sejmsenat2019/pl/wyniki/sejm/pl，检索日期：2020 年 4 月 21 日。

然而，法律与公正党的优势并不明显。一方面，法律与公正党获得的 235 个席位刚过半数（总共 460 个），而波兰宪法要求三分之二多数是 307 个席位。也就是说法律与公正党虽然可以利用众议院来通过自己的议案，但无法推翻总统的否决，也无法进行修宪。另一方面，一些议员虽然以法律与公正党的名义参选，但有可能随时“变心”，转而支持反对党，之前就出现过类似的事件。所以对卡钦斯基（法律与公正党实际的操盘人）来说，这并不是一场完全的胜仗。与此同时，参议院的情况显得更为复杂，如表 3 所示，法律与公正党以 44.56% 的得票率获得了参议院 100 席中的 48 席，公民联盟则以 35.66% 的得票率获得了 43 个席位，波兰人民党获得 3 席，民主左翼联盟获得 2 席。法律与公正党虽然获得了参议院最多的席位，但席位数并不占绝对多数，反对党以微弱优势在参议院选举中获胜。

表 3　2019 年波兰参议院选举结果

参选党派或无党派人员名称	得票率(%)	席位数(个)
法律与公正党	44.56	48
公民联盟	35.66	43
波兰人民党	5.72	3
民主左翼联盟	2.28	2
莉迪亚·斯塔洛——永远站在人民身边*	0.58	1

续表

参选党派或无党派人员名称	得票率(%)	席位数(个)
克里斯托夫·科威特科夫斯基**	0.44	1
瓦迪姆·蒂斯凯维奇**	0.35	1
公民民主党	0.25	1

注：* 无党派人士，前面为姓名，后面为宣传口号，二者总是以此种方式一起出现。

** 无党派人士姓名，他们以个人名义参加波兰参议院选举。

资料来源：2019 年波兰议会选举官网，https：//sejmsenat2019. pkw. gov. pl/sejmsenat2019/pl/wyniki/senat/pl，检索日期：2020 年 4 月 21 日。

本次议会选举结果呈现几大特征。第一，法律与公正党依旧是波兰政局中的中坚力量，但面临着更为复杂的局面。不可否认，法律与公正党在民众中威望依旧很高，反对党在参议院也只是小胜，但法律与公正党在参议院的失利让其不得不面临相当的变数。第二，左翼政党重返议会。作为曾经的执政党，左翼政党在 2015 ~2019 年的议会选举中的表现令人大跌眼镜，甚至未能进入议会。在本次议会选举中，左翼政党虽然所获票数并不算很多，但成功获得了议会席位，并成为议会（众议院）里排名第三的政党，这对其来说无疑是一次回归。左翼政党对卡钦斯基的执政多少怀有不满，左翼在一起党的议员阿尔蒂安·赞德博格（Adrian Zandberg）表示，将会成为众议院中勇敢的反对派。此番左翼政党的归来对法律与公正党来说将会是一个难题。第三，波兰人民党出乎意料获得不错的结果，或在社会政策上和法律与公正党形成竞争。与 2015 年时相比，波兰人民党多了 14 个席位（众议院），此前的民调中也未提过该党会有良好的选举结果。法律与公正党的选票很多来自中下层选民和农民，而波兰人民党注重农业和农村选民，其选民在一定程度上和法律与公正党的选民重叠。本次波兰人民党获得超出预期的选票，或许意味着该党开始重新夺回在农民身上丢失的选票。

总之，法律与公正党赢得了议会选举的胜利，但这种胜利并不是全面和压倒性的，未来四年法律与公正党和反对党之间的政治博弈或许会进一步加剧，法律与公正党政府通过自己的议案将面临障碍。

二　经济发展状况

（一）宏观经济数据

根据世界银行数据，2019 年波兰国内生产总值达到 6050 亿美元。根据波兰国家统计局（GUS）数据，2019 年波兰国内生产总值增长率为 4%，工业产值增长率为 4.2%，建筑业产值增长率为 2.8%。内需增长率为 3.8%。国内消费总增长率为 4%，其中家庭消费增长率为 3.8%。固定资产形成总额增长 7.8%。如图 1 所示，与 2018 年相比，2019 年波兰经济各方面指标增速明显放缓。

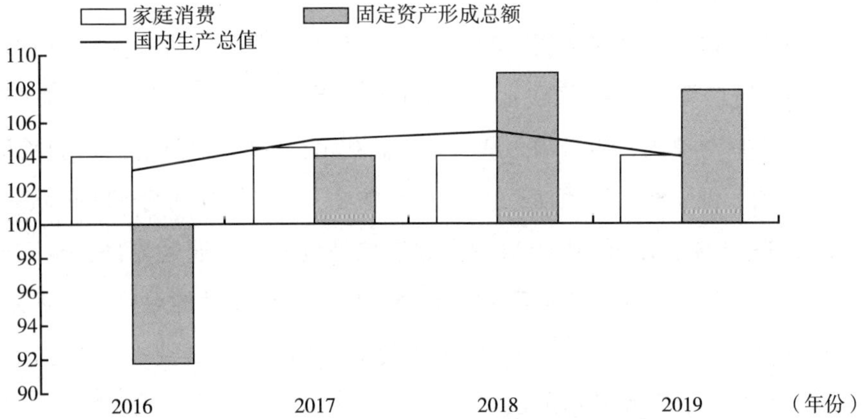

图 1　2016～2019 年波兰国内生产总值动态
（上年同期 =100，上年同期价格不变）

资料来源：波兰国家统计局，https：//stat. gov. pl/podstawowe - dane/，检索日期：2020 年 4 月 21 日。

根据波兰国家统计局数据，2019 年波兰平均通货膨胀率为 2.3%，比 2018 年的 1.6% 上涨了 0.7 个百分点。其中，12 月的增长率最高，同比增长 3.4%，这也是自 2011 年以来的 8 年中最高的一次上涨。2012 年以来波兰物价一直维持稳定，2019 年 11 月波兰居民消费价格指数为 2.6%，比两个月前上涨了 1.8 个百分点。

波兰经济确实正面临下行压力。原因是多方面的，包括德国经济增速放缓带来的影响、波兰通货膨胀率持续走高、税收减少导致财政收入减少、消费增长缓慢、政府并不成功的经济扩张政策等。但与其他欧洲国家相比，波兰依然保持了不错的增势。

（二）消费、投资、进出口数据

根据波兰国家统计局数据，2019 年波兰消费实际增长 4.0%，比 2018 年的 4.1% 略有下降，其中家庭消费增长 3.9%，比 2018 年的 4.3% 有所下降。根据英国经济学人的数据，2019 年，波兰政府固定投资同比增长 7.2%，较 2018 年下降 2.2 个百分点。

根据波兰国家统计局数据，2019 年波兰出口额为 2358 亿欧元，同比增长 5.5%；进口额为 2340 亿欧元，同比增长 2.6%。德国、捷克、英国是波兰前三大出口对象国，出口额分别为 651 亿欧元、144 亿欧元、141 亿欧元。德国、中国、俄罗斯是波兰前三大进口来源国，进口额分别为 509 亿欧元、291 亿欧元、144 亿欧元。① 出口最多的领域是机械和交通运输部件、工业产品，这些是波兰传统的优势产业。值得一提的是，波兰的对华贸易逆差，对波兰的进出口贸易并没有产生很大的影响，因为波兰对捷克、英国等国的顺差正好可以弥补对华贸易的逆差。

（三）失业率

根据波兰国家统计局数据，截至 2019 年 12 月，波兰登记失业人数为 86.6 万人，失业率为 5.2%。之前经济学家预测，2019 年底波兰失业率将达到 5.6%，然而事实证明，波兰 2019 年的失业率是低于预期的。

① 波兰经济内情网，https://businessinsider.com.pl/finanse/handel/import-i-eksport-polski-mapa-handlu-zagranicznego-dane-gus-2019/q6phd38，检索日期：2020 年 4 月 21 日。

三 外交与安全

2019 年，波兰继续延续“亲美、疑欧、反俄”的外交风格，同时也注重发展同其他国家的合作。

（一）与美国的关系

2019 年是波美关系空前紧密的一年，波兰在军事上对北约和美国愈加依赖，安全方面仰仗美国的扶持和帮助，全方位紧跟美国的步伐。

首先是举行一系列的纪念活动。波兰于 1999 年加入北约，2019 年是其入约 20 周年。波兰为此举行了一系列庆祝活动，其中包括军事演练、举办庆祝仪式、视察驻军基地、各大官方媒体同步宣传等。3 月 11 日，波兰作为东道主邀请捷克总理安德烈·巴比什、匈牙利总理欧尔班·维克多和斯洛伐克总理彼得·佩列格里尼参加在华沙举行的军事演练和庆祝仪式，波兰第一装甲旅出动坦克和直升机完成演练。维谢格拉德集团四国借此机会共同发声，表示北约是它们共同的安全保障。除此之外，波兰总统安杰伊·杜达还亲自前往美军在波兰的驻军基地和北约驻军基地对士兵进行慰问。① 波兰总统和国防部官方推特、相关政府网站、波兰各大门户网站都对庆祝活动进行了密集的宣传。

其次是 2019 年波美领导人的几次重要互访。2 月 13 日，美国国务卿蓬佩奥访问波兰，并参加由波兰举办的中东会议。波兰总统杜达分别于 6 月 12 日和 9 月 22 日两次访问美国，与美国总统特朗普会面。9 月 1 日，美国副总统彭斯代替总统特朗普访问波兰。这几次访问不仅密切了双方关系，其会谈内容也对中、美、波、欧各方具有深远的影响。

第一是军事方面。蓬佩奥访问波兰时，波兰外交部部长普查托维奇就表

---

① 波兰国家安全办公室官网，https：//www. bbn. gov. pl/pl/wydarzenia/8428，NATOWeek – Obchody – 20 – rocznicy – przystapienia – Polski – do – NATO. html，检索日期：2020 年 4 月 21 日。

示，北约是波兰的安全保障，并希望美军扩大在波兰的军事存在。在 6 月 12 日的访美行程中，杜达与特朗普签署了《关于在波兰共和国境内的美军存在的国防合作联合声明》。据此，美国将在波兰境内部署一支美军 MQ－9 “死神”无人机编队，并增加 1000 名驻军。同时，杜达表示希望美军可以在波兰部署永久性军事基地“特朗普堡”，并提出计划购买 F－35 战机。作为回应，9 月初美国宣布批准向波兰出售 32 架 F－35 战机，价值约 65 亿美元。9 月 22 日杜达访美时，双方签署了《关于开展军事合作的联合声明》，确定了 6 月双方会面时讨论的美军士兵、高级司令部、陆军支援小组、武装部队联合作战训练中心等的具体部署位置。① 此外，波兰在 2019 年 2 月中旬采购了一批美制 M142 机动多管火箭炮系统。一直以来，波兰对于美国的需求主要是在军事与安全方面。虽然双方并不承认是迫于俄罗斯的威慑才增加防御力量，但作为北约东翼并与俄罗斯接壤的波兰，此举似乎不言而喻。

第二是安全方面。（1）网络安全领域。蓬佩奥访问波兰时发表了针对中国 5G 技术的言论，他明确表示，使用中国的技术“会带来风险”，美国不会把自己的技术和装备放在充满风险的地方。② 波兰迫切依赖美国和北约增强其军事防务，在此背景下美国的要求对其来说无疑是一种有效的震慑。9 月 2 日，在彭斯访波期间，波美签署了关于 5G 技术的合作协议。（2）能源安全领域。9 月 2 日，波兰外交部部长普查托维奇在与彭斯一起参加的记者发布会上表示，波兰认为“北溪 2 号”项目不利于欧洲能源安全，而彭斯也表示，波美之间的能源合作十分重要，波兰将从美国进口液化天然气和石油。之后，杜达访美时也与美国签署了有关民用核能、液化天然气等方面的协议。在安全方面波兰对美国几乎有求必应。

第三是人文交流。杜达在 2019 年第二次访美与特朗普会面时提出希望

---

① 波兰总统办公室官网，https：//www. prezydent. pl/aktualnosci/wydarzenia/art，1545，wspolna－deklaracja－na－temat－poglebiania－wspolpracy－obronnej. html，检索日期：2020 年 4 月 21 日。

② 美国驻波兰大使馆官网，《国务卿的发言：与波兰外交部长亚采克一起参加新闻发布会时的发言》，https：//pl. usembassy. gov/pompeo_ czaputowicz_ conf/，检索日期：2020 年 4 月 21 日。

美国对波兰实行免签。随后，从 11 月 11 日起，美国对波兰正式实行免签，波兰公民可以赴美进行 90 天以内的旅行或商务行。美国拥有庞大的波兰人社区，是除波兰本土外波兰人最多的国家（约 960 万人）。免签使波兰人赴美或回国探亲都变得更加便捷，这对于密切波美之间的文化交流意义重大。

（二）与欧盟的关系

在已入盟的中东欧国家中，波兰是获得欧盟基金最多的国家。2019 年，波兰从欧盟获得包括结构基金、凝聚力基金、直接拨付资金等十余种款项共计 162.8 亿欧元（退还的剩余欧盟基金为 10.5 万欧元），[①] 这是波兰规划国内基础设施建设、实施社会政策使用资金的最重要来源之一。除此之外，欧盟国家也是波兰最重要的经济合作伙伴，2019 年波兰进口和出口排名第一的国家都是德国。

与此同时，波兰也经常在很多问题上与欧盟唱反调。2019 年波兰与欧盟的整体关系没有改变，虽然波兰支持欧洲一体化进程，也一直把欧盟列为外交政策领域的优先目标，但是依旧在许多议题上与欧盟存在分歧。

波兰执政党从上台以来就一直推行司法改革，不断削弱波兰宪法法院的权力，加强本党对于司法权力的控制。2015 年，波兰通过了《宪法法院法》修正案，规定宪法法院的决议需要获得三分之二多数同意才能生效（之前只需一半），并迅速提名了五名新的宪法法院法官，其中两名取代了尚未结束任期的法官，宪法法院指责此操作违反了波兰宪法。2017 年，波兰又通过一项改革方案，规定法官有可能因自己所做判决而面临调查，甚至最终还有可能承担刑事责任。2018 年，波兰规定了最高法院法官退休年龄，迫使最高法院三分之一的法官下台。2019 年 12 月，波兰又颁布了一项极具争议的提案。该项提案禁止波兰法官参与政治活动或任何可能伤害司法系统的活动，此外，任何质疑国家司法委员会提名合法性的法官都可能被处以罚款或

---

① 波兰政府官网，https://www.gov.pl/web/finanse/transfery-polska-ue-unia-europejska，检索日期：2020 年 4 月 21 日。

被解雇。欧盟一直认为波兰的司法改革违背了欧盟法律，违反了司法独立原则，是一种民主倒退。欧盟委员会也曾尝试启动法治国家调查程序，对波兰司法改革等做法进行调查，以期使波兰纠正司法改革中的一些做法，然而效果不尽如人意。这也从侧面说明，欧盟很难通过政府间沟通与波兰就此事项达成共识。波兰和欧盟的“争吵”已经成为欧盟内部的一大问题，作为欧盟“新”成员的波兰对欧盟价值观的认同不足，新、老欧洲的矛盾没有得到很好的解决。

法律与公正党是公认的民粹主义政党，“疑欧”倾向也比较明显，在处理与欧盟相关事务的过程中十分注重主权的让渡问题和本国的实际受益情况。波兰方面最担忧的是因为法治问题而影响欧盟相关预算的制订和拨付。但这种担忧很难阻碍波兰司法改革的进程，在 2019 年议会选举的宣传书中，法律与公正党依旧把司法改革作为其 2020 年的重点项目，由此可见，欧盟与波兰对此议题的争端短时间内难以得到解决。波兰也许会较长一段时间处在“矛盾”之中，一方面依赖于欧盟的资金补助并自豪于欧盟国家的身份认同，另一方面希望保持本国的特色，不想完全按照欧盟的规划进行自我发展。

（三）与俄罗斯的关系

波兰与俄罗斯的关系一直以来都很敏感，尤其是在克里米亚危机之后，波兰对俄罗斯的恐惧和防范更加明显，然而双方在经济、能源、地缘政治方面却有着千丝万缕的联系。2019 年，波兰对俄罗斯的态度依然还是以“反对”为主。

第一，经济方面。虽然欧盟依旧维持着对俄罗斯的经济制裁，但俄罗斯依旧是波兰第三大进口来源国，主要是因为波兰无法摆脱对俄罗斯能源类商品的需求，如煤炭等。这也是许多欧洲国家的共同问题，很难找到可以替代俄罗斯的能源进口国。

第二，能源方面。波兰极力反对“北溪 2 号”项目的建设，该项目旨在铺设一条由俄罗斯经波罗的海海底到德国的天然气管道，可以绕过乌克兰把俄罗斯天然气输送到德国，再通过德国干线管道输送到其他欧洲国家。项目原计划于2019年建成（至本文完稿时接近完成，已停止建设），建成后俄罗斯每年预计可向德国输送天然气550亿立方米，可满足欧洲10%的天然气需求。波兰总统认为这是对欧洲能源安全的威胁。

第三，安全方面。北约在2019年举行了“波罗的海行动－2019”演习，演习地涵盖了波兰。虽然北约对外声称这场演习不针对任何国家，但从北约同年在俄罗斯领土周边举行的其他几场军演可以看出，演习行动剑指俄罗斯，尤其是俄罗斯还在波罗的海拥有加里宁格勒这块飞地，这是俄罗斯最重要的出海口之一。波罗的海周边国家的位置十分敏感，波兰一直被美国视为北约对抗俄罗斯的东部阵地，在安全方面波兰依旧依赖美国，防范俄罗斯。

（四）其他重要关系

除了与美国、欧盟和俄罗斯三大政治体的关系外，波兰也很重视区域组织。除了传统的维谢格拉德四国集团外，2019年波兰还继续积极推动三海倡议。

三海倡议是2015年波兰和克罗地亚提出的概念，旨在搭建波罗的海、黑海和亚得里亚海国家的对话平台，在能源、运输、数字化等领域进行合作。波兰一直是该倡议的积极推动者之一。2019年，波兰国家发展银行与罗马尼亚进出口银行签署了《创立三海倡议投资基金案》,[①] 进一步推进三海倡议。欧盟也改变了之前的态度，对该倡议表现出兴趣。从以上方面来看，三海倡议还将在波兰的外交领域扮演重要角色。

四 社会与文化

（一）重要社会政策

2019年，波兰在社会领域推行或继续实行了几个比较重要的政策，在

① 经济300网， http：//300gospodarka. pl/explainer/2019/08/01/fundusz － inwestycyjny － inicjatywy－trojmorza－czym－jest－nowa－inicjatywa－bgk－explainer/，检索日期：2020年4月21日。

缓解社会矛盾、提高生育率、吸引年轻劳动力回流等方面取得一定效果。

1. “家庭500 +”计划（Rodzina 500 plus）

该计划正式实施于2016年4月1日，给予家庭第二个及以上的孩子每人每月500兹罗提（约合117欧元）补贴，人均收入低于800兹罗提家庭的第一个孩子或人均收入低于1200兹罗提家庭的第一个残疾孩子也可以得到补助。自2019年7月1日起，法律与公正党对该计划进行了关键性修改，其中一项重要修改是取消收入和二孩门槛，所有家庭不论收入水平如何，不管是第几个孩子，18岁以下的孩子均可以得到补助。这意味着该计划会覆盖波兰约680万名18岁以下的人口。这项措施对提高生育率、增加家庭收入、促进社会消费等有重要意义。这也是执政党法律与公正党最重视、最推崇的一项举措，这项措施也为该党赢得了较为稳固的民意基础。

2. 教育制度改革

2019年4月，波兰教育系统出现大规模罢工潮，执政党2017年实施的名为“好学校”的新举措，导致教育改革成本大幅上升，最后造成教师薪资过低、工作时间过长、教育设施太差等。其中薪资问题广受关注，虽然波兰教师工资比2018年有所提高，但依旧较低。2019年初级教师的月工资为3000兹罗提（约合705欧元），资深教师约5600兹罗提（约合1317欧元）。根据波兰国家统计局数据，2019年12月波兰的平均工资为5604兹罗提，这显然无法给予教育工作者应有的体面。教师对现行教育制度的不满早在几年前就显现端倪，只是2019年这场大规模的罢工将其推向高潮。法律与公正党一直在试图解决这个问题，继2018年底将教育者薪资提升了5.35%之后，2019年1月提升了5%，9月又提升了9.6%，同时加大了对地方政府的教育补贴。截至2019年12月，对地方政府的教育补贴达到460亿兹罗提，较4年前增长了16%。[①] 对于教育工作者来说，即使这样的变化依然远远不够，波兰的教育改革仍须做出更多的调整。

---

① 法律与公正党官网，http：//pis. org. pl/aktualnosci/program - prawa - i - sprawiedliwosci，检索日期：2020年4月21日。

3. 提高养老金和退休工资

养老金问题是世界性难题之一。2019 年 1 月，波兰公布了新的养老金解决方案——劳动者资本计划（Pracownicze Plany Kapitałowe），7 月 1 日正式开始推行。该方案针对 18 ~ 55 岁的雇员，可以自愿参与，在退休之前缴纳退休金，可根据自己的需求提前取出，不一定要等到退休之后。养老金有三个来源：雇员本人每月缴纳工资的2% ~4%，雇主缴纳雇员工资的1.5% ~ 4%，国家每年给每人补贴 240 兹罗提（约合 53 欧元）。这既是存储养老金，也是一种长期存款。此外，法律与公正党还承诺要为退休者发放双倍的第十三个月退休金。这些措施都是 2019 年推行的新政策，政府希望可以达到增加家庭收入、保障老年人生活的目的，但具体能收到多少效果，还有待观察。

4. 对年轻就业者免征个人所得税

2019 年 8 月 1 日，波兰新的《个人所得税法》修正案正式生效，其中最引人关注的变化是对 26 岁以下且年收入低于 85528 兹罗提（约合 20022 欧元）的年轻人免征 18% 的个人所得税。根据波兰国家统计局数据，2019 年 12 月波兰的平均工资为 5604 兹罗提（约合 1311 欧元），按此数据估算，波兰人均年收入约为 67000 兹罗提（约合 15677 欧元），这个数字远远低于修正案里规定的高线。这意味着，刚工作的年轻人几乎可以全部免缴个人所得税，这项优惠可以覆盖约 200 万名 26 岁以下的年轻人。波兰是欧洲劳动力输出大国，在英国脱欧的大背景下，如果可以借此政策达到吸引年轻人回国工作和改善年轻人生活的目的，对波兰来说将大有裨益。

（二）标志性文化事件

2019 年 10 月 10 日，波兰作家奥尔加·托卡尔丘克（Olga Tokarczuk）荣获 2018 年度诺贝尔文学奖。这是继亨利克·显克维奇（Henryk Sienkiewicz）、瓦迪斯瓦夫·斯坦尼斯瓦夫·雷蒙特（Władysław Stanisław Reymont）、切斯瓦夫·米沃什（Czesław Miłosz）和维斯瓦拉·辛波斯卡（Wisława Szymborska）之后第五位获得诺贝尔文学奖的波兰作家，距上一次波兰作家获得该奖已经过去了23年。诺贝尔委员会给出的获奖理由是，“她用百科全书式的热情来表达作为一种生活形式的、跨越边界的叙事想象力”。[①] 奥尔加·托卡尔丘克是波兰国内公认的著名商业作家，曾获波兰图书出版协会奖、科希谢尔斯基基金会奖、斯德哥尔摩文化之家和城市剧院国际文学奖、尼克文学奖、尼克读者奖、法国儒尔·巴泰庸法语译本最佳图书奖等。[②]

五　与中国的关系

2019年是中国和波兰建交70周年，虽然在年初经历了一些波折，但总体来讲，两国关系在这一年中还是平稳发展的。

（1）政治方面。中波在政治互信的基础上进行了正常的政治互动。2019年7月8日，中波政府间合作委员会第二次全体会议在华沙举行。7月9日，波兰总统杜达会见了到访的中国国务委员兼外长王毅。中波双方也在“一带一路”倡议和中国—中东欧国家合作等框架下进行了各种活动。

（2）安全方面。2019年，几乎全球的目光都聚焦在与中国相关的网络安全问题上，在此问题上，波兰倒向了美国一方。中国的5G技术发展引发了美国一连串的过激反应，拉拢其他国家拒绝使用中国5G技术成为美国的策略之一。波兰因安全方面完全依赖美国，所以紧跟美国脚步，很难独立做出自己的选择。1月，波兰方面以“涉嫌从事间谍行为”为由逮捕了一名华为公司的中国员工；9月，波兰与美国签署了5G合作协议。这对中波5G合作是一种威胁，但又无可奈何。至于最后波兰到底会如何选择，还需要在未来观察其实际行动。

（3）经济方面。2019年，中国已成为仅次于德国的波兰第二大进口来

① 中国新闻网，https：//3w. huanqiu. com/a/a4d1ef/9CaKrnKndYI? agt = 56，检索日期：2020年4月21日。

② 波兰政府官网，https：//www. gov. pl/web/zhongguo/olga - tokarczuk - receives - the - nobel - prize - in - literature，检索日期：2020年4月21日。

源国。波兰对中国贸易逆差约合 199.2 亿美元。为解决与各国的贸易逆差问题，中国于 2018 年举办了首届中国国际进口博览会，为各国在中国销售商品、融入中国市场提供平台。有 32 家波兰企业参加了 2019 年第二届中国国际进口博览会，涵盖珠宝、化妆品、健康食品、医疗设备、重型机械领域的生产商和旅行社。除了贸易合作，项目合作也是中波经济合作的重要方式，2019 年，中国平高集团有限公司承接波兰科杰尼采变电站扩建及改造项目；中国电建市政公司承接波兰 S14 罗兹西部绕城快速路设计与施工项目，该项目是中国企业 10 年来首次在波兰获签的公路建设项目。

（4）人文方面。围绕庆祝中波建交 70 周年，中波两国举行了许多人文交流活动，如中国驻波兰大使馆与河南省漯河市艺术团在华沙联合举办庆祝中波建交 70 周年文艺演出；中波建交 70 周年研讨会在波兰首都华沙举行；中华人民共和国外交部与中国人民对外友好协会在北京共同举办中国与中东欧七国建交 70 周年招待会；华沙大学、华沙社会人文大学和雅盖隆大学在华沙大学校园内举办主题为“波中关系 70 年：战略伙伴的重要性”研讨会；等等。

除此之外，中波两国在旅游、教育等领域的交流也令人欣慰。根据波兰国家统计局数据，2019 年 1～11 月，中国赴波兰旅游人数达到 142417 人次，过夜天数达到 135512 晚，中国赴波兰旅游人数连续三年超过 14 万人次。[①] 2019 年波兰旅游局与腾讯视频合作推出一档青春探险真人秀节目《横冲直撞 20 岁》，大大提升了波兰南部的塔特拉山和扎科帕内的知名度。教育领域，根据中国教育部高等教育司官网数据，2019 年中国有 6 家高校增设了波兰语课程，至此全国共有 18 家高校开设了波兰语课程。

---

① 数据来源：波兰国家统计局，https：//stat. gov. pl/podstawowe - dane/，检索日期：2020 年 11 月 26 日。

B.13
黑　山

洪羽青*

摘　要： 2019年，一场由“信封事件”引发的对执政党贪腐行为的怀疑演变为剧烈的抗议活动，游行示威活动持续数月。执政党社会主义者民主党在新建自治市图兹的地方选举中失利。在年底举行的执政党党内选举中，米洛·久卡诺维奇继续当选为该党领袖。2019年，黑山经济发展较2018年有所放缓，通货膨胀率大幅下降，巨大的公共债务依然是其经济发展的痛点。在外交领域，黑山的欧洲一体化进程继续成为其外交重点，同时黑山积极参与同西巴尔干国家的合作，但也有冲突发生。2019年，黑山与中国的关系处于历史最高水平，各领域往来密切。

关键词： 黑山　米洛·久卡诺维奇　欧洲一体化　中国－黑山关系

一　国内政治形势

（一）反对久卡诺维奇的抗议活动爆发

2019年2月，反对米洛·久卡诺维奇执政的抗议活动在黑山首都波德

* 洪羽青，南开大学历史学院博士生，北京外国语大学欧洲语言文化学院中东欧研究中心实习研究员，主要研究方向为巴尔干中古史、南部斯拉夫文学。

戈里察爆发。黑山部分知识分子、学者、非政府组织活动家、新闻工作者及公众人物，如演员斯拉维萨·格鲁比萨（Slavisa Grubisa），大力支持此次“反抗吧！”活动（#Odupri se！）。此次活动也得到黑山反对党的支持。抗议者要求结束久卡诺维奇总统长达三十年的统治，要求检察长伊维察·斯坦科维奇（Ivica Stanković）和首席特别检察官米利沃耶·卡特尼奇（Milivoje Katnić）辞职。他们以久卡诺维奇政府腐败以及由此导致的人民贫穷与人权、自由为由对久卡诺维奇政府提出指控，还指责检察官无视证据、不起诉久卡诺维奇腐败活动的渎职行为。

此次抗议爆发的导火索是2019年1月中旬开始流传于网络的一个视频。1月中旬，2016年的一个视频在社交媒体上流传开来，黑山阿特拉斯集团（Atlas Group）董事长杜什科·克奈热维奇（Duško Knežević）似乎将一个信封交给了时任波德戈里察市长斯拉沃柳布·斯蒂耶波维奇（Slavoljub Stijepović）。据克奈热维奇称，信封里装有10万欧元，用于资助其竞选活动。

正因被指控洗钱而流亡于伦敦的克奈热维奇发布声明称，在过去的25年中，他一直向总统久卡诺维奇的社会主义者民主党（简称社民党）提供竞选资金。对此社民党和久卡诺维奇本人表示否认，坚称对党的所有捐款都记录在党的财务记录中。

与此同时，支持抗议活动的反对党和“反抗吧！”活动组织方与克奈热维奇开始出现分歧，抗议活动甚至一度中断。随后克奈热维奇于2019年4月发起了“直到自由”（Do slobode）运动并宣布成立政党。

黑山独立报纸《新闻报》（*Vijesti*）于3月16日发表了一篇对克奈热维奇的专访，标题为《久卡诺维奇，我和一袋钱》（Đukanović，ja i torba sa parama）。随后久卡诺维奇对《新闻报》和克奈热维奇提出诉讼，要求两方各赔偿5万欧元。

2019年1月中旬信封贿赂视频流传开后，黑山反腐局遂展开调查。调查显示社民党并未如自己所声称的那样在财务报告中提及该笔捐赠。在非政府组织和反对党的坚持下，黑山反腐局终于在12月初发布了有关执政党收受非法捐赠款项的裁决——对社民党处以2万欧元的罚款，并责令其向国家财政支付47500欧元。

但这一事件并未结束，直至2020年4月，克奈热维奇组织发起的“直到自由”运动方仍在社交网络上要求公开公正裁决，要求久卡诺维奇下台。

（二）执政党在地方选举中失利

图兹（Tuzi）自治市位于黑山东南部，与阿尔巴尼亚相邻。根据2011年的人口普查结果，图兹68.5%的人口为阿尔巴尼亚族。图兹曾是南斯拉夫联邦中独立的自治市，但在1957年失去自治地位，成为波德戈里察的下属市。经过当地阿尔巴尼亚族长期游说，图兹于2018年9月1日恢复了自治市地位。

2019年3月，在图兹重获自治市地位后的首次地方选举中，阿尔巴尼亚族政党——阿尔巴尼亚人论坛联盟（Koalicija “Albanski forum”）[①] 赢得32个席位中的16个席位，而执政党及其长期盟友波什尼亚克党共获得15个席位，反对党民主黑山党（Demokratska Crna Gora）则获得1个席位。阿尔巴尼亚人论坛联盟与民主黑山党结盟，获得了市议会的多数席位。阿尔巴尼亚族的尼克·格洛沙伊（Nik Gjeloshaj）当选为图兹首任市长。图兹位于黑山首都波德戈里察通向阿尔巴尼亚的主要干道上。在2018年图兹恢复自治市地位前，执政党一直是波德戈里察的多数派，占据主要席位，把持着图兹地方政局。2019年3月，执政党未能在图兹地方选举中拿下多数席位，意味着图兹自2006年以来第一次脱离执政党的掌控。

（三）社民党代表大会

2019年11月30日，黑山执政党社民党举行党派代表大会，重新选举久卡诺维奇担任党的领导人，他将成为该党下一届主席的唯一候选人。久卡诺维奇已连续六次担任社民党主席，同时还继续担任该国总统。自1991年

① 由“阿尔巴尼亚人的选择”（Albanska alternativa）、“阿尔巴尼亚人民主协会”（Demokratski savez Albanaca）、“阿尔巴尼亚人民主联盟”（Demokratska unija Albanaca）联合而成。

以来，他已连续八次担任总统或总理。

久卡诺维奇继续当选社民党主席说明他不仅无意放弃对社民党的控制，反而打算加强控制。在过去的30年中，久卡诺维奇一直是黑山政坛头号人物，被称为“民族之父”。

二　经济发展状况

（一）宏观经济形势

根据黑山政府公布的最终数据，2019年黑山不变价GDP为48.52亿欧元，现价GDP为49.51亿欧元；2018年不变价GDP为45.17亿欧元，现价GDP为46.63亿欧元。2019年黑山实际GDP增长率为4.1%，名义GDP增长率则为6.1%。2019年，黑山人均国内生产总值为7960欧元，2018年为7495欧元，同比上涨2.6%。

由于大型基础设施项目（包括风能项目和通往意大利的电缆项目）的完工，投资放缓，2019年黑山经济增长主要由国内消费和出口驱动，投资驱动力较小。此外，黑山经济发展在很大程度上仍然受限于其营商环境：政府腐败问题频受质疑，有组织犯罪频发，法律制度不完善，土地登记制度不健全，行政程序冗长等。2019年，黑山营商环境居世界第50位，在东南欧地区排名第3。①

（二）货币金融

得益于自愿性金融重组的立法，黑山的不良贷款占比持续下降，从2016年末占总贷款的11.5%下降到2019年9月末的4.7%。此外，2019年黑山信贷扩张。2019年第三季度末同比增长11.9%。

---

① 世界银行，https：//chinese.doingbusiness.org/zh/rankings?region=europe-and-central-asia，检索日期：2020年3月7日。

（三）财政税收

公共债务的增长是近年来黑山经济的一个痛点。根据黑山财政部公布的数据，2019 年前三个季度黑山一般公共债务分别为 31.79 亿欧元、31.34 亿欧元、31.28 亿欧元，分别占 GDP 的 66.00%、65.05%、64.93%，呈略微下降趋势。

得益于推行数年的财政整顿方案，2019 年，黑山政府预算赤字继续缩小。尽管 2019 年预算增加了资本支出和公共部门工资支出，但全年预算赤字依然缩小至占 GDP 的 3%（2018 年为 3.6%）。由于收入增加和资本支出严重不足，2019 年上半年一般预算赤字占 GDP 的比重从 2018 年同期的 4% 急剧缩小至 0.8%。根据黑山政府公布的数据，2019 年 1 月至 11 月，政府收入为 16.42 亿欧元，相较于 2019 年的政府预算增加了 130 万欧元（提高了 0.1%），同比增长 5.2%。2019 年 1 月至 11 月，黑山政府支出为 17.53 亿欧元，与预算相比减少了 0.76 亿欧元（下降 4.2%），与上年同期相比增加了 24.7%。根据黑山政府出台的 2020 年预算草案，预期赤字将持续。

（四）通货膨胀

2019 年，由于油价均价降低以及受 2018 年增值税和消费税税率上调的影响，通货膨胀已急剧放缓，甚至在 2019 年 6 月至 9 月出现了通货紧缩的状况。根据黑山统计局公布的最终数据，2019 年黑山的通货膨胀率为 2.0%。[①]

（五）汇率与国际收支平衡

由于黑山采用欧元作为法定货币，因此，受欧元兑美元汇率下跌的影响，2019 年，黑山经常账户赤字达 7.44 亿欧元，同比减少 6%。[②]

---

① 黑山统计局，http://www.monstat.org，检索日期：2020 年 11 月 29 日。

② 黑山中央银行，https://www.cbcg.me，检索日期：2020 年 4 月 7 日。

（六）对外贸易

2019 年，黑山贸易总额为 30.15 亿欧元，其中出口额为 4.15 亿欧元，进口额为 26.00 亿欧元，贸易逆差为 21.85 亿欧元。贸易总额同比上升 2%，出口额与进口额同比都略有增加，贸易逆差也稍有扩大。

与黑山贸易往来最多的地区是欧洲，2019 年黑山从欧洲其他国家进口 21.96 亿欧元商品，占黑山进口总额的 84.5%，贸易逆差为 18.05 亿欧元；其中和欧盟国家的贸易逆差则达到 10.94 亿欧元，与中欧自由贸易区（CEFTA）的贸易逆差达到 5.57 亿欧元。

2019 年，与黑山贸易往来居前四位的国家为塞尔维亚、德国、意大利、希腊。①

（七）外国直接投资

根据黑山中央银行的初步数据，2019 年黑山外国直接投资总额为 7.70 亿欧元，相较于 2018 年有所回落，外国直接投资的总流入同比下降了 11%。② 不过黑山依然是东南欧地区较为热门的投资目的地。

2019 年，黑山的最大投资来源国是俄罗斯，来自俄罗斯的直接投资为 0.70 亿欧元；第二大投资国为匈牙利，投资额为 0.54 亿欧元；居第三位的是阿联酋，投资额为 0.49 亿欧元。③

三　外交与安全

（一）与欧盟的关系

加入欧盟是黑山外交政策的重中之重。2019 年，黑山继续努力加入欧

① 黑山国家统计局，http：//www.monstat.org/cg/，检索日期：2020 年 4 月 7 日。

② 黑山中央银行，https：//www.cbcg.me，检索日期：2020 年 4 月 7 日。

③ 黑山中央银行，https：//www.cbcg.me，检索日期：2020 年 4 月 7 日。

盟。根据入盟谈判各章节的目标，黑山开展了各项改革和活动。

黑山的入盟进展在西巴尔干各国中处于领先地位。它于 2012 年开启入盟谈判，入盟为黑山战略性政策的重中之重。但是，2019 年西巴尔干地区国家加入欧洲一体化的进程放缓，黑山也不例外。黑山原计划在 2019 年开启最后一章（第 8 章）的谈判，但 12 月初欧盟委员会决定推迟第 8 章谈判的开启。

原因在于法国总统马克龙反对欧盟东扩，并建议放缓欧盟扩大进程。尽管欧盟原则上还是希望进一步接纳西巴尔干国家入盟，但由于欧盟内部存在分歧，东扩政策仍不明晰。2019 年 10 月，欧盟理事会决定推迟与北马其顿和阿尔巴尼亚的入盟谈判，黑山对此极为失望。黑山总统认为，这样的决定可能“不但对西巴尔干地区，而且对欧洲联盟都会产生非常不利的影响”。[①]

欧洲议会选举结果是影响欧洲一体化进程的重要因素。欧洲议会 11 月 27 日投票通过了以冯德莱恩（Von der Leyen）为主席的新一届欧盟委员会委员名单。她在 2019 年 11 月 27 日表示，欧盟依旧对西巴尔干国家入盟保持开放姿态。

此外，法国还递交了一份旨在改革欧盟整体扩大政策的“非正式文件”。这一份涉及西巴尔干地区政策的“非正式文件”为欧盟东扩提供了一种新的思路。

“非正式文件”敦促黑山加快目前的改革步伐，特别是第 23 章和第 24 章内容，即法治部分。黑山共和国首席谈判代表阿莱克桑达尔·德勒列维奇（Aleksandar Drljević）表示：“扩大政策再次出现在欧共体和欧洲议会的优先事项清单上。因此，我认为，新方法可以为我们所有人带来额外的动力。”[②]

① Vojin Golubović，《黑山入盟是否危在旦夕?》，中国—中东欧研究院，2020 年 3 月 12 日。

② 欧洲西巴尔干网，https：//europeanwesternbalkans. com/2020/02/28/montenegros - chief - eu - negotiator - the - new - accession - methodology - is - an - incentive - to - intensify - reforms/，检索日期：2020 年 4 月 6 日。

（二）与西巴尔干国家的关系

黑山与西巴尔干地区国家的关系也是其外交关系的重点。

1. 积极参与西巴尔干峰会

2019 年 7 月初，西巴尔干峰会在波兰波兹南举办。西巴尔干峰会是“柏林进程”的一部分，致力于为西巴尔干国家提供良好的意见交换平台，加强西巴尔干国家的相互合作和更紧密的联系，推动整个区域发展。峰会期间共举办了 5 场活动，包括智库论坛、商业论坛、市民社会论坛、部长级会议和领导人峰会。黑山代表团由黑山总理马尔科维奇（Marković）率领。会议的主题除了欧洲一体化外，经济议题和安全问题也是讨论的重点。

2. 参加东南欧合作进程年度会议

在西巴尔干峰会结束几天后，黑山总统代表黑山参加在波黑首都萨拉热窝举行的东南欧合作进程（SEECP）年度会议。此进程致力于加强东南欧国家之间的联系，同时为欧洲一体化和欧洲—大西洋一体化做出贡献。会议期间，除了与其他东南欧国家共同商讨欧洲一体化事务外，黑山总统还会见了北马其顿总统，商讨两国之间的经济合作问题。多年来，黑山与北马其顿一直保持着较为良好的合作关系。此次会议最后达成共识：增强西巴尔干国家之间的合作和凝聚力是未来发展的重要部分。黑山表示愿意建立睦邻友好关系，并坚决实施融入欧洲一体化的政策。

3. 拒绝加入“迷你申根”协议

2019 年 10 月，欧盟理事会决定推迟与北马其顿和阿尔巴尼亚的入盟谈判，塞尔维亚总理立即与北马其顿总理、阿尔巴尼亚总理签署了一项关于建立所谓“迷你申根区”的宣言，同时邀请其他西巴尔干国家加入，力图打造西巴尔干“自由区”——能够实现人员和货物自由流通的经济空间。但是，黑山在此前已经开放了边境，早已具备了此协议所倡导的人员、资本和货物自由流通的条件，而此倡议对黑山的对外贸易来说可能有弊无利。因此，黑山于 2019 年 11 月拒绝加入“迷你申根”协议。

4.《宗教自由法案》引发塞黑关系紧张

2019 年 5 月，黑山政府通过《宗教自由法案》，在征求欧洲委员会威尼斯委员会的相关意见后，2019 年 12 月 27 日，黑山议会通过《宗教自由法案》的最新版本。其中规定，所有在 1918 年之前失去独立，并入塞尔维亚人－克罗地亚人－斯洛文尼亚人王国，且后来没有完全划分给某些宗教团体的黑山宗教场所都属于国有财产。[①] 同时政府宣布，如果一个宗教团体有证据表明其根据现行法规是相应财产的所有者，则国家承认并尊重其财产；若无此类证据，则该财产将作为国家和公民的文化遗产被注册为国有财产。[②]

该法案遭到塞尔维亚东正教会的强烈持续反对。塞尔维亚有关方面认为：首先，塞尔维亚东正教会在黑山的宗教财产非常巨大。黑山大多数教堂、修道院以及教会土地都属于塞尔维亚东正教会的合法财产，因此这一法案必然涉及塞尔维亚的利益。其次，按照《教会法》的规定，黑山东正教会于 1919 年并入塞尔维亚东正教会，黑山的东正教事务归塞尔维亚东正教黑山沿海教区管辖。[③] 最后，时至今日，黑山东正教会的独立地位并没有获得君士坦丁堡牧首的承认，黑山依然属于塞尔维亚东正教会的教区范围。

为阻止该法案通过，2019 年塞尔维亚牧首伊利内（Irinej）数次前往黑山，对其信众发表讲话，引导其支持者同亲塞尔维亚的反对派一道强烈抗议，并进行了数次抗议游行；而亲塞尔维亚的主要反对派民主阵线议员甚至大闹议会，朝着话筒大喊“做好准备为教会赴死”，阻止投票。黑山政府毫不示弱，在拘捕了扰乱投票现场的 22 人（包括 18 名民主阵线议员）后，

① 2006 年黑山独立之前，黑山东正教会势力薄弱，塞尔维亚和黑山境内的宗教事务主要由塞尔维亚东正教会管辖。2006 年黑山独立后，民族主义浪潮高涨，黑山东正教会逐渐壮大，要求更多的权力以及更多的宗教遗产，如教堂、修道院遗址以及修道院所保留的经文、手稿等。

② 自由欧洲，https：//www. slobodnaevropa. org/a/29945931. html，检索日期：2019 年 12 月 17 日。

③ 塞尔维亚东正教会建立于公元 9 世纪，历史上在南部斯拉夫民族地区有着非常重要的影响。1919 年，随着塞尔维亚人－克罗地亚人－斯洛文尼亚人王国建立，塞尔维亚东正教会与波斯尼亚黑塞哥维那、黑山、克拉列沃、达尔马提亚等地的独立教会联合组成统一的塞尔维亚东正教会。

黑山议会于2019年12月27日通过了新的宗教法——《宗教自由法案》。该法案得到执政党社民党，以及阿尔巴尼亚族、波什尼亚克族和克族等少数民族党派和一个反对党——社会民主党的支持。新的宗教法案的通过引起塞尔维亚方面的强烈不满，塞黑关系变得紧张。

四　与中国的关系

2019年，中黑两国政治互信加深，地方联系紧密。2019年4月，黑山参加在杜布罗夫尼克举行的“16+1”峰会。2019年9月底，中国驻黑山大使刘晋在波德戈里察举行的“中华人民共和国成立70周年”庆典上指出，目前黑山与中国的关系处于历史最好时期。

2019年，中黑两国经济合作深化，基建项目进展顺利。2013~2019年，中国始终是黑山的主要进口来源国之一。2019年中黑贸易总额为2.39亿欧元。[①] 此外，中黑两国旅游合作效益显著。在2018~2019年入黑并过夜停留的外国游客中，中国游客数量占比仅次于欧洲国家，维持在2%左右。[②] 基础设施建设方面，2019年5月22日，黑山南北高速公路[③]项目马泰舍沃隧道（19号隧道）左右洞顺利贯通。莫茹拉（Možura）风电站项目于2017年11月开工，2018年4月投入试运营，2019年完工并正式投入运营。

2019年，中黑两国人文领域交流密切，科教方面的合作与交流进展尤其显著。2019年9月，中国科学院院长白春礼率团访问黑山，中国科学院同黑山科学与艺术院签署了两院科技合作协议。中黑两国政府积极商签《中华人民共和国教育部与黑山教育部关于相互承认高等教育学历学位的协议》及《中华人民共和国教育部与黑山教育部2019~2022年教育合作协议》。[④]

---

① 黑山国家统计局，http://www.monstat.org/cg/，检索日期：2020年4月7日。

② 黑山国家统计局，http://www.monstat.org/cg/，检索日期：2020年3月8日。

③ 黑山南北高速公路，又名巴尔—博利亚雷高速（Bar-Boljare）公路，是黑山首条高速公路，该公路连接黑山南部城市巴尔港与北部城市博利亚雷。

④ 中华人民共和国外交部驻黑山大使馆，https://www.fmprc.gov.cn/web/wjdt_674879/zwbd_674895/t1668071.shtml，检索日期：2019年10月18日。

B.14
捷　克

翟东钰　覃方杏*

摘　要： 2019年，捷克政坛经历了政府危机、政治丑闻，但执政联盟的支持率保持总体稳定。经济平稳发展，政府出台政策促进创新，支持交通、工业、核能领域的发展。捷克与欧盟虽然在移民、环保法律等方面有所分歧，但总体与欧盟态度一致。在外交与国际问题上，捷克通过欧盟、北约、维谢格拉德四国集团等机制发挥作用。在“天鹅绒革命”30周年庆典之际，捷克民众举行大规模反政府游行。2019年，中捷两国高层互动频繁，双边经贸合作不断深化，文化教科领域交流频繁，但捷政府和民间的一些出格行为，使中捷关系蒙上一层阴影。

关键词： 捷克　欧盟　中捷关系

一　国内政治形势

（一）总理巴比什身陷政治风波，但党派支持率相对稳定

捷克总理安德烈·巴比什（Andrej Babiš）从政前为捷克第二大富豪，

* 翟东钰，伦敦大学学院（UCL）与布拉格查理大学联合培养在读硕士研究生，主要研究方向为中东欧地缘政治、安全化理论、中国与维谢格拉德四国集团双边关系等，本文实际撰稿人；覃方杏，北京外国语大学欧洲语言文化学院捷克语教师，研究方向为捷克政治、中捷关系，在本文的写作思路、文章构架等方面提供了帮助和指导。

为爱格富集团（Agrofert）的创始人。该集团拥有约 250 家公司，业务涉及化工、农业、食品、金融、媒体等领域，并且接受来自欧盟的财政补贴。2011 年他创建并领导右翼政党“不满意公民行动 2011”（ANO2011，以下简称 ANO 党）进入政坛。在 2017 年爱格富集团旗下“鹳巢”（Čapí hnízdo）度假庄园的避税丑闻之后，巴比什已将集团的股份转移给一家遵从捷克法律的信托基金保管，但他仍然掌控该集团。反对者认为，巴比什一人涉及多方利益（包括政府、党派、私人公司等），相互之间存在冲突，并且称巴比什手中的权力过大，可能会对民主制度造成潜在威胁。反对者要求依照欧盟法律，由欧盟机构对巴比什展开调查。2019 年 6 月，欧盟委员会的审计结果表明，与巴比什有关联的各方确实存在利益冲突，并且捷克方面须向欧盟退还原先拨给爱格富集团的 4.5 亿捷克克朗的财政补贴。巴比什和捷克政府均表示不接受欧盟此项要求。与此相关的法律争端与政治风波还在持续。①

与此同时，捷克警方建议以金融诈骗罪对巴比什提起诉讼，并且以破坏欧盟经济利益为由对其进行罚款。然而，对巴比什长达四年的调查于 2019 年 9 月暂停。但由于后续的舆论压力，调查于 12 月重新启动。尽管如此，巴比什领导的 ANO 党的支持率并没有下降，仍在捷克政坛中保持相对稳定的地位。根据捷克民调中心的数据，ANO 党的支持率一直维持在 30% ~34%，在近几个月中一直为最受选民欢迎的党派。② 议会中的第二大党——捷克社会民主党（Česká Strana Sociálně Demokratická，ČSSD）的支持率在 15% 左右。

（二）总理政治风波导致政府人员变动

自 2018 年 6 月议会选举以来，总理安德烈·巴比什领导的政府由 ANO 党和ČSSD 党联合组成。其中 ANO 党任命部长 10 人，ČSSD 党任命 4 人。值

① 捷克汇率网，https：//www. kurzy. cz/zpravy/566381 – evropska – komise – prikazala – zastaveni – dotaci – pro – agrofert – vsechny – dotace – od – r – 2017 – jsou – nezakonne/，检索日期：2020 年 11 月 29 日。

② 捷克民调中心 2019 年各月数据整合，https：//cvvm. soc. cas. cz/cz/tiskove – zpravy/politicke/volby – a – strany，检索日期：2020 年 2 月 18 日。

得一提的是，在 ANO 党提名的 10 人中，除了 2 位部长和总理巴比什本人，其他人都不是 ANO 党的成员。

2019 年，总理巴比什的内阁主要经历了如下变动：2019 年 4 月，工业贸易部部长玛尔塔·诺瓦科娃（Marta Nováková）卸任，由卡雷尔·哈弗里切克（Karel Havlíček）接任。此前，诺瓦科娃因支持电信运营商的高额定价而承受了舆论压力。哈弗里切克原为捷克中小型企业与手工业联合会（Asociace malých a středních podniků a živnostníků ČR）主席。同时，哈弗里切克与阿莲娜·席勒洛娃（Alena Schillerová）被任命为副总理，接替原副总理兼环境部部长理查德·布拉贝茨（Richard Brabec）。另一变动为交通部部长丹·焦克（Dan Ťok）在反对派的舆论压力下提交辞呈，由不动产政府代表办公室（Úřad pro zastupování státu ve věcech majetkových）副主席弗拉基米尔·克莱姆里克（Vladimír Kremlík）接任。司法部部长玛利亚·布奈绍娃（Marie Benešová）由杨·克涅什奈克（Jan Knežínek）接任。布奈绍娃在就职期间，反对派多次以干预司法独立为名对其进行攻击。但自新任司法部部长上任以来，司法部及总理巴比什依旧多次被舆论推向风口浪尖。

（三）文化部部长任命争端引发政府危机

2019 年 5 月底，总统米洛什·泽曼（Miloš Zeman）不接受文化部原部长安东尼·斯塔涅克（Antonín Staněk）的辞职以及原定新任部长米哈尔·斯马尔达（Michal Smarda）的提名，因此ČSSD 党威胁将退出与 ANO 党的执政联盟，继而引发一场政府危机。8 月，政府提名了新的接替者——ČSSD 党人卢博米尔·扎奥拉莱克（Lubomír Zaorálek）。此次政府危机以更换新任部长候选人为扎奥拉莱克收场。

（四）欧洲议会选举：巴比什 ANO 党席位最多，右翼政党抬头

捷克的欧洲议会政党选举于 2019 年 5 月 24～25 日举行。此次为捷克共和国举办的第四次欧洲议会选举。数据显示，在捷克参加的四次欧洲议会选举中，民众参与度并不高，投票率均不超过 30%（见表 1）。

表 1 2004～2019 年捷克欧洲议会选举民众参与度

单位：%

年份	参与投票的选民比重
2004	28.32
2009	28.22
2014	18.20
2019	28.72

注：此表为笔者根据捷克国家统计局数据整合所得。

资料来源：捷克国家统计局，https：//www.volby.cz/pls/ep2004/ep？xjazyk＝CZ，检索日期：2020 年 2 月 17 日。

2019 年，捷克共有 40 个政党组织（包括政党和政党联盟）参与了欧洲议会选举。表 2 为此次得到席位的政党组织相较 2014 年选举的结果对比。

表 2 捷克政党在 2014 年和 2019 年欧洲议会选举中得票情况

参选党派	2019 年		2014 年	
	得票率（%）	席位（个）	得票率（%）	席位（个）
不满意公民行动 2011（ANO2011）	21.18	6	16.13	4
公民民主党（ODS）	14.54	4	7.67	2
捷克海盗党（PIRÁTI）	13.95	3	4.78	0
市长和独立人士（STAN）与传统、责任、繁荣党（TOP 09）联盟	11.65	3	15.95	4
自由和直接民主党（SPD）	9.14	2	—	—
基督教民主联盟－捷克斯洛伐克人民党（KDU－ČSL）	7.24	2	9.95	3
捷克和摩拉维亚共产党（KSČM）	6.94	1	10.98	3
捷克社会民主党（ČSSD）	3.95	0	14.17	4

注：此表为笔者根据捷克国家统计局数据整合所得。

资料来源：捷克国家统计局，https：//www.volby.cz/pls/ep2004/ep？xjazyk＝CZ，检索日期：2020 年 2 月 17 日。

在最近的两次选举中，巴比什领导的 ANO 党获得席位最多（2019 年），或与其他两党并列第一（2014 年）。2019 年，右翼政党（公民民主党）与自由党派（捷克海盗党）所获支持率较2014年有明显增加。此外，2015年新成立的民粹主义党派——自由和直接民主党（SPD）获9.14%的选票。该党的口号为公开反对欧盟政策与欧洲一体化，抵制外来移民。ČSSD党的支持率较2014年大大降低，并且未达到得票率为5%的进入欧洲议会的门槛。

（五）"天鹅绒革命"30周年之际，25万名示威者要求总理下台

2019年11月17日为捷克斯洛伐克"天鹅绒革命"30周年纪念日。"天鹅绒革命"标志着捷克与斯洛伐克两个共和国和平分手。从11月初开始，捷克各地就陆续开始举行"自由节日"主题系列纪念活动，包括举行展览、游行、集会、音乐会等。其中规模最大的活动为11月17日由捷克查理大学组织的游行活动。人群从查理大学阿尔贝托夫（Albertov）校园开始，穿过国家大道和瓦茨拉夫广场，依照30年前学生抗议游行的路线进行游行。

在30周年纪念日前夕，捷克近25万名民众聚集于布拉格的莱特纳（Letná）公园进行反政府示威，该公园在30年前的"天鹅绒革命"中曾是最大的集会场所。示威者高举标语，呼喊"可耻""辞职"等口号，要求总理巴比什下台。① 他们对身陷"利益冲突"指控的巴比什下最后通牒，要求他于12月31日前解除与其创办的爱格富公司的商业关系，或者选择下台。

二　经济发展状况

（一）宏观经济发展数据

2019年，捷克经济持续增长。根据捷克国家统计局的数据，2019年捷

① 捷克新闻网，https：//www.novinky.cz/domaci/clanek/milion-chvilek-ceka-na-letne-demonstranty-z-vice-nez-tisicovky-obci-40303735，检索日期：2020年2月20日。

克国内生产总值为 2470 亿美元，同比增长 2. 4%，其中国内家庭支出与外部需求的增加起到了重要作用。① 人均国内生产总值为 3. 88 万美元，全年货币通胀率为 2. 8%。② 就业市场方面，截至 2019 年第四季度，捷克的就业人口为 529 万，占总人口的 59. 1%，失业率为 2. 0%。③

政府收支方面，2019 年政府财政收入为 23300 亿克朗（约合 1010 亿美元），占国内生产总值的 40. 89%；政府财政支出为 23178 亿克朗（约合 1005 亿美元），占国内生产总值的 40. 68%。④ 截至 2019 年 12 月底，捷克全年进出口总额为 7. 24 万亿克朗（约合 3040 亿美元），其中进口总额为 3. 55 万亿克朗（约合 1492. 59 亿美元），出口总额为 3. 69 万亿克朗（约合 1552. 32 亿美元）。⑤

（二）经济政策：支持自主创新

2019 年 2 月，捷克政府通过了《捷克共和国 2019 ~ 2030 年创新战略》，描绘了捷克未来十年经济发展的战略框架，以及在科研、发展与创新方面的国家政策。战略文件对科学研究与开发、理工科教育、国家创业支持、数字化、创新与研发机构支持、投资、知识产权保护、基础设施建设以及市场营销 9 个重要领域进行了规划。

---

① 捷克国家统计局，https：//www. czso. cz/csu/czso/cri/predbezny - odhad - hdp - 4 - ctvrtleti - 2019，检索日期：2020 年 2 月 17 日。

② 捷克国家统计局，https：//www. czso. cz/csu/czso/mira_ inflace，检索日期：2020 年 3 月 29 日。

③ 捷克国家统计局，https：//www. czso. cz/csu/czso/zamestnanost_ nezamestnanost_ prace，检索日期：2020 年 2 月 17 日。

④ 世界银行数据库，https：//www. imf. org/external/pubs/ft/weo/2019/02/weodata/weorept. aspx? pr. x = 46&pr. y = 12&sy = 2019&ey = 2019&scsm = 1&ssd = 1&sort = country&ds = . &br = 1&c = 935&s = PCPI% 2CPCPIPCH% 2CPCPIE% 2CPCPIEPCH% 2CTM _ RPCH% 2CTMG _ RPCH% 2CTX _ RPCH% 2CTXG _ RPCH% 2CLUR% 2CLE% 2CLP% 2CGGR% 2CGGR _ NGDP% 2CGGX% 2CGGX_ NGDP&grp = 0&a = ，检索日期：2020 年 2 月 17 日。

⑤ 捷克国家统计局，https：//www. czso. cz/csu/czso/zo_ se_ zbozim_ podle_ zmeny_ vlastnictvi_ narodni_ pojeti，检索日期：2020 年 2 月 20 日。

（三）国家财政：加强在核能领域的投资

2019 年 10 月，总理巴比什表示，出于能源安全考虑，捷克将必须发展和扩建核电站，即使如此会违背欧盟的相关法律。① 捷克现有的两个核电站为有 4 个机组的杜科瓦尼核电站（Dukovany）和有 2 个机组的泰梅林核电站（Temelín），它们分别于 1985 年与 2000 年投入使用。据报道，杜科瓦尼核电站新机组将于 2029 年开始投入建设，预期 2036 年完工。

三　外交与安全

（一）与欧盟的关系：在主要议题中持保守态度

在英国脱欧与欧盟机构体系改革的背景下，捷克对欧盟的未来发展问题总体采取相对保守的态度。在英国脱欧问题上，捷克与欧盟的态度整体一致。捷克政府为在捷英国公民出台法律，保障在英国无协议脱欧情况下在捷英国公民的权利。在欧盟的庇护与移民政策的改革问题上，捷克政府仍坚持零移民的政策，拒绝接受欧盟指定分摊的难民数额，未能就此问题与欧盟达成一致。在气候变化议题上，捷克同其他中欧国家一样持保守态度。2019 年 6 月，在欧盟夏季峰会上，捷克对欧盟提交的《2050 年碳中和计划》进行商讨时投了反对票。此外，总理巴比什在商界与政界的“利益冲突”问题使捷克和欧盟的关系更加复杂。

（二）与欧洲国家的关系：在 V4 框架下深化与欧盟合作

2019 年 6 月，捷克接替斯洛伐克开始担任维谢格拉德四国（V4）集团的轮值主席国，任期至 2020 年 6 月。在斯洛伐克的任期内，V4 集团的合作

---

① 捷克广播公司，https：//www. radio. cz/cz/rubrika/zpravy/babis – cr – musi – stavet – jaderne – bloky – i – kdyby – porusila – pravo – eu，检索日期：2020 年 2 月 19 日。

重点为加强与欧洲各国的外交关系，这与捷克外交利益较为相符。捷克在任期内计划延续上一届的目标，加强 V4 集团国家与欧盟和北约的合作。主要的政治口号包括以下三点。第一，“理智的解决方案”。加深与欧盟市场的合作，促进欧洲一体化进程与“东部伙伴关系计划”，支持西巴尔干国家入盟，深化国家间国防合作等。第二，“革命性的科技”。促进科研、创新，支持中小型企业，发展人工智能等。第三，“促进和解调停”。主要问题包括欧盟未来的金融框架、移民庇护政策、电力系统、基础设施建设等。[①]

2019 年，匈牙利总理欧尔班（Orbán）与捷克总统泽曼相互进行了国事访问，两国关系较往年有所好转。捷克与波兰的关系在捷克加深参与三海倡议后得到进一步的加强。捷克与德国的关系平稳发展。在 9 月对塞尔维亚进行国事访问之后，捷克总统泽曼将科索沃问题引入国内的政治议程，呼吁捷克撤回对“科索沃共和国”的承认。然而这项呼吁在捷克国内并不受欢迎。[②]

（三）与俄罗斯、乌克兰的关系：谴责俄罗斯，总体支持乌克兰的立场

近年来，捷俄双边关系经历了一些冲突。由于俄罗斯在乌克兰危机中的一系列行动，捷克同欧盟其他国家从 2014 年起对俄罗斯采取经济制裁，截至 2019 年底制裁仍在进行中。2018 年捷克驱逐 3 名俄罗斯外交官，以表示对俄前间谍在英国遭毒杀事件的回应。2019 年 3 月，俄罗斯驻捷使馆将捷克政府提供给俄外交官的近 200 套公寓向公众出租，这引起了捷克政府的不满，捷克称俄罗斯驻捷使馆的这一行为违反了维也纳外交公约。[③] 11 月 26

---

① 捷克外交部，https：//www. mzv. cz/jnp/cz/zahranicni _ vztahy/cr _ v _ evrope/visegrad/predsednictvi_ ve_ v4. html，检索日期：2020 年 2 月 21 日。

② 捷克《今日报》，https：//www. idnes. cz/zpravy/zahranicni/milos – zeman – srbsko – kosovo – odvolani – uznani – samostatnosti. A190911_ 124431_ zahranicni_ kha，检索日期：2020 年 2 月 19 日。

③ 捷克广播公司，https：//www. irozhlas. cz/zpravy – domov/rusko – ambasada – pronajem – bytu – praha – 6_ 1903041139_ kro，检索日期：2020 年 2 月 19 日。

日，捷克外事警察局以非法居留为由，扣押了4名居住在俄属公寓中的外国人。①

2019年，捷克与俄罗斯加强了在投资领域的合作，继续进行对话与交流。2019年3月5日，俄罗斯工贸部部长曼图罗夫（Manturov）率代表团访问布拉格，会见捷克总统泽曼。会谈中俄方表示俄罗斯国家原子能公司（Rosatom）计划投资捷克拟扩建的两个核电厂机组，具体事宜仍在商议中。② 2019年6月19日，第二届捷克—俄罗斯对话论坛在莫斯科举行。此届论坛的主题为“俄罗斯与捷克的文化交流”，以及“在俄罗斯、前苏联的捷克人与在捷克、前捷克斯洛伐克的俄罗斯人”。参会的俄方主要人员为俄罗斯总统国际文化合作事务特别代表米哈尔·施维特科依（Mikhail Shvydkoy），捷方主要代表为布拉格国际关系研究所（IIR）所长昂德日·迪特里赫（Ondřej Ditrych）。③

在欧盟“东部伙伴关系计划”的框架下，捷克与乌克兰的双边关系总体回升。2019年1月，捷克外交部部长托马什·佩特日切克（Tomáš Petříček）访问基辅并发表讲话，对俄罗斯在乌克兰问题上的强硬态度表示谴责。④ 11月，乌克兰工贸部在基辅举办了乌克兰—捷克商业论坛。

（四）与中东、非洲的关系：以色列为主要合作伙伴，援助中东以缓解难民危机

由于地域的邻近，中东与非洲为捷克外交政策中的重要考虑因素。长期以来，捷克将以色列看作其在中东地区的主要合作伙伴。2019年，捷克与

---

① 捷克《今日报》，https://www.idnes.cz/zpravy/domaci/ruska-ambasada-cizinec-pronajem-razie-praha-6-bubenec.A191209_135803_domaci_rko，检索日期：2020年3月29日。

② 《韩国经济报》，http://www.businesskorea.co.kr/news/articleView.html?idxno=55522，检索日期：2020年11月29日。

③ 布拉格俄罗斯中心，http://rsvk.cz/cs/blog/2019/06/19/ii-rusko-ceske-diskuzni-forum-se-konalo-v-mgimo/，检索日期：2020年3月29日。

④ 捷克《今日报》，https://www.idnes.cz/zpravy/zahranicni/ukrajina-navsteva-ministr-tomas-petricek-ukrajina-pavlo-klimkin-forum.A190128_132620_zahranicni_dtt，检索日期：2020年2月19日。

以色列的双边贸易额有所增加，捷克外交部部长托马什·佩特日切克、总理巴比什，以及总统泽曼相继对以色列进行了正式访问。2019年11月，捷克总统泽曼同以色列总理内塔尼亚胡在耶路撒冷为官方设施“捷克之家”揭牌，该中心的成立旨在加强捷克与以色列在旅游、商贸以及文化交流方面的合作，并作为把捷克大使馆迁移至耶路撒冷计划的第一步。[①] 捷克这一计划明显与欧洲对以色列的主流态度不同。然而，在巴以冲突问题上，捷克同欧盟采取相同的态度，拒绝效仿美国承认以色列对于戈兰高地的主权。

出于缓解欧洲难民危机的考虑，捷克为叙利亚提供人道主义援助。捷克也是欧盟中唯一一个与阿萨德政权保持最高层外交联系的国家，在叙利亚首都大马士革设有捷克使馆。由于土耳其在叙利亚危机解决中的重要作用，2019年捷克继续支持其作为欧盟与北约的战略合作伙伴。2019年9月，捷克总理巴比什与土耳其总统埃尔多安举行会谈，商谈促进两国间商贸往来，重点磋商2010年捷克在土耳其投资失败的解决方案。

（五）跨大西洋合作关系：与美国关系重新升温

跨大西洋合作关系是捷克安全政策的基石，因此保持与欧洲北约国家以及美国的良好关系是捷克国家安全政策的重中之重。2019年3月，捷克总理巴比什受邀访美，并与美国总统特朗普举行会谈。会谈的议题包括能源安全、推迟交付美方提供捷克的12架军用直升机，以及对中国华为公司的态度等。巴比什在会谈中强调了欧盟国家对美国征收欧盟进口车辆关税的反对态度，同时不接受特朗普对欧洲进口俄罗斯天然气的批评。这次会谈标志着在6年不温不火的交往后，双边关系终于回暖。

四 社会与文化

被誉为“布拉格金嗓子”的捷克著名歌唱家卡雷尔·戈特（Karel Gott）

① 捷克广播公司，https://www.irozhlas.cz/zpravy-svet/milos-zeman-izrael-jeruzalem-cesky-dum-benjamin-netanjahu_1811271920_jgr，检索日期：2020年2月19日。

因病于 2019 年 10 月 1 日在布拉格去世，享年 80 岁。他被认为是捷克斯洛伐克时期和捷克共和国最成功的男歌手。在其演唱生涯中，42 次获得国家音乐奖“捷克夜莺”称号，因他在德语音乐界也享有盛誉，亦 3 次获得德语音乐界的“金音叉”奖。然而，对这样一位音乐巨匠是否给予国葬一度发生争议。10 月 12 日，捷克在布拉格圣维特大教堂为戈特举行了国葬，并降半旗致哀。总统泽曼和总理巴比什参加了葬礼。

五　与中国的关系

（一）两国高层互动频繁

2019 年，恰逢中捷两国建交 70 周年，两国高层互动频繁。

2019 年 4 月 11 日，国务院总理李克强在克罗地亚杜布罗夫尼克会见出席中国—中东欧国家（“17 + 1”）领导人会晤的捷克总理巴比什。4 月 26 日，捷克总统泽曼对中国进行了为期四天的访问，与习近平主席会面，并参加了在北京举行的第二届“一带一路”国际合作高峰论坛。同行的政府官员包括捷克副总理里查德 · 布拉贝茨以及捷克农业部部长、交通部部长、工贸部部长和文化部部长。捷克总统访问期间，参加了庆祝中捷建交 70 周年的庆祝仪式、商务论坛以及领导人金融合作圆桌会议等。中捷两国相关部长也进行了双边会谈，签署了多项合作协议。10 月 6 日中捷两国建交 70 周年纪念日当天，中捷两国领导人及外长互致贺电。继 2018 年捷克总统亲自参加首届中国国际进口博览会后，2019 年捷克再次派出高级别代表参会，并担任第二届进博会主宾国。

（二）2019年影响中捷关系的事件

1. 华为事件：政府高层态度不统一

2018 年 12 月 17 日，捷克国家网络信息安全局（Národní úřad pro kybernetickou a informační bezpečnost）发布了对华为公司及其软硬件产品的

“安全警示”，警告捷克160家公共及私人运营商避免使用中国电信供应商的服务，称使用华为和中兴通讯生产的包括5G服务在内的软件和硬件会带来“安全威胁”。12月18日，捷克总理巴比什以国家安全为由，要求政府工作人员停止使用华为手机，[①] 此举导致双边关系紧张。12月23日，巴比什在布拉格会见中国驻捷克大使张建敏，表示日前捷克国家网络信息安全局的警告并不代表捷克政府立场，捷克政府部门仓促决定停用华为产品是由警告的误导所致。

总统泽曼与总理巴比什持相反意见，他公开支持华为在捷克的发展。在捷克国家网络信息安全局发表对华为的“安全警示”后，泽曼在国内公开表示，华为事件为中美贸易摩擦在捷克的体现。[②] 2019年4月访华期间，总统泽曼在北京与华为公司创始人任正非进行会谈（27日）。在“一带一路”国际合作高峰论坛上，泽曼对华为持支持立场。他表示，对于华为公司的“间谍行为”指控是没有依据的，这种未经证实的指控将对市场准入平等原则造成负面影响。[③]

2. 布拉格解除与北京的姐妹城市之约

2018年11月，捷克海盗党成员兹德涅克·贺瑞卜（Zdeněk Hřib）担任布拉格市长，中捷关系受到一定负面影响。2019年1月，贺瑞卜发表声明，计划废除与北京缔结姐妹城市的协定中第3条有关“一个中国”共识的条款。[④] 10月，布拉格举行市政会议，解除与北京市的姐妹城市关系。中方对此表示强烈反对，并因此取消了布拉格爱乐乐团等4个捷克表演团体在中国的演出行程。北京市政府认为两市开展交往的政治前提和基础已经不复存

---

① 捷克电视台，https://ct24.ceskatelevize.cz/domaci/2683877 – mobilu – od – huawei – se – zbavi – urad – vlady – i – ministerstvo – prumyslu，检索日期：2020年2月20日。

② 捷克《今日报》，https://www.idnes.cz/zpravy/domaci/zeman – lany – blesk – rozhovor.A190120_120833_domaci_brzy，检索日期：2020年3月29日。

③ 捷克新闻网，https://www.novinky.cz/ekonomika/clanek/zeman – se – v – pekingu – zastal – huawei – mluvil – o – nepodlozenych – obvinenich – 40281307，检索日期：2020年2月21日。

④ 捷克广播网，https://www.irozhlas.cz/zpravy – domov/zdenek – hrib – jan – cizinsky – jiri – pospisil – trojkoalice – panda – cina – tchaj – wan – politika_1901141423_och，检索日期：2020年2月21日。

在，于10月9日宣布解除与布拉格的姐妹城市关系。12月，布拉格市政厅通过与台北缔结姐妹城市关系一案，条约于2020年1月正式签署。① 消息公布后，上海市第一时间宣布立即解除与布拉格市的友好城市关系。

3. 查理大学社会科学院捷中研究中心关停

2019年11月，查理大学校长托马什·泽马（Tomáš Zima）下达指令，命令关闭查理大学社会科学院捷克—中国研究中心（Česko-Čínského Centrum Karlovy Univerzity）。据捷克媒体称，查理大学社会科学院捷克—中国研究中心的主任米洛什·巴拉班（Miloš Balaban）同另外两名社会科学院教员接受来自中国使馆的资金支持。相关的几名员工在11月被查理大学解雇。②

（三）双边经贸合作不断深化

根据中国商务部统计数据，2019年中捷贸易总额为175.95亿美元，同比增长7.9%。其中中国对捷克出口129.67亿美元，同比增长8.9%，自捷克进口46.28亿美元，同比增长5.2%。2019年中国对捷克的贸易顺差为83.39亿美元。③

5月23日，浙江（宁波）—捷克经贸科技合作交流会在布拉格举行。浙江省商务厅副厅长率商务代表团参加活动。在此次会议中，中捷双方共签订22个合作协议，涉及物流、智慧城市、能源开发、科教文化等领域，协议金额为3.8亿美元。④

6月8~12日，中国—中东欧国家博览会在宁波举办。捷克工贸部副部长马里安·皮尔哈（Marian Piecha）率代表团参加本次博览会。捷克的展品

① 捷克《人民报》，https://www.lidovky.cz/domov/praha-uzavre-sesterskou-smlouvu-s-mestem-tchaj-pej.A191202_133444_ln_domov_ele，检索日期：2020年2月21日。

② 捷克Respekt期刊，https://www.respekt.cz/politika/uk-propustila-akademiky-kteri-dostavali-penize-od-cinske-ambasady，检索日期：2020年2月22日。

③ 中国商务部欧洲司，http://ozs.mofcom.gov.cn/article/zojmgx/date/202003/20200302941074.shtml，检索日期：2020年6月23日。

④ 浙江省商务厅，http://www.zcom.gov.cn/art/2019/5/27/art_1389632_34374029.html，检索日期：2020年3月29日。

轻型飞机吸引了大量关注。其间皮尔哈会见了浙江省副省长及宁波市市长，共同商讨加强在物流和电子商务领域的合作。

10月8日，第一届“17+1民用航空商务论坛”在布拉格举办。中国和中东欧国家代表团约110人参加会议。捷克外交部副部长安妮塔·格尔梅洛娃（Anita Grmelová）、捷克交通部副部长拉迪斯拉夫·内梅克（Ladislav Němec）、中国民航局副局长崔晓峰参加论坛。[①]

（四）文化科教领域交流频繁

为纪念中捷建交70周年，2019年5月，捷克爱乐乐团在中国举行巡演。巡演于5月11日在南京正式开启。捷克前总统瓦茨拉夫·克劳斯（Václav Klaus）及捷克驻华大使佟福德出席开幕演出。巡演城市包括南京、武汉、福州、杭州、北京、郑州、珠海。

6月，“苏珊娜·罗斯奖”文学翻译比赛在北京落下帷幕。此比赛为捷克语文学翻译大赛，以已故瑞士的捷克研究专家和翻译家苏珊娜·罗斯的名字命名，在国际上每年举行一次。这次在北京首次举行的比赛由捷克外交部下属的捷克中心、捷克驻华大使馆和捷克文学中心联合举办，由捷克捷信消费金融有限公司（Home Credit）支持，旨在促进中捷文化交流。[②]

9月26日，“捷克共和国国家日暨捷中文艺沙龙”在捷克驻华使馆举行。文艺沙龙包括主题演讲、捷克文学圆桌讨论会、捷克电影戏剧分享以及捷克语教学翻译四个主题。

---

① 中捷航空工业协会，https：//sinoczech.aero/171－civil－aviation－business－forum，检索日期：2020年3月29日。

② 中新网，http：//www.chinanews.com/cul/2019/06－14/8865141.shtml，检索日期：2020年3月29日。

B.15
克罗地亚

欧阳子仪　彭裕超 *

摘　要： 政治方面，2019年克罗地亚先后举行了欧洲议会选举和总统选举，作为第一大党，普连科维奇领导的民主共同体在国内的优势有所下降；为应对各种负面评价和党内冲突，普连科维奇大幅度改组内阁，克罗地亚政局虽有波动，但整体保持稳定。经济方面，2019年克罗地亚经济总体保持增长态势，信用等级重返投资级别，距加入欧元区更进一步；不过，劳动力短缺、传统大型企业危机严重等问题比较突出。外交与安全方面，2019年克罗地亚融欧进程取得一定进展，安全与国防建设得到加强。社会方面，2019年克罗地亚社会各阶层、各领域人士罢工与抗议活动此起彼伏。中克关系方面，2019年两国双边关系持续升温，官方交往日益密切，经济合作成果可喜，人文交流丰富多彩，中克双边关系已进入“钻石”发展时期。

关键词： 克罗地亚　欧洲议会选举　总统选举　中克关系

一　国内政治形势

2019年是安德烈·普连科维奇（Andrej Plenković）政府执政的第三年，

* 欧阳子仪，北京外国语大学欧洲语言文化学院克罗地亚语专业毕业生，负责本文的主要撰写工作。彭裕超，北京外国语大学欧洲语言文化学院讲师，主要研究领域为克罗地亚语、塞尔维亚语语言文学、中国—中东欧国家文化关系史，负责本文的统稿。

这一年，克罗地亚政局虽有波动，但相对稳定。为应对各种负面评价，缓解党内冲突，普连科维奇大幅度改组内阁，赢得党内和平。2019 年，克罗地亚先后举行了欧洲议会选举和总统选举，最大反对党社会民主党（克语缩写：SDP）总统候选人佐兰·米拉诺维奇（Zoran Milanović）当选克罗地亚新任总统。作为第一大党，普连科维奇领导的民主共同体（克语缩写：HDZ）在国内优势有所下降。

（一）欧洲议会选举，民主共同体选举结果低于预期

作为欧盟最年轻的成员国之一，克罗地亚于 2019 年 5 月第三次举行欧洲议会选举。克罗地亚在欧洲议会有 12 个议席，在选举出的 12 位议员中，4 位来自执政党、中右翼政党民主共同体，4 位来自最大反对党、中左翼政党社会民主党，右翼政党联盟克罗地亚主权、反建制民粹主义政党人墙党、中左翼自由派政党联盟阿姆斯特丹联盟分别赢得一席，独立候选人民粹主义者米斯拉夫·科拉库西奇（Mislav Kolakušić）也获得一席。

民主共同体在本次克罗地亚欧洲议会选举中赢得 22.72% 的选票，获得与其主要竞争对手社会民主党（18.71%）相同数量的 4 个议席，但低于民主共同体原本预期值 5 席，其领导层对此结果均感到不满。相反，在选举前社会民主党许多政客表示希望能在欧洲议会中赢得 3 席，而最终结果给社会民主党带来意外之喜。

此外，尽管在克罗地亚的 12 个议席中，亲欧派①议席占绝大多数（9 席），但克罗地亚右翼民粹主义、主权民族主义和具有极右倾向的政党在此次欧洲议会选举中共获得 35.51% 的支持率，有评论认为，这表明欧洲右翼民粹主义势力正在向克罗地亚选民渗透。②

本次克罗地亚欧洲议会选举结果表明，右翼反欧势力在克罗地亚有所增

---

① 克罗地亚民主共同体、社会民主党、阿姆斯特丹联盟为亲欧派。

② 中国—中东欧研究院网站，https://china - cee. eu/2019/06/12/croatia - external - relations - briefing - european - parliament - elections - unexpected - results - across - europe - and - in - croatia/，检索日期：2019 年 12 月 28 日。

强，而在亲欧势力内部，克罗地亚两大主导政党民主共同体与社会民主党之间的力量也有所调整。执政党民主共同体仍为克罗地亚第一大政党，但其在欧洲议会选举中表现不佳，面临的威胁与挑战已经显现。

（二）总理完成大幅度内阁改组

2019 年以来，克罗地亚民主共同体党内中右派系与右翼派系冲突不断，致使民主共同体在公众舆论中背负一定的负面评价。此外，普连科维奇政府多位部长身陷各类丑闻。克罗地亚欧洲议会选举结束后，民主共同体没有取得预期选举结果，党内右翼派系要求改变党内权力关系，部长众多负面新闻再度被媒体曝光。在党内冲突与媒体舆论的双重压力下，普连科维奇于 7 月 17 日宣布改组内阁。19 日，克罗地亚议会投票通过普连科维奇提名的 2 名副总理和 7 名部长，顺利完成内阁改组。

普连科维奇提名内务部部长达沃尔·博日诺维奇（Davor Božinović）和财政部部长兹德拉弗科·马里奇（Zdravko Marić）为副总理，并整改七个部门，提拔 6 名较低级别官员，调任一位部长。早在 6 月底，克罗地亚原副总理兼外交和欧洲事务部部长玛丽娅·佩契诺维奇·布里奇（Marija Pejčinović Burić）当选欧洲委员会新任秘书长，造成部长职位空缺，普连科维奇提名克罗地亚驻德国大使戈尔丹·格尔里奇·拉德曼（Gordan Grlić Radman）接任部长一职。出于对人口、家庭、青年和社会政策部部长娜达·穆尔加尼奇（Nada Murganić）执政能力不满及长期的公众负面评价，普连科维奇提名民主共同体议会议员、议会教育委员会主席韦斯娜·贝戴科维奇（Vesna Bedeković）继任。另外四位部长均因丑闻离职。公共管理部部长洛夫罗·库什切维奇（Lovro Kuščević）被媒体曝光在布拉奇有贪污受贿获得的不动产，希贝尼克理工学院院长、公共管理学家伊万·马莱尼察（Ivan Malenica）继任公共管理部部长。国有资产部部长戈兰·马里奇（Goran Marić）被披露利用职务便利非法获得一系列不动产，因而提出辞职，其职位由经济学家马里奥·巴诺季奇（Mario Banožić）接替。农业部部长托米斯拉夫·托卢希奇（Tomislav Tolušić）同样被媒体曝光各类问题，其职位由农业部国务秘书玛丽娅·武奇科维奇（Marija Vučković）取代。区域发展和欧盟基金部部长加布丽耶拉·扎拉茨（Gabrijela Žalac）在一次驾驶中撞倒一位十岁女孩，随后被揭露驾驶证已过期三年，劳动和养老金体系部部长马尔科·帕维奇（Marko Pavić）调任该部担任部长，克罗地亚养老保险局局长约西普·阿拉德罗维奇（Josip Aladrović）则接任马尔科·帕维奇此前的职位。

普连科维奇总理表示，此次内阁改组获得民主共同体成员及议会绝大多数议员的支持，使政府工作焕然一新，能够轻装上阵继续实施国家改革计划以及其他活动，以促进克罗地亚经济发展，加强社会稳定，减少社会两极分化，恢复各方对政府的信任。①

（三）佐兰·米拉诺维奇当选克罗地亚新任总统

克罗地亚于2019年12月22日举行第7届总统选举。据克罗地亚国家选举委员会统计结果，社会民主党总统候选人、克罗地亚前总理、社会民主党前党主席佐兰·米拉诺维奇得票率为29.55%，民主共同体总统候选人、克罗地亚时任总统科琳达·格拉巴尔-基塔罗维奇（Kolinda Grabar-Kitarović）得票率为26.65%，独立候选人、歌手米罗斯拉夫·什科罗（Miroslav Škoro）得票率为24.45%，其他8位总统候选人得票率均在10%以下。② 由于没有一位候选人得票率过半，居前两位的候选人米拉诺维奇和基塔罗维奇进入第二轮投票选举。

第二轮投票于2020年1月5日举行。最终米拉诺维奇赢得1034170张选票，得票率为52.66%，基塔罗维奇获929707张选票，得票率为47.34%。③ 米拉诺维奇以较大优势赢得总统选举，成为克罗地亚第7届、

① Grabancijaš 网，https://grabancijas.com/plenkovic-vlada-je-osvjezena-neopterecena/，检索日期：2019年12月28日。

② 克罗地亚国家选举委员会网站，https://www.izbori.hr/pre2019/rezultati/1/，检索日期：2019年12月28日。

③ 克罗地亚国家选举委员会网站，https://www.izbori.hr/pre2019/rezultati/2/，检索日期：2020年3月10日。

第5任总统，任期五年。

此次选举代表了支持米拉诺维奇的中左翼政党的重大胜利。欧洲各国多方评价道，在欧洲右翼民粹主义涌动的今天，米拉诺维奇的胜利也为欧洲带来民主与进步的力量。此外，克罗地亚民调机构“Promocija plus”2020年1月发布的每月更新的调查显示，总统选举过后，社会民主党支持率为27.8%，民主共同体支持率为26.9%，[①] 这是自2016年1月整整四年以来社会民主党民调支持率首次超过民主共同体。

二 经济发展状况

2019年，克罗地亚经济状况稳定，表现出积极的发展趋势。由于政府采取了减免税收、整顿财政、改革结构、加大投资、利用欧盟基金等一系列措施，加之旅游经济再创新高，克罗地亚实现宏观经济稳中有进，信用等级重返投资级别。此外，克罗地亚距加入欧元区更进了一步。同时，克罗地亚经济发展也面临了一些问题与挑战，如经济增长严重依赖旅游业，人口外迁致使劳动力短缺，一些传统大型企业面临严重危机，等等。

（一）宏观经济指标表现良好

尽管宏观经济仍然失衡，但自2019年2月起，克罗地亚被欧盟委员会移出宏观经济过度失衡国家之列。

2019年，克罗地亚经济持续增长。据克罗地亚国家统计局公布的数据，2019年初克罗地亚经济增长势头强劲，第一季度GDP同比增长4.1%，随后增长势头放缓。2019年全年经济增长率为2.9%。[②] 欧盟委员会2020年2月发布的克罗地亚国家报告中表示，2019年克罗地亚经济在历经五年增长

① Promocija plus 网站，https：//promocija - plus. com/hr/vijesti/sdp - na - valu - milanoviceve - pobjede - ispred - hdz - a - nakon - pune - cetiri - godine - cro - demoskop - za - rtl - sijecanj - 2020. -40，检索日期：2020年3月10日。

② 克罗地亚国家统计局网站，https：//www. dzs. hr，检索日期：2020年3月10日。

后终于恢复至全球经济危机前的水平。①

克罗地亚公共债务仍然很高，但下降速度快。2014～2019 年公共债务从占 GDP 的 84.7%减至占 GDP 的 73.2%。② 进出口方面，2019 年，克罗地亚出口额达 1142 亿库纳，同比增长 5.8%；进口额 1843 亿库纳，同比增长 4.6%。2019 年，克罗地亚失业率创历史新低，但仍相对较高，四个季度失业率分别为 7.6%、6.1%、5.7%、7.2%，全年失业率为 6.6%。尽管如此，在某些领域仍然出现劳动力短缺。2019 年克罗地亚通胀率为 0.8%。③ 2012～2019 年克罗地亚宏观经济指标如表 1 所示。

表 1　2012～2019 年克罗地亚宏观经济指标

	2012 年	2013 年	2014 年	2015 年	2016 年	2017 年	2018 年	2019 年
人口(百万人)	4.268	4.256	4.238	4.204	4.174	4.125	4.089	4.067
GDP(百万库纳)	330509	331209	331343	339696	351169	366426	382965	400102
GDP(百万欧元)	43966	43732	43426	44640	46640	49118	51654	53969
人均 GDP(欧元)	10301	10275	10247	10619	11174	11907	12632	13270
实际 GDP 增长率(%)	-2.2	-0.5	-0.1	2.4	3.5	3.1	2.7	2.9
通胀率(%)	3.4	2.2	-0.2	-0.5	-1.1	1.1	1.5	0.8
货物与服务出口占 GDP 比重(%)	39.6	40.5	43.3	46.4	47.7	50.1	50.5	52.1
货物与服务进口占 GDP 比重(%)	41.2	42.5	43.7	46.1	46.5	49.4	51.3	52.2
外债(百万欧元)	47575	48471	49095	48230	44714	43683	42710	40877
外债占 GDP 比重(%)	108.2	110.8	113.1	108.0	95.9	88.9	82.7	75.7
外债占出口比重(%)	273.4	273.6	260.9	232.7	201.0	177.5	163.6	145.3
国际储备总额(百万欧元)	11236	12908	12688	13707	13514	15706	17438	18560
平均汇率(欧元,直接标价法)	7.5173	7.5735	7.6300	7.6096	7.5294	7.4601	7.4141	7.4136
平均汇率(美元,直接标价法)	5.8509	5.7059	5.7493	6.8623	6.8037	6.6224	6.2784	6.6223

① 欧盟委员会网站，https：//ec. europa. eu/info/sites/info/files/2020 - european_ semester_ country - report - croatia_ en. pdf，检索日期：2020 年 3 月 10 日。

② 欧盟委员会网站，https：//ec. europa. eu/info/sites/info/files/economy - finance/hr_ mip_ specific_ monitoring_ report_ 2019_ to_ epc. pdf，检索日期：2019 年 12 月 28 日。

③ 克罗地亚国家统计局网站，https：//www. dzs. hr，检索日期：2020 年 3 月 10 日。

续表

	2012年	2013年	2014年	2015年	2016年	2017年	2018年	2019年
一般政府净贷款(+)/借款(-)(百万库纳)	-17695	-17678	-17725	-11262	-3338	+2920	+850	+1553
一般政府净贷款(+)/借款(-)占GDP比重(%)	-5.4	-5.3	-5.3	-3.3	-1.0	+0.8	+0.2	+0.4
政府债务占GDP比重(%)	70.1	81.2	84.7	84.3	80.8	77.8	74.7	73.2
失业率(%)	15.9	17.3	17.3	16.2	13.1	11.2	8.4	6.6
就业率(%)	43.2	42.1	43.3	44.2	44.6	45.8	46.9	47.7

资料来源：克罗地亚国家银行网站，https://www.hnb.hr/statistika/glavni-makroekonomski-indikatori，检索日期：2020年5月15日。

鉴于克罗地亚宏观经济指标的积极趋势，在世界银行发布的《2020年全球营商环境报告》中，2019年克罗地亚营商环境在190个国家中排名上升7位，从2018年的第58名上升至第51名。世界三大信用评级机构均对克罗地亚的评级进行了调整。3月，标准普尔六年后再将克罗地亚列入投资级别。4月，穆迪公司维持克罗地亚的投资级别，但将评级展望从“稳定”上调至“积极”。6月，惠誉上调克罗地亚长期发行人违约评级至投资级别，维持“积极”评级展望。国际评级机构对克罗地亚评级的调整为克罗地亚吸引外国投资扫清了障碍，对克罗地亚促进经济进一步发展与创造就业机会至关重要。

（二）各领域调整措施齐头并进①

旅游业一直以来都占克罗地亚GDP的20%左右，2019年也仍为克罗地亚经济的“重头戏”。普连科维奇总理在10月的政府年度工作报告中指出，2019年游客数量已超过1900万人次，过夜量达1.08亿人次，旅游业收入约120亿欧元，创下克罗地亚旅游业最高纪录。但是，克罗地亚旅游业也面临严重的国内劳动力短缺问题。6月中旬，克罗地亚雇主协会和克罗地亚旅游

① 克罗地亚政府网站，https://vlada.gov.hr/vijesti/godina-podizanja-zivotnog-standarda-i-ubrzanog-razvoja/28010，检索日期：2019年12月28日。

协会呼吁紧急增加外国劳工配额。而在其他行业，尤其是在建筑业，也出现国内劳动力短缺情况。随后，政府在原先65100个2019年外国工人工作许可配额规定上增加2000个旅游业劳工配额与1000个建筑业劳工配额。

克罗地亚政府自2017年1月起开启了四轮税制改革，致力于促进税收体系简化、稳定化、公平化。2019年克政府继续推进税制改革。1月1日，第三轮税制改革九项法案开始生效，包括企业所得税税率从20%下调至18%，中小型企业下调至12%；个人所得税免征额从2600库纳上调至3800库纳；新鲜肉、鱼、蛋、蔬菜、水果、婴儿纸尿裤、婴儿推车等产品增值税税率从25%下调至13%；废除公司税；等等。通过前三轮税制改革，政府已实现对公民和企业税收减免65亿库纳。第四轮税制改革于2020年1月1日起实行。

此外，在营商环境、投资、地区发展、交通与基础设施、环境与能源、农业与渔业等领域，克罗地亚政府继续推进各项发展措施，力求促进经济持续增长，加强经济竞争力。

（三）重大经济事件

1. 阿格罗科尔集团（Agrokor）危机正式结束

阿格罗科尔集团曾是克罗地亚最大的私有企业，主营业务为食品和饮料的生产、分销与零售。2017年克罗地亚阿格罗科尔集团爆发信用和财务危机，面临破产风险，2017年底债务高达580亿库纳。[①] 为防止对国家经济造成重大损失，克罗地亚政府颁布《克罗地亚共和国系统重要性公司行政应急程序法》，实施行政应急措施，对该危机加以干预。通过与债权人达成清偿协议、企业重组等一系列措施，阿格罗科尔集团债务危机于2018年得以妥善解决，集团业务恢复稳定。

在阿格罗科尔集团重组结束、与债权人达成的最终清偿协议执行之后，

① 中国—中东欧研究院网站，https：//china - cee. eu/2019/01/14/croatia - economy - briefing - economic - review - of - 2018 - in - croatia/，检索日期：2019年12月28日。

2019 年 4 月 1 日，阿格罗科尔集团更名为福尔特诺瓦集团（Fortenova Grupa）。自此，这场持续两年、对克罗地亚经济与政治稳定造成威胁的阿格罗科尔集团危机正式结束。9 月，债权人委员会批准福尔特诺瓦集团对 2017 年 6 月一项关键贷款进行再融资，福尔特诺瓦集团发行 11.57 亿欧元四年期公司债券。①

2. 乌利亚尼克（Uljanik）造船厂危机升级

尽管阿格罗科尔集团危机成功化解，乌利亚尼克造船厂危机却在往相反方向发展。乌利亚尼克集团自 2017 年起资产流动出现问题，2017 年底负债累累，无力向供应商付款和向工人发放工资。2018 年下半年，乌利亚尼克造船厂工人三次举行游行以示抗议。2019 年 2 月，经数月寻找战略伙伴后，乌利亚尼克集团最终选择克罗地亚另一家造船公司斯普利特造船厂（Brodosplit）帮助其进行重组以摆脱破产风险。然而 3 月底，持乌利亚尼克集团 25% 股份的克罗地亚政府拒绝了重组计划，声称这将给国家带来巨大财务风险——财政部部长兹德拉弗科·马里奇表示政府或需支付高达 42 亿库纳的国家担保，占克罗地亚国内生产总值的 1.2%。② 5 月，乌利亚尼克集团进入破产程序。2020 年 1 月，乌利亚尼克集团债权人投票通过破产清算决定。

3. 克罗地亚递交加入欧洲汇率机制 II 正式意向书

2019 年 7 月，克罗地亚向欧盟各机构、欧元区各成员国递交加入欧洲汇率机制 II 正式意向书。意向书详细阐述了克罗地亚在加入欧洲汇率机制 II 前将做出的改革计划，随后该意向书被欧洲中央银行和欧盟委员会接受，克罗地亚向引入欧元更进一步。

加入欧元区必须满足《马斯特里赫特条约》规定的五个方面——通货膨胀率、长期利率、财政赤字、公共债务和货币汇率的准入标准。克罗地亚

① Tportal 网站，https：//www. tportal. hr/biznis/clanak/ovo – je – deset – dogadaja – koji – su – obiljezili – poslovnu – 2019 – foto – 20191227，检索日期：2019 年 12 月 28 日。

② 经济学人网站，http：//country. eiu. com/article. aspx? articleid = 707954254&Country = Croatia&topic = Economy&subtopic = Forecast&subsubtopic = Economic + growth，检索日期：2019 年 12 月 28 日。

除未参与欧洲汇率机制 II 以降低货币汇率波动外，加入欧元区的其他条件均已满足。[①]

自加入欧盟以来，加入欧元区一直是克罗地亚政府的主要目标之一。克罗地亚此次递交意向书，说明其已为加入欧元区做好了充分准备。加入欧洲汇率机制 II 之后，克罗地亚将在该机制内接受两年检验。[②] 业界普遍认为克罗地亚可能最早在 2023 年加入欧元区。[③]

三　外交与安全

2019 年，克罗地亚向加入申根区更进一步，融欧进程进一步发展。克罗地亚双边外交活动的重点对象为几个邻国，2019 年，克罗地亚与邻国之间摩擦不断。同时，克罗地亚致力于进一步加强安全与国防建设。

（一）融欧进程取得进展

2019 年 10 月下旬，欧盟委员会评定克罗地亚已满足加入申根区所需的所有技术要求。欧盟委员会的决定使克罗地亚向加入申根区更进一步，下一阶段克罗地亚需得到欧洲理事会其他全体成员的一致同意，因此克罗地亚正在积极与其他国家展开对话以寻求各国对其加入申根区的支持。

2019 年，克罗地亚多位女政治家担任欧洲或欧盟组织要职。克原副总理兼外交和欧洲事务部部长玛丽娅·佩契诺维奇·布里奇 6 月当选欧洲委员会新任秘书长，她是有史以来担任该职的第二位女性、第一位中东欧政治家，也是首位当选大型国际多边组织领导人的克罗地亚人。9 月，克罗地亚

---

① 中国—中东欧研究院网站，https：//china - cee. eu/2019/03/06/croatia - economy - briefing - is - croatia - ready - for - the - euro/，检索日期：2019 年 12 月 28 日。

② 克罗地亚将在该机制中停留两年，并接受是否符合马斯特里赫特标准的检查。中国驻克罗地亚大使馆经济商务处网站，http：//hr. mofcom. gov. cn/article/jmxw/202001/20200102928083. shtml，检索日期：2019 年 12 月 28 日。

③ 中国驻克罗地亚大使馆经济商务处网站，http：//hr. mofcom. gov. cn/article/jmxw/201907/20190702882162. shtml，检索日期：2019 年 12 月 28 日。

迎来首位欧盟委员会副主席，原欧洲议会欧洲人民党议员杜布拉夫卡·舒伊察（Dubravka Šuica）被任命为欧盟委员会八位副主席之一，负责民主与人口事务。此外，玛娅·马尔科弗契奇·科斯特拉茨（Maja Markovčić Kostelac）当选欧洲海事安全局局长。普连科维奇表示，多位女政治家担任国际组织要职，不仅体现了克罗地亚政治性别平等，也代表了其国际地位的进一步提升，是克罗地亚的政治胜利与外交胜利。[①]

2019 年下半年，克罗地亚大部分外交活动的内容是为 2020 年 1 月 1 日开始担任上半年欧盟轮值主席国做准备，这是克罗地亚加入欧盟以来最重要的外交事件。[②]

（二）与邻国摩擦不断

克罗地亚与波黑关系复杂，两国关系中积极因素很多，消极因素也不少，双边关系持续紧张。2019 年，两国之间的摩擦主要集中在如下两个方面。一方面，由于 2018 年波黑国内大选中克罗地亚民主共同体支持的候选人、原波黑主席团成员德拉甘·乔维奇（Dragan Čović）未能成功连任，克罗地亚开始高度重视、支持并保护波黑克族人，表示对克罗地亚境外克族人的关注是宪法的义务，也是团结的要求。然而，在波黑看来，克罗地亚提出的种种要求，如要求波黑修改选举法以提升波黑克族人利益、推选克罗地亚民主共同体姊妹党波黑克罗地亚民主共同体（克语缩写：HDZ BiH）成员作为波黑克族代表进入欧洲议会，以及支持波黑克族人各项政治诉求以提升其在联邦中的地位等系列行动，是在破坏波黑稳定，干涉他国内政。另一方面，克罗地亚边境警察将从波黑入境克罗地亚的大量中东、北非移民和难民遣返波黑，波黑媒体与国际媒体纷纷以克罗地亚侵犯人权、非法转移移民为

---

① 克罗地亚政府网站，https：//vlada. gov. hr/vijesti/predsjedanje – hrvatske – europskom – unijom – bit – ce – intenzivno – i – zahtijeva – punu – ukljucenost – i – doprinos – svih – nas – zajedno/27802，检索日期：2019 年 12 月 28 日。

② N1 网站，http：//hr. n1info. com/Vijesti/a470810/Hrvatska – vanjska – politika – u – 2019 – Pushback – pripreme – i – lobiranja. html，检索日期：2019 年 12 月 28 日。

名批评克方的做法，但克方对所有批评置之不理，表示其需要向欧盟委员会展示其保护欧盟外部边界的能力，并声称对移民进行了合法对待。[①] 移民危机问题在两国引起较大反响。

2019 年，克罗地亚与斯洛文尼亚外交关系重点仍为皮兰湾边界争端与仲裁问题。2018 年 7 月，斯洛文尼亚因克罗地亚拒绝执行 2017 年海牙常设仲裁法院做出的仲裁而向欧洲法院提起诉讼，12 月克罗地亚以欧洲法院对此案无管辖权且在仲裁决定宣布前就已退出仲裁程序为由要求法院驳回诉讼。2019 年 7 月，两国在欧洲法院听证会上发表各自意见。克罗地亚坚持认为边界争端问题应由双方自行谈判解决，而斯洛文尼亚则表示若克不遵守仲裁决定将阻止其加入申根区。[②]

克罗地亚与塞尔维亚两国关系因历史遗留问题一直较为紧张。2019 年 9 月，11 名塞尔维亚军人乘厢式货车前往克罗地亚城市亚赛诺瓦茨，以纪念二战期间在当地集中营中被乌斯塔沙屠杀的塞尔维亚人，其在边境被克罗地亚警察拦下并禁止入境。克方表示，塞尔维亚军人此次行动并未提前以外交照会形式或者至少电话形式告知，更未获得克方入境许可，是对克罗地亚的挑衅，并向塞尔维亚驻克大使馆发出抗议照会，塞方拒收。克塞关系持续僵化。

（三）加强军队建设，增加国防投入

2019 年，克政府持续加强军队建设，增加国防投入，对军队装备进行现代化升级。2018 年 3 月，克政府决定购买价值 5 亿美元的 12 架以色列改良的美国 F－16 战斗机。由于美国拒绝技术转售，2019 年 1 月克总理与总统确认与以色列交易失败，但克政府仍计划购买战斗机。[③] 在 10 月举行的

① N1 网站，http：//hr. n1info. com/Vijesti/a470810/Hrvatska － vanjska － politika － u － 2019 － Pushback － pripreme － i － lobiranja. html，检索日期：2019 年 12 月 28 日。

② N1 网站，http：//hr. n1info. com/Vijesti/a470810/Hrvatska － vanjska － politika － u － 2019 － Pushback － pripreme － i － lobiranja. html，检索日期：2019 年 12 月 28 日。

③ 中国—中东欧研究院网站，https：//china － cee. eu/2019/03/04/croatia － political － briefing － political － turmoil － caused － by － failed － purchase － of － fighter － jets/，检索日期：2019 年 12 月 28 日。

北约国防部长会议上，克罗地亚国防部部长达米尔·克尔斯蒂切维奇（Damir Krstičević）接受北约向其提出的克罗地亚国防预算应在2024年以前提高至占其GDP的2%这一要求。①

四 社会与文化

2019年是克罗地亚社会动荡的一年。随着经济水平的增长，社会各阶层、各领域人士纷纷提出自己的诉求，以求改善社会经济地位或争取公民权利与利益，罢工与抗议活动此起彼伏。因此，政府也通过不断调整政策，制定发展战略以维持政府与公民利益平衡、提升公民生活水平、建设有序社会。

（一）养老保险制度改革方案遭工会强烈抵制

克罗地亚人均工作年限较短，是欧盟中平均工作年限最短的国家之一，且随着克罗地亚人口老龄化越来越严重、大批年轻劳动力离开本国，缴纳养老保险人数与领取养老金人数比例日益失调，导致克罗地亚养老保险制度愈发难以维持。为确保养老保险制度的可持续性，2018年12月，议会通过了一项重大的养老保险制度改革方案，包括加大对提前退休者的罚款力度，对延后退休者给予奖励津贴，从2027年起加速男女退休年龄均等化，到2033年以前将退休年龄提高至67岁等，该方案于2019年生效。②

该养老保险制度改革方案遭到克罗地亚工会的强烈抵制。2019年4月，工会发起“67岁太多了”（67 je previše）倡议，就延长工作年限等规定进

① Grabancijaš网站，https://grabancijas.com/krsticevic-primio-zahtjev-nato-a-za-povecanje-izdvajanja-za-obranu-na-2-bdp-a-do-2024/，检索日期：2019年12月28日。

② 档案分析网站，https://arhivanalitika.hr/blog/sto-donosi-novo-izvjesce-europske-komisije-za-hrvatsku-vlada-nikako-da-pomete-pred-svojim-vratima/#，检索日期：2019年12月28日。

行全民公决，并于6月收集到超70万份签名，远超所需签名数量。10月，政府被迫决定撤销相关有争议法案，议会启动紧急程序修改养老保险法案，将退休年龄调回65岁，修正对提前退休的惩罚措施，停止加快男女退休年龄均等化进程。上述变动自2020年1月生效。[①] 尽管工会的要求得到了满足，但这也意味着克罗地亚原已不堪重负的养老金体系将面临更大的压力。

（二）医疗卫生领域债务持续积累，多项措施纾解财政困局

2019年，克罗地亚政府医疗卫生部门债务持续积累。

8月，克护士工会因对政府拒绝签订关于提高收入的专项集体合同感到不满而举行抗议游行。护士工会表示，当前医务人员短缺，工作条件恶劣，他们没有得到相应的报酬。经过一个月的抗议与谈判，政府做出让步，同意增加所有医护人员工资。此外，由于医院在过去的几年中错误计算医生加班时长，医生联合向最高法院提出4000起诉讼。12月，最高法院做出裁决，支持医生对未付加班费的索赔。[②]

为保证医疗卫生体系的财政可持续性，为公民提供高质量医疗服务，政府采取了多项措施，包括与欧盟签署22亿库纳医疗卫生项目资金协议，整合12家医院，推出各级医院医疗急救服务功能整合模式，升级14家医院医疗设施等，[③] 但医疗卫生体系改革仍须提高效率并且深化。

（三）课程改革引入所有中小学，教师举行大罢工

2019年，克罗地亚在所有中小学部分年级中开展全面的普通教育课

---

① 欧盟委员会网站，https://ec.europa.eu/info/sites/info/files/economy - finance/hr_ mip_ specific_ monitoring_ report_ 2019_ to_ epc.pdf，检索日期：2019年12月28日。

② Grabancijaš 网站，https://grabancijas.com/novi - poziv - na - opoziv - kujundzica - i - saroliko - nezadovoljstvo - u - zdravstvenoj - 2019 - retrospektiva/，检索日期：2020年1月5日。

③ 克罗地亚政府网站，https://vlada.gov.hr/vijesti/godina - podizanja - zivotnog - standarda - i - ubrzanog - razvoja/28010，检索日期：2019年12月28日。

程改革，包括设置新课程和采用新教材、新教学方式等内容。改革于2018年在74所学校进行试点，2019年9月在所有学校部分年级开始实施，旨在提高中小学教育质量与教学水平，并计划在2022年以前引入中小学所有年级。

在2019年新学年开始之前，克罗地亚两大中小学教师工会向政府提出将学校教学与非教学人员工作复杂系数[①]提高至6.11%的诉求，然而政府拒绝了这一诉求，加之实施课程改革后教师任务大大增加，教师与中小学教师工会于10月10日开始全国性大规模按地域轮番罢工。12月2日，政府与工会代表最终达成协议，仅为教学人员提高工作复杂系数，从2019年12月1日至2021年1月1日分三个阶段提高，每次分别提高3%、1%、2%，教师诉求得到满足，罢工方才结束。此次罢工长达36个工作日，是克罗地亚迄今为止持续时间最长的罢工。[②]

（四）政府大力打击家庭暴力

2019年2月，在帕格发生一起家庭暴力悲剧，一位父亲将自己四个未成年孩子从家里阳台上摔下，致使他们重伤，该事件震惊克罗地亚，并引发社会对家庭暴力的广泛讨论。随后，克罗地亚演员耶莱娜·韦利亚查（Jelena Veljača）发起了一项名为"救救我"（#SPASIME）的公民倡议，倡议在全国开展反对家庭暴力的抗议，旨在呼吁公众和相关负责机构提高对家庭暴力问题和对受害者保护不力问题的关注。

对此，克罗地亚政府高度重视，采取一系列措施打击家庭暴力，保护家庭暴力受害者，包括在六个行政地区建立家庭暴力受害者庇护所，为受害者开设全天候热线电话，通过《关于处理家庭暴力议定书》，[③] 修正《刑法》

---

① 克罗地亚公职人员工资与工作复杂系数直接联系。

② Grabancijaš 网站，https：//grabancijas.com/retrospektiva－znanosti－i－obrazovanja－u－2019/，检索日期：2020年1月5日。

③ N1网站，http：//hr.n1info.com/Vijesti/a471847/Ovi－dogadjaji－obiljezili－su－socijalnu－politiku－u－2019.－godini.html，检索日期：2020年1月5日。

《家庭暴力保护法》《刑事诉讼法》，以加快诉讼程序，加大对施暴者惩罚力度等。①

五　与中国的关系

2019 年，中克双边关系持续升温。双方官方交往日益密切，经济合作成果喜人，人文交流繁荣，各领域交流合作成果丰硕。中克双边关系进入“钻石”发展时期。

（一）两国官方往来频繁

2019 年，中克官方往来频繁。2 月底至 3 月初，中国外交部副部长王超访问克罗地亚并会见克总理普连科维奇。5 月，国务委员、公安部部长赵克志访问克罗地亚。6 月，中国新任驻克大使许尔文向克时任总统基塔罗维奇递交国书。11 月，克罗地亚议会议长戈尔丹·扬德罗科维奇（Gordan Jandroković）访问中国。12 月，中国政府欧洲事务特别代表吴红波访问克罗地亚。②

2019 年，两国官方交往活动中最具影响力的事件是李克强总理访克。

2019 年 4 月，第八次中国—中东欧国家领导人会晤在克罗地亚杜布罗夫尼克举行。4 月 9 ~ 12 日，李克强总理对克罗地亚进行正式访问并赴杜布罗夫尼克出席会晤。访问期间，李克强同普连科维奇总理举行会谈，共见记者，为中克文化和旅游年揭开序幕，考察佩列沙茨跨海大桥项目，见证双方多个领域合作文件的签署，发表政府联合声明，并分别会见基塔罗维奇总统和议会议长扬德罗科维奇。③ 李克强总理此次到访是中克建交 27 年来中国

① 克罗地亚政府网站，https：//vlada. gov. hr/vijesti/godina - podizanja - zivotnog - standarda - i - ubrzanog - razvoja/28010，检索日期：2019 年 12 月 28 日。

② 中华人民共和国外交部网站，https：//www. fmprc. gov. cn/web/gjhdq_ 676201/gj_ 676203/oz_ 678770/1206_ 679306/xgxw_ 679312/，检索日期：2019 年 12 月 28 日。

③ 中华人民共和国外交部网站，https：//www. fmprc. gov. cn/web/gjhdq_ 676201/gj_ 676203/oz_ 678770/1206_ 679306/xgxw_ 679312/t1652846. shtml，检索日期：2019 年 12 月 28 日。

国务院总理首次访克，也是近10年来中国访克的最高级别领导人，[①] 对两国加强发展战略对接，增进相互了解与政治互信，深化各领域务实合作，将中克关系与合作提高至新水平[②]有着重要意义。

（二）经济合作成果可喜

2019年，由中国路桥承建、首个中方中标的、由欧盟基金提供融资的项目佩列沙茨跨海大桥项目进展顺利。佩列沙茨跨海大桥是中克建交以来最大的合作项目。2019年5月，该项目圆满完成打入式钢管桩施工任务，为后续关键工程的施工提供了强有力的基础和保障。克罗地亚《早报》《自由达尔马提亚》等主流媒体盛赞佩列沙茨跨海大桥项目进展。

在第九届中国—中东欧国家经贸论坛上，中国企业与东道主克罗地亚建立起直接联系，洽谈具体业务，签署多项合作协议、合作意向书与合作备忘录，双方收获颇丰。

10月，克罗地亚数字社会发展办公室举办华为公司“未来种子”项目启动仪式，该项目是对李克强总理访克成果之一的落实。根据该项目计划，未来5年内华为公司每年将选派10名克罗地亚大学生到中国华为总部参观和学习。克数字社会发展办公室国务秘书贝尔纳尔德·格尔希奇（Bernard Gršić）表示克方愿与中方加强在信息与通信技术领域的合作，希望参加项目的学员能为克罗地亚社会发展与中克友谊做出贡献。[③]

11月，第二届中国国际进口博览会在上海国家会展中心举行，克罗地亚议会议长扬德罗科维奇带领克罗地亚代表团——克罗地亚商会、克罗地亚国家旅游局出席，克多家企业参展参会。克方对中国国际进口博览会给予高度评价，表示非常期待能把握机遇，进军中国市场。

---

① 中国政府网，http：//www. gov. cn/xinwen/2019 - 04/15/content_ 5383076. htm，检索日期：2019年12月28日。

② 中国新闻网，http：//www. chinanews. com/gn/2019/04 - 03/8799793. shtml，检索日期：2019年12月28日。

③ 中国驻克罗地亚大使馆网站，http：//hr. china - embassy. org/chn/gdxw/t1711402. htm，检索日期：2019年12月28日。

据中国海关总署统计，2019 年中克双边贸易额为 15.41 亿美元，同比增长 0.2%。其中中国对克罗地亚出口额为 13.96 亿美元，同比增长 5.2%，中国自克罗地亚进口额为 1.45 亿美元，同比下降 31.6%。[①]

（三）人文交流丰富多彩

2019 年 4 月，中克文化和旅游年正式拉开帷幕，克罗地亚是中东欧国家中首个与中国举办文化和旅游年的国家。在此框架下，中克成功合办“水墨情怀——中国国家画院水墨艺术欧洲巡展”“丝路瓷行——中国陶瓷文化展”等系列活动。通过开展中克文化和旅游年，两国人文交流合作走向新高度。

7 月，中克第二次旅游季警务联巡在克启动。克方警员和中国的 8 名警员分赴萨格勒布、杜布罗夫尼克、扎达尔和普利特维采湖国家公园开展为期 1 个月的警务联巡，旨在提升中国游客在克旅游体验，为中国游客平安出行保驾护航。

中克警务联巡不仅代表两国警务、执法方面的务实合作，更反映了两国旅游合作的快速发展。据克罗地亚国家统计局统计，2019 年赴克旅游的中国游客达 21.33 万人次，同比增长 27.4%，过夜量达 25.05 万人次，同比增长 23.8%，人均在克过夜数为 1.2 晚。[②]

---

① 中华人民共和国海关总署，http://www.customs.gov.cn//customs/302249/302274/302277/302276/2851396/index.html，检索日期：2020 年 3 月 10 日。

② 克罗地亚国家统计局，https://www.dzs.hr/Hrv_Eng/publication/2019/04-03-02_01_2019.htm，检索日期：2020 年 3 月 10 日。

B.16
拉脱维亚

吕 妍　黄 珊*

摘　要： 2019年，拉脱维亚政局基本稳定。新政府成立并逐步开展工作，新总统产生。欧洲议会选举顺利完成。里加市政府在市政交通贪腐案曝光后，陷入一系列执政危机。2019年，拉脱维亚经济持续增长，但增速放缓，增速低于预期。反洗钱斗争初显成效。2019年，在外交和安全领域，拉脱维亚更加积极参与国际组织事务，在全球范围内寻求扩大双边合作关系，提高国家在国际社会中的形象和地位。社会生活领域，新政府加快推进行政区划改革，引起社会广泛讨论。2019年，中拉两国贸易额持续上升，多个合作项目落地。人文交流形式不断丰富，合作领域不断扩大。

关键词： 拉脱维亚　欧洲议会选举　反洗钱　行政区划改革

一　国内政治形势

（一）新一届政府成立

2018年10月，拉脱维亚第13届议会选举后，由于入选各党派缺乏明

* 吕妍、黄珊，北京外国语大学欧洲语言文化学院拉脱维亚语专业教师。本文第一、第三、第四、第五部分由吕妍撰写，第二部分由黄珊撰写。

显优势以及党派间的利益冲突，政府组阁困难重重。在经历三个多月的无政府状态后，2019 年 1 月 23 日，拉脱维亚议会以 61 票赞成通过克里什亚尼斯·卡林什（Krišjānis Kariņš）为总理的新一届政府成员名单，新政府由新团结党（New Unity）、新保守党（New Conservative Party）、“国家属于谁?”（Who Owns the State?）、“为了发展!”（Development/For!）和民族联盟（National Alliance）五党派联合组成。除总理外，新团结党人担任财政部部长和外交部部长；司法部、交通部、教育科技部的部长由新保守党人担任；国防部、健康部和环境保护与区域发展部各部长由“为了发展!”党人担任；内政部、经济部和福利部各部长由“国家属于谁?”党人担任；文化部和农业部的部长由民族联盟党人担任。

卡林什在就职演讲中指出，目前拉脱维亚政府工作的三大主要目标是提升民众福祉、保证社会正义与法制、减少社会中各种形式的不公平现象。[①]《政府工作宣言》中明确新一届政府的主要工作任务包括整改金融体系、加强国家安全、加强法制建设、开展行政区划改革、提高卫生保健及教育系统的数量和质量。此外，新政府还将致力于取消强制性采购，增强国民经济竞争力，提高生产率和投资额，改善国家人口状况。为完成上述工作，新政府将严肃财政纪律，以实现国家预算盈余。

新政府组阁后经历了多次波折，其中一例是议会内无党派议员阿尔蒂斯·戈伯泽姆斯（Aldis Gobzems）于 4 月针对总理卡林什提出“不信任案”，他指出政府无法按时、有效地完成包括取消强制性采购等议会交办的工作，在税收、民生等政策和问题上决策有误，因此主张总理卡林什辞职。该议案共有 11 名议员签字，其中包含两名执政联盟的议员。最终议会以 58 票反对否决了该“不信任案”，但卡林什也因此事件缺席了第八次中国—中东欧国家领导人会晤。

① 拉脱维亚共和国政府官网，https：//www. mk. gov. lv/lv/aktualitates/darbu - sak - krisjana - karina - valdiba，检索日期：2020 年 5 月 18 日。

（二）新一任总统产生

拉脱维亚新一任总统选举于2019年5月29日举行。此次总统选举候选人共三名：由民族联盟最初推选、后得到执政联盟五个党派总体认可的候选人埃吉尔斯·莱维茨（Egils Levits），由绿色农民联盟（Union of Greens and Farmers）推举的尤里斯·杨松斯（Juris Jansons）和由执政联盟党派之一"国家属于谁?"内部反对议员推选的迪兹斯·施密茨（Didzis Šmits）。最终莱维茨获得61票，超过法定51票，成为拉脱维亚新一任总统。莱维茨曾参与拉脱维亚独立宣言和宪法总章的起草工作，此次是莱维茨第二次参加总统选举，早在2007年就有其参选国家总统的呼声。

总统就职仪式于6月8日举行，莱维茨从时任总统莱蒙茨·韦约尼斯（Raimonds Vējonis）手中接过总统府钥匙，之后又在拉脱维亚自由女神纪念碑前敬献鲜花。

（三）欧洲议会选举

2019年5月25日，拉脱维亚举行欧洲议会选举，共选出8个席位。此次选举共有16个政党和政党联盟参加，拉脱维亚议会现有7个党派全部参选，共推举了246名候选人，参选人数比2014年增加了76名。全国47万余人参加投票，占选民总数的33.5%，比2014年提高3.3个百分点。

最终共有5个政党胜出，按得票率排列分别为新团结党、"和谐"社会民主党（Social Democratic Party "Harmony"）、民族联盟、"为了发展!"和拉脱维亚俄族人联盟（Latvian Russian Union），前三个政党各获得2个席位，后两个政党各获得一个席位。与2014年选举结果相比，绿色农民联盟的席位被"为了发展!"取代，各党派席位分配更加平均，缺少占绝对优势的党派。8名被推举的代表分别为新团结党的瓦尔迪斯·东布罗夫斯基斯（Valdis Dombrovskis）、桑德拉·卡尔涅特（Sandra Kalniete），"和谐"社会民主党的尼尔斯·乌沙科夫斯（Nils Ušakovs）、安德里斯·阿麦利克斯（Andris Ameriks），民族联盟的罗贝尔茨·兹莱（Roberts Zīle）、达采·麦尔巴尔德（Dace Melbārde），“为了发展!”的伊瓦尔斯·伊雅布斯（Ivars Ijabs）以及拉脱维亚俄族人联盟的塔特雅娜·日达诺卡（Tatjana Ždanoka）。[①] 各主要党派的支持率详见图1。

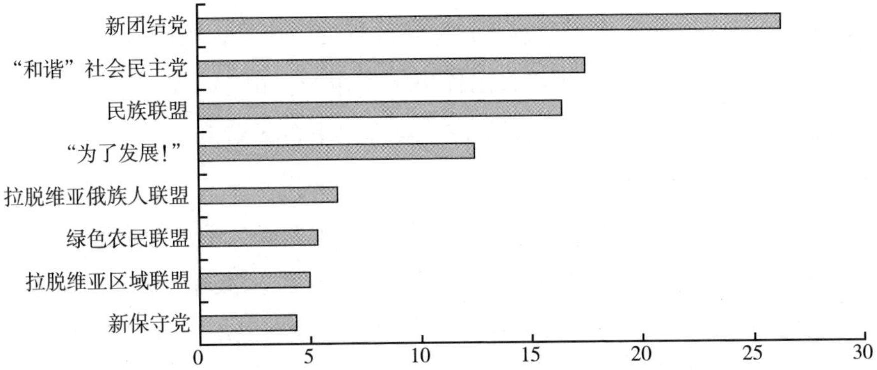

图1　2019年欧洲议会选举拉脱维亚选区主要党派支持率

资料来源：拉脱维亚中央选举委员会官网，https：//epv2019. cvk. lv/pub/velesanu - rezultati，检索日期：2020年5月18日。

（四）里加市政府执政危机

2019年是里加市政府丑闻缠身的一年。2018年底，里加市政交通贪腐案在多国联合调查下逐渐浮出水面，副市长安德里斯·阿麦利克斯因此下台，里加市政府一系列危机就此开始。

2019年1月底，拉脱维亚反腐败局以潜在的贪腐案件及对市属企业监管不力为由，对时任里加市市长尼尔斯·乌沙科夫斯的办公室及住所进行搜查。在随后国家监管部门的调查下，多家市属企业及市政府部门曝出违规发放咨询费、吃空饷、文件造假、公费私用、向市议会党派输出利益等一系列问题，而市政府对资金低效率利用、陈旧的城市基础设施以及对其低效建设维护也激起了社会的不满。4月5日，环境保护与区域发展部部长尤里

① 拉脱维亚中央选举委员会官网，https：//www. cvk. lv/lv/velesanas/eiropas - parlamenta - velesanas/eiropas - parlamenta - velesanas - 2019，检索日期：2020年5月18日。

斯·布采（Juris Puce）要求乌沙科夫斯停职，第一副市长奥列格斯·布罗夫斯[①]（Oļevs Burovs）代为行使市长职权。乌沙科夫斯认为这是对其党派的政治清算，[②] 并于5月向法院起诉了布采。

欧洲议会选举之后，乌沙科夫斯成为欧洲议会议员，于5月29日辞去里加市长一职，结束了其对里加长达十年的管理。次日，戴尼斯·图尔莱斯（Dainis Turlais）作为唯一候选人出任里加市市长。由于市议会政党内部意见分歧，6月20日，图尔莱斯因不信任案投票下台，结束21天任期，布罗夫斯继续代行市长职权。

为保证里加市政府工作正常进行，避免里加市议会进入特别选举程序，布罗夫斯积极与里加市议会各党派开展对话，最后争取到“和谐”社会民主党、“为了里加”（For Riga）以及被“和谐”社会民主党除名的四名独立议员的支持，8月19日成为里加市市长，同时“和谐”社会民主党人安娜·弗拉多娃（Anna Vladova）成为里加第二副市长。里加市政府开始对所有市属企业和机构自2017年来的账目进行独立审计。

10月，里加市政府开始年度预算调整工作，执政联盟中两党出现分化，“和谐”社会民主党要求撤销此前遭党派除名的两名独立议员的职务，包括副市长瓦尔迪姆斯·巴拉尼科斯（Valdims Baraņiks），否则将解散市议会，市议会将再次丧失多数派。11月19日巴拉尼科斯下台，月底“为了里加”党人德卢维斯·克雷恩斯（Druvis Kleins）出任副市长。

与此同时，里加市垃圾处理危机事件9月后持续发酵。此前里加市的垃圾处理由四家税费不同的公司提供服务，市政府决定在2019年合同到期后，将全市的垃圾处理统一交给一个企业，新合同期限为20年。而竞争管理委员会认为这将导致企业对市场的垄断，因而禁止该企业接管垃圾处理事宜。9月11日，拉脱维亚政府宣布里加进入紧急状态，原有的垃圾处理公司可以在未签订合同的情况下继续提供服务。11月，拉脱维亚政府将紧急状态

① 里加市政府执政联盟由“和谐”社会民主党和“荣耀服务于里加”（Honor to Serve Riga）两党组成，布罗夫斯为“荣耀服务于里加”党人。

② 尼尔斯·乌沙科夫斯为“和谐”社会民主党党首，该党为拉脱维亚最大的俄族党派。

延长至12月11日。环境保护与区域发展部部长布采认为里加市现任政府没有能力解决目前的危机，要求解散里加市议会。而里加市市长布罗夫斯认为目前垃圾处理工作正在有序进行，政府完全有能力与垃圾处理企业达成服务协议方案，解决困境，而布采此举是为了从其主导的行政区划改革工作引起的不满中转移公众视线。12月19日，拉脱维亚议会经过审议，原则上支持解散里加市议会，里加市议会特别选举于2020年进行。

二　经济发展状况

（一）宏观经济数据

2019年，拉脱维亚经济持续增长，但增速放缓。拉脱维亚中央统计局的数据显示，2019年，按现行价格计算，拉脱维亚国内生产总值（GDP）达到305亿欧元，同比增长2.2%，[①] 按可比价格计算，2019年为最近十年来GDP增速最慢的一年。事实上，2019年前三个季度拉脱维亚的GDP增速分别为3.1%、2.0%、2.9%；但由于第四季度GDP增长同比跌至1.0%，[②] 环比仅增长0.1%，最终全年经济增长状况表现不佳，未能实现一再下调的2.3%的增速预期。人均实际GDP为12490欧元，相当于欧盟平均水平的44%。[③]

2019年，拉脱维亚的投资、对外贸易和居民消费水平都增长缓慢。各行业发展差异明显，部分服务业部门和农林渔牧业部门表现良好，交通运输

---

① 拉脱维亚中央统计局，https：//www. csb. gov. lv/lv/statistika/statistikas – temas/ekonomika/ikp/galvenie – raditaji/iekszemes – kopprodukts – un – kopeja – pievienota – vertiba，检索日期：2020年4月25日。

② 拉脱维亚中央统计局，https：//www. csb. gov. lv/lv/statistika/statistikas – temas/ekonomika/ikp/meklet – tema/2639 – ikp – apjoma – izmainas – 2019 – gada – 4 – ceturksni，检索日期：2020年4月25日。

③ 欧洲统计局，https：//ec. europa. eu/eurostat/databrowser/view/sdg_08_10/default/table? lang = en，检索日期：2020年4月25日。

业、金融服务业和能源等行业则面临发展危机，第一产业经济增长幅度最大。受良好气象条件的利好影响，2019 年农林渔牧业产值增长 12.8%，其中农副产品增产 23.8%，林业增长 5.9%，渔业产值有所下降。2019 年拉脱维亚的农业大获丰收，谷物产量创历史纪录（32 亿吨），农产品产量同比增长 46.4%。机械制造业产值增长与经济整体增长相近，增长 2.1%，22 个部门中有 10 个部门实现增长。建筑业产值增长 2.9%，全年房屋建筑施工面积增加 7.8%，土木工程施工量增加 1.0%。几个服务性行业增长势头明显，如住宿和餐饮服务业产值增长 8%，商业服务业增长 6.5%。信息和通信服务业总体增长缓慢，仅为 2%；但面向出口的编程和咨询产业增长显著，增幅达 9.1%。尽管金融和交通运输服务业（二者产值分别下降 8.8% 和 4%）带来不小负面影响，但服务业出口整体仍实现了 5.4% 的增长。

金融服务业和跨境运输是拉脱维亚经济的传统支柱产业。2019 年两者同时出现负增长的叠加效应大大影响了拉脱维亚的经济发展。在 2018 年底至 2019 年初的暖冬过后，欧洲对煤炭的需求及煤炭价格显著下降，导致拉脱维亚铁路货运量下滑至 2002 年以来的最低水平，铁路货运量下降 1/4，港口货运量下降 13%。拉脱维亚铁路公司宣布裁员。另外，财政部持续推进的金融产业改革以及拉脱维亚可能出现在反洗钱金融行动特别工作组（Financial Action Task Force on Money Laundering，FATF）[①]“灰名单”上的风险，使得未来金融业和银行业的不确定性增加。[②]

出口方面，商品和服务出口额共计增长 2.0%，其中商品出口额增长 0.4%，服务出口额增长 5.7%。主要出口商品为木材和木制品（不包括家具）以及电气设备及其零件。商品和服务进口额共计增长 2.3%，其中商品进口额增长 2.2%，服务进口额增长 2.7%。机械、车辆和药品是主要的进口产品，运输、信息和计算机服务及其他商业活动的进口额增加，而旅游业

① 反洗钱金融行动特别工作组是目前世界上反洗钱和反恐融资领域最具权威性的国际组织之一，被列入 FATF“灰名单”的国家将面临金融交易领域的严格监控与限制。

② 福布斯拉脱维亚，https：//forbes.lv/lv/zinas/raksts/latvijas - izaugsme - nepriece，检索日期：2020 年 4 月 25 日。

相关服务、电信和金融服务的进口额出现下降。

自加入欧盟以来，拉脱维亚的外国直接投资（FDI）流入持续增加，2019年外资存量达到历史最高点（160亿欧元），[①] 同比增长5.26%，其主要投资来源国是波罗的海沿岸国家及其他欧盟国家。2019年，来自欧盟国家的FDI占拉脱维亚全部FDI的77%，瑞典、爱沙尼亚和俄罗斯投资量居前三位，分别占拉脱维亚全部FDI的14.7%、13.6%和9.8%，主要投资领域为金融保险行业和房地产行业等。

在经济增长放缓的同时，劳动力市场表现良好。随着劳动力规模的下降，就业率继续提升，失业率从2018年的7.4%降至6.4%，但仍高于其他波罗的海沿岸国家和欧盟平均水平。工资增长仍在加速。拉脱维亚的人均收入在2014~2019年增长22%，其主要推动力是生产力的增长。2019年，雇员总薪酬增长8.6%，其中工资增长8.3%，雇主的社会贡献增长9.9%。薪酬水平增长最快的行业是建筑业（13.5%）和信息通信服务业（9.8%）。

拉脱维亚的通货膨胀率在2019年继续攀升，从2018年的2.6%升至3.1%。[②]

（二）反洗钱斗争初见成效

2018年，拉脱维亚ABLV银行因陷入洗钱丑闻而破产，从而引发欧盟及国际社会对拉脱维亚金融行业的关注。欧洲理事会反洗钱及反恐怖融资措施评估工作专家委员会随后对拉脱维亚出具调查报告，责令拉脱维亚打击洗钱和资助恐怖主义的行为，避免被FATF列入“灰名单”，成为重点关注对象。

2019年11月，拉脱维亚向FATF提交了一份成果报告，展示了拉脱维

① 拉脱维亚央行，https：//www.bank.lv/en/statistics/latest - figures/direct - investment - in - latvia，检索日期：2020年4月25日。

② 《拉脱维亚国家报告2020》，欧洲委员会，布鲁塞尔，2020年2月26日。

亚一年多以来在反洗钱方面所取得的进展。[①] 报告显示，拉脱维亚金融情报小组（FIU）在2019年前10个月冻结的资金总额为2.758亿欧元；与2017年相比，2019年前9个月洗钱犯罪的刑事诉讼数量增加158%，被起诉的刑事诉讼数量增加255%。2019年6月13日，拉脱维亚议会通过《拉脱维亚共和国国际制裁和国家制裁法》修正案，确保可以立即实施联合国安理会出台的制裁，无须等待其进入欧盟法律体系；成立制裁协调理事会，以加强制裁的有效性，并向私营和公共部门通报制裁的遵守情况；通过禁止金融机构与空壳公司进行交易，限制可疑的外国存款和存款转移；加强监管机构监管力度，并对金融部门进行重组。

拉脱维亚的努力初见成效。2020年1月22日，欧洲理事会发布的《拉脱维亚后续行动报告》肯定了拉脱维亚在加强反洗钱和打击恐怖主义融资框架方面取得的进展。2月21日，FATF在巴黎召开全体会议时做出决定，拉脱维亚将不会被列入高洗钱风险国家的国际“灰名单”。

（三）拉脱维亚第六大银行宣布破产

2019年9月12日，法院宣布拉脱维亚PNB银行[②]破产。PNB银行是拉脱维亚一家拥有26年经验的本地银行。截至2018年底，其资产规模在拉脱维亚银行中排名第六[③]，拥有约500名员工和近10万名客户，其中2/3的客户是老年人。

2019年8月15日，PNB银行被拉脱维亚金融和资本市场委员会（FKTK）勒令暂停业务活动，中止一切金融服务。自8月15日晚起，PNB

---

① 拉脱维亚共和国政府官网，https：//www.mk.gov.lv/en/aktualitates/latvia－submits－progress－report－effectiveness－anti－money－laundering－and－combating，检索日期：2020年4月25日。

② PNB银行原名Norvik银行，2018年底改名为PNB银行。2019年6月，银行原最大股东格里戈利·古瑟尼科夫（Grigoriy Guselnikov）将PNB银行的控股权出售；7月，银行董事会主席辞职。

③ 拉脱维亚金融协会，https：//www.financelatvia.eu/en/industry－data/，检索日期：2020年4月28日。

银行的银行卡、网银和 ATM 交易暂停。FKTK 决定委托 Citadele 银行向 PNB 银行客户提供存款提取服务，将 PNB 银行的存款保证金用于偿付客户存款，预计偿付金额达 2. 97 亿欧元。每位客户可从存款保证金中支取最多 10 万欧元，足以覆盖 99. 2% 的客户的存款金额。

FKTK 的决定与欧洲央行将 PNB 银行划归为“有财务困难的金融机构”有关。该银行自 2017 年底已被确认违反资本要求。截至 2018 年底，该银行的资本充足率为 12. 48%，仍低于规定的最低限额（14%）。2019 年 3 月 11 日，欧洲央行决定直接监管 PNB 银行。①

PNB 银行的停摆影响了拉脱维亚的多个地区，特别是在该行开设养老金和社会福利账户的老年人。FKTK 和 Citadele 银行将与地方社会保险局密切合作，以确保客户都能够尽快继续便捷领取养老金并享受其他社会福利。

三　外交与安全

2019 年是拉脱维亚外交工作开展的第 100 年，也是拉脱维亚加入欧盟和北约的第 15 年。拉脱维亚在外交上更加积极地参与国际组织的工作，拉近与欧盟及经合组织标准的距离，提升国家在国际舞台上的地位，在世界范围加深、扩大双边合作，促进国家经济增长和国际经济合作，加强全球及区域发展、安全、民主、法治、人权保护，维护国际秩序，紧密团结海外侨民，提高拉脱维亚在国际社会的知名度。为实现上述目标，拉脱维亚一方面积极参选联合国下属机构委员会，另一方面在维护现有双边关系的同时，积极寻求与东南亚、非洲、拉丁美洲等国家的新合作。

（一）欧盟新变化下拉脱维亚的合作诉求

2019 年，欧盟经历了诸多变化：英国脱欧谈判、多年期财政预算编制、欧洲议会和欧洲委员会换届。在新情况下，拉脱维亚认为有必要从以下几个

① 2020 年 2 月 17 日，欧洲央行最终决定撤销 PNB 银行股份公司的营业执照。

方面加强欧盟的发展：加强统一市场及其数字化；气候上采取“碳中和”政策，发展绿色经济；整合欧盟和北约力量来实现外交安全政策；提高欧盟在国际上的影响力，平衡与欧洲其他国家的关系。拉脱维亚认为欧盟应在促进欧盟东部及南部邻国地区、中亚及巴尔干地区稳定方面发挥更加积极的作用，支持欧盟继续扩大。近年来，拉脱维亚深陷洗钱泥淖，因此同时也强调应在欧盟层级共同打击洗钱活动。在欧盟多年期财政预算编制工作上，拉脱维亚强调预算在促进优先新领域发展的同时，应兼顾对传统领域的支持。通过创新促进经济发展，并利用环境友好型科技来平衡成员国的国民生活水平。拉脱维亚在经济增长和欧盟预算结构调整中应逐渐提高本国机构、政府、企业和社会吸引欧盟资金的能力。而英国脱欧之后，拉脱维亚也将寻求与英国进行最广泛的合作，来保证拉脱维亚国民在英国的权益。

（二）重视与跨大西洋伙伴的合作，实现安全防卫

波罗的海地区将俄罗斯军事力量的加强和军事性质的活动视为对该地区安全的“最大威胁”。此外，不断增加的非军事化手段更是潜在挑战着地区安全。拉脱维亚重视在安全防卫领域加强与北约合作，增强与跨大西洋伙伴间的纽带关系，共同抵御地区安全风险。

在欧洲—大西洋合作框架中，拉脱维亚重视和美国及加拿大的关系。近些年，美国对波罗的海地区实际军事支持不断加强，拉脱维亚也在不断为加强“拉脱维亚—美国战略合作伙伴关系”而与美国开展积极的政治对话。2019 年，拉脱维亚与美国签订了未来五年安全领域双边合作的路线图协议。同时，美国对拉脱维亚能源领域安全及独立具有重要意义，波罗的海三国在能源领域与美国建立了“3 + 1”合作机制，未来将开展包括网络安全、区域能源输送安全及低排放技术开发方面的一系列合作。而加拿大在拉脱维亚的驻军是加强拉脱维亚安全、加强北约盟友团结的保障。2019 年 6 月，加拿大驻军总部大楼工程在拉脱维亚启动，这促进了两国高层的对话和专家的交流。拉脱维亚希望与加拿大在安全领域合作的基础上进一步加强经贸、教育等领域的全方位合作。

近几年数次被美制裁的经历和风险使拉脱维亚意识到“制裁”是保障安全的一个重要外交手段，因此在2019年修正了《拉脱维亚共和国国际制裁和国家制裁法》，内阁政府成立了制裁协调委员会，并在外交部设立了制裁部。

（三）加强波罗的海地区合作

2019年，拉脱维亚担任波罗的海国家理事会和部长委员会轮值主席国，努力促进该地区加强安全领域及交通能源基础建设项目的发展，维护欧盟共同利益。

2019年，波罗的海国家继续加强建设波罗的海空域监控管理网络（BALTNET），保障波罗的海各国对领空的控制，提高区域领空安全。10月，波罗的海整编营（BALTBAT）获权参与2020年北约反应部队军事活动。2019年是波罗的海国防学院成立的第20年，该学院以统一的标准为波罗的海国家培训军事官员。

担任轮值主席国期间，拉脱维亚还致力于地区能源市场建设，促进波罗的海地区能源系统与欧洲大陆能源网络的融合。为实现2025年波罗的海电网与欧洲同步，2019年波罗的海地区通过了技术上及政策上的路线图。

（四）基于欧盟政策与东部国家务实合作

2019年，在“东部伙伴关系”成立十周年庆祝之际，欧盟开始与成员国及东部伙伴讨论2020年后合作发展方向。拉脱维亚与东部伙伴关系成员国保持着各级别的对话，分享拉脱维亚的转型改革经验。拉脱维亚支持乌克兰改革，将继续为乌克兰提供医疗及人道主义援助；支持摩尔多瓦和格鲁吉亚加入欧洲一体化进程；支持白俄罗斯与欧盟就优先合作领域签订条约；继续加强与南高加索国家的联系。

2019年，欧盟通过了新的对中亚国家发展战略，拉脱维亚将继续在欧盟边境管理及教育领域中加强与中亚国家合作，提高拉脱维亚在该地区的知名度。

近年来，虽然欧盟与俄罗斯关系中缺乏信任与活力，但就一些领域及区域问题保持着对话。拉脱维亚在坚持对俄罗斯制裁及欧盟基本价值的基础上，在交通物流、跨境管理、打击团伙犯罪及非法移民、文化教育等领域与俄罗斯开展理性、务实的合作。在“北溪 2 号”天然气管道建设问题上，拉脱维亚表示关切。为避免俄罗斯对能源产生威胁，拉脱维亚将继续与跨大西洋合作伙伴开展对话，解决能源领域中的问题。

（五）扩大与亚洲、非洲及拉丁美洲国家的经济合作

拉脱维亚在深化与中国、日本、韩国合作的基础上，积极拓展与其他亚洲国家的经济合作。2019 年，印度高级别政治经济代表团访问拉脱维亚，双方将在信息技术、制药和食品生产领域加强经贸联络。拉脱维亚外交部在新加坡、越南和印度尼西亚举办企业家研讨会，就制药、木材加工、信息技术和工程解决方案等领域交换合作意见。其间，拉脱维亚还与越南签署了教育合作协议，加强高等教育合作，促进学生、学者交流。

此外，拉脱维亚还在近东、非洲和拉丁美洲地区积极开拓新市场，提升国家在国际社会中的形象。

四　社会与文化

（一）行政区划改革

行政区划改革是卡林什政府的重要工作之一。按照政府工作计划，此次行政区划改革应在 2021 年地区选举之前完成，2019 年政府需制定出可行的改革法案，以便议会在 2020 年中期之前通过。

行政区划改革是 1998 年以来拉脱维亚的一个长期议题，上一次行政区划改革是在 2009 年完成的，将之前存在的 500 多个行政单位精简至目前的 119 个行政单位（包括 9 个共和国市和 110 个地区）。按照现有的行政区划，有 39 个地区居民少于 4000 人，15 个地区缺少具备规模的发展中心，

2 个地区在地理上被其他地区隔断，存在不相连的土地。全国范围内的人口状况和地区经济发展极不平衡。因此，此次行政区划改革的一个主要目标依然是减少行政区域数量，消除地域歧视和地区发展不平衡，提升社会公平。同时，改革也将促进全国学校网络的建设。减少行政区域数量主要靠各行政区域自愿合并来完成，合并方案几经易稿，目前仍在讨论中。11 月 7 日，拉脱维亚议会以 70 票通过此次行政区划改革基本法《行政区划和住区管理法》修正案。

此次行政区划改革遭受了极大的阻力，引起各方的担心和抗议活动。不少拉脱维亚人担心地区合并之后，资源会流向行政区域的中心地带，而历史文化区域会趋于边缘化。拉脱维亚自治政府联盟认为政府在制定和推进改革方案时没有充分考虑当地居民的利益与需求。欧洲委员会地区及区域自治政府理事会监督委员会在巡视中指出，目前拉脱维亚行政区划改革中存在两种角色——地方政府和国家政府，要顺利实现改革，应加强双方的对话。[①] 拉脱维亚科学院专家组则表示，目前行政区划改革的得失影响还没有得到全面的评估和分析，改革应在充分调研及社会全面了解的情况下再进行。[②] 改革所需费用也是推行改革的一个制约因素，据悉改革的准备阶段需花费 80 万欧元，而实现改革则需耗费约 1% 的国内生产总值。[③]

（二）拉脱维亚大学成立100周年

作为拉脱维亚最重要的综合性大学，2019 年拉脱维亚大学迎来建校 100 周年。为此，拉脱维亚大学举行了一系列庆祝活动。年初，拉脱维亚大学学

① 拉脱维亚公共媒体网，https：//www. lsm. lv/raksts/zinas/latvija/eiropas – padomes – eksperts – novadu – reforma – latvija – ir – divi – monologi – – pasvaldibu – un – ministrijas. a340609/，检索日期：2020 年 5 月 18 日。

② 拉脱维亚公共媒体网，https：//www. lsm. lv/raksts/zinas/latvija/zinatnu – akademijas – ekspertu – konsilijs – iesaka – atlikt – novadu – reformu. a341098/，检索日期：2020 年 5 月 18 日。

③ 拉脱维亚公共媒体网，https：//www. lsm. lv/raksts/zinas/latvija/ministrs – novadu – reforma – varetu – izmaksat – 1 – no – iekszemes – kopprodukta. a309863/，检索日期：2020 年 5 月 18 日。

术中心科学大楼启用，这是拉脱维亚大学近年来改善办学条件、加强基础设施建设的标志性成果。4 月，拉脱维亚大学在联合国教科文组织活动框架下召开纪念彼得利斯·施密茨（Pēteris Šmits）① 教授的国际学术研讨会。9 月，拉脱维亚发行了拉脱维亚大学成立 100 周年的纪念邮票。

但 2019 年拉脱维亚大学校长的选举丑闻也给学校 100 周年庆祝带来不和谐因素。拉脱维亚教育科学部认定 5 月 24 日常规选举和 6 月 6 日特殊选举程序中存在多处不符合《拉脱维亚高等学校法》及《拉脱维亚大学宪章》选举要求的行为，因此直至 2019 年底拉脱维亚大学也没有任命新的校长。

（三）新电影刷新票房纪录

2019 年 11 月 8 日，拉脱维亚国庆前夕，由拉脱维亚导演津塔尔斯·德雷贝尔格斯（Dzintars Dreibergs）执导的战争题材电影《灵魂暴风雪》（*Dvēseļu putenis*）在拉脱维亚首映。这部电影由拉脱维亚和多国电影人士合作完成，观众期待已久，一经上映就刷新了拉脱维亚自再次独立以来的票房纪录，五个星期观影人数超过 20 万人次，甚至击败了国际热门影片《泰坦尼克号》和《阿凡达》。

电影《灵魂暴风雪》根据阿莱克桑德尔斯·格林斯（Aleksandrs Grīns）的同名小说改编，通过拉脱维亚步兵个人的战争经历，讲述了一战时期拉脱维亚为争取国家独立所做出的斗争与努力。

五　与中国的关系

2019 年，中拉两国地方交流与合作日益频繁，稳步推进了双边务实合作。两国贸易额持续上升，交通物流合作稳步推进，电子商务和生命科学领

① 彼得利斯·施密茨，拉脱维亚著名语言学家、民俗学家，拉脱维亚大学奠基人之一，同时也被视为拉脱维亚汉学之父。

域合作取得突破。人文交流成果丰硕，交流形式不断丰富，合作领域不断扩大。

中国是拉脱维亚在欧盟外的第二大贸易伙伴，也是其在亚洲的最大贸易伙伴。根据拉脱维亚中央统计局数据，2019 年拉中两国贸易额为 6.68 亿欧元，比 2018 年上涨 2.9%，是“17 + 1”合作开始前（2011 年）贸易额的两倍。中国在拉贸易伙伴中排第 12 位。2019 年拉脱维亚出口中国的产品主要有木材及其制品（52%）、矿产品（13.1%，主要为泥炭）、机械及电子设备（10.1%），进口产品主要为机械及电子设备（52.2%，主要为通信设备）、工业制品（9.6%，主要为照明设备）、塑料制品及橡胶制品（7.7%）。[①]

立足于优越的地理位置，交通和物流一直是拉脱维亚在“17 + 1”框架中进行经济合作的优先领域。2019 年 4 月，第二届“一带一路”国际合作高峰论坛期间，拉脱维亚和中国继续加强合作，为货物运输提供新服务；中国海运公司成为里加国际港北欧货运线路中的一员；拉脱维亚邮政及里加国际机场实现与中国企业的合作，为欧洲及其他国家途经拉脱维亚进行的电子购物在交通与物流方面提供更高效的解决方案。

电子商务合作成为两国贸易、交通和物流领域合作的新推手。2019 年 4 月，第八次中国—中东欧国家领导人会晤期间，拉脱维亚与宁波市政府签署了《关于合作支持建设中国（宁波）—拉脱维亚跨境电子商务港湾的谅解备忘录》。5 月 20 日，中国（宁波）—拉脱维亚跨境电子商务港湾在里加启动。同月，中拉两国开通常规货运航班。该航班由俄罗斯阿特朗航空快运公司执飞，每周一班，往返于杭州和里加，为阿里巴巴旗下的菜鸟网络提供电商货物跨境运输。第三方支付平台支付宝也在里加部分商业中心投入使用。

中拉两国还在生命科学领域取得重大合作进展。经过两年的推进，2019

---

① 拉脱维亚中央统计局数据库外贸数据，http：//data.csb.gov.lv/pxweb/lv/LV_ SQL/START_ _01/ATCN8_ G/，检索日期：2020 年 5 月 18 日。

年 11 月，中国基因组研究公司华大基因集团基因测序中心在里加落地，这是中国企业在中东欧地区设立的首个生命科学中心，是中国—中东欧合作的一个重要成果。该项目投资 1500 万欧元，是拉脱维亚近期最大的投资成功案例，合作将提高拉脱维亚出口产品的附加值。

2019 年，中拉两国人文交流也不断丰富。4 月，海豚出版社出版了第一本由拉脱维亚语直接译为中文的拉脱维亚原创儿童文学作品《小猫头鹰走失记》（*Ucipuci meklē mājas*），其作者扎奈·祖斯塔（Zane Zusta）随后于 5 月至 6 月参加了在北京举行的第四届中欧国际文学节，向中国读者推介拉脱维亚儿童文学作品。5 月 2 日，苏州芭蕾舞团访问拉脱维亚并上演大型芭蕾舞剧《唐寅》。此次演出采用西方艺术形式完美演绎了东方的故事，对在拉脱维亚推介中国文化起到了积极作用。拉脱维亚国家戏剧院于 2019 年 4 月至 5 月参加了上海国际戏剧节，成为第一个到访中国的拉脱维亚戏剧院，开启了中拉两国间新的交流方式。此外，2019 年 10 月 22 日，波罗的海地区首个中国文化中心——里加中国文化中心正式揭牌，这是中拉两国人文交流与合作的里程碑事件，为双方实现文化合作共享开启了新的篇章。

然而，两国在 2019 年的交往中也存在一些不和谐的音符。继立陶宛之后，拉脱维亚也将中国视为影响全球安全的“威胁”，将中国发展的新科技视为“危险武器”。

B.17
立陶宛

王惟晋*

摘　要： 2019年，立陶宛举行总统选举，无党派经济学家吉塔纳斯·瑙塞达当选。“农民与绿色联盟党”领导的执政联盟吸纳了新成员，重新夺回议会的主导权。然而执政党领袖与总理之间存在矛盾，新的执政联盟内部凝聚力存疑，立陶宛国内政治形势依然不稳定。2019年，立陶宛经济发展势头良好，政府财政相对稳定，贸易体量继续扩大，但高素质劳动力严重短缺的问题依然没有明显改善。外交层面，2019年立陶宛对华态度出现反转并延续了敌视俄罗斯的立场，同时更彻底地倒向美国与欧盟，并且在价值观与军事层面加强与美欧之间的合作，增加军费应对地缘政治挑战。社会层面，波兰族人与俄罗斯族人的地位有改善迹象，但贫困与地区差异依然是其重大的社会问题。

关键词： 立陶宛　农民与绿色联盟党　中国－立陶宛关系　波罗的海国家

一　国内政治形势

（一）2019年立陶宛总统选举

2019年5月26日立陶宛举行总统选举，共有2486915名立陶宛公民参

* 王惟晋，博士，广东外语外贸大学国际关系学院讲师，研究方向为中欧关系、中国外交。

与投票，投票率为56.99%。第一轮选举共有9位候选人参与，其中6位是无党派的独立候选人，分别是前任环境部部长瓦伦蒂纳斯·马祖罗尼斯（Valentinas Mazuronis）、经济学家吉塔纳斯·瑙塞达（Gitanas Nausėda）、作家及退役运动员阿尔维达斯·朱奥兹提斯（Arvydas Juozaitis）、议员及前任财政部部长英格丽达·西莫尼特（Ingrida Šimonytė）、总理萨乌柳斯·斯克韦尔内利斯（Saulius Skvernelis）、议员明道加斯·普益多卡斯（Mindaugas Puidokas）。具有政党背景的候选人有来自立陶宛社会民主党（Social Democratic Party of Lithuania）的维特尼斯·安德柳凯提斯（Vytenis Andriukaitis），其身份是欧盟委员会成员及前任卫生部部长。此外，立陶宛中间党（Lithuanian Centre Party）主席、议员纳格里斯·普蒂基斯（Naglis Puteikis）也参与了选举，身兼欧洲议会议员的立陶宛波兰人选举运动党（Electoral Action of Poles in Lithuania）主席瓦尔德马尔·托马舍夫斯基（Valdemar Tomaševski）同样被核定允许参与首轮总统选举。

在首轮投票结束后，由于没有候选人得到超过50%的选票，根据规定，得票最高的两位候选人进入第二轮投票。这两位候选人分别是英格丽达·西莫尼特（获得446719票，得票率为31.53%）与吉塔纳斯·瑙塞达（获得441396票，得票率为31.16%）。最终吉塔纳斯·瑙塞达在第二轮选举中获得881459票及66.53%的投票者支持，成功击败英格丽达·西莫尼特（获得443394票，得票率为33.47%），当选为新一任立陶宛总统。

（二）2019年立陶宛内阁重组与执政联盟的扩大

2019年8月，吉塔纳斯·瑙塞达批准了立陶宛内阁成员的改组方案，来自立陶宛波兰人选举运动党的议员雅罗斯拉夫·纳尔克维奇（Jaroslav Narkevič）代替罗卡斯·马修里斯（Rokas Masiulis）担任运输与通信部部长，而同样来自波兰人选举运动党的议员丽塔·塔玛淑涅奈（Rita Tamašunienė）取代埃穆蒂斯·米休纳斯（Eimutis Misiūnas）担任立陶宛内务部部长。此外，来自社会民主工党（Social Democratic Labor Party）的议员安德鲁斯·帕利尼斯（Andrius Palionis）取代吉德留斯·塞普利（Giedrius Surplys）担任农业部部长。而原本计划辞职参加总统选举的萨乌柳斯·斯克韦尔内利斯则继续担任总理。

内阁成员更替的原因在于议会中的执政联盟扩大了规模。执政的“农民与绿色联盟党”（Farmers and Greens Union）经历了既往盟友立陶宛社会民主党的“背叛”与“内乱”后，重新稳定了局面。执政党在与立陶宛社会民主工党联盟的基础上，与“秩序与正义党”（Order and Justice）和波兰人选举运动党签订协议，将其纳入执政联盟。新的执政联盟在立陶宛议会中拥有75席，在总议席为141席的立陶宛议会中成为多数。在“农民与绿色联盟党”维持好执政联盟内部凝聚力的前提下，执政党能继续贯彻落实既有的执政理念。但事实上这并不容易，“农民与绿色联盟党”作为立陶宛政坛的后起之秀，仍比较缺乏政治资源与人才，目前在立陶宛内阁中只有环境部部长凯斯图蒂斯·马杰伊卡（Kęstutis Mažeika）来自该党，而总理职位更是需要党外人员担任。而现在执政联盟成员增加两党，内部结构变得更加松散，联合执政的四个政党政治立场并不完全一致。事实上，“秩序与正义党”和波兰人选举运动党加入执政联盟，更大程度上是因为能在内阁中占据一席之地，继而在行政层面施加影响力，而不是为了支持“农民与绿色联盟党”的执政理念。[①] 假如新入联盟的两党代表未来不能保住在政府中的内阁成员职位，此两党皆可能离开执政联盟继而导致执政党失去议会中的优势地位，因此未来“农民与绿色联盟党”必须满足以上两党的内阁职位要求。若“秩序与正义党”和立陶宛波兰人选举运动党离开执政联盟，总统吉塔纳斯·瑙塞达则可通过协调平衡各方势力在议会中扮演更重要的角色。

此外，执政党“农民与绿色联盟党”的民望不断下降，比较之下，作为主要反对派的“祖国联盟—立陶宛基督教民主党”和脱离执政联盟的立

---

① Lithuanian Radio and Television, Lithuania's New Government—What You Need to Know, https://www.lrt.lt/en/news-in-english/19/1085689/lithuania-s-new-government-what-you-need-to-know，检索日期：2020年1月30日。

陶宛社会民主党的支持率不断上升。2019 年 6 月的民意调查显示，17% 的立陶宛人会投票给“祖国联盟—立陶宛基督教民主党”，该党得到最多选民的支持，而执政的“农民与绿色联盟党”只得到 15% 的支持率，排名第三的是立陶宛社会民主党，得到 8. 1% 的支持率。①

再者，“农民与绿色联盟党”的领袖罗慕路斯·卡包斯基斯（Ramunas Karbauskis）与总理萨乌柳斯·斯克韦尔内利斯之间有潜在矛盾。萨乌柳斯·斯克韦尔内利斯曾对罗慕路斯·卡包斯基斯在执政联盟中的一些“独断”的做法含蓄地表示不满。在提名欧盟委员会的立陶宛代表前，罗慕路斯·卡包斯基斯声明只会支持 28 岁的政治新秀韦金尼尤斯·辛克维休斯（Virginijus Sinkevičius）担任该职务，而萨乌柳斯·斯克韦尔内利斯则表示反对。② 以上的迹象表明，新组阁的立陶宛执政联盟并不稳固，总理与执政党党魁之间存在矛盾，“农民与绿色联盟党”的执政之路暗潮涌动。

二 经济发展状况

（一）经济发展形势良好

立陶宛 2019 年 GDP 同比增长约 3. 9%，增幅较 2018 年增加 0. 2 个百分点。就国内层面而言，内需增长是本年度经济增长的重要动力，主要原因在于国民家庭收入提高，物价上涨速度进一步减缓，③ 2019 年立陶宛国内平均

① Lithuanian Radio and Television，Opposition Conservatives Remain Lithuania's Most Popular Party – Poll，https：//www. lrt. lt/en/news – in – english/19/1072293/opposition – conservatives – remain – lithuania – s – most – popular – party – poll，检索日期：2020 年 2 月 3 日。

② Lithuanian Radio and Television，Lithuania's New Government—What You Need to Know，https：//www. lrt. lt/en/news – in – english/19/1085689/lithuania – s – new – government – what – you – need – to – know，检索日期：2020 年 1 月 30 日。

③ Lietuvos Bankas，Lithuanian Economic Review，April 2020，pp. 12 – 13，https：//www. lb. lt/en/publications/lithuanian – economic – review – april – 2020，检索日期：2020 年 6 月 23 日。

工资增长达9%，[1] 而通货膨胀率为2.2%左右，比2018年下降约0.3个百分点。[2] 另外，立陶宛政府近年来切实保障了少数族裔的经济权益，同时积极发展电子商务平台，继而塑造了比较良好的营商环境。根据世界银行《2020年全球营商环境报告》，2019年立陶宛营商环境全球排第11位，在欧盟国家中仅次于丹麦、挪威与瑞典。[3] 就外部因素而言，根据立陶宛银行的解释，2019年国际经济环境不理想，国际贸易争端增加，欧盟整体经济增长速度放缓，导致外部需求减弱，立陶宛商品出口同比增长低于5%，增幅是近两年来的新低，但来自欧盟的各类基金支持数额增加了近25%，其中对通信设施的投资达到了近七年来的新高，进一步推动了国内企业经营的数字化程度，促进生产力发展，某种程度上抵消了外部经济环境的不利因素。由于经济发展状况良好，营商环境改善，2019年立陶宛吸引的外国投资总额为3.03亿欧元，比2018年增长了约2400万欧元。[4]

（二）政府财政稳定

2019年立陶宛政府财政收入为163.71亿欧元，比2018年增加11.87亿欧元，[5] 但依旧入不敷出。2019年立陶宛政府财政支出为165.03亿欧元，比2018年增加15.58亿欧元，[6] 由此导致立陶宛国家债务的上升。截至2020年1月，立陶宛政府债务达173.04亿欧元，约占国内生产总值的43.86%，但该指标处于欧盟的警戒线（60%）以下，暂时未对国家财政与

---

① Lietuvos Bankas, Lithuanian Economic Review, April 2020, p.6, https://www.lb.lt/en/publications/lithuanian-economic-review-april-2020，检索日期：2020年6月23日。

② Lietuvos Bankas, Lithuanian Economic Review, April 2020, p.21, https://www.lb.lt/en/publications/lithuanian-economic-review-april-2020，检索日期：2020年6月23日。

③ The World Bank, Doing Business 2020, p.4, https://openknowledge.worldbank.org/bitstream/handle/10986/32436/9781464814402.pdf，检索日期：2020年3月10日。

④ Lietuvos Bankas, Direct Investments Statistics, https://www.lb.lt/en/direct-investments-statistics，检索日期：2020年6月23日。

⑤ Trading Economics, Lithuania Government Revenues, https://tradingeconomics.com/lithuania/government-revenues，检索日期：2020年2月26日。

⑥ Trading Economics, Lithuania Fiscal Expenditure, https://tradingeconomics.com/lithuania/fiscal-expenditure，检索日期：2020年2月26日。

金融稳定构成威胁。立陶宛政府黄金储备量依旧为5.82吨，与2018年相比并无改变。[①] 评级机构穆迪在2019年8月对立陶宛政府的信用评级为A3，前景正面。换言之，2019年立陶宛政府的财政状况依然良好。

（三）对外贸易增长

2019年立陶宛对外贸易总额约为614.16亿欧元，其中出口额约为295.99亿欧元，进口额约为318.17亿欧元，分别比2018年增加13.28亿欧元和9.75亿欧元，[②] 但立陶宛的对外贸易并没有扭转长期逆差的状态。2019年，欧盟依旧是立陶宛商品最重要的单一市场，其次是俄罗斯、白俄罗斯、美国与乌克兰。[③] 在欧盟内部，拉脱维亚是立陶宛最大的贸易伙伴，双边贸易额约占其进出口总额的9.5%，其次是波兰、德国、爱沙尼亚和瑞典，双边贸易额分别占立陶宛进出口总额的7.9%、7.5%、5%、4.5%。[④] 立陶宛的主要贸易逆差来源国为德国，2019年与德国的贸易逆差为16.5亿美元；立陶宛最大的贸易顺差来源国是乌克兰，2019年与该国贸易顺差为8.4亿美元。[⑤] 2019年立陶宛出口量最大的五种商品分别是矿物燃料、机械、家具、电子产品、塑料制品，分别占立陶宛出口总额的13.6%、8.3%、7.7%、6.5%、6.2%。[⑥] 2019年立陶宛进口量最大的五种商品分别是矿物燃料、机械、车辆、电子产品和塑料制品，分别占进口总额的

---

① Trading Economics, Lithuania Gold Reserves, https://tradingeconomics.com/lithuania/gold-reserves，检索日期：2020年2月26日。

② Eurostat, International Trade of EU, the Euro Area and the Member States by SITC Product Group, https://appsso.eurostat.ec.europa.eu/nui/submitViewTableAction.do，检索日期：2020年6月23日。

③ Official Statistics Portal, Foreign Trade, https://osp.stat.gov.lt/en_GB/uzsienio-prekyba1，检索日期：2020年3月8日。

④ Daniel Workman, Lithuania's Top Trading Partners, http://www.worldstopexports.com/lithuanias-top-import-partners/，检索日期：2020年2月18日。

⑤ Daniel Workman, Lithuania's Top Trading Partners, http://www.worldstopexports.com/lithuanias-top-import-partners/，检索日期：2020年2月18日。

⑥ Daniel Workman, Lithuania's Top 10 Exports, http://www.worldstopexports.com/lithuanias-top-10-exports/，检索日期：2020年2月18日。

18.3%、10%、9.9%、7.4%、4.4%。[①] 与2018年相比，2019年立陶宛的商品进出口结构并没有发生重大变化，低技术含量的商品占对外贸易总额的比例依然较高。

（四）劳动力市场困境持续

立陶宛经济发展向来受制于国内劳动力市场的困境，企业难以招募到合适的高技术人员，而中低等技术劳动力却过剩。[②] 2019年，该困境仍未得到缓解，其根本原因在于劳动力人口的结构不合理。立陶宛政府在2019年放宽了移民政策，移民至立陶宛的人口数量比从立陶宛移出的人口数量多出1万多人，[③] 这是立陶宛独立以来净移民人口数量首次出现正增长。即便如此，根据世界银行的统计，2019年立陶宛的劳动人口数量仍比2018年减少了近2%，只有1444326人。[④]换言之，移民政策的放宽并未能逆转劳动力人口减少的趋势，立陶宛人口老龄化是这种现象背后的重要原因。2019年立陶宛65岁及以上的人口比例为19.77%，与2015年相比增加了1.04个百分点；而20~64岁的人口比例为60.23%，与2015年相比下降了0.38个百分点。[⑤] 数据显示，立陶宛社会的人口老龄化趋势仍在持续。另外，立陶宛城市人口比例为67.9%，[⑥] 低于欧洲国

---

① Daniel Workman，Lithuania's Top 10 Imports，http：//www.worldstopexports.com/lithuanias-top-10-imports/，检索日期：2020年2月18日。

② IMF，Republic of Lithuania，https：//www.imf.org/~/media/Files/Publications/CR/2019/1LTUEA2019003.ashx，检索日期：2020年3月11日。

③ Lietuvos Bankas，Lithuanian Economic Review，April 2020，p.15，https：//www.lb.lt/en/publications/lithuanian-economic-review-april-2020，检索日期：2020年6月23日。

④ The World Bank，Labor Force Total Lithuania，https：//data.worldbank.org/indicator/SL.TLF.TOTL.IN?locations=LT&most_recent_value_desc=true，检索日期：2020年6月23日。

⑤ European Commission，Lithuania Population Demographic Situation，Languages and Religions，https：//eacea.ec.europa.eu/national-policies/eurydice/content/population-demographic-situation-languages-and-religions-44_en，检索日期：2020年6月2日。

⑥ Index Mundi，Lithuania Urbanization，https：//www.indexmundi.com/lithuania/urbanization.html，检索日期：2020年6月2日。

家的平均水平（74%），[①] 缺乏专业技能或位于偏远地区的人口很难通过教育或职业技能训练进入城市的高端劳动力市场中。“农民与绿色联盟党”执政后成功调整了劳动力市场政策，使企业能以更灵活的方式雇用人员。此外，立陶宛还整合高等教育与职业技能培训资源，但成效甚微。2019 年立陶宛 15 ~ 64 岁人口的劳动力参与率约为 77.8%，与 2018 年相比只上升了约 0.3 个百分点，[②] 而 2019 年失业率与 2018 年相比上升了 0.1 个百分点，达到 6.3%，[③] 就业环境改善程度依旧难以满足企业对高端人才的需求，立陶宛劳动力紧缺的问题并未真正缓解，成为未来经济发展的制约因素。

三 外交与安全

（一）对俄关系陷入两难困境

新的立陶宛政府继续对俄罗斯持敌视态度。2019 年 12 月，吉塔纳斯·瑙塞达在北约伦敦峰会上呼吁北约成员将俄罗斯列为现有国际秩序的“威胁”，指出克里姆林宫的种种行动正在“破坏现有的国际法”。[④] 2014 年克里米亚并入俄罗斯的行为依旧让立陶宛人感到担忧。然而在经济领域，若不把欧盟算作单一市场，俄罗斯实质上是立陶宛最大的贸易伙伴，立陶宛不但长期依赖从俄罗斯进口的能源，其他诸如电子产品、饮料与酒

① European Commission, Developments and Forecasts on Continuing Urbanisation, https://ec.europa.eu/knowledge4policy/foresight/topic/continuing-urbanisation/developments-and-forecasts-on-continuing-urbanisation_en，检索日期：2020 年 6 月 2 日。

② The World Bank, Labor Force Participation Rate, Total (% of Total Population Ages 15 - 64), https://data.worldbank.org/indicator/SL.TLF.ACTI.ZS，检索日期：2020 年 6 月 23 日。

③ Eurostat, Unemployment by Sex and Age—Annual Data, https://appsso.eurostat.ec.europa.eu/nui/submitViewTableAction.do，检索日期：2020 年 6 月 23 日。

④ UAWIRE, Lithuanian President Urges NATO to Recognize Russia as a Threat to World Order, https://www.uawire.org/lithuanian-president-urges-nato-to-recognize-russia-as-a-threat-to-world-order，检索日期：2020 年 3 月 10 日。

水、香水与化妆品等生活用品也需要从俄罗斯进口。[①] 因此立陶宛与俄罗斯经济相互依赖程度很高，民众的日常生活实际上无法离开俄罗斯。可见立陶宛在军事上敌视俄罗斯但又无法脱离俄罗斯经济的两难局面依旧持续。

（二）对美关系升温

由于波罗的海地区与俄罗斯接壤，为了争夺地缘政治利益，美国一直重视加强与立陶宛之间的联系。而立陶宛从苏联独立后，对苏联拥有消极的民族记忆，为了维持自身独立，立陶宛依赖以美国为首的北约提供安全保障。因此，立陶宛政府优先发展对美关系，积极开展与美国的合作。但美国与立陶宛之间的经济联系并不紧密，2019 年，立陶宛与美国之间的贸易额提升至20. 03 亿美元，但总量在美国的贸易伙伴中只排第80 位。[②] 而美国只是立陶宛的第九大贸易伙伴，与美贸易额只占立陶宛对外贸易总额的 3. 7% 。[③] 2019 年立陶宛政府从美国购买了液化天然气，声称要减轻国内对俄罗斯能源的依赖，[④] 但此举更像是一种政治表态，因为经长途运输至立陶宛的美国液化天然气价格高昂，立陶宛依然无法减轻对俄罗斯的能源依赖。在政治、军事与价值观层面，立陶宛紧跟美国的步伐。为了应对俄罗斯的潜在“威胁”，2019 年，立陶宛进一步加强了与美国的军事联系。4 月，立陶宛与美国签订了新的国防合作协议，基于此，美国将会在网络安全、海洋、情报等

---

① Official Statistics Portal，Foreign Trade，https：//osp. stat. gov. lt/en_ GB/uzsienio – prekybal，检索日期：2020 年 3 月 8 日。

② US Trade Numbers，Lithuania，https：//www. ustradenumbers. com/country/lithuania/，检索日期：2020 年 3 月 3 日。

③ Daniel Workman，Lithuania’s Top Trading Partners，http：//www. worldstopexports. com/lithuanias – top – import – partners/，检索日期：2020 年 2 月 18 日。

④ Lithuania Government，Prime Minister：It Is Important to Further Strengthen Strategic Partnership with the US，https：//lrv. lt/en/news/prime – minister – it – is – important – to – further – strengthen – strategic – partnership – with – the – us，检索日期：2020 年 2 月 27 日。

方面为立陶宛提供更大的支持。[①] 2019 年 10 月底，美国派遣一支 500 人的部队前往立陶宛驻扎 6 个月，履行美国与北约对立陶宛的军事保障承诺。[②] 立陶宛则通过北约的框架支持美国在中东的军事行动，2019 年立陶宛有 6 名军队教官在伊拉克西北部城市拉马迪参与培训当地的维和力量，有 50 名军队教官在阿富汗训练当地维和力量。[③]

（三）对欧盟的认同感依旧稳固

现阶段立陶宛人对欧盟的认同感比较强。2019 年 11 月公布的欧洲晴雨表显示，有 81% 的受访立陶宛人认同欧盟拥有国际话语权，高于欧盟（28 国）的平均水平（70%），58% 的立陶宛人认为欧盟式的民主制度行之有效，72% 的立陶宛人希望欧洲议会能发挥更重要的作用，欧盟以上两项数据的平均水平分别只有 52% 和58%。[④] 然而，94% 的立陶宛人希望欧盟能够更大程度地让公民参与决策，在欧盟各国中排名第三。[⑤] 2019 年，

---

① Congressional Research Service, Estonia, Latvia, and Lithuania: Background and U. S. -Baltic Relations, https://crsreports.congress.gov/product/pdf/R/R46139?__cf_chl_jschl_tk__=fc7b40c2e08a80c2ecd387a94c1cbd73fd16e9ea-1580397386-0-Af9_nk5RzQKfX9l10ChCOUyiJWUkoRc6OnIRpnTt30d4r1T5f4GgnT-FgDTrNNMkqcHfiKVlQ1RXA89GqyarZaLWY0Pnb9QNlYl9IHwoR-gikg527PKngQTfDH_FKMiSDmCfODzd1iK19bSP27iYtjDJKFlmW0vbVRp9NLtx0O1UBXwk_qb8adMTvKHCqI2P7EZber2J4nV2GFD5aoB_7DRXU9O0o_7A5updLvtwKm8J9hfkK9F0hRVHbhYemAsugE00ttRmPcychX3e1qOsOLlNTXovOGnq0yBkX2nft9IK，检索日期：2020 年 2 月 27 日。

② Andrius Sytas, U. S. to Deploy 500 Troops to Lithuania in Fresh Signal to Russia, https://www.reuters.com/article/usa-russia-lithuania/us-to-deploy-500-troops-to-lithuania-in-fresh-signal-to-russia-idUSL5N26G2VC，检索日期：2020 年 3 月 3 日。

③ Ministry of National Defence Republic of Lithuania, Lithuanian Soldiers Will Deploy to 11 Multinational Operations This Year, http://kam.lt/en/news_1098/news_archives/new_archive_2019/news_archive_2019_-_01/lithuanian_soldiers_will_deploy_to_11_multinational_operations_this_year.html?pbck=0，检索日期：2020 年 3 月 4 日。

④ EU, Public Opinion Monitoring at a Glance, p. 2, https://www.europarl.europa.eu/at-your-service/files/be-heard/eurobarometer/2020/plenary-insights-january-2020/en-plenary-insights-january-2020.pdf，检索日期：2020 年 2 月 28 日。

⑤ EU, Public Opinion Monitoring at a Glance, p. 6, https://www.europarl.europa.eu/at-your-service/files/be-heard/eurobarometer/2020/plenary-insights-january-2020/en-plenary-insights-january-2020.pdf，检索日期：2020 年 2 月 28 日。

立陶宛人最希望欧盟能帮助其消除国内的社会贫困差异。[①] 事实上欧盟也的确在朝着这方面努力，欧盟的结构与凝聚力基金（Structural and Cohesion Fund）在立陶宛的首要目标便是解决贫困与地区差异问题，在其2014～2020年的拨款中，截至2019年，欧盟已给立陶宛拨发71.44亿欧元用于实现该目标。[②] 立陶宛政府利用该资金发展交通基础设施和低碳、环保、可持续的经济产业，同时也投资于教育培训和促进社会融入的事业，以解决国内的社会问题。另外，立陶宛作为成员国也积极支持欧盟的扩大，总理萨乌柳斯·斯克韦尔内利斯公开支持黑山加入欧盟，并且表示愿意与黑山分享立陶宛加入欧盟的经验。[③] 与此同时，立陶宛政府在发展与乌克兰的关系中，亦鼓励乌方积极向欧盟靠拢，同时也鼓励塞尔维亚、北马其顿等有意申请加入欧盟的国家积极开展内部改革，以达到欧盟的入盟标准。

此外，由于立陶宛与俄罗斯接壤，战略位置重要，欧盟国家积极通过北约的框架为立陶宛提供军事支持。2019年，一支由德军领导的1000人的多国联合部队驻扎在立陶宛，以加强该国国防能力。欧盟成员国也是立陶宛军队未来主要武器装备来源地，目前立陶宛计划给陆军添置德国与荷兰联合生产的拳狮装甲车（Boxer Infantry Fighting Vehicles），同时开始使用从挪威购买的地对空导弹防御系统（NASAMS），部署该系统预计需花费立陶宛政府2.8亿美元。

---

① EU，Public Opinion Monitoring at a Glance，p. 5，https：//www. europarl. europa. eu/at－your－service/files/be－heard/eurobarometer/2020/plenary－insights－january－2020/en－plenary－insights－january－2020. pdf，检索日期：2020年2月28日。

② European Commission，Operational Programme for EU Structural Funds Investments for 2014－2020 Lithuania，https：//ec. europa. eu/regional_ policy/en/atlas/programmes/2014－2020/lithuania/2014lt16maop001，检索日期：2020年2月29日。

③ Lithuania Government，Prime Minister Saulius Skvernelis：We Are Ready to Share European Integration Experience with Montenegro，https：//lrv. lt/en/news/prime－minister－saulius－skvernelis－we－are－ready－to－share－european－integration－experience－with－montenegro，检索日期：2020年2月29日。

四 社会与文化

总体而言，立陶宛人比较满意当下的生活状态，联合国2019年发布的《世界幸福报告》显示，立陶宛人的幸福指数在世界排第42位，在波罗的海三国中排名最高①，这从侧面说明立陶宛社会处于相对稳定的状态，然而其社会内部仍存在无法忽视的问题。

（一）贫富差异

贫富差异一直是立陶宛社会的严重问题，根据世界银行最新公布的数据，立陶宛的基尼系数为37.3，高于欧盟的平均水平（30.8）。② 立陶宛政府原计划在2019年底前将临界贫困人口③数量从2010年的110万人减少至81万人。④ 但2019年的数据显示，立陶宛贫困人口的经济状况并没有显著改善，即便近年来经济发展态势良好，28.3%的立陶宛人的生活水平依然临界贫困，只比2017年下降了1.3个百分点，在欧盟国家中略好于保加利亚（32.8%）、罗马尼亚（32.5%）、希腊（31.8%）和拉脱维亚（28.4%）。⑤ 虽然立陶宛政府有可能顺利实现既定的减贫目标，但目标的实现很大程度上

---

① United Nations Sustainable Development Solutions Network, World Happiness Report 2019, https://worldhappiness.report/ed/2019/，检索日期：2020年3月2日。

② The World Bank, Gini Index (World Bank Estimate) – Lithuania, https://data.worldbank.org/indicator/SI.POV.GINI?locations=LT，检索日期：2020年12月1日。

③ 根据欧盟统计局定义，若国民处于以下三种情况之一，即属于临界贫困人口。其一，其可支配收入不高于国家中位数的60%；其二，无法支付下列四种或以上的费用，分别是房租、供暖、足够的肉类食品、汽车、洗衣机、彩电或电话、度假、基础公共服务或其他未知费用；其三，家庭成员的工作时间只有正常状态的20%。资料来源："Euro Stat, People at Risk of Poverty or Social Exclusion", https://ec.europa.eu/eurostat/web/products-datasets/-/sdg_01_10，检索日期：2020年12月1日。

④ Sustainable Governance Indicators, Lithuania, https://www.sgi-network.org/2018/Lithuania/Social_Policies，检索日期：2020年2月29日。

⑤ China-CEE Institute, Lithuania Social Briefing, https://china-cee.eu/wp-content/uploads/2019/11/2019s1087（10）Lithuania.pdf，检索日期：2020年2月29日。

是由人口流失所致，临界贫困的人口比例与2010年（28.1%）相比，反而略微提升。总体而言，即便立陶宛经济发展形势良好，塑造了优良的营商环境，但依旧无法摆脱贫困。[①] 对此，立陶宛总统吉塔纳斯·瑙塞达已经让政府增加1亿欧元预算用于社会保障支出。[②] 但由于在北约的要求下，立陶宛需要将军费支出比例持续增加至占国内生产总值的2%，而在欧盟的要求下，立陶宛需要遵守既定的财政纪律，年度财政赤字水平不能超过其当年国内生产总值的3%，负债水平不能超过其国内生产总值的60%，所以，近年来一直处于赤字状态且负债水平不断上升的立陶宛政府并没有太多资源可用于扩大社会保障与教育水平以更好地实现减贫。

（二）民族关系

就民族构成而言，波兰族是立陶宛国内的第一大少数民族。新一届立陶宛政府执政后，波兰族人的地位有所提升，国家凝聚力巩固，但隐患没有得到彻底解决。

在吉塔纳斯·瑙塞达上台前，虽然立陶宛政府声称保护少数族裔的利益，而宪法规定少数族裔也充分享有公民权益，少数民族团体应该得到国家支持，但侵害少数族裔的现象仍时有发生。在立陶宛的波兰裔群体的官方姓名依旧必须以立陶宛语书写，而一些以波兰语教学的学校并没有得到立陶宛政府足够的资金支持；在这些学校里，某些课程被要求使用立陶宛语教学，引起波兰族人不满。[③] 波兰人选举运动党多次对此表示抗议。此外，针对波兰族裔的歧视事件仍时有发生。2019年1月，立陶宛总统办公室擅自收集

---

① Erika Alonderytė, How Much Poverty Is There Really in Lithuania? https://www.lrt.lt/en/news-in-english/19/1108886/how-much-poverty-is-there-really-in-lithuania，检索日期：2020年3月2日。

② Vaidotas Beniušis, Lithuanian President Proposes 100m Additional Spending on Social Security, https://www.lrt.lt/naujienos/news-in-english/19/1094437/lithuanian-president-proposes-eur100m-additional-spending-on-social-security，检索日期：2020年3月2日。

③ Paweł Ozdoba, Warsaw-Vilnius Relations as a Common Matter: the Polish Ethnic Minority in Lithuania, https://warsawinstitute.org/warsaw-vilnius-relations-common-matter-polish-ethnic-minority-lithuania/，检索日期：2020年3月1日。

了12位受雇于立陶宛运输与通信部外包公司的波兰裔职员的个人资料，该事件被认为侵犯了波兰裔公民的基本权益，引起波兰人选举运动党的抗议。[①]

新政府上台后，总统吉塔纳斯·瑙塞达本人在选举中获得波兰族人支持，新的执政联盟中也吸纳了波兰人选举运动党，内阁有波兰族成员。吉塔纳斯·瑙塞达上任不久即访问波兰，强化与波兰之间的友好关系，此举被视作要巩固波兰族裔对政府的支持，以缓解他们在语言、教育议题上对政府的反对态度。[②] 2019年9月，在国家广播电视台的支持下，立陶宛开设了新的波兰语电视频道，进一步限制俄罗斯媒体对波兰裔立陶宛人的影响（部分波兰族人在生活中仍使用俄语），争取波兰族裔的支持。[③] 然而吉塔纳斯·瑙塞达仍未能保证未来立陶宛波兰族裔能使用其民族语言书写其官方姓名，波兰人选举运动党也未必能长期留在执政联盟中，未来立陶宛国内的民族关系依旧存在隐忧。

五 与中国的关系

2019年立陶宛政府的对华关系出现倒退，最重要的原因在于立陶宛开始认为中国对其构成地缘政治“威胁”。

在投资问题上，立陶宛总统吉塔纳斯·瑙塞达上任后一改前任总统达利娅·格里包斯凯特（Dalia Grybauskaite）对华相对友好的态度，甫上任便发

---

① EAPL-CFA, Statement of the Press Office of the Electoral Action of Poles in Lithuania-Christian Families Alliance, http://www.awpl.lt/?p=18152&lang=en#more-18152，检索日期：2020年3月2日。

② LRT, Nausėda in Warsaw-Courtesy Visit or Chance to Tackle Minority Issues? https://www.lrt.lt/en/news-in-english/19/1078980/nauseda-in-warsaw-courtesy-visit-or-chance-to-tackle-minority-issues，检索日期：2020年3月26日。

③ Aleksandra Ketlerienė, New Polish Channel in Lithuania Seeks to Win Back Ethnic Minority Viewers from Russian TV, https://www.lrt.lt/en/news-in-english/19/1098787/new-polish-channel-in-lithuania-seeks-to-win-back-ethnic-minority-viewers-from-russian-tv，检索日期：2020年3月20日。

表诸多对中国不利的言论，导致我国在立陶宛克拉佩达的深水港扩建项目投资受阻。克拉佩达港是波罗的海地区唯一的不冻港，是该地区商品运输的十字路口，该港口扩建项目需要8亿欧元资金，立陶宛政府无法单独承担，原本招商局集团愿意提供资金协助建设，降低“一带一路”与“中国—中东欧合作机制”沿线国家与欧洲北部之间的货物运输成本，推动欧亚地区商品运输发展。但2019年7月，吉塔纳斯·瑙塞达宣称中国在立陶宛克拉佩达港的投资项目对国家安全构成“隐患”，同时还称该建设项目对生态环境不利。[①] 2019年11月，立陶宛国防部部长雷蒙达斯·卡罗布利斯（Raimundas Karoblis）称克拉佩达港的地位是2019年北约的议程之一，立陶宛作为北约成员国不允许该港口被中国“控制”，此外他还指出“一带一路”倡议是“具有政治战略性的基础设施项目”，立陶宛不能因此对中国产生依赖关系。[②] 招商局集团对克拉佩达港的投资计划因此被搁置。

在价值观问题上，2019年7月，立陶宛政府跟随英、法、德等欧洲国家在涉疆问题上以捏造的事实歪曲指责中国。[③] 同样在2019年7月，由于立陶宛对华态度发生改变，“藏独”分子随后开始游说立陶宛政府，要在对华关系中加入涉藏议题。[④] 2019年12月，吉塔纳斯·瑙塞达表示中国正试图根据自身利益“改变”现有国际秩序，呼吁北约成员共同应对；与此同时，他也指出立陶宛需要与中国建立具有“建设性的”经济联系与对话，这意味着对话必须建立在尊重（西方式）人权与法治的

---

① Nauseda：Chinese Investment into Klaipeda Port Can Undermine Security，https：//en. delfi. lt/business/nauseda – chinese – investment – into – klaipeda – port – can – undermine – security. d? id =81845901，检索日期：2020年3月13日。

② Lithuanian Radio and Television，China's Push for Lithuanian Port Poses Risk to NATO，https：//www. lrt. lt/en/news – in – english/19/1119707/china – s – push – for – lithuanian – port – poses – risk – to – nato，检索日期：2020年3月12日。

③ The Baltic Times，Lithuania Joins Group of Countries Condemning Beijing's Treatment of Uighurs，https：//www. baltictimes. com/lithuania_ joins_ group_ of_ countries_ condemning_ beijing_ s_ treatment_ of_ uighurs/，检索日期：2020年3月12日。

④ LRT，Lithuania Must Take Chinese Threat as Seriously as Russia's，Analysts Say，https：//www. lrt. lt/en/news – in – english/19/1105382/lithuania – must – take – chinese – threat – as – seriously – as – russia – s – analysts – say，检索日期：2020年3月12日。

基础上，并且不能损害立陶宛国家安全与欧盟的共同利益。①

在企业市场准入问题上，立陶宛当地媒体与政客受美国影响，试图阻挠中国企业华为参与当地5G网络的建设。2019年1月，立陶宛国会议员劳里纳斯·卡修纳斯（Laurynas Kasciunas）提醒立陶宛政府不能无视美国的警告，要求政府评估华为设备对国家安全的“威胁”。② 2月，立陶宛国家安全部部长达柳斯·亚武尼斯基斯（Darius Jauniskis）声称要审视华为的技术给立陶宛带来的“安全威胁”。③ 而立陶宛当地发行量最大的报纸《立陶宛早报》（*Lietuvos Rytas*）曾发布谣言抹黑华为，最终被华为告上法庭并于2019年10月被宣告败诉。2019年6月，立陶宛国防部部长雷蒙达斯·卡罗布利斯指出立陶宛需要在北约与欧盟层面决定是否采用华为设备搭建5G网络。④

基于此，新一届立陶宛政府正以更审慎的态度处理对华关系，在外交立场上更坚定地倒向美国及其盟友，中国企业在立陶宛的投资经商很可能面临更严峻的挑战，尤其是在涉及港口、铁路、机场、通信设施等重要的基础设施领域。

---

① President of the Republic of Lithuania, Speech by President Gitanas Nausėda at the Annual Lithuanian Foreign Policy Conference, https: //www. lrp. lt/en/media – center/news/speech – by – president – gitanas – nauseda – at – the – annual – lithuanian – foreign – policy – conference/33568，检索日期：2020年3月5日。

② DW, Huawei's Plans in Lithuania under Threat after Spying Allegations, https: //www. dw. com/en/huaweis – plans – in – lithuania – under – threat – after – spying – allegations/a – 47859040，检索日期：2020年3月5日。

③ AFP, China Denies “Ridiculous” Spying Allegations by Lithuania, https: //www. scmp. com/news/china/diplomacy/article/2185529/china – denies – ridiculous – spying – allegations – lithuania，检索日期：2020年3月15日。

④ The Baltic Times, Lithuanian Defmin Says Decisions on Huawei Technologies Must be Made at NATO, EU Level, https: //www. baltictimes. com/lithuanian_ defmin_ says_ decisions_ on_ huawei_ technologies_ must_ be_ made_ at_ nato_ _ eu_ level/，检索日期：2020年3月9日。

B.18
罗马尼亚

庞激扬　徐台杰　刘一凡*

摘　要： 2019年，罗马尼亚再次举行总统大选，现任总统K.约翰尼斯成功连任。这一年罗马尼亚国内政治依然动荡不安，总统与总理的矛盾进一步激化，政府更迭频繁，民众对政府的信任度持续下跌，反腐工作仍任重道远。经济领域，2019年罗马尼亚经济持续增长，已成为欧盟成员国中第14大经济体，但人均GDP仍居倒数第二位。在外交和安全领域，罗马尼亚继续秉持"增强罗马尼亚在欧盟和北约中的影响""加强与美国的战略伙伴关系"等基本外交方向，同时继续为加入申根区积极努力。对华关系方面，2019年正值中罗建交70周年暨建立全面友好合作伙伴关系15周年，两国外交往来频繁，双边贸易稳中有升，文化、教育等领域的合作欣欣向荣。

关键词： 罗马尼亚　总统大选　反腐败　中罗关系

* 庞激扬，博士，北京外国语大学欧洲语言文化学院罗马尼亚语教研室主任、副教授，主要研究方向为罗马尼亚当代文学、中罗文化交流等；徐台杰，北京外国语大学罗马尼亚语专业研究生，会计双学位；刘一凡，北京外国语大学国际组织学院国际经济与金融专业研究生。

一　国内政治形势

（一）2019年总统大选和欧洲议会选举

1. 总统大选

罗马尼亚总统大选于2019年11月举行，[①] 共有14位符合条件的候选人参与竞选。其中，时任总统K. 约翰尼斯（Klaus Iohannis）、总理V. 登奇勒（Viorica Dăncilă）以及拯救罗马尼亚联盟（Uniunea Salvați România，USR）主席D. 巴尔纳（Dan Barna）呼声最高。[②]

2014年，约翰尼斯以国家自由党（Partidul Național Liberal，PNL）主席身份参加大选，并成功获选。根据罗马尼亚宪法，总统不得加入任一政党。因此其在任期间，退出国家自由党。此次，约翰尼斯以个人名义再次参加2019年大选，并得到国家自由党的政治支持，其竞选口号为“正常的罗马尼亚”，称“正常的罗马尼亚”意即一个公平法治、可持续发展、基础设施完备的国家。[③]

登奇勒时任社会民主党（Partidul Social Democrat，PSD，简称社民党）主席，并由该党提名为总统候选人，提出了“在每个罗马尼亚人身边”等多个竞选口号。然而，近年来的党内丑闻、政府更迭及党际斗争让社民党身处“内忧外患”之中，也在很大程度上对选情造成了消极影响。登奇勒领导的政府同总统约翰尼斯之间同样矛盾重重。在第二轮投票前，约翰尼斯以“不会和反对罗马尼亚公民的政党候选人进行辩论”等理由拒绝了本应与登奇勒共同参加的竞选辩论，两人于11月19日分别举行了竞选演说并回答媒

① 2019年11月10日举行了第一轮投票，11月24日举行了第二轮投票。

② 罗马尼亚2019年总统选举官方网站，http://prezidentiale2019.bec.ro/candidati/，检索日期：2020年2月20日。

③ digi24新闻网，https://www.digi24.ro/stiri/actualitate/politica/alegeri-prezidentiale-2019/klaus-iohannis-si-a-prezentat-programul-prezidential-impreuna-pentru-romania-normala-ce-contine-acesta-1207593，检索日期：2020年2月20日。

体相关问题。[①]

巴尔纳是拯救罗马尼亚联盟和自由、联合和团结党（Partidul Libertății, Unității și Solidarității, PLUS）联合推举的候选人。拯救罗马尼亚联盟在罗马尼亚的组织规模和影响力仅次于社民党和国家自由党。他的竞选口号是“在罗马尼亚获得幸福”，并称拯救罗马尼亚联盟和自由、联合和团结党联盟要取代“旧政治阶级”,[②] 让真正懂得实干的人才来治理国家。[③]

根据第一轮投票结果，约翰尼斯和登奇勒进入第二轮投票，最终约翰尼斯获6509135票（得票率为66.09%）成功连任，登奇勒获3339922票（得票率为33.91%）败选。[④]

2. 欧洲议会选举

2019年5月26日，罗马尼亚举行欧洲议会选举投票。当时最大的反对党国家自由党得票率最高，为27%，获得新一届欧洲议会中的10个席位；执政党社会民主党得票率为22.5%，收获9席；由拯救罗马尼亚联盟与自由、联合和团结党组成的“2020联盟”得票率为22.4%，共获得8席；亲罗马尼亚党（Pro România）、人民运动党（Partidul Mișcarea Populară, PMP）和罗马尼亚匈牙利族民主联盟（Uniunea Democrată Maghiară din România, UDMR）各获得2席。[⑤]

---

① insider新闻网，https://www.romania-insider.com/presidential-elections-2019-debate，检索日期：2020年2月20日。

② 指国家自由党、社会民主党等罗马尼亚主要党派。

③ g4media新闻网，https://www.g4media.ro/dan-barna-vechea-clasa-politica-si-a-terminat-benzina-turul-2-al-prezidentialelor-e-un-obiectiv-asumat-al-aliantei.html，检索日期：2020年2月20日。

④ 罗马尼亚通讯社，https://www.agerpres.ro/politica/2019/11/28/prezidentiale2019-bec-rezultate-finale-iohannis-66-09-dancila-33-91--411262?fbclid=IwAR0_Mqu5tLTtPT8YsP3eGW9Tdq0bLnfLHIeSvrA3DTUhCU3vsDtXR-4Tjp4，检索日期：2020年2月20日。

⑤ digi24新闻网，https://www.digi24.ro/stiri/actualitate/politica/rezultate-finale-alegeri-europarlamentare-2019-cum-arata-clasamentul-final-al-partidelor-politice-1139640；ziare新闻网，http://www.ziare.com/alegeri/rezultate-europarlamentare-2019/rezultatele-finale-ale-alegerilor-europarlamentare-psd-are-cu-un-europarlamentar-mai-mult-decat-usr-plus-1564079，检索日期：2020年3月11日。

（二）政府动荡与更替

罗马尼亚政府在2017～2018年面临数次危机，其间更是发生多次更迭，2019年依然未能实现平稳，主要表现在以下几个方面。

总统与总理的矛盾进一步激化。2019年3月，罗马尼亚总理登奇勒在美国－以色列公共事务委员会（The American Israel Public Affairs Committee，AIPAC）年度会议召开前宣布，罗马尼亚将把本国驻以色列大使馆从特拉维夫迁至耶路撒冷。① 这一立场同美国总统特朗普保持一致，但与总统约翰尼斯立场不同。随后，约翰尼斯总统批评登奇勒总理对外交事务一无所知，根据罗马尼亚法律规定，只有总统有权调整本国大使馆在外驻地。②

民众对社民党政府的不满情绪日益加重。尽管罗马尼亚在2019年没有爆发类似前两年的超大规模抗议，但国内多个主要城市并不平静。8月10日，首都布加勒斯特有超过2万名民众聚集在政府所在地——胜利广场进行抗议，类似场景也在雅西、锡比乌和克鲁日等城市上演。与此同时，居住于巴黎、都柏林、法兰克福和维也纳等地的一些罗马尼亚人也走上街头应援国内抗议行动。他们对国家的反腐工作、司法独立性表示不满，对政府机关在一起奸杀案③中暴露出的低效率、不作为等问题表示愤怒。④

党际斗争愈演愈烈。社民党与其执政联盟中的伙伴——自由民主联盟

---

① digi24新闻网，https：//www. digi24. ro/stiri/actualitate/politica/viorica－dancila－anunta－ca－ambasada－romaniei－din－israel－va－fi－mutata－la－ierusalim－1102927，检索日期：2020年2月20日。

② 以色列时报网，https：//www. timesofisrael. com/with－romanian－pm－powerless－celebration－over－embassy－move－premature/，检索日期：2020年2月20日。

③ 2019年，罗马尼亚一名15岁女孩被奸杀，受害者在被害前反复拨打报警电话，但警察在收到信息19小时后才到达事发现场。这一事件在罗马尼亚激起轩然大波。资料来源：dw新闻网，https：//www. dw. com/en/romanians－protest－rape－and－killing－of－teen/a－49773621，检索日期：2020年2月20日。

④ dw新闻网，https：//www. dw. com/en/romania－tens－of－thousands－rally－against－government－in－bucharest/a－49983200；digi24新闻网，https：//www. digi24. ro/stiri/actualitate/protestul－din－10－august－2019－in－imagini－video－fotogalerie－1171885，检索日期：2020年2月20日。

（Alianța Liberalilor și Democraților，ALDE）在预算修正案、第 114 号紧急政令等多项事务上产生分歧，未能达成统一意见。8 月 26 日，PSD - ALDE 执政联盟宣告破裂。① 此后，约翰尼斯总统拒绝多名由登奇勒总理提名的部长人选，并要求登奇勒政府接受议会信任投票。②

10 月 10 日，罗马尼亚议会通过了国家自由党对政府提出的不信任案，登奇勒政府因此下台。③ 11 月 4 日，由国家自由党主席 L. 奥尔班（Ludovic Orban）领导的新政府正式上任，并逐步开始"清洗"社民党的政治力量。奥尔班总理于 11 月 22 日称，将在总统选举二轮投票结束后撤换所有由前政府任命的县长及副县长，并表示国家自由党无法同那些由登奇勒政府任命的县长共事。④ 奥尔班政府还希望通过各种手段实现"市长选举二轮制""议会提前选举"等，旨在取代社民党在地方政府层面的政治势力，并扭转其在议会中占多数席位的局面。⑤

值得一提的是，2020 年 2 月 5 日，罗马尼亚议会通过了对奥尔班政府的不信任案，使得该政府在执政仅 3 个月后下台。然而，约翰尼斯总统于 2 月 6 日晚宣布，仍提名奥尔班为新总理，并授权其组阁。2 月 24 日，罗宪

① 自由欧洲电台，https：//romania.europalibera.org/a/coali%C8%9Bia - psd - alde - s - a - rupt - alde - iese - de - la - guvernare - t%C4%83riceanu - nu - mai - putem - cau%C8%9Biona - m%C4%83suri - cu - care - nu - suntem - de - acord/30129967.html，检索日期：2020 年 2 月 20 日。

② digi24 新闻网，https：//www.digi24.ro/stiri/actualitate/politica/klaus - iohannis - respinge - ministrii - propusi - de - viorica - dancila - si - o - trimite - in - parlament - pentru - vot - 1186375，检索日期：2020 年 2 月 20 日。

③ 新华社，http：//www.xinhuanet.com/world/2019 - 10/11/c_ 1125089180.htm，检索日期：2020 年 2 月 20 日。

④ 罗马尼亚通讯社，https：//www.agerpres.ro/politica/2019/11/22/orban - anunta - ca - va - inlocui - toti - prefectii - i - am - lasat - sa - organizeze - alegerile - sa - i - batem - cu - prefectii - lor - - 407842，检索日期：2020 年 2 月 20 日。

⑤ digi24 新闻网，https：//www.digi24.ro/stiri/actualitate/politica/ludovic - orban - daca - nu - vom - avea - alegeri - in - doua - tururi - in - iunie - vom - avea - dupa - aceea - 1255897；自由欧洲电台，https：//romania.europalibera.org/a/guvernul - stabile%C8%99te - modul - %C3%AEn - care - se - organizeaz%C4%83 - alegeri - anticipate/30416392.html，检索日期：2020 年 2 月 20 日。

法法院裁定总统再次提名奥尔班为总理人选的行为违宪，须重新选择一名总理候选人。① 随后，新任命的看守总理 F. 克楚（Florin Câțu）主动请辞，约翰尼斯总统于 2020 年 3 月 13 日再次任命奥尔班为看守总理。②

（三）反腐败与司法改革工作

根据透明国际全球“清廉指数”排名，2019 年，罗马尼亚得分仅为 44 分（满分 100 分），在受评的 180 个国家和地区中列第 70 名，与匈牙利一同位于欧盟国家倒数第 2 名（高于保加利亚的 43 分）。2017～2019 年，罗马尼亚在这一指数上的排名持续下滑，分别为 59/198、61/198 和 70/198。③

早在 2017 年，罗马尼亚民众曾因第 13 号紧急政令而举行大规模抗议活动。当时执政的 S. 格林代亚努（Sorin Grindeanu）政府以“改善监狱人满为患的现状”为由，试图通过这一政令赦免部分贪污罪，并修改刑法相关规定，使部分滥用职权的行为合法化。之后，约翰尼斯总统启动了就“罪行赦免和刑法修改”举行全民公决的程序，但直至 2019 年 5 月 26 日才正式举行了这一公决，进行公决的两个问题如下：（1）您是否同意“禁止大赦和特赦贪污罪”；（2）您是否同意“禁止政府在犯罪、刑罚和司法组织领域采用紧急政令”以及“扩大直接向宪法法院对政令提出上诉的权利”。最终，两个问题中均有超过 80% 的选票选择了“同意”。④ 然而，罗马尼亚宪法法院于 2019 年 7 月驳回了在宪法中补充“禁止大赦和特赦贪污罪”的立

① 《真理报》，https：//adevarul. ro/news/politica/supriza – pnl – desemnarea – ludovic – orban – nu – e – constitutionala – 1_ 5e53c9025163ec4271652040/index. html，检索日期：2020 年 2 月 24 日。

② capital 新闻网，https：//www. capital. ro/breaking – news – ludovic – orban – a – fost – desemnat – premier – iohannis – a – facut – anuntul – oficial. html，检索日期：2020 年 3 月 14 日。

③ 透明国际，https：//www. transparency. org/cpi2019？/news/feature/cpi – 2019，https：//www. transparency. org/，检索日期：2020 年 2 月 20 日。注：59/198 意指在统计的 198 个国家和地区中居第 59 位，后同。

④ fanatik 新闻网，https：//www. fanatik. ro/rezultate – finale – referendum – pentru – justitie – 2019 – cati – romani – au – spus – da – 18947347，检索日期：2020 年 2 月 20 日。

法倡议，称其逾越了修宪范围。[①]

2019 年，欧盟合作与核查机制[②](Mecanismul de Cooperare şi Verificare, MCV) 在年度监督报告中认为罗马尼亚在反腐败和司法改革方面有所退步。该报告还指出，罗马尼亚新设立的专门负责调查司法人员的检察部门可能会被当作政治施压的工具加以利用。这一检察部门已针对那些反对修改司法制度的法官和检察官发起调查，并介入相关程序以改变刑事调查过程。尽管欧盟委员会对罗马尼亚部分反腐工作给予了肯定，但仍认为“整体情况在进一步恶化，有关部门也未采取具体措施改善这一局面”。[③]

不过，罗马尼亚 2019 年的反腐工作并非毫无进展。比如，罗民众极为关注的 L. 德拉格内亚（Liviu Dragnea）[④] 腐败案终于尘埃落定。5 月 27 日，罗最高法院对此案做出终审裁定，维持该院 2018 年判处其 3 年零 6 个月监禁的一审判决。[⑤]

---

① mediafax 新闻网，https：//www. mediafax. ro/politic/ccr – invalidat – revizuirea – constitutiei – interzicerea – amnistieigratierii – faptelor – coruptie – solicitare – rezultata – urma – referedumului – tarcea – acord – decizia – curtiiamnistia – reglementata – lege – 18240359，检索日期：2020 年 2 月 20 日。

② 这一机制是欧盟为了使新成员国能按其要求进行改革而设立的一项督促检查制度，由欧盟委员会一年一次或两次向欧盟理事会和欧洲议会提交关于新成员国改革进展的报告，上述两机构将据此决定是否采取进一步的督促甚至惩罚性措施。近年来，欧盟一直定期发布关于罗马尼亚、保加利亚的合作与核查机制报告，对罗的关注重点是其在司法改革和反腐败问题上取得的进展。资料来源：中国驻保加利亚大使馆经商处，http：//bg. mofcom. gov. cn/article/jmxw/201701/20170102508310. shtml，检索日期：2020 年 2 月20 日。

③ 欧盟委员会 2019 年合作与核查机制报告（罗马尼亚），https：//ec. europa. eu/info/sites/info/files/progress – report – romania – 2019 – com – 2019 – 499 _ ro. pdf；digi24 新闻网，https：//www. digi24. ro/stiri/actualitate/justitie/sectia – speciala – pentru – anchetarea – magistratilor – operationala – prin – oug – ce – recomanda – comisia – de – la – venetia – 1011524，检索日期：2020 年 2 月 20 日。

④ L. 德拉格内亚，时任罗马尼亚众议长、社民党主席。

⑤ 新华社，https：//baijiahao. baidu. com/s? id = 1634696470275532604&wfr = spider&for = pc，检索日期：2020 年 2 月 20 日。

二　经济发展状况

据经济学人智库公布的最新数据，2019 年罗马尼亚名义 GDP 为 10600 亿列伊（约合 2501 亿美元），实际 GDP 比 2018 年增长了 4.1%。[①] 根据欧盟统计局最新统计的各国 GDP 总量，在英国正式退出欧盟的情况下，罗马尼亚在 2019 年已超过捷克成为欧盟第 14 大经济体。[②] 但若从人均 GDP 来看，罗马尼亚在欧盟国家中居倒数第二位，仅高于保加利亚。[③] 根据“2019 年 GfK 欧洲购买力”研究，罗马尼亚人均购买力为 5881 欧元，在 42 个欧洲国家中排第 32 位，比欧洲平均水平低 60%。[④]

罗马尼亚经济在 2019 年继续保持增长的势头，然而不同季度的发展并不平衡，其中，前两个季度增长迅猛，后半年同比增长缓慢。据罗马尼亚国家统计局公布的经季节性调整后的数据，罗马尼亚 2019 年名义 GDP 第一季度环比增长 2.5%，同比增长 11.6%；第二季度环比增长 2.0%，同比增长 10.5%；第三季度环比增长 2.4%，同比增长 7.0%；第四季度环比增长 3.58%，同比增长 11.4%。[⑤] 从行业构成看，批发零售、汽车和摩托车维修、运输仓储以及住宿餐饮业贡献率最高，拉动 GDP 增长 1.1 个百分点，占比 18.2%，年增长率为 11%。[⑥]

---

① Country Report—Romania—Economist Intelligence Unit, November 2020, p. 12.

② 欧盟统计局，https：//appsso. eurostat. ec. europa. eu/nui/submitViewTableAction. do，检索日期：2020 年 3 月 22 日。

③ 欧盟统计局，https：//ec. europa. eu/eurostat/databrowser/view/sdg_ 08_ 10/CustomView_ 1/bar? lang = en，检索日期：2020 年 3 月 22 日。

④ Growth from Knowledge（GfK），https：//www. gfk. com/insights/press - release/europeans - spend - eur14739 - per - person - in - 2019/，检索日期：2020 年 3 月 1 日。GfK 欧洲购买力研究是衡量地区经济实力的重要基准，该研究使用统一的标准来计算国际数据，为公司与商业评估、销售管理和营销决策提供必不可少的支持。

⑤ 罗马尼亚国家统计局，http：//www. insse. ro/cms/en/content/gross - domestic - product，检索日期：2020 年 3 月 22 日。

⑥ 罗马尼亚国家统计局，http：//www. insse. ro/cms/en/content/gross - domestic - product，检索日期：2020 年 3 月 22 日。

2018～2019年罗马尼亚主要经济指标数据如表1所示。

表1　2018～2019年罗马尼亚主要经济指标

	2018年	2019年
GDP		
名义GDP(10亿美元)	241.6	250.1
名义GDP(10亿列伊)	952	1060
实际GDP增长(%)	4.4	4.1
GDP支出(实际变化,%)		
私人部门消费	6.9	6.1
政府部门消费	5.7	5.1
总固定投资	-1.0	17.9
货物与服务出口	5.9	3.8
货物与服务进口	9.2	8.3
GDP来源(实际变化,%)		
农业	10.3	-0.4
工业	3.7	1.7
服务业	4.3	5.4
人口与收入		
人口(百万人)	19.5	19.4
人均GDP(美元PPP标准)	28403	32285
失业率(%)	4.2	3.9
财政指标(占GDP的比重,%)		
政府总财政收入	31.0	30.3
政府总财政支出	33.9	34.9
政府收支平衡(占GDP的比重,%)	-2.9	-3.6
价格与金融指标		
罗马尼亚列伊兑美元汇率(均值)	3.94	4.24
罗马尼亚列伊兑欧元汇率(均值)	4.65	4.75
居民消费价格指数(均值;%)	4.6	3.8
经常账户(百万美元)		
货物贸易平衡	-17385	-19481
服务贸易平衡	9861	9678
初次收入平衡	-4441	-3555
二次收入平衡	1462	1651
经常账户平衡	-10503	-11708

注：本表中2018年和2019年数据是由经济学人智库（Economist Intelligence Unit）汇总的实际数据。

资料来源：Country Report—Romania—Economist Intelligence Unit，November 2020，p. 13。

2019 年罗马尼亚经济增长的特点是消费和固定投资增长强劲，出口虽有增长，但相对疲弱。据经济学人智库的分析，家庭消费仍然是罗马尼亚经济增长的主要动力。2019 年 1 月 1 日，罗马尼亚政府正式将最低工资标准调高 9.5%，[①] 使得上半年职工净工资同比增长 11.5%，同时失业率低至 4%，居民可支配收入中的工资部分增长强劲。此外，在家庭财务状况改善和银行资产负债加强的基础上，消费者信贷也继续增长。建筑业，尤其非住宅建筑类是投资增长的主要部分。由于外国需求疲软，出口下降，拖缓了罗马尼亚经济的增长。[②]

自 2016 年以来，罗马尼亚一直奉行顺周期性强扩张性财政政策。据路透社报道，罗马尼亚 2019 年预算赤字相当于 GDP 的 4.6%，远远超过了欧盟规定的 3% 上限。[③] 政府收入增长 8.8%，但政府支出的增长高达 14.3%，由于收入增长低于先前的预期，财政赤字大大超出了最初设定的不高于 GDP 的 2.8% 的目标。偷税漏税、税收赦免、欧盟资金吸收率低、经济增长低于预期等都是财政收入不足的重要原因。[④] 2019 年 9 月 4 日，欧盟委员会发布报告称，罗马尼亚是欧盟国家中增值税实际税收额与预期额相差最大的国家，差距高达 36%。[⑤] 2019 年 10 月 21 日，欧盟统计局发布报告称，2018 年罗马尼亚财政赤字占 GDP 的 3%，在欧盟国家中居倒数第二位，仅优于塞浦路斯（4.4%），而欧盟国家的平均赤字水平为 0.7%，欧元区更低至 0.5%。[⑥] 此外，高额的社会退休保障金也给政府财政带来重大风险。2019

---

① Antena3，https：//jurnalul. antena3. ro/stiri/politica/salariul - minim - creste - de - la - 1 - ianuarie - 2019 - 793965. html，检索日期：2020 年 3 月 1 日。

② Country Report—Romania—Economist Intelligence Unit，December 2019，p. 8.

③ 路透社，https：//www. reuters. com/article/romania - budget - deficit/update - 1 - romanias - 2019 - budget - deficit - stood - at - 46 - of - gdp - idUSL8N29X4HU，检索日期：2020 年 2 月 1 日。

④ Country Report—Romania—Economist Intelligence Unit，February 2020，p. 8.

⑤ 欧盟委员会，https：//ec. europa. eu/taxation_ customs/sites/taxation/files/vat - gap - full - report - 2019_ en. pdf 检索日期：2020 年 2 月 1 日。

⑥ 欧盟统计局，https：//ec. europa. eu/eurostat/documents/2995521/10064349/2 - 21102019 - AP - EN. pdf/61ae39d7 - 6764 - 2a16 - ede5 - e6da00249c27，检索日期：2020 年 2 月 16 日。

年 11 月 20 日，劳动部部长 V. 亚历克山德鲁（Violeta Alexandru）宣布新《退休金法》按期生效，这意味着自 2020 年 9 月 1 日起，罗马尼亚人的退休金将增长 40%。政府部门预计，该法案将造成政府的相关支出占 GDP 的比重在 2020 年、2021 年分别增长 1%、2.7%。[①] 同日，欧盟委员会根据《稳定与增长公约》发布其对欧元区成员国 2020 年预算草案的意见，建议罗马尼亚重新修订预算，纠正重大偏差，将预算赤字维持在《稳定与增长条约》规定的占 GDP 的 3% 以内。[②]

在实行扩张性财政政策的同时，罗马尼亚的各项货币政策以锁定通货膨胀率为主要目标。以稳定物价和稳定金融为主要目标的罗马尼亚国家银行，多年来锁定 2.5%（上下浮动不超过 1%）的通货膨胀目标，在 2019 年全年，罗马尼亚国家银行的政策利率一直保持在 2.5%，存款利率和贷款利率分别保持在 1.5% 和 3.5%。[③] 欧盟统计局数据显示，罗马尼亚 2019 年的通货膨胀率在欧盟排第一位，约为 3.9%，[④] 相比 2018 年的 4.1% 有所下降。

面对机遇和挑战并存的数字经济，罗马尼亚刚刚起步。2020 年 3 月，欧盟委员会发布了 2019 年数字经济与社会指数（DESI）结果，该报告监控欧洲的数字化表现，并跟踪欧盟国家在数字竞争力方面的进展。数据显示，罗马尼亚在欧盟成员国中排名居倒数第二位，仅优于保加利亚，尽管该国的 DESI 指标几乎在所有维度上都有小幅改善，但总体进展缓慢。罗马尼亚在基础设施连接性方面表现最佳，这得益于快速和超高速固定宽带网络的广泛应用。[⑤] 2019 年 12 月，罗马尼亚国家通信管理局宣布，5G 牌照招标活动将

---

① 罗马尼亚国际广播电台，https：//www. rri. ro/en_ gb/romanias_ pension_ system_ sparks_ off_ fresh_ concerns - 2609595，检索日期：2020 年 3 月 1 日。

② 欧盟委员会，https：//ec. europa. eu/commission/presscorner/detail/en/MEX_ 19_ 6308，检索日期：2020 年 2 月 1 日。

③ 罗马尼亚国家银行，https：//www. bnr. ro/Monetary - Policy - - 3318 - Mobile. aspx，检索日期：2020 年 2 月 16 日。

④ 欧盟统计局，https：//ec. europa. eu/eurostat/databrowser/view/tec00118/default/table? lang = en，检索日期：2020 年 2 月 18 日。

⑤ 欧盟委员会，https：//ec. europa. eu/digital - single - market/en/desi，检索日期：2020 年 2 月 16 日。

在2020年上半年进行。约翰尼斯总统在2019年12月底建议政府暂缓5G许可证项目的招标，他认为，目前只有华为公司一家供应商可以部署5G网络，其他公司的技术水平则比较接近，无法形成市场竞争。同时，政府在5G领域尚未制定明确和统一的政策，而5G技术将深刻地改变社会，其发展过程将是不可逆的，因此不宜贸然部署5G。①

三 外交与安全

（一）与欧盟的关系

2019年，罗马尼亚继续秉持“增强罗马尼亚在欧盟和北约中的影响”这一外交方向。1月1日至6月30日，罗马尼亚担任欧盟理事会轮值主席国一职，进一步加强了其在欧盟中的影响力，这也是罗马尼亚自2007年加入该组织以来首次担任这一职务。在这半年任期内，罗马尼亚面临英国脱欧、《2021～2027年多年度财政框架》审订、欧洲议会选举、移民危机、民粹主义、周边安全等诸多事务和问题，为此还制定了四大优先目标：凝聚欧洲、安全欧洲、作为更强行动者的欧洲以及共同价值的欧洲。轮值初期，国内政局动荡的罗马尼亚在能否胜任的问题上遭到一定质疑。6月，约翰尼斯总统公开称，罗马尼亚在担任轮值主席国期间共签署了90份文件，涉及建立银行业联盟、改善劳动与社会权利制度、深化单一市场建设、降低交通运输中的碳排放量、加强数字欧洲建设等，取得的成果让许多人感到惊喜。②

此外，加入申根区依然是罗马尼亚的重要任务之一。2019年1月，约

---

① Comms Update，https：//www. commsupdate. com/articles/2020/01/03/romanias – president – supports – delay – in – 5g – implementation/，检索日期：2020年3月1日。

② 罗马尼亚通讯社，https：//www. agerpres. ro/politica/2019/06/21/iohannis – presedintia – romana – a – consiliului – ue – a – avutrezultate – mult – mai – bune – decat – se – asteptau – toti – – 329746，检索日期：2020年2月20日。

翰尼斯总统在会见欧盟委员会主席容克时称，罗马尼亚不希望自己成为申根区的一个麻烦，希望能为提高申根区的安全做出自己的贡献。[①] 6 月，欧盟移民、内政和公民事务专员 D. 阿夫拉莫普洛斯（Dimitris Avramopoulos）在欧盟—美国司法和内政部部长会议举行前表示，鉴于罗马尼亚几乎履行了所有承诺，其很快将成为申根区的一员。然而，当被问及罗马尼亚何时能真正成为申根国家时，他则称仍有一些技术性问题和操作性问题亟待解决。[②]

（二）与美国的关系

2019 年，罗马尼亚继续贯彻“加强与美国的战略伙伴关系”这一外交方针。

3 月，罗马尼亚国防部部长 G. 莱什（Gabriel Leș）宣布，罗马尼亚将建立爱国者地空导弹系统维修中心。事实上，该维修中心仅是罗马尼亚与美国合作协议的一部分，该合同还规定两国将就生产导弹系统开展合作。[③]

8 月，约翰尼斯总统应邀访问美国华盛顿特区，并与美国总统特朗普举行了会晤。双方签署了一项联合声明，表示将在经济、能源和国防等多个领域深化伙伴关系。声明称，美国将与罗马尼亚合作，改善罗投资环境，帮助其更好地利用天然气资源。这些举措在提高美国公司吸引投资能力的同时，也能帮助提高罗马尼亚民众的生活水平，并加强罗马尼亚的能源安全。除天然气外，核能领域也是双方未来合作的重点，这在一定程度上对中国与罗马

① 欧洲之路网，https://www.caleaeuropeana.ro/presedintele－klaus－iohannis－romania－nu－doreste－sa－fie－in－spatiul－schengen－ca－o－problema－ci－ca－parte－a－unei－solutii/，检索日期：2020 年 2 月 20 日。

② 罗马尼亚通讯社，https://www.agerpres.ro/politica/2019/06/19/romania2019－eu－comisarul－european－dimitrisavramopoulos－foarte－curand－romania－va－deveni－membra－a－spatiului－schengen－－328167，检索日期：2020 年 2 月 20 日。

③ 罗马尼亚通讯社，https://www.agerpres.ro/politica/2019/03/21/gabriel－les－romania－va－avea－centre－de－mentenanta－pentru－sistemele－de－rachete－patriot－－278981，检索日期：2020 年 2 月 20 日。

尼亚核能领域的合作产生了消极影响。① 同时，双方军队重视跨大西洋安全，将加强北约东翼地区的防御力量。在通信方面，罗马尼亚承诺将同美国合作。此外，特朗普还表示支持罗马尼亚继续为通过“签证豁免计划”付诸努力，从而能在未来享受免美签待遇。②

（三）与摩尔多瓦的关系

罗马尼亚和邻国摩尔多瓦保持着较为密切的交往。2019 年 8 月，罗农业和农村发展部国务秘书 Al. 察基亚努（Alexandru Ţachianu）在摩尔多瓦参加了名为“罗马尼亚和摩尔多瓦共和国农村环境可持续发展伙伴关系”的跨国合作项目会议。该项目于 2019 年举办了多场研讨会，旨在探讨粮农问题并寻求解决方案。罗方表示，罗摩两国在农业领域正面临气候变化、价格波动和粮食安全等重大挑战，双边农业部门在未来将积极与私人企业、行业协会和学术机构合作，携手发展粮农产业。③

9 月，罗马尼亚警察总署在雅西举行会议，探讨“在罗马尼亚和摩尔多瓦边境地区开展预防和打击跨境犯罪的区域合作”。这一合作受《2014 ~ 2020 年罗马尼亚和摩尔多瓦共和国共同行动计划》资助，初步考虑建设一个信息化网络平台，借助现代化设备实现两国数据与信息共享，从而进一步提高欧盟东部边境的安全性。④

① 中罗双方于 2019 年 5 月签署了《关于切尔纳沃德核电站 3、4 号机组成立合资公司的初步投资者协议》。8 月，美国宣布将中广核（CGN）列入“实体清单”，罗总统约翰尼斯称将推动罗美能源合作。9 月，罗总理登奇勒同美方签署能源领域合作协议，中罗核电项目合作因此受到较大冲击。

② 罗马尼亚通讯社，https：//www. agerpres. ro/romania – in – lume/2019/08/20/viitorul – romaniei – si – relatia – romaniei – custatele – unite – sunt – foarte – foarte – luminoase – comunicat – al – casei – albe – – 358150，检索日期：2020 年 2 月 20 日。

③ news 新闻网，https：//www. news. ro/economic/ministerele – agriculturii – din – romania – si – republica – moldova – anuntacolaborari – pentru – dezvoltarea – sectorului – agroalimentar – 1922400314002019081819087896，检索日期：2020 年 2 月 20 日。

④ 罗马尼亚警察总署，https：//politiaromana. ro/ro/comunicate/cooperare – intre – romania – si – moldova – pentru – securitate – in – ambele – parti – ale – frontierei，检索日期：2020 年 2 月 20 日。

此外，罗马尼亚在担任欧盟轮值主席国期间也为支持摩尔多瓦加入欧盟做了一定工作。①

四　社会与文化

（一）人口

据罗马尼亚国家统计局数据，截至2019年1月1日，罗马尼亚常住人口为1941万，比2018年同期减少了12.6万人②，保持了自20世纪90年代以来近30年的总体趋势，而罗人口数量的世界排名也从2018年的第60名跌至2019年的第61名，③ 低出生率和人口迁出是人口减少的主要原因。

人口迁出仍然是罗马尼亚重要的社会问题。据统计，目前约有360万罗马尼亚裔人生活在经合组织国家，其中54%为女性，移民中只有约25%的人受过高等教育。不过，这部分人中的90%仍生活在欧洲的经合组织成员国中，而意大利是其最重要的定居国。④

随着人口减少和人口老龄化日益严重，目前罗马尼亚正面临着劳动力短缺的危机。虽然失业率极低，但也因此无法通过使用欧洲社会基金（European Social Fund）来实现劳动岗位增加的目标。⑤ 如何改善国内失业率极低但又缺乏劳动力的局面是罗马尼亚亟待解决的重要问题。

---

① 罗马尼亚通讯社，https：//www. agerpres. ro/politica/2019/06/21/iohannis – presedintia – romana – a – consiliului – ue – a – avutrezultate – mult – mai – bune – decat – se – asteptau – toti – – 329746，检索日期：2020年2月20日。

② 罗马尼亚国家统计局，https：//insse. ro/cms/sites/default/files/com_ presa/com_ pdf/poprez_ ian2019r. pdf，检索日期：2020年3月20日

③ Worldometers，https：//www. worldometers. info/world – population/romania – population/，检索日期：2020年3月1日。

④ 经济合作与发展组织，https：//www. oecd – ilibrary. org/sites/27927b96 – en/index. html? itemId = /content/component/27927b96 – en，检索日期：2020年3月5日

⑤ The EuroIMPACT Conference，http：//ier. gov. ro/wp – content/uploads/2019/03/The – EuroIMPACT – Conference. pdf，检索日期：2020年3月5日。

（二）教育

依据欧盟委员会发布的《2019 年教育与培训监测：罗马尼亚》报告，罗马尼亚已经制定了在教育和培训领域进行重大改革的目标，目前需要进一步明确相关行动步骤。与欧盟平均水平相比，罗马尼亚在教育方面的公共支出较低，但投资需求较高。①

此外，与西欧国家相比，罗马尼亚高等教育水平仍存在较大的差距。根据 2020 年 QS 大学排名，罗马尼亚仅有两所学校排在第 801 ~ 1000 名，分别为克鲁日巴贝·博雅伊大学（Universitatea Babeș - Bolyai din Cluj）和布加勒斯特大学（Universitatea din București）。②

罗马尼亚教育仍存在发展不平衡的情况。据民间组织“援救儿童”（Save the Children）与申诉专员的统计，罗马尼亚 1/3 以上的孩子生活在贫困线以下，2019 年城乡在享受医疗服务、教育等基本权利上的差距很大。③

（三）体育

2019 年 7 月 13 日下午，罗马尼亚著名网球运动员 S. 哈勒普（Simona Halep）在决赛中以 2∶0 的大比分战胜美国选手小威廉姆斯（Serena Williams），从而夺得 2019 年温布尔登网球公开赛女单冠军。罗马尼亚总统约翰尼斯决定授予其罗马尼亚国家最高荣誉“罗马尼亚之星”骑士勋章。④

---

① 欧盟委员会，ttps：//ec. europa. eu/education/sites/education/files/document - library - docs/et - monitor - report - 2019 - romania_ en. pdf，检索日期：2020 年 3 月 5 日。

② Top University，https：//www. topuniversities. com/university - rankings/world - university - rankings/2020，检索日期：2020 年 3 月 8 日。

③ 罗马尼亚国际广播电台，https：//www. rri. ro/zh_ cn/2019 年 12 月 11 日_ 罗马尼亚的教育问题 - 2608395，检索日期：2020 年 3 月 5 日。

④ 罗马尼亚国际广播电台，http：//stiri. tvr. ro/simona - halep - - decorata - la - cotroceni - - iohannis - - cand - spui - halep - - spui - romania - - - i - cand - spui - romania - - spui - halep - _ 848377. html#view，检索日期：2020 年 3 月 5 日。

五 与中国的关系

2019 年是中罗建交 70 周年暨建立全面友好合作伙伴关系 15 周年。在此背景下，两国在政治、经济、外交、文化、教育、科技、卫生、体育、影视等领域交流频繁，合作密切，旨在以实际行动落实中罗两国深化全面合作的美好愿望。

（一）政治交往

1. 高层互访

2019 年 4 月 12 日，罗马尼亚总理 V. 登奇勒出席第八次中国—中东欧国家领导人会晤。她表示，罗方希望中罗两国保持高层对话，积极推进经贸、投资、基础设施建设、农业、中医药等领域的务实合作。① 登奇勒总理还提出让摩尔多瓦共和国也加入“17 +1 合作”倡议，并强调罗马尼亚将继续为巩固中欧全面战略伙伴关系和实施欧亚互联互通战略做出积极贡献。② 4 月 22 日，罗总理登奇勒、参议长 C. 特里恰努（Călin Popescu Tăriceanu）与全国政协副主席张庆黎举行会晤，就双方共同关心的话题进行交流。③

此外，中国国家发展和改革委员会副主任罗文、全国人大常委会预算工作委员会主任史耀斌、海关总署副署长王令浚等政要分别于 2019 年 4 月、5 月和 9 月率团访问罗马尼亚。罗审计院院长 M. 布苏约克（Mihai Busuioc）和众议院预算、财政和银行委员会主席 S. 拉泽尔（Sorin Lazăr）等政要于

① 中国驻罗马尼亚大使馆，https：//www. fmprc. gov. cn/ce/cero/chn/zlgx/t1654185. htm，检索日期：2020 年 2 月 20 日。

② digi24 新闻网，https：//www. digi24. ro/stiri/actualitate/politica/viorica – dancila – s – a – intalnit – cu – premierul – chinei – au – discutat – despre – parteneriatele – public – privat – 1112607，检索日期：2020 年 2 月 20 日。

③ 罗马尼亚通讯社，https：//www. agerpres. ro/politica/2019/04/22/premierul – dancila – a – discutat – cu – primvicepresedintele – conferintei – consultative – politice – a – poporului – chinez – despre – consolidareaparteneriatului – ue – china – –296814，检索日期：2020 年 2 月 20 日。

2019 年 5 月和 10 月率团访问中国。[①]

2. 地方交往

2019 年，中罗地方交往也进入了新阶段。罗马尼亚多个地方政府的领导与中国驻罗马尼亚大使姜瑜举行了会晤，包括登博维察县、锡比乌县、布拉索夫县、蒂米什县、阿尔巴县、巴克乌县、尼亚姆茨县、加拉茨县、图尔恰县等。来自中国甘肃省、广东省、湖北省、云南省、北京市、江苏省、河南省、辽宁省、宁夏回族自治区的代表团访问了罗马尼亚。同时，罗马尼亚阿尔巴县、伊尔福夫县、德瓦市、奥内什蒂市等地也于 2019 年派团来中国访问了相应友好城市。[②]

2019 年 7 月 16 日，北京市朝阳区与罗马尼亚布加勒斯特市一区签署建立友好关系意向书。[③] 这一系列交流使两国地方政府进一步了解了双方的优势与不足，为在多领域开展友好城市合作奠定了基础，也进一步巩固了中罗传统友谊。

（二）双边经贸

2019 年，中罗两国经贸关系稳步发展。1 ~ 12 月，中罗贸易额为 57.5 亿美元，同比下降 3.3%。罗自华进口额为 50.6 亿美元，同比下降 2.3%，中国为罗第五大进口来源国（前四大进口来源国依次为德国、意大利、匈牙利、波兰），罗主要进口机电产品和音响设备、核反应堆和锅炉、光学设备等。罗对华出口额为 6.9 亿美元，同比下降 10.1%，中国居罗出口目的国第 21 位。罗主要出口商品为机电和音响设备、木材制品、核反应堆和锅炉、光学设备等。[④]

---

① 中国驻罗马尼亚大使馆，https://www.fmprc.gov.cn/ce/cero/chn/zlgx/，检索日期：2020 年 2 月 20 日。

② 根据中国驻罗马尼亚大使馆官方微信公众号信息整理。

③ 中国驻罗马尼亚大使馆，https://www.fmprc.gov.cn/ce/cero/chn/zlgx/t1681509.htm，检索日期：2020 年 2 月 20 日。

④ 中华人民共和国驻罗马尼亚大使馆商务处，http://ro.mofcom.gov.cn/article/ztdy/202003/20200302942404.shtml，检索日期：2020 年 3 月 22 日。

为庆祝中罗建交70周年，罗马尼亚国家银行于2019年11月8日推出中罗建交70周年纪念银币。罗马尼亚国家银行行长M. 伊萨雷斯库（Mugur Isărescu）出席发行仪式，并表示中罗建交70周年为进一步深化双边关系提供了新契机，相信未来两国关系会朝着双方共同目标继续发展，并取得更多务实成果。①

与此同时，中罗在金融领域的合作也有很大进展。2019年12月16日，中国银行布加勒斯特分行在罗马尼亚议会宫隆重举行开业仪式，成为首家进入罗马尼亚市场的中资银行。② 中行布加勒斯特分行开业后，将积极拓展存款、贷款、汇款、国际结算、贸易融资等业务，为中罗经贸往来提供有力的金融支持。

（三）文化、科技、教育等领域的交往与合作

2019年，中罗两国在文化、科技、教育等领域的合作更加务实，互动频繁。

4月25～27日，第二届“一带一路”国际合作高峰论坛在北京举行，中国与罗马尼亚就签署防止盗窃、盗掘和非法进出境文化财产协定达成一致。③ 5月16日，中国农业科学院农业环境与可持续发展研究所和布加勒斯特农业科学与兽医学大学合作共建的中国—罗马尼亚农业科技园在罗马尼亚布加勒斯特举行落成仪式，科技园有望通过技术合作与技术示范，推动中国成熟农业技术在罗及其他中东欧国家转移转化，同时提升相关国家的农业创新能力与产业化水平，实现合作共赢。④ 8月22日，罗马尼亚再次以主宾国

① 人民网，http://world.people.com.cn/n1/2019/1109/c1002 - 31446456.html，检索日期：2020年3月11日。

② 新华网，www.xinhuanet.com/world/2019 - 12/17/c_ 1125356757.htm，检索日期：2020年2月19日。

③ 中华人民共和国文化和旅游部，https://www.mct.gov.cn/whzx/whyw/201904/t20190428_843108.htm，检索日期：2020年1月29日。

④ 中华人民共和国科学技术部，http://www.most.gov.cn/gnwkjdt/201906/t20190618_147117.htm，检索日期：2020年1月29日。

身份参加了第二十六届北京国际图书博览会，主题为“罗马尼亚——一书之遥”。①图博会现场，罗马尼亚举办了新书发布、中罗文化交流、版权签约等活动；罗马尼亚文化部门还在罗马尼亚文化中心、中国油画院美术馆等场馆举行了20余场文学艺术和版贸交流活动。同日，图书博览会的“中国—中东欧国家‘教育发展与出版创新’论坛”还举行了“中国—罗马尼亚图书互译出版项目”合作签约仪式。该协议是在中国驻罗使馆和中国国家新闻出版署的推动下，中罗两国出版协会积极商签的互译协议，也是中罗两国建交70年以来第一次签署的翻译出版协议，旨在鼓励两国在文化领域的交流与合作，加深对彼此优秀文学作品的了解，意义巨大。

在中罗建交70周年之际，中国政府和相关机构也表彰了为促进中罗文化、教育等领域的交流与合作做出杰出贡献的罗马尼亚优秀学者。8月20日，罗马尼亚翻译家罗阳（Ioan Budura）荣获第十三届中华图书特殊贡献奖，中共中央政治局委员、中宣部部长黄坤明出席颁奖仪式并为获奖人颁奖。②9月30日，著名汉学家、翻译家、布加勒斯特大学孔子学院外方院长白罗米（Luminița Bălan）教授获得了“中国政府友谊奖”，他在人民大会堂接受了刘鹤副总理的颁奖和李克强总理的亲切会见。③

与此同时，罗马尼亚汉学界为庆祝两国建交70周年，于10月31日在位于布加勒斯特的罗国家文学博物馆举行罗马尼亚语版中国文学作品展示活动，共展出20世纪70年代以来翻译成罗语的70部中国文学作品，堪称中国文学作品罗语版的阶段性成就，反响热烈。④

① 新华网，http：//www.xinhuanet.com/world/2019－08/22/c_1124909260.htm 检索日期：2020年1月29日。

② 北京语言大学，http：//news.blcu.edu.cn/info/1011/17598.htm，检索日期：2020年3月11日。

③ 中国政法大学，http：//news.cupl.edu.cn/info/1014/30813.htm，检索日期：2020年3月11日。

④ 新华网，http：//news.sina.com.cn/w/2019－11－01/doc－iicezzrr6529092.shtml，检索日期：2020年3月11日。

B.19
塞尔维亚

彭裕超*

摘　要： 2019 年，塞尔维亚政治走向稳定，尽管发生反政府示威运动，但执政党地位稳固。塞尔维亚继续推进加入欧盟进程，但入盟进展甚微。经济方面，2019 年塞尔维亚各项宏观指标良好，保持了较好的增长势头。外交方面，2019 年，在科索沃问题上，塞尔维亚正试图从美国方面寻求出路；在发展与欧洲良好关系的同时塞尔维亚继续与俄罗斯保持友好往来；塞尔维亚积极发展与西巴尔干国家间的区域合作，与黑山因宗教财产问题产生冲突。社会与文化方面，2019 年塞尔维亚全国各地举行多场活动，纪念东正教会独立 800 周年。中塞关系方面，2019 年，两国关系进一步发展，政治互信不断增强，务实合作快速发展，中国成为塞尔维亚第一大外国游客来源国。

关键词： 塞尔维亚　入盟改革　中塞关系

一　国内政治形势

（一）执政的前进党地位稳固

2019 年，以总统武契奇（Aleksandar Vučić）为领导的塞尔维亚前进党

---

* 彭裕超，北京外国语大学欧洲语言文化学院讲师，主要研究领域为克罗地亚语、塞尔维亚语语言文学，中国与中东欧国家文化关系史。

（塞语缩写：SNS）继续执政，其政治地位稳固。作为议会第一大党，塞尔维亚前进党无论在中央还是在地方的议会中都有着明显优势，拥有一批专家型政治人才，采取实用主义政策和较为灵活的思想主张，获得了国内中右和右翼势力选民的坚定支持。① 2019 年 12 月的民意调查显示，塞尔维亚前进党拥有 52.9% 的支持率，大幅领先于其他党派。43% 的受访者认为塞尔维亚的发展方向是正确的。② 其他如塞尔维亚联盟（塞语缩写：SzS）、民主党（塞语缩写：DS）、德维里党（Dveri，又译“大门”党）、“够了”党（Dosta je bilo）等反对党和民间团体的力量分散，难以形成选举基础，不易对执政党构成威胁。

（二）反政府示威波及全国，政府态度强硬

虽然塞尔维亚前进党地位稳固，但是塞尔维亚的政治环境并非风平浪静。自 2018 年 12 月 8 日起，贝尔格莱德每周六晚 6 点举行口号为“五百万分之一”（Jedan od pet miliona）的反政府示威活动。③

示威活动最初仅在首都贝尔格莱德举行，随后逐渐蔓延至该国第二大城市诺维萨德（Novi Sad）、第三大城市尼什（Niš）、第四大城市克拉古耶瓦茨（Kragujevac）等全国 60 多个城市。参与示威游行的有学术界人士、部分大学生、各反对派领导人、演员艺人和对武契奇政府不满的居民。示威者最初的目的是谴责针对反对党政客的袭击事件。④ 随着示威活动蔓延，示威者向政府提出新的要求，诉求扩大至要求劳动者权益、妇女权益以及进行市场调节等，要求更大限度的媒体自由，改革选举制度，甚至要求总统武契奇等

---

① 《塞尔维亚初显繁荣稳定趋势》，新华网，http：//www.xinhuanet.com/globe/2019－02/26/c_137831352.htm，检索日期：2019 年 12 月 28 日。

② 《闪光报》网，https：//www.blic.rs/vesti/politika/novo－istrazivanje－agencije－faktor－plus－sns－na－529－odsto－a－evo－koja－jos－tri－politicara/e9cjgsz，检索日期：2019 年 12 月 28 日。

③ 该示威运动持续了一年多时间，受新冠肺炎疫情的影响，塞尔维亚进入国家紧急状态，这场反政府示威活动才于 2020 年 3 月 10 日中断。

④ 2018 年，反对派政治家奥利维尔·伊万诺维奇（Oliver Ivanović）在科索沃地区被人暗杀，而政府对谋杀的调查并不重视，因此引起了人们对事件的政治背景的猜疑。

政要下台。按原计划，2020 年 4 月将举行新一届总统选举，因此，到 2019 年底，抵制选举成为示威的最主要诉求。

政府对示威活动保持较为强硬的立场，总统武契奇表示愿意听取示威者的意见，但是不会屈服于示威者的压力。总理安娜·布尔纳比奇（Ana Brnabić）认为示威活动在程序上是合法的，但是其诉求并不清晰。作为回应，总统武契奇和执政联盟的代表在全国范围内发起了名为“塞尔维亚的未来”（Budućnost Srbije）运动。有评论认为，武契奇此举更多是为 2020 年的议会选举拉票。

（三）入盟进展甚微，改革成效不明显

加入欧盟依然是塞尔维亚政府的主要工作目标。2019 年是塞尔维亚提交入盟申请十周年，各方对入盟进展寄予厚望。塞尔维亚虽然在 6 月和 12 月开启了入盟谈判的第九章（金融服务）和第四章（资本自由流通），但总的来说，入盟进展甚微。其中最大的障碍——科索沃的“关系正常化”问题——始终得不到解决。有研究认为，过去十年来，在融入欧洲一体化的共同愿景下，塞尔维亚和科索沃努力达成实现“关系正常化”的脆弱共识。与此同时，双方围绕独立地位之争仍是一个死结，或者说任何在地位问题上失衡的共识都缺乏根基。[①]

2019 年 5 月 29 日，欧盟委员会发布了《塞尔维亚入盟进展年度报告》。报告对塞尔维亚公共行政、司法系统改革方面的成果表示认可，但同时指出，政府对高级管理人员、法官、检察官的任命和评估工作的影响依然是一个令人关切的问题，相关的协调检测和报告系统有待建立。

报告同时指出，塞尔维亚在法治、反腐败、民主制度、媒体自由等领域的情况基本没有改善。腐败和有组织犯罪是西巴尔干国家入盟路上面临的共同挑战。在打击腐败方面，塞尔维亚进展甚微，于 2019 年 5 月通过的《反

① 徐刚、彭裕超：《塞尔维亚与科索沃“关系正常化”进程“失常”》，《世界知识》2019 年第 13 期，第 46～48 页。

腐败法》修订案是仅有的成果，更多的是为了应对来自欧洲的持续压力，仅有少部分原因是来自国内政治团体的不懈努力。据欧盟委员会观察，腐败现象仍普遍存在于塞尔维亚多个领域的各个层面，这直接破坏了社会民主、市场经济和整体经济发展，破坏了人力资源的积极选择和健康竞争，而塞尔维亚的国家运作方式是导致腐败的重要原因。在打击有组织犯罪方面，塞尔维亚的改革得到了认可。《刑法》和《关于制止有组织犯罪、恐怖主义和腐败的政府机构组织和管辖权法》中的经济章节得到执行，关于打击高科技犯罪的《2019～2023年战略》出台。然而，对有组织犯罪进行有效调查、起诉和最终审判的跟踪记录系统，对赃款赃物的冻结和没收程序进行管理的金融调查系统还有待建立。

二　经济发展状况

（一）宏观经济数据

2019年，塞尔维亚基本完成了2018年的计划和预算目标，宏观经济指标稳定，营商环境得到改善，供求市场稳定，固定投资增长约4.2%。进出口总额共计463.6亿美元，同比增长2.7%。其中，进口额为267.3亿美元，同比增长3.3%；出口额为196.3亿美元，同比增长2.0%。贸易逆差为71亿美元，同比增长6.9%。工业产值同比增长0.3%。其中，2019年12月工业产值同比增长8.3%。2019年12月塞尔维亚人均月工资为82257第纳尔（约合778美元），同比实际增长11.9%；税后工资为59772第纳尔（约合565美元），同比实际增长12.0%。[①] 通货膨胀率保持在1.9%左右，失业率下降至13%，公共债务水平下降至占国内生产总值（GDP）的52%，外国直接投资

① 中华人民共和国商务部，http：//www.mofcom.gov.cn/article/i/dxfw/jlyd/202003/20200302945543.shtml，检索日期：2020年2月18日。

创下历史新高（约合30亿欧元）并呈现出多样性。[①] 以上的良好指标，都是塞尔维亚经济改革成效的体现，各种迹象显示，塞尔维亚经济正在稳定复苏。

2019年塞尔维亚GDP增长率为4.2%，[②] 其中建筑业、农业、制造业、服务业对经济的贡献较大。虽然较2018年的4.4%相比，2019年的增长率略有下降，但基本符合增长预期。需要指出的是，2018年的增长率为十年以来最高。2018年下半年，“土耳其溪”（Turski tok）天然气管道工程为当年的经济增长注入了强劲的动力，但这只是一次性的项目，无法给经济带来持续的刺激作用，塞尔维亚的经济增长在此之后回落到应有的水平。如果要追赶上中东欧地区的欧盟其他成员国，年增长率需要达到5%～7%。专家指出，按照2019年塞尔维亚的内部条件和世界经济的总体状态，这个目标不容易达到。

塞尔维亚的经济进步也获得了国际金融机构的认可。在2019年全球营商环境的排名中，塞尔维亚排在第44位，较上一年上升了4名。2019年，惠誉国际和标准普尔将塞尔维亚的信用评级上调至BB+，穆迪评级将塞尔维亚的信用评级前景从“稳定”提升为“积极”。[③] 这是向投资评级迈出的关键一步，而投资评级对国际信贷十分有利。该“信用评级”有着进一步提升的积极前景，是汇率水平得到良好保持、金融体系稳定、问题贷款减少到4.56%、外商直接投资持续增长和外商日益有效的投资共同作用的结果。在世界经济论坛2019年发布的《全球竞争力报告》中，塞尔维亚排在第72位，在西巴尔干国家中排名最高，其在基础设施建设、劳动力市场、金融体系、市场规模、创新能力等方面的进步得到肯定，而在卫生领域、商品市场和信息通信技术方面还有待加强。[④]

---

① 塞尔维亚021新闻网，https://www.021.rs/story/Info/Biznis-i-ekonomija/231189/NBS-Snazan-privredni-rast-u-2019-godini.html，检索日期：2020年2月18日。

② 塞尔维亚国家银行，https://www.nbs.rs/internet/latinica/18/18_3/prezentacija_invest.pdf，检索日期：2020年2月18日。

③ 全球经济指标数据网，https://tradingeconomics.com/serbia/rating，检索日期：2020年2月18日。

④ 塞尔维亚监测网，https://www.serbianmonitor.com/en/serbia-72nd-on-the-global-competitiveness-list-progress-in-8-areas/，检索日期：2020年2月18日。

（二）年度经济事件

1.“10号走廊”（Koridor 10）部分通车

塞尔维亚财政部数据显示，2019 年，塞尔维亚开通高速公路 350 公里，翻修铁路 500 公里。“10 号走廊”作为最重要的交通线路，连接塞尔维亚的北部和南部，是泛欧走廊的一部分，从建造之初算起历经数十年，几经中断，尽管有工程拖延、工程成本提高、合同中断等问题，但最终完工。2019 年，“10 号走廊”开放了南部经格勒德利奇卡峡谷（Grdelička klisura）路段，总长 26.3 公里，总造价 4 亿欧元；还开放了东部尼什（Niš）至迪米特洛格拉德（Dimitrovgrad）部分，该段总长 87 公里，总造价为 4.85 亿欧元。

2.“土耳其溪”天然气管道顺利建设

“土耳其溪”于 2019 年 5 月开始建设，并于年底完成了塞尔维亚段的管道铺设。这一项目将为塞尔维亚的天然气和能源供应提供保障。与曾经“流产”的“南溪”（Južni tok）项目不同，该项目由东南欧能源共同体促成，作为其成员国，塞尔维亚被要求长期为除俄罗斯以外国家的天然气供应商提供 30% 的管道运输流量，以确保良好的市场竞争环境。

3. 与欧亚经济联盟签订《自由贸易协议》

2019 年 10 月，塞尔维亚与欧亚经济联盟及其成员国（俄罗斯、哈萨克斯坦、白俄罗斯、亚美尼亚和吉尔吉斯斯坦等）签订了《自由贸易协议》。该协议的签订使塞尔维亚可以向 1.83 亿人口市场出口将近 100% 的产品而无须支付关税。

4. 商业银行（Komercijalna Banka）拍卖

2019 年，塞尔维亚规模最大的国有银行——商业银行被拍卖出售。拍卖委员会确定斯洛文尼亚新卢布尔雅那银行（Nova ljubljanska banka）的出价最高，并开启了双方的收购谈判。据悉，新卢布尔雅那银行出价 4.5 亿欧元收购商业银行 83% 的股权，击败了奥地利的赖夫艾森（Raiffeisen）银行和塞尔维亚本国的 AIK 银行。

5. 莫拉瓦机场开通民用航线

2019 年 6 月，塞尔维亚克拉列沃（Kraljevo）的莫拉瓦（Morava）机场开放了民用航线，首飞航班由塞尔维亚航空公司（Air Serbia）执行，于 12 月 17 日飞往维也纳。该机场于 2012 年落成，但之前一直因跑道长度不足而未能满足民用飞行的条件。

三　外交与安全

（一）与欧盟和西巴尔干国家的关系

2019 年，塞尔维亚的入盟前景虽然继续得到肯定，但是诸多挑战依然存在。欧盟的西巴尔干政策依然受到高度关注，欧盟确认致力于加强与该地区的合作，并将采取一系列具体措施。7 月 3 ~ 5 日，欧盟—西巴尔干峰会（又称柏林进程峰会）在波兰波兹南市举行，运输和能源、数字、经济、安全、睦邻关系五个关键领域受到重点关注。

2019 年 10 月，塞尔维亚与欧亚经济联盟签订了《自由贸易协议》，对此欧盟官员表示，尽管塞尔维亚可以签订不同的自由贸易协定，不过塞尔维亚一旦成为欧盟成员国，这些协定必须全部废除。

塞尔维亚和科索沃地区之间的对话自 2018 年 11 月起因“关税事件”① 陷入停滞，之后的“科索沃建军”② 等事件更是让双方原本脆弱的关系进一步恶化。2019 年 8 月 13 日，法国、德国、意大利、英国和美国就塞科局势发表了一份联合声明，呼吁两方停止制造障碍，目的是恢复自 2018 年以来一直处于停滞状态的对话协商。五个国家希望“通过一项有助于地区稳定、

① 2018 年 11 月 20 日，在塞尔维亚的反对下，科索沃地区未能如愿加入国际刑警组织。作为报复，科索沃地区单方面对塞尔维亚（与波黑）商品加征 100% “关税”。

② 2018 年 12 月，科索沃“议会”二读通过将安全部队转变为正规军队的提案。具体来说，科索沃将组建“国防部”，并在未来十年内将现有轻型武装安全部队转型为 5000 人的强力部队和 3000 人的预备役。此举使西巴尔干地区形势骤然紧张。塞尔维亚表示强烈谴责，并进行了全面对抗的准备。

政治的可持续和具有法律约束力的协议，以实现科索沃地区与塞尔维亚之间关系的完全正常化”。[①]

塞尔维亚仍致力于发展与欧盟东扩进程相关的国家和欧盟成员邻国之间的双边关系，并积极参与区域合作。2019 年 10 月，塞尔维亚、阿尔巴尼亚和北马其顿三国签署《建立西巴尔干“迷你申根区”的宣言》。具体内容包括：取消关税和边界障碍；实现基础设施互联互通；实现人员、商品、资本和服务自由流通。值得注意的是，除了上述三个国家以外，“迷你申根区”还向黑山、波黑以及科索沃地区开放，旨在充分释放西巴尔干地区的劳动力市场和投资潜力。有评论认为，“迷你申根区”有助于帮助西巴尔干国家进行地区合作和内部改革，加快其入盟进程。也有评论对此表示质疑，批评这一协议是某种重现南斯拉夫、复兴“大塞尔维亚主义”的想法；另有声音认为这一协议反而将有损于欧洲一体化或延迟其进程。

2019 年，塞尔维亚与黑山在东正教的地位和财产问题方面发生了冲突。自 1918 年起，黑山一直属于塞尔维亚东正教会的教区范围，教堂、修道院、教会土地等属于塞尔维亚东正教的教会财产。2019 年 5 月 16 日，黑山政府正式通过《宗教自由法案》。该法案重点对宗教团体财产做出了新规定，强调黑山政府在保护这些宗教文化产品和财产方面将享有优先于塞尔维亚东正教会的权利。对此塞尔维亚方面表示强烈反对。有分析称，该法案所涉及的并不是宗教财产问题，而是国家权力问题；不是塞尔维亚和黑山的关系问题，而是黑山的内政问题。不过，这种看法未免把问题看得过于简单。黑山政界存在一批活跃的、亲塞尔维亚的反对派人士，他们受到塞尔维亚东正教会的支持，这无疑加剧了黑山教会问题的复杂程度。

---

① 《科索沃解散议会，和塞尔维亚持续冲突，欧洲敦促对话以防巴尔干火药桶再爆炸》，《文汇报》，http：//www. whb. cn/zhuzhan/huanqiu/20190827/285670. html，检索日期：2020 年 2 月 18 日。

（二）与美国的关系

2019 年，在科索沃问题上，塞尔维亚开始倾向于寻求美国的帮助。以前，科索沃地区方面长期要求美国更加积极地参与塞科对话，而塞方是坚决反对的，曾表示如果美国介入的话，塞方将要求俄罗斯加入对话。然而，欧盟在解决科索沃问题上屡显无力，使塞尔维亚转而对美国寄予了越来越多的希望。有评论称，在科索沃问题上，塞尔维亚的外交政策正试图从美国方面寻找出路。①

对此，美国也表现出了积极的态度。2019 年，美国在介入西巴尔干地区事务中有多项举措。8 月，美国任命负责欧洲和欧亚事务的副助理国务卿帕尔默（Matthew Palmer）为西巴尔干事务特使。10 月，特朗普任命驻德国大使格伦内尔（Richard Grenell）兼任塞科谈判特使，多种迹象显示美国将参与塞科对话。不过，美国介入科索沃问题的效果依然存疑。首先，美国不会放弃支持科索沃"独立"的立场；其次，科索沃问题不是美国外交工作的优先项；最后，美国的介入可能会对波黑局势带来影响，从而影响地区稳定。

9 月 11 日，"塞尔维亚与美国关系"国际会议在贝尔格莱德举行，主要议题为反恐合作和改善两国关系。塞尔维亚第一副总理兼外长达契奇在开幕式上表示，改善塞美关系是维护西巴尔干地区安全和地区经济稳定的一项共同战略。虽然政府层面对改善塞美关系寄予厚望，但北约轰炸南斯拉夫联盟是塞美关系中一道难以忘却的伤疤，而 2019 年正是这场轰炸发生 20 周年，在贝尔格莱德还举行了一系列的纪念活动。3 月 22 日，来自世界十多个国家的专家学者参与了名为"北约入侵南联盟 20 周年"活动，他们支持塞尔维亚的外交政策，共同为尊重和恢复国际法的主要原则发出呼吁。

① DW，https：//www. dw. com/sr/sad - ponovo - klju% C4% 8Dni - igra% C4% 8D - u - dijalogu - srbija - kosovo/a - 49358542，检索日期：2020 年 2 月 18 日。

（三）与俄罗斯的关系

塞尔维亚和俄罗斯在民族和文化方面有非常深厚的历史渊源。一方面，俄罗斯视塞尔维亚为其利益在西巴尔干地区的代表；另一方面，塞尔维亚视俄罗斯为其参与国际秩序的支持者，塞俄关系是一种双向需要。从 2019 年塞俄关系的情况来看，塞尔维亚对俄罗斯的精神依赖大于经济依赖，而俄罗斯看重的则是塞尔维亚特殊的地缘政治重要性。近年来，武契奇政府采取了微妙的外交平衡策略，在发展与欧盟良好关系的同时试图与俄罗斯保持友好。

2019 年 1 月 17 日，俄罗斯总统普京对塞尔维亚进行为期一天的国事访问。双方会晤的话题涉及塞尔维亚与北约关系和塞尔维亚与科索沃地区“关系正常化”问题。访问期间，普京向武契奇总统颁发了亚历山大·涅夫斯基（Alexander Nevsky）国家勋章，武契奇则送给普京一只牧羊犬。10 月 19 日，俄罗斯总理梅德韦杰夫访问贝尔格莱德，并出席了苏联和南斯拉夫联合解放贝尔格莱德 75 周年庆祝活动，其间与塞尔维亚政府签订了能源、经济、创新、军事、教育、科技等领域的多项合作协议。

10 月 25 日，俄罗斯与塞尔维亚联合举行名为“斯拉夫盾牌”的军事演习。演习期间，俄罗斯将其最先进的武器——著名的 S－400“凯旋”防空导弹系统和“铠甲－S1”弹炮合一防空系统部署到塞尔维亚，此举被视作明确的政治信号。塞尔维亚政府为其军队购入了“铠甲－S1”系统，首批设备于 2020 年 2 月运达塞尔维亚。

四　社会与文化

（一）人口流失与老龄化问题

自 20 世纪 90 年代以来，塞尔维亚的人口数量呈持续下降趋势。2019 年人口数量为 698 万（不含科索沃地区，如果包括科索沃地区，人口为 877 万），其中女性占比为 51.3%，男性为 48.7%。2019 年，死亡人口数量为 10.3 万，出生婴儿数量为 6.3 万。自 2015 年以来，人口增长率每年下降，据塞统计局统计，2019 年塞尔维亚人口增长率为 -5.5%，意味着 3.5 万人口流失。[①]

与其他西巴尔干国家一样，人才流失也是塞尔维亚面临的重要问题，受过良好教育的技术人员倾向于到其他国家寻找更好的发展机会。2019 年第四季度，塞尔维亚的青年（15 ~ 24 岁）失业率为 29.1%，[②] 比 2018 年上升了 1 个百分点。对于年轻人来说，生活难以保障，因此他们不愿意抚养孩子，家庭生育率较低，仅为 1.46%。塞尔维亚政府在 2019 年向警察、军人、卫生工作者和教师投入了一大笔财政资金，旨在提高这一部分民众的生活水平。

老龄化问题是塞尔维亚面临的另一挑战。塞尔维亚人口平均年龄为 43 岁，65 岁以上人口比重接近 20%，是世界上人口平均年龄最高的国家之一。人口老龄化和老年抚养比例上升对塞尔维亚的社会保障制度构成了严峻的挑战。2019 年 12 月，塞尔维亚议会通过《养老保险和残疾人保险法》的修订案，为养老金结算引入了新的所谓的“瑞士”公式。这意味着从 2020 年 1 月开始，170 万名退休者领取的月养老金将与平均工资增长（50%）和通货膨胀率（50%）挂钩。这种养老金指数化模型被东南欧地区大部分国家采用，2006 年以前塞尔维亚也使用此种模型，当时在世界银行的要求下做出了改变。从 2020 年 1 月开始，随着新模式的实施，养老金将会增长 5.4%。

（二）东正教会独立800周年纪念活动

2019 年是塞尔维亚东正教会独立 800 周年，全国各地举办了多场大规模的文化活动。10 月 6 日，日察修道院（Žiča）作为庆典活动的中心举行了盛大的纪念活动。该地不仅是塞尔维亚东正教会大主教区所在地，也是第一位塞尔维亚大主教圣萨瓦（Sveti Sava）修行之所，还是中世纪塞尔维亚君王加冕的皇家圣殿。因此，日察具有塞尔维亚宗教精神和国家制度两个方面的象征意

---

① 塞尔维亚统计局，https：//www. stat. gov. rs/sr - cyrl/oblasti/stanovnistvo/procene - stanovnistva/，检索日期：2020 年 2 月 18 日。

② 塞尔维亚统计局，https：//www. stat. gov. rs/sr - Latn/oblasti/trziste - rada/anketa - o - radnoj - snazi，检索日期：2020 年 2 月 18 日。

义。第一副总理兼外交部部长伊维察·达契奇（Ivica Dačić）出席了这一活动。

随后，在科索沃地区和梅托西亚地区的佩奇主教区（Pećka patrijaršija）也举行了庆典活动。10月8日晚，在首都贝尔格莱德萨瓦中心（Sava Centar）举行了名为“圣萨瓦的誓约”（Zavet Svetoga Save）的晚会，总统武契奇出席。由于兑现了资助塞尔维亚东正教徒的诺言，武契奇被塞尔维亚教会执行机构圣主教公会授予最高奖章——“圣萨瓦勋章”。主教伊里涅伊（Patrijarh Irinej）在致辞中表彰武契奇在保护国家领土和民族主权方面的不懈努力。同时，教会也向波黑主席团成员米洛拉德·多迪克（Milorad Dodik）颁发了“圣西梅恩勋章”。

（三）汉德克获奖引发热议

2019年10月10日，诺贝尔文学奖揭晓。本届文学奖被授予了两位作家，分别是波兰作家奥尔加·托卡尔丘克（Olga Tokarczuk）和奥地利作家彼得·汉德克（Peter Handke）。汉德克获奖的消息一出，随即引起热议。不过，这并不是汉德克第一次面对争议。他的创作自由大胆，形式丰富，手法多样，早早就被贴上了先锋、实验、反传统、后现代等标签。尤其是在20世纪90年代南斯拉夫战争期间，汉德克前往塞尔维亚旅行，写下了《多瑙河、萨瓦河、摩拉瓦河和德里纳河冬日之行或给予塞尔维亚的正义》（1996，游记）、《冬日旅行之夏日补遗》（1996，游记）、《独木舟之行或者关于战争电影的戏剧》（1999，戏剧）三部作品。2006年他还出席了南斯拉夫前总统米洛舍维奇的葬礼。他采取了与西方不一样的立场，反对主流意见，反对舆论一边倒，批评西方媒体语言和信息政治，并因此而成为众矢之的，自那时起，对汉德克的争论和批评就从未彻底平息。

本次汉德克获奖，在塞尔维亚引起热议，塞尔维亚总统武契奇就对汉德克获奖表示祝贺，还称他是塞尔维亚“真正的朋友”，是一位“勇敢和有尊严”的“杰出知识分子”，并邀请汉德克访问塞尔维亚。① 贝尔格莱德市长

① 环球网，https：//world. huanqiu. com/article/9CaKrnKohOo，检索日期：2019年12月12日。

佐兰·拉多季奇（Zoran Radojičić）称他是“一位伟大的作家、人道主义者和一位热爱塞尔维亚的人”。[①] 电影制片人埃米尔·库斯图里卡（Emir Kusturica）认为，汉德克获奖对文学界来说是一件伟大的事情，他指出：“汉德克的政治斗争是他文学作品的延续，他的文学作品致力于发现人类存在的隐藏内容，即发现为正义而战的局外人。”[②]

然而，塞尔维亚读书界提醒公众，应谨慎地看待汉德克的获奖，不应不假思索地对此事表示赞许，同时要谨防民主主义者、右翼势力将此事政治化，以鼓吹民族主义之风，给本来就很脆弱的地区稳定带来不安定因素。

五　与中国的关系

2019 年，中国与塞尔维亚的关系进一步发展，两国政治互信不断增强，务实合作快速发展，两国高层互动频繁。4 月，中国国家主席习近平会见出席第二届“一带一路”国际合作高峰论坛的塞尔维亚总统武契奇，李克强总理会见出席第八次中国—中东欧国家领导人会晤的塞尔维亚总理布尔纳比奇。5 月，国务委员、公安部部长赵克志访问塞尔维亚。8 月，全国政协副主席李斌，中共中央政治局委员、中央军委副主席张又侠先后访问塞尔维亚。9 月，最高人民法院院长周强访问塞尔维亚。10 月，中央政治局委员、中央书记处书记、中央纪委副书记、国家监委主任杨晓渡访问塞尔维亚；全国人大常委会副委员长郝明金赴塞出席各国议会联盟第 141 届大会及金砖国家议会论坛。11 月，习近平主席会见出席第二届中国国际进口博览会的塞尔维亚总理布尔纳比奇。

2019 年，第八次中国—中东欧国家领导人会晤在克罗地亚杜布罗夫尼克举行，塞尔维亚总理布尔纳比奇参加了这场会议。她在开幕式的致辞中强

① 澎湃网，https：//www. thepaper. cn/newsDetail_ forward_ 4653540，检索日期：2019 年 10 月 12 日。

② 塞尔维亚“新闻网”，https：//www. novosti. rs/vesti/kultura. 71. html：823543 – Kusturica – o – Handekovoj – nagradi – Ovo – je – velika – stvar，检索日期：2019 年 12 月 12 日。

调，塞尔维亚目前仍然是与中国签订和共建基础设施项目最多的中东欧国家。主要的合作项目包括：河北钢铁集团收购斯梅德雷沃钢铁厂、山东玲珑轮胎在塞建厂、紫金矿业投资 RTB 博尔铜矿、山东高速承建中国文化中心、中国机械设备工程股份有限公司承建科斯托拉茨火电站项目、路桥公司承建多瑙河大桥等。除此以外，中国企业还承担了铁路、高速公路的现代化修复改造或新建工程。中国驻塞尔维亚大使陈波女士介绍，截至 2019 年 4 月，中国在塞投资超过 100 亿美元，大部分是基建和能源项目。两国均有意在共同利益的基础上建立更加密切的双边关系。

3 月 30 日，玲珑轮胎欧洲工厂——兹雷尼亚宁项目启动，塞尔维亚总统武契奇和中国驻塞尔维亚大使陈波等为项目奠基。5 月，中国企业承建的塞尔维亚 E763 高速公路普雷利纳至波热加段正式开工，而该高速公路的另外两个路段在 2019 年通车：8 月，奥布雷诺瓦茨至利格段通车，12 月，苏尔津至奥布雷诺瓦茨段通车。其中，苏尔津至奥布雷诺瓦茨路段连接起泛欧 10 号走廊和 11 号走廊，向北通往匈牙利，向西通往克罗地亚，对塞尔维亚交通网络意义重大。除此以外，2019 年中国公司宣布了在塞尔维亚的 16 个绿地项目，投资额达 6.25 亿美元，中国成为塞尔维亚最大的此类投资来源国。

目前，中国是塞尔维亚的重要贸易伙伴，而塞尔维亚是中国在西巴尔干地区重要的经贸伙伴之一。据塞尔维亚海关统计，2019 年中塞贸易额为 28.4 亿美元，同比增长 25.5%。其中塞出口额达到 3.3 亿美元，同比增长 258.9%；塞进口额为 25.1 亿美元，同比增长 15.7%。①

自 2017 年实行互免签证以来，中塞两国人员往来明显增多。2019 年中国赴塞游客数量突破 14 万人次，同比增长 41.6%，过夜天数达 268572 天，同比增长 49.8%。中国已成为塞尔维亚第一大外国游客来源国。

---

① 中国海关和塞尔维亚统计局公布的数字存在较大差异。截至 2020 年 12 月，塞尔维亚统计局尚未公布中塞贸易数据。参考 2018 年，据中国海关统计，中塞双边贸易额为 9.5 亿美元，同比增长 25.8%。其中，中国出口 7.3 亿美元，同比增长 33.5%；中国进口 2.2 亿美元，同比增长 6.1%，中方顺差 5.1 亿美元。而据塞尔维亚统计局数字，2018 年塞中双边贸易额约为 22.6 亿美元，同比增长 23.5%。其中，塞尔维亚自中国进口 21.7 亿美元，同比增长 22.6%；塞尔维亚对华出口 9170 万美元，同比增长 47.6%，中方顺差约为 20.7 亿美元。

B.20
斯洛伐克

彭小航*

摘　要： 2019年，斯洛伐克相继举行总统选举、欧洲议会选举，斯迎来史上首位女总统，斯议会外政党成功进入欧洲议会。斯政坛爆发多起丑闻，执政联盟支持率走低。受内外因素影响，2019年斯洛伐克经济增长放缓，国际贸易总体呈现顺差。外交方面，斯洛伐克依托维谢格拉德集团，积极参与欧盟事务，在对美、对俄关系中寻求平衡，视北约为重要安全保障。社会文化方面，斯洛伐克在2019年围绕开国元勋施特凡尼克去世100周年、斯洛伐克民族起义75周年和东欧剧变30周年举行一系列纪念活动。在中斯建交70周年之际，两国政治、经贸、文化往来进一步深化。

关键词： 斯洛伐克　总统选举　欧洲议会选举

一　国内政治形势

（一）总统选举、欧洲议会选举反映民众求新心态

2019年，斯洛伐克总统选举及欧洲议会选举相继举行，政治新人苏珊

* 彭小航，北京外国语大学中东欧研究中心兼职研究员，研究方向为捷克和斯洛伐克政治与外交。

娜·恰普托娃（Zuzana Čaputová）的获胜以及议会外自由主义新兴政党的胜利反映了民众对执政当局的不满和求新心态。

2019年3月16日，斯洛伐克举行新一届总统大选首轮选举，共有13位候选人角逐总统之位，知名律师苏珊娜·恰普托娃获得40.6%的支持率，以领先主要执政党方向党（SMER－SD）推出的候选人马罗什·谢夫卓维奇（Maroš Šefčovič）近21个百分点的优势强势进入第二轮选举。3月30日，斯洛伐克总统选举举行第二轮投票，恰普托娃以58.41%的得票率战胜谢夫卓维奇，成为斯洛伐克第五任总统，也是斯历史上首位女性总统。

恰普托娃被称为“穷人的律师”。作为政坛新人，她倡导政治家应行事得体而非相互攻讦，吸引了大量对传统政治感到失望、求新求变的选民。恰普托娃就任后，着力加强宪法法院职能。为维护政坛竞争，否决了有关选举前50天停止竞选活动并禁止公布民调结果的法律修订案。说到做到的作风使恰普托娃迅速成为最受民众信任的斯洛伐克政治家。① 2019年12月，恰普托娃被政论网站Politico评为2019年欧洲最具影响力的28人之一。②

5月25日，斯洛伐克举行第四次欧洲议会选举，恰普托娃总统曾任副主席的自由主义政党进步斯洛伐克运动（Progresívne Slovensko）和共同党（SPOLU－občianska demokracia）组成竞选联盟，两党首次参选即以20.11%的支持率一举夺魁，分得4个议席。方向党得票率较上届下降8.37个百分点，获3个议席。我们的斯洛伐克－人民党（L'udová strana Naše Slovensko）、基督教民主运动（Kresťanskodemokratické hnutie）、自由与团结党（Sloboda a Solidarita）各获2席，普通公民与独立个人组织（OL'ANO）

---

① Kamila Pešeková，《2019年的斯洛伐克与首位女总统》，https://plus.rozhlas.cz/kamila－pesekova－slovensko－2019－a－prvni－prezidentka－v－historii－zeme－8129784，检索日期：2020年1月18日。

② 斯洛伐克总统府网站，https://www.prezident.sk/article/zuzana－caputova－ranked－amongst－the－most－influential－personalities－in－europe/，检索日期：2020年1月18日。

获1席。进入欧洲议会的7个政党中，有3个为斯议会外政党，斯议会8个政党中有4个未能进入欧洲议会，一定程度上反映出斯政坛迅速洗牌的大趋势。

（二）贪腐案件引发政坛波澜

2018年2月，斯洛伐克调查记者库扬·库恰克（Ján Kuciak）及其未婚妻被谋杀，在斯社会引发强震。2019年，随着案件调查的深入，更多政治人物成为社会关注的焦点。

2019年3月，斯警方指控企业家马利安·柯驰那（Marián Kočner）雇凶杀害库恰克及其未婚妻。10月，斯检方就此案起诉柯驰那等4人。此前，柯驰那已因涉嫌经济犯罪被刑事拘留。根据斯网络媒体N日报（Denník N）曝光的柯驰那手机通话记录，柯驰那在斯洛伐克政坛人脉广泛，同方向党主席、前总理罗伯特·菲佐（Robert Fico），方向党副主席、内务部长罗伯特·卡利尼亚克（Robert Kaliňák），民族党主席、议长安德烈·丹科（Andrej Danko），桥党主席贝拉·布加尔（Béla Bugár），我们的斯洛伐克－人民党主席马利安·科特勒巴（Marian Kotleba）等均有往来，并在库恰克案发生后试图挽救当时的菲佐政府。[①] 斯执政联盟方向党、民族党和桥党三位党主席的名字均出现在柯驰那的通话记录中，为反对党的攻击提供了口实。

10月，大型投资公司鹏塔集团（Penta）高管2005～2006年同菲佐等方向党要员的谈话录音流出，方向党再次被卷入贪腐丑闻。2011年，斯警方对鹏塔集团高管的监听笔录被媒体曝光。根据笔录，鹏塔高管谈及曾对斯洛伐克政治家行贿，为集团谋取经济利益。尽管鹏塔集团矢口否认录音的真实性，录音本身也并不能证明方向党领导人受贿的事实，但菲佐的声音在录音中出现足以成为媒体炒作的话题，给方向党的前途再次蒙上阴影。[②]

---

① 捷克 aktualne.cz 新闻网援引斯洛伐克媒体 Dennik N 报道，https：//zpravy.aktualne.cz/zahranici/grafika－tajne－zpravy－mariana－kocnera－o－janu－kuciakovi/r～d53c1706c7d211e9b5e8ac1f6b220ee8/，检索日期：2020年2月1日。

② 斯洛伐克《经济报》，https：//slovensko.hnonline.sk/2024674－gorila－nahravka－39－hodin－penta－tresne－oznamenie，检索日期：2020年2月2日。

二　经济发展状况

斯洛伐克经济高度依赖出口。受到德国等欧盟内重要出口市场经济发展停滞、斯国内汽车生产转型等因素影响，斯洛伐克2019年经济增长明显放缓。2019年斯洛伐克GDP及增长率情况见表1和图1。

表1　2019年第一至第四季度斯洛伐克GDP

单位：百万欧元

	第一季度	第二季度	第三季度	第四季度	全年
GDP	21707.5	23640.2	24561.3	24268.0	94177.0

资料来源：斯洛伐克国家统计局，https：//slovak. statistics. sk，检索日期：2020年3月1日。

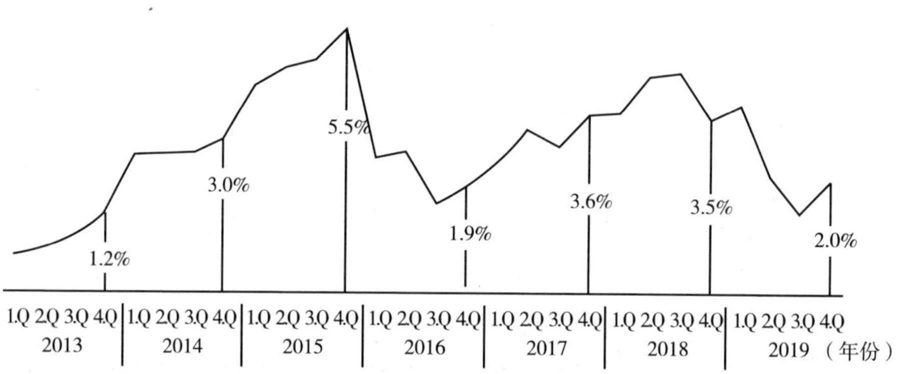

图1　2013～2019年斯洛伐克GDP增长率变化情况
（同比变化情况，以2015年价格计算）

资料来源：斯洛伐克国家统计局，https：//slovak. statistics. sk，检索日期：2020年3月1日。

2019年，斯进出口总额为1598.2亿欧元。其中，出口额为804.6亿欧元，较2018年增长1.7%，进口额为793.6亿欧元，增长3.3%。2019年斯贸易顺差为11亿欧元，同比减少12.1亿欧元。居斯洛伐克贸易顺差前十位的国家依次为德国、法国、英国、奥地利、美国、波兰、西班牙、意大利、匈牙利、捷克。[①] 2019 年斯失业率为5.8%，同比下降0.8 个百分点，总失业人口为 15.77 万人。2019 年，斯洛伐克全年名义平均月工资为 1092 欧元。[②]

三　外交与安全

2019 年是斯洛伐克加入欧盟和北约 15 周年，也是东欧剧变 30 周年。斯洛伐克外交强化亲西方、融欧理念，重视国际和平与安全，尊重国际法，奉行睦邻友好政策，致力于成为可靠的合作伙伴。同时，斯坚定支持多边主义，延续“经济靠欧盟，安全靠北约”的外交布局。[③]

（一）依托 V4集团，积极参与欧盟事务

维谢格拉德集团（Visegrád Group，简称 V4 集团）由捷克斯洛伐克、波兰、匈牙利三国于 1991 年组成，捷克斯洛伐克解体后，斯洛伐克作为独立成员国加入。2018 年下半年至 2019 年上半年，斯洛伐克担任 V4 集团轮值主席国，其间在 V4 集团内部开展了多层级、多领域的交流活动，并以“V4 +”形式举办了 V4 集团同法国、土耳其、北欧与波罗的海八国、西巴尔干国家等国家和地区组织的外长级会晤。[④]

2019 年是欧盟换届年。针对新一届欧盟领导人选安排和下阶段预算等涉及“新欧洲”国家切身利益的重大问题，斯洛伐克和捷克、波兰、匈牙利共同通过 V4 集团机制协调立场，四国总理多次在出席欧盟峰会期间举行小范围会晤，通过抱团发声提高在欧盟内的话语权。9 月，新任欧委会主席乌尔苏拉·冯德莱恩（Ursula von der Leyen）提名谢夫卓维奇担任主管机构

---

① 斯洛伐克国家统计局，https：//slovak. statistics. sk，检索日期：2020 年 3 月 1 日。

② 斯洛伐克国家统计局，https：//slovak. statistics. sk，检索日期：2020 年 3 月 26 日。

③ 斯洛伐克外交部，《斯洛伐克共和国 2018 年外交和欧盟政策优先领域评估与 2019 年规划》（Hodnotenie priorít zahraničnej a európskej politiky Slovenskej republiky v roku 2018 a ich zameranie na rok 2019），2019 年 2 月，p. 3。

④ 斯洛伐克外交部，https：//www. mzv. sk/zahranicna – politika/slovensko – a – v4/slovenske – predsednictvo – v4/aktualne – spravy？ strana = 1，检索日期：2020 年 2 月 25 日。

间关系和战略前瞻的欧委会副主席。11 月，欧洲议会投票通过冯德莱恩对欧委会委员的提名。此为谢夫卓维奇第三次担任欧委会副主席。斯总理彼得·佩列格里尼（Peter Pellegrini）对这一安排表示赞赏，认为谢夫卓维奇将凭借在欧委会的工作经验胜任其下一任期的职责。[①]

（二）在对美、对俄关系中寻求平衡

斯洛伐克在安全上依靠北约，经济上重视欧洲一体化市场。但由于地处中欧，体量较小，斯经济受外部影响较大，在能源、贸易等领域对俄罗斯经济依存度较高。在英国脱欧在即、美国威胁对欧盟加征关税等外部风险影响下，斯更须谨慎权衡，在对美、对俄关系中寻求平衡，这在 2019 年斯洛伐克国家领导人的对外交往中也有明显体现。

2019 年，斯洛伐克同美国进行了一系列高层互访。2 月，美国国务卿蓬佩奥访斯，实现 20 年来美国国务卿首次访问斯洛伐克，其间蓬佩奥分别会见斯洛伐克时任总统安德烈·基斯卡（Andrej Kiska）、总理佩列格里尼、外长米洛斯拉夫·莱恰克（Miroslav Lajčák）等。蓬佩奥表示，美斯两国均重视自由，保持两国间良好的国防、经贸、政治关系十分重要。[②] 5 月，佩列格里尼访美，其间同美国总统特朗普举行会谈，双方就国防安全、跨大西洋合作、投资和能源合作等交换意见。佩列格里尼向特朗普表示，美若向欧盟加征关税，斯洛伐克和其他汽车工业发达的中欧国家经济将受到冲击。在小范围会见中，佩列格里尼和特朗普还就安全、非法移民、俄罗斯和乌克兰问题进行讨论。佩列格里尼邀请特朗普日后访斯。[③]

---

① 斯洛伐克 pravda 新闻网，https：//europa. pravda. sk/aktuality/clanok/525389 – sefcovic – hanbu – neurobi – ale – slovensko – ma – na – viac – vyhlasil – eurposlanec – simecka/，检索日期：2020 年 2 月 25 日。

② 斯洛伐克存在新闻网，https：//spectator. sme. sk/c/22051559/pompeo – slovakia – has – never – been – as – independent – and – prosperous – as – it – is – now. html，检索日期：2020 年 2 月25 日。

③ 斯洛伐克政府网，https：//www. vlada. gov. sk//pellegrini – pozval – putina – na – oslavy – snp%3b – obaja – vitaju – narast – obchodnej – vymeny/，https：//www. vlada. gov. sk//premier – pellegrini – sa – stretol – s – ruskym – partnerom – medvedevom/，检索日期：2020 年 2 月 25 日。

与此同时，斯洛伐克并未放弃同俄罗斯的经贸合作。2019 年 6 月，佩列格里尼访问俄罗斯并分别会见俄总统普京和总理梅德韦杰夫。双方积极评价斯俄务实合作，就进一步发展经贸、能源、基础设施等领域合作和人文交流达成一致。此访期间，斯洛伐克经济部和俄罗斯原子能公司（Rosatom）就核能和平使用签署合作备忘录，斯多家核电站同俄核燃料公司 TVEL 签署 5 年核燃料供应合同。①

（三）视北约为重要安全保障

斯洛伐克高度重视北约的安全意义。根据斯洛伐克 2019 ~ 2021 年公共管理预算，斯 2019 年国防开支占 GDP 的 1.73%，超过原计划 2020 年达到的 1.6%。2019 年，斯继续在北约框架下驻军波罗的海、伊拉克和阿富汗。② 12 月，恰普托娃就任斯洛伐克总统后首次出席北约峰会，强调斯洛伐克负责任地履行北约成员国责任，已实现国防开支翻一番，并拟于 2024 年实现国防开支占 GDP 比重 2% 的目标。③

四　社会与文化

（一）米兰·拉斯季斯拉夫·施特凡尼克年纪念活动

2019 年是捷克斯洛伐克开国元勋之一施特凡尼克（Milan Rastislav Štefánik）逝世 100 周年。2 月，斯洛伐克政府宣布将 2019 年定为施特凡尼克年。斯政府拨款逾 380 万欧元，同民间组织合作在全国各地举办展览、音

① 斯洛伐克政府网，https：//www. vlada. gov. sk//pellegrini – pozval – putina – na – oslavy – snp% 3b – obaja – vitaju – narast – obchodnej – vymeny/，https：//www. vlada. gov. sk//premier – pellegrini – sa – stretol – s – ruskym – partnerom – medvedevom/，检索日期：2020 年 2 月 25 日。

② 斯洛伐克外交部，《斯洛伐克共和国 2018 年外交和欧盟政策优先领域评估与 2019 年规划》，2019 年 2 月，p. 8。

③ 斯洛伐克总统府网站，https：//www. prezident. sk/article/prezidentka – sa – prvykrat – zucastnila – na – stretnuti – lidrov – nato/，检索日期：2020 年 2 月 25 日。

乐会、演出等纪念活动，发行施特凡尼克纪念币和纪念邮票，并对施特凡尼克纪念雕像进行修缮。[①] 施特凡尼克 1880 年出生于当时属于奥匈帝国的斯洛伐克，青年时期曾在布拉格学习，其间深受其哲学课教师、后来的捷克斯洛伐克国父马萨里克（Tomáš Garrigue Masaryk）的影响，励志为捷克斯洛伐克的独立而奋斗。一战爆发后，施特凡尼克意识到，打败奥匈帝国和德国将为捷克斯洛伐克的独立带来机会，于是加入法国军队作战，并在海外组建捷克斯洛伐克军团，对抗奥匈帝国和德国军队。1918 年 10 月，施特凡尼克任捷克斯洛伐克独立后的首任战争部长。1919 年 5 月，施特凡尼克死于空难，年仅 38 岁。

（二）斯洛伐克民族起义75周年纪念活动

2019 年，斯洛伐克举行多项活动，纪念斯洛伐克民族起义 75 周年。1944 年 8 月 29 日，为对抗驻扎在斯洛伐克的纳粹德国军队和纳粹扶持的蒂索（Josef Tiso）傀儡政权，斯洛伐克民众在班斯卡·比斯特里察（Banská Bystrica）起义。虽然起义最终被镇压，但游击队的地下活动一直持续至 1945 年反法西斯战争胜利。2019 年 8 月 29 日，斯洛伐克举行了为期四天的民族起义 75 周年纪念活动，其中包括在班斯卡·比斯特里察举行阅兵仪式。斯文化部共拨款 230 万欧元，用于举办相关纪念活动和文物修缮。[②]

（三）东欧剧变30周年纪念与反思活动

2019 年是东欧剧变 30 周年。为纪念捷克斯洛伐克“天鹅绒革命”30 周年，斯文化部在多地举办主题音乐会、研讨会、展览等活动。[③] 与此同

① 斯洛伐克文化部，http://www.culture.gov.sk/aktuality-ministerstva-kultury-36.html?id=1610，检索日期：2020 年 3 月 1 日。

② 斯洛伐克文化部，http://www.culture.gov.sk/medialny-servis/aktuality-ministerstva-kultury/archiv-aktualit-1d9.html?id=1832，检索日期：2020 年 3 月 1 日。

③ 斯洛伐克文化部，http://www.culture.gov.sk/medialny-servis/aktuality-ministerstva-kultury/archiv-aktualit-1d9.html?id=1937，检索日期：2020 年 3 月 1 日。

时，斯社会也不乏对剧变后转轨路线的反思。根据捷克舆论调查中心和捷克、斯洛伐克两国社会学研究所进行的调查，21%的斯洛伐克民众认为剧变前的生活好于剧变后，54%的民众认为转轨后社会安全感下降，55%的民众认为转轨后犯罪率上升，47%的民众认为转轨后医疗服务质量下降。①

五　与中国的关系

（一）高层交往和政策沟通

2019年4月，斯外长莱恰克等来华出席第二届“一带一路”国际合作高峰论坛有关活动，其间同国务委员兼外长王毅举行会见。② 7月，王毅访斯，其间会见斯总统恰普托娃、外长莱恰克等。③ 11月，斯外交部国务秘书卢卡什·帕里泽克（Lukáš Parízek）访华，同中国外交部副部长秦刚举行会谈。④ 同月，斯教育、科研和体育部部长马丁娜·卢比奥娃（Martina Lubyová）访华，同中国教育部部长陈宝生共同签署了《中华人民共和国政府与斯洛伐克共和国政府关于相互承认高等教育学历学位的协议》。⑤

---

① 捷克民调中心，《捷克和斯洛伐克民众眼中的天鹅绒革命和剧变后发展》，CVVM，Sametová revoluce a polistopadový vývoj očima ČR a SR，2019年10月29日，pp. 3、6。

② 中华人民共和国外交部，https://www.fmprc.gov.cn/web/wjbzhd/t1657461.shtml，检索日期：2020年2月25日。

③ 《斯洛伐克总统恰普托娃会见王毅》，http://www.xinhuanet.com/world/2019-07/10/c_1124736373.htm，检索日期：2020年2月25日。

④ 斯洛伐克共和国驻华大使馆，https://www.mzv.sk/web/peking/detail/-/asset_publisher/bZtjMy3iNwbo/content/lukas-parizek-v-cine-musime-rozsirit-nasu-spolupracu-/10182?p_p_auth=ddYFMdjd&_101_INSTANCE_bZtjMy3iNwbo_redirect=%2Fweb%2Fpeking%2Fspravy%3Fstrana%3D1，检索日期：2020年2月25日。

⑤ 《陈宝生会见斯洛伐克教育、科研和体育部长》，中华人民共和国教育部，http://www.moe.gov.cn/jyb_xwfb/gzdt_gzdt/moe_1485/201911/t20191127_409918.html，检索日期：2020年2月25日。

斯洛伐克积极参与“17+1合作”。4月，李克强总理在出席中国—中东欧国家领导人杜布罗夫尼克会晤期间同斯总理佩列格里尼举行双边会谈。6月，斯担任在中国宁波举行的中国—中东欧国家博览会主宾国，副总理日哈德·莱希（Richard Raši）率团出席。

（二）双边经贸往来

2019年，中斯贸易额为88.9亿美元，同比增长14.2%。其中，中国对斯出口29.2亿美元，同比增长15.2%；自斯进口59.7亿美元，同比增长13.8%。[①] 10月，往返西安市和斯洛伐克多瑙斯特雷达市（Dunajská Streda）的中欧班列开通。[②]

（三）文化交流

在中斯建交70周年之际，两国开展了一系列人文交流活动。2月，“欢乐春节”活动第四次在斯首都布拉迪斯拉发举行。[③] 9月，庆祝中华人民共和国成立70周年暨中斯建交70周年音乐会在布拉迪斯拉发举行。[④] 由东北财经大学和马杰伊贝尔大学（Univerzita Mateja Bela v Banskej Bystrici）合作成立的商务孔子学院正式揭牌，成为斯洛伐克第三所孔子学院。[⑤] 10月，由中国艺术家呈现的“汉唐古韵·箜篌新声音乐会”、“中国

---

① 《2019年1～12月中国与欧洲国家贸易统计表》，中华人民共和国商务部，http://ozs.mofcom.gov.cn/article/zojmgx/date/202003/20200302941074.shtml，检索日期：2020年3月5日。

② 《林琳大使出席西安－斯洛伐克中欧班列抵斯欢迎仪式》，中华人民共和国驻斯洛伐克共和国大使馆，http://sk.china-embassy.org/chn/dongtai1/t1705331.htm，检索日期：2020年2月25日。

③ 《“欢乐春节”走进斯洛伐克》，新华社，http://www.xinhuanet.com/world/2019-02/21/c_1124142668.htm，检索日期：2020年2月25日。

④ 《中国民乐奏响布拉迪斯拉发——驻斯洛伐克使馆举行庆祝中华人民共和国成立70周年暨中斯建交70周年音乐会》，中华人民共和国驻斯洛伐克共和国大使馆，http://sk.china-embassy.org/chn/dongtai1/t1699306.htm，检索日期：2020年2月25日。

⑤ 《我校第三所孔子学院马杰伊贝尔大学商务孔子学院举行揭牌仪式》，东北财经大学，http://www.dufe.edu.cn/content_22589.html，检索日期：2020年2月25日。

武术之夜”、中国蒙古族与裕固族艺术歌舞团访问演出先后在布拉迪斯拉发举行。①

① 《箜篌新声亮相布拉迪斯拉发》，中华人民共和国驻斯洛伐克共和国大使馆，http：//sk. china - embassy. org/chn/dongtai1/t1705333. htm，http：//sk. china - embassy. org/chn/dongtai1/t1705819. htm；中国张掖网，http：//www. zgzyw. com. cn/zgzyw/system/2019/10/14/030088932. shtml，检索日期：2020 年 2 月 25 日。

B.21
斯洛文尼亚

鲍　捷*

摘　要： 2019年，斯洛文尼亚政坛新星沙雷茨领导的少数派联合政府向民众交出较满意答卷，虽有避重就轻之嫌，却也积极改善民生。同时，随着深化政治改革的呼声越发迫切，沙雷茨政府的短板也不断暴露，执政联盟内部矛盾越发突出。2019年，斯洛文尼亚宏观经济运行良好，经济增速放缓，民众平均工资有所提升，通货膨胀率缓慢增长。国家航空公司亚得里亚航空由于经营不善宣布破产。2019年，斯洛文尼亚继续推进与非欧盟国家的外交关系。社会文化领域，斯第一学府卢布尔雅那大学迎来百年校庆。双边关系领域，2019年中斯两国高层互访不断，经济合作与人文交流日益频繁。

关键词： 斯洛文尼亚　社会民生　中国－斯洛文尼亚关系

一　国内政治形势

（一）新政府工作稳步推进

2019年，经过百日新政赢得民众支持的沙雷茨少数派联合政府进一步

* 鲍捷，北京外国语大学欧洲语言文化学院斯洛文尼亚语讲师，斯洛文尼亚卢布尔雅那大学巴尔干学博士研究生。

推动国内民生改善法案的落地实施。如缩短转诊就医等待期等一系列补充法案的通过，使民众对沙雷茨政府的信任度不断提高。尽管沙雷茨政府的执政策略被某些媒体认为有避重就轻之嫌，[①] 但在2019年1月的民调中，65.8%的受访者对现任政府的执政表示满意。[②] 而在新政府上台的2018年10月，表示支持新政府的民众仅为36.4%。同样，沙雷茨领导的沙雷茨党在2019年2月的民调中获得了20.6%的最高民众支持率。而在执政初期的2018年11月，其支持率仅为7%。相比在2018年议会大选中胜出的斯洛文尼亚民主党，沙雷茨党曾在11次民调中超越该党，获得民众信任。在2019年政府年度报告发布会上，政府办公室公开表示，沙雷茨政府对如此高的民调结果并不感到惊喜，因为在竞选期间沙雷茨就提出“一切为人民”的口号，为人民服务是政府的工作目标。[③]

虽然避重就轻的执政策略在短时期内帮助政府获得大量的民众支持，但民众最迫切的需求，如大型国家基建项目、医疗和养老制度改革等议题却一直没有实质性的进展。在公共医疗领域，新政府通过加大财政投入，缩短了部分专科如运动科、儿科、心肺科的转诊等待期。而民众普遍关心的，如取消商业补充医疗保险议案，在议会投票中流产；斯洛文尼亚“科迪第二项目”仍没有动工迹象；斯洛文尼亚社会老龄化程度越发严重，而国内自2011年以来未新建过养老院。斯洛文尼亚的总体社会环境不容乐观，多届政府的执政理念都在追求短期效益，一系列“老大难”问题迟迟没有解决。对于这个由5个政党组成的联合政府，进行各种改革更是难上加难。

上述各类社会深度改革势必会触动斯洛文尼亚社会的多方利益，过去几

---

① 斯洛文尼亚《日报》网站，《沙雷茨政府100日：摒弃意识形态的执政?》，https：//www.dnevnik.si/1042853240/slovenija/100 – dni – sarceve – vlade – vladanje – brez – ideologije，检索日期：2020年2月21日。

② 该民调由斯洛文尼亚娱乐广播集团（PopTV）完成，以随机电话采访的方式询问受访者对斯洛文尼亚现任政府是否满意，并选出最受欢迎的政治家。年度民调结果则以社评文章的方式刊登在官方网站上。https：//www.24ur.com/novice/slovenija/sarec – statisti ka.html，检索日期：2020年2月21日。

③ 该言论出自斯洛文尼亚Pop电视台网络媒体报道，https：//www.24ur.com/novice/slovenija/leto – dni – sarceve – vlade.html，检索日期：2020年2月21日。

届政府在相关议题上的态度均模棱两可。沙雷茨虽为政治新星，也清楚若要彻底落实改革，必须组建强有力的领导团队，而部长任命却由执政联盟5个党派协商确定。2019年，沙雷茨政府有4位部长请辞，需重新任命部长。很明显，权力分散是这届政府的最大短板。

（二）权力博弈下的部长请辞与部长任命

在沙雷茨政府执政的一年半时间内，4位部长因各种原因请辞，从侧面反映了由多个政党组成的少数派政府不得不面对的执政短板，即多方势力博弈导致执政力量被分散。截至2019年底，沙雷茨政府总理及16位内阁部长名单如表1所示。

表1　沙雷茨政府总理及内阁部长名单

姓名	中文译名	职务
Marjan Šarec	马利昂·沙雷茨	政府总理
Andrej Bertoncelj	安德烈·贝尔通切尔	副总理兼财政部部长
Jernej Pikalo	耶尔内伊·皮卡洛	副总理兼教育、科学和体育部部长
Miro Cerar	米罗·采拉尔	副总理兼外交部部长
Alenka Bratušek	阿伦卡·布拉图舍克(女)	副总理兼基础设施部部长
Karl Erjavec	卡尔·埃里亚韦茨	副总理兼国防部部长
Boštjan Poklukar	博什蒂扬·波克卢卡尔	内务部部长
Zdravko Počivalšek	兹德拉夫科·波奇瓦尔舍克	经济发展与技术部部长
Andreja Katič	安德烈亚·卡蒂奇(女)	司法部部长
Rudi Medved	鲁迪·梅德韦德	公共管理部部长
Ksenija Kmalpfer	克塞尼娅·科马尔夫	劳动、家庭、社工和平等部部长
Aleš Šabeder	阿莱什·沙贝德尔	卫生部部长
Zoran Poznič	佐兰·波兹内奇	文化部部长
Aleksandra Pivec	亚历山德拉·皮韦茨(女)	农业、林业和食品部部长
Simon Zajc	西蒙·扎伊茨	环境和空间部部长
Peter Jožef Česnik	彼得·约瑟夫·切斯尼克	国家与邻国斯民族共同体及与海外斯洛文尼亚人关系不管部部长
Angelika Mlinar	安吉利卡·姆利那尔	国家发展、战略项目与凝聚不管部部长

资料来源：斯洛文尼亚共和国政府门户网站部长列表，http://www.vlada.si/o_vladi/clani_vlade/，检索日期：2020年2月23日。

出现部长请辞的部门为文化部、卫生部、环境和空间部以及国家发展、战略项目与凝聚不管部。这4位部长占政府领导层的四分之一，如此大规模的部长更换在斯洛文尼亚历届政府中并不常见。国家发展、战略项目与凝聚不管部部长姆利那尔已是该部第三任部长，于2019年12月上任。波兹内奇在2019年1月接替原部长，他因曾利用公职便利倒卖乐器请辞。2019年3月，原卫生部部长以个人健康为由请辞，随后，担任卢布尔雅那大学附属医院院长的沙贝德尔被任命为新部长。争议最大的则为原环境和空间部部长，其因在上届政府中出任该部国务秘书，参与“科迪第二铁路”项目招标并有受贿嫌疑，于2019年2月正式请辞。

二　经济发展状况

（一）宏观经济数据

2019年，斯洛文尼亚经济运行平稳，经济增长有所放缓。根据斯洛文尼亚国家统计局最新数据，[①] 斯洛文尼亚2019年国内生产总值达480亿欧元，同比增长2.4%。其中，第一季度增幅最高，为3.5%；第四季度增幅最低，仅为1.7%。

外部市场需求增加仍是斯洛文尼亚经济增长的主要动力。2019年斯洛文尼亚出口增速较前两年有所放缓，达到4.4%（2018年出口增速达6.1%）。出口同比增长在第二季度表现最佳，达到6.0%；第四季度最差，仅为0.1%。

2019年全国登记就业人数达104.5万人，[②] 为1995年起进行就业数据统计以来的最高值。与2018年相比，斯洛文尼亚在2019年新增就业人口

① 斯洛文尼亚国家统计局2020年2月28日发布的国家年度经济数据，https://www.stat.si/StatWeb/News/Index/8539，检索日期：2020年3月1日。

② 斯洛文尼亚国家统计局2020年2月28日发布的就业数据，https://www.stat.si/StatWeb/News/Index/8686，检索日期：2020年3月1日。

2.4 万人，同比增长 2.4%。在全国登记失业人口中，2019 年第四季度男性失业人口为 1.9 万人，女性失业人口略多，为 2.2 万人。

2019 年全国通货膨胀率为 2%，与 2018 年持平。其中食品等生活必需品价格涨幅达到 2.5%，服务类产品价格上涨 2.7%，衣帽服饰价格略微下降。[①]

（二）斯洛文尼亚国家航空公司倒闭

2019 年，在经济领域中斯洛文尼亚民众感触最深的突发事件为斯洛文尼亚国家航空公司亚得里亚航空破产。[②] 这家服务斯洛文尼亚民众超过 50 年的航空公司因经营不善，于 2019 年 9 月 30 日向克拉尼地方法院提交破产申请。

亚得里亚航空成立于 1961 年 3 月，在运营初期借助荷兰皇家航空班机执飞由卢布尔雅那出发的国内外包机航班。[③] 20 世纪 70 年代，亚得里亚航空开通卢布尔雅那至贝尔格莱德的定期航线。1991 年斯洛文尼亚独立后亚得里亚航空成为国家航空公司。1995 年，亚得里亚航空与德国汉莎集团签署战略合作协议，加入代码共享系统。2004 年，亚得里亚航空正式加入星空联盟，是连接西欧与东南欧主要城市的重要执飞航空公司。2011 年起，欧盟敦促斯洛文尼亚政府推动私有化进程，其中也包括亚得里亚航空私有化。2016 年 1 月，斯洛文尼亚国家坏账公司将亚得里亚航空 91.58% 的股份出售给德国 4K 投资集团。2016 年 6 月，4K 投资集团派管理层进驻亚得里亚航空，私有化进程顺利完成。

2019 年，亚得里亚航空经营状况每况愈下，许多航班被取消。飞行员与空乘因收入长期处于较低水平频频罢工。9 月中旬，亚得里亚航空因无法

---

① 斯洛文尼亚国家统计局 2020 年 2 月 28 日发布的就业数据，https://www.stat.si/StatWeb/News/Index/8684，检索日期：2020 年 3 月 1 日。

② 有关亚得里亚航空的历史介绍仍刊登在其官网上，https://www.adria.si/，检索日期：2020 年 3 月 1 日。

③ 斯洛文尼亚在 1961 年为南斯拉夫的一部分，前南国家间航班视为南斯拉夫国内航班。

支付民航许可证延期费用，被斯洛文尼亚民航局吊销许可证。随后，亚得里亚航空正式申请破产。

在破产清算过程中，调查委员会发现公司持有者4K投资集团以各种合法方式转移公司财产至子公司瑞士达尔文航空。所谓的航空公司私有化，实际上是金融大鳄借机吞噬国有财产。一系列的真相披露引发斯洛文尼亚民众的强烈不满，然而一切为时已晚。[①]

作为斯洛文尼亚共和国唯一的国家航空公司，亚得里亚航空在2019年执飞23个国家31个航线，拥有包括空客A319等不同机型的飞机共20架。随着亚得里亚航空彻底退出民航界，外国航空公司迅速开通新航线，占领原市场，其中包括德国汉莎航空执飞的卢布尔雅那至慕尼黑和法兰克福航线、瑞士国际航空执飞的卢布尔雅那至苏黎世航线，以及布鲁塞尔航空执飞的卢布尔雅那至布鲁塞尔航线等。在斯洛文尼亚一度出现组建新国家航空公司的声音，但这一想法并没有得到现任政府的支持。

三　外交与安全

斯洛文尼亚国家虽小，但一直希望能够积极参与地区和国际事务。作为欧盟成员国，斯洛文尼亚近年来积极拓展与非欧盟国家的外交关系。2019年的外交工作重点包括总理沙雷茨出访俄罗斯及斯洛文尼亚与塞尔维亚政府举行正式会谈。

2019年9月10日，斯洛文尼亚总理沙雷茨应俄罗斯总理梅德韦杰夫邀请，率代表团出访俄罗斯。[②] 沙雷茨本次出访旨在进一步推动两国双边关

---

① 斯洛文尼亚《新闻报》在2019年9月30日详细报道了有关亚得里亚航空的发展历程并对破产过程进行披露，https：//www. slovenskenovice. si/novice/slovenija/clanek/konec – je – adria – airways – gre – v – stecaj – 233463，检索日期：2020年3月1日。

② 有关两国政要会谈的详细信息由斯洛文尼亚外交部在2019年9月10日发文报道，全文刊登于总理办公室官方网站，https：//www. gov. si/novice/2019 – 09 – 10 – predsednik – vlade – marjan – sarec – se – je – sestal – s – predsednikom – vlade – ruske – federacije – dmitrijem – medvedjevom/，检索日期：2020年3月1日。

系，加强各领域合作。沙雷茨在出访期间多次表示，两国关系多年来稳步发展，斯洛文尼亚政府希望能够加强与俄罗斯政府间的对话，积极参与欧盟与俄罗斯之间的沟通。俄方肯定两国在经济合作方面取得的重要成果，愿意与斯洛文尼亚加强科学技术方面的双边合作。两国政府签署了《斯洛文尼亚与俄罗斯2019～2024年文化、技术、教育、体育、青年政治领袖双边合作交流备忘录》。斯洛文尼亚副总理兼外交部部长采拉尔与劳动、家庭、社工和平等部部长科马尔夫陪同出访。

2019年12月17日，斯洛文尼亚总理沙雷茨和塞尔维亚总理布尔纳比奇各自率领政府部分内阁成员于塞尔维亚诺维萨德举行两国政府正式会晤。① 斯洛文尼亚政府公开支持塞尔维亚加入欧盟，认为塞尔维亚是斯洛文尼亚在西巴尔干地区重要的经济合作伙伴，斯洛文尼亚愿意与塞尔维亚分享入盟的宝贵经验与实践。布尔纳比奇认为，塞斯两国间合作保持长期稳定态势，在众多领域中取得一系列显著成果，希望两国能够在未来保持高层政治对话，加强区域合作。两国政府自2013年起保持政府间正式会晤机制，2019年为第五次会晤。在会晤期间，两国农林部签署相关合作协议。多年来，斯洛文尼亚一直积极扮演欧盟东扩协调员角色，希望在西巴尔干国家入盟过程中能有所表现。

此外，斯洛文尼亚将于2021年担任欧盟轮值主席国。为此，斯政府已在2019年3月开始筹划未来外交工作计划，并向外界发布工作计划。② 计划内容包括对新形势下的轮值主席国职责解读、积极筹划核心团队与项目组、巩固现有沟通机制等。

---

① 有关两国政要会谈的详细信息由斯洛文尼亚外交部在2019年12月17日发文报道，全文刊登于外交部官方网站，https：//www. gov. si/novice/2019 - 12 - 17 - srecanje - vlad - republike - slovenije - in - republike - srbije - v - novem - sadu/，检索日期：2020年3月1日。

② 斯洛文尼亚政府于2019年3月通过斯洛文尼亚有关2021年担任欧盟轮值主席国的工作计划，全文刊登在斯洛文尼亚总理办公室网站，https：//www. gov. si/assets/vlada/Projekti/PSEU2021/Predsedovanje_ Svetu_ EU_ -_ projektna_ naloga. pdf，检索日期：2020年3月1日。

四　社会与文化

（一）人口数据

根据斯洛文尼亚国家统计局数据，① 截至2020年1月1日，斯洛文尼亚国内人口总数为2095861人，较一年前增加15000人。斯洛文尼亚公民人数减少约3200人，外国公民人数增加18200人。外国公民占全国总人口的7.5%，共计156351人。男性人口数量与女性人口数量基本持平，分别为1051066人和1044795人，女性公民人口占比为51.2%。在斯境内的外国公民中，女性人口占比仅为33.4%。

（二）第一学府卢布尔雅那大学百年校庆

卢布尔雅那大学（University of Ljubljana）是斯洛文尼亚国内办学历史最悠久、学科建设最全面的综合性大学。

1919年12月3日，在大量的建校筹备工作后，斯拉夫学家弗兰·拉莫什于现在的校长办公室，以斯洛文尼亚语进行了一场关于斯洛文尼亚语的讲座，这一天也标志着斯洛文尼亚第一所大学——卢布尔雅那大学的建立。2019年，这所斯洛文尼亚最大、历史最为悠久的大学迎来百年华诞。②

2019年，卢布尔雅那大学以及下设各学院通过不同方式，庆祝学校百年华诞。较为重要的有：6月6日，“百年卢大”纪念邮票正式发行；12月3日，卢大校学术委员会召开特别会议，举办校长论坛，“百年卢大”纪念币正式发行；12月5日，“百年卢大”庆典晚会举行。

---

① 斯洛文尼亚国家统计局于2020年4月24日发布2019年全年人口数据统计结果，全文刊登在国家统计局网站，https://www.stat.si/StatWeb/News/Index/8773，检索日期：2020年12月8日。

② 卢布尔雅那大学在百年校庆之际特制作官方宣传材料，介绍学校发展历程等信息。https://www.uni-lj.si/o_univerzi_v_ljubljani/100_let_ul/，检索日期：2020年3月2日。

此外，卢大各学院也积极召开各类学术研讨会，配合百年校庆活动。如公共管理学院组织的“公共生活管理”论坛，社会科学学院组织的“卢大在斯洛文尼亚民族意识崛起中的作用”论坛，数学与物理学院组织的“斯洛文尼亚物理学家世界论坛”，绘画艺术与设计学院的“变幻”主题艺术展，建筑设计学院的“百年建筑”设计展，等等。

五　与中国的关系

（一）中斯两国高层互访不断

2019 年，中国与斯洛文尼亚双边关系良好，两国高层互访不断，为两国未来发展注入新动力。两国年度最重要的外交活动为中国政协副主席杨传堂①与国务委员兼外长王毅②分别出访斯洛文尼亚。

9 月 11 ~ 14 日，应斯洛文尼亚国民委员会邀请，全国政协副主席杨传堂率全国政协代表团访问斯洛文尼亚。其间，杨传堂分别与斯国民议会议长日丹、国民委员会主席科夫什察、副总理兼基础设施部部长布拉图舍克等会见会谈。

杨传堂向斯方介绍习近平新时代中国特色社会主义思想，介绍新中国成立 70 年来中国经济社会发展、中国共产党领导的多党合作和政治协商制度等有关情况，就推动“一带一路”倡议与双方的发展战略对接等问题与斯领导人深入交流。

12 月 14 日，中国国务委员兼外长王毅应斯洛文尼亚副总理兼外长采拉尔邀请，出访斯洛文尼亚，并与斯洛文尼亚总统帕霍尔、总理沙雷茨与国民议会议长日丹进行会晤。

---

① 中国驻斯洛文尼亚大使馆，《全国政协副主席杨传堂率团访问斯洛文尼亚》，http：//si. chineseembassy. org/chn/xwdt/t1698934. htm，检索日期：2020 年 3 月 2 日。

② 中国驻斯洛文尼亚大使馆，《斯洛文尼亚总统和总理分别会见王毅》，http：//si. chineseembassy. org/chn/xwdt/t1726147. htm，检索日期：2020 年 3 月 2 日。

王毅在会谈中表示，中斯两国虽然大小规模不同，历史文化不同，但双方均遵守国际关系基本准则，相互尊重、相互理解，进而相互信任，相互支持，两国关系日臻成熟稳定，值得双方共同珍惜维护。中方期待2020年中欧间一系列重要高层交往和外交议程。斯洛文尼亚将于2021年担任欧盟轮值主席国，中斯关系发展面临新的重要机遇。双方应将科技创新、高端制造、医药卫生、冬季运动作为四大合作重点领域，推进港口、铁路等基础设施互联互通，开辟中斯关系新前景。希望斯方继续为促进中欧合作和“17+1合作”发挥积极作用，使中斯关系与中欧关系相互促进。

（二）经济合作与人文交流

2019年，中国与斯洛文尼亚经贸合作不断加强，两国经贸往来保持增长态势。中国是斯洛文尼亚在非欧盟国家中第二重要的外贸伙伴，仅次于瑞士。2019年，中斯贸易总额达14.24亿欧元，其中，斯洛文尼亚从中国进口达11.59亿欧元，对中国出口达2.65亿欧元。[①] 斯洛文尼亚从中国进口产品主要有电子器械设备、摄影摄像器材（占23%），以及农产品（占18%）等。斯洛文尼亚对中国出口产品主要有机动车与零部件（占26%）、电子装备（占26%）等。

此外，斯洛文尼亚政府派商务代表团参加第二届中国国际进口博览会。2019年8月29日，“上海之帆”经贸巡展斯洛文尼亚站在卢布尔雅那会展中心开幕。

除经贸合作外，两国在2019年的人文交流同样可圈可点。1月28日，中国科学院代表团在卢布尔雅那向斯洛文尼亚科学与艺术院赠送玑衡抚辰仪复制品，该复制品再现了当年由清朝钦天监监正、斯洛文尼亚人刘松龄监制的玑衡抚辰仪的风貌。本次捐赠活动体现了中国与斯洛文尼亚之间的传统友

① 数据来源于斯政府进出口信息平台，https：//www.izvoznookno.si/drzave/kitajska/poslovno-sodelovanje-s-slovenijo/，检索日期：2020年12月8日。

谊，纪念斯洛文尼亚人刘松龄为早期中斯文化交流做出的重要贡献。6 月 8 日，卢布尔雅那大学孔子学院与斯洛文尼亚皮划艇协会共同举办端午节龙舟赛。7 月 3 日，由中国侨联和驻斯洛文尼亚使馆共同举办的“亲情中华”慰侨演出在卢布尔雅那参卡尔耶夫穹顶剧院隆重举行。

B.22
匈牙利

郭晓晶　王秋萍*

摘　要： 2019年，匈牙利政局总体保持稳定；5月和10月，欧洲议会选举和地方政府选举分别举行；匈牙利政府继续加大在反难民和反索罗斯问题上的宣传。经济方面，2019年匈牙利GDP增长4.9%，居欧洲前列；经济政策惠及普通民众，继续实行减税降费措施，提高最低工资标准。外交方面，欧盟继续在中欧大学事件、难民安置与法治问题上对匈牙利政府施压；匈政府加强了与美国、德国在经贸、安全与科技等领域的合作；与俄罗斯在能源合作方面取得重大进展。社会文化方面，推出“家庭保护行动计划”以应对人口危机；在教育科研领域继续推进系列改革。中匈关系方面，2019年双方在“17+1合作”以及经贸、教育、基建、技术等方面合作亮点纷呈；匈塞铁路项目取得突破性进展，并达成融资协议。

关键词： 匈牙利　欧洲议会选举　中匈关系

* 郭晓晶，副教授，北京外国语大学匈牙利研究中心副主任，主要研究方向为匈牙利语语言文学、中匈文化交流史、匈牙利教育，撰写第三部分、第四部分（第二、第三小节）、第五部分；王秋萍，北京外国语大学匈牙利语讲师，主要从事匈牙利国别研究和中匈关系研究，撰写第一部分、第二部分及第四部分第一小节。

一　国内政治形势

2019 年是匈牙利青民盟政府第三个连续执政任期的第二年，其国内政治局势总体保持稳定。左右翼之间力量对比未发生根本性变化：青民盟一党独大，反对派各政党仍然散弱、分裂；反对派虽有局部团结的迹象，但仍难以对青民盟执政党地位构成明显威胁。在欧洲议会选举、匈牙利地方政府选举中，青民盟继续独占鳌头，反对派政党仅在首都布达佩斯取得突破。

（一）欧洲议会选举

2019 年 5 月 26 日，匈牙利举行欧洲议会选举，这是匈牙利加入欧盟以来举行的第四次欧洲议会选举。此次选举具有两大特点。一是民众参与度高，投票率创历史新高。此次选举投票率达 43.36%，虽略低于欧盟的平均值（50.66%），但远高于匈牙利前三次参加欧洲议会选举的投票率（见图1）。[①] 二是匈牙利执政党青民盟再次以高支持率获胜。青民盟在欧洲议会选举中的得票率为 52.56%，在欧洲各国政党支持率中排第二位。同 2018 年的匈牙利国会选举相比，青民盟的得票率增长了 3 个百分点。青民盟因此赢得了匈牙利在欧洲议会中 21 个议员席位当中的 13 席。在此次选举前，青民盟在欧洲议会中只有 12 席——这 1 个席位的扩大被青民盟视为极大胜利。

反对派方面，各党支持率也出现了变化。前总理久尔查尼（Gyurcsány Ferenc）领导的民主联盟党（匈语缩写：DK）在此次选举中获得 16.05% 的选票，居反对派首位。位列第二的是自由派新政党动量党（Momentum），获得 9.93% 的选票，该党在 2018 年匈牙利国会选举中因得票不足 5% 而未能进入国会。左翼社会党（匈语缩写：MSZP）和极右翼的尤比克党（Jobbik）

① 欧洲议会官网，https：//europarl. europa. eu/election - results - 2019/hu/nemzeti - eredmenyek/magyarorszag/2019 - 2024/，检索日期：2020 年 4 月 30 日。

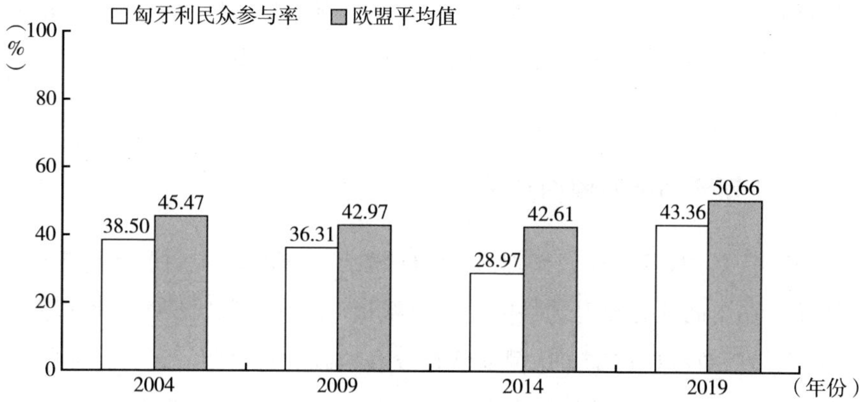

图1　2004～2019年欧洲议会选举中匈牙利民众参与率

资料来源：欧洲议会官网，https://europarl.europa.eu/election－results－2019/hu/nemzeti－eredmenyek/magyarorszag/2019－2024/，检索日期：2020年5月30日。

作为近十年来匈牙利政坛最大的两个反对党，在此次欧洲议会选举中支持率与上届相比均有明显下降。[①]

具体来看，民主联盟党的兴起，主要得益于该党一贯宣扬和标榜自己为“反欧尔班”的最主要力量，同时坚决拥护欧盟向“欧洲联邦”发展，这与欧尔班所倡导的“民族国家”理念形成鲜明对比，因此获得不少选民的支持。而动量党在选举中的良好表现，则有多方面原因，其中最重要的是很多反对派选民对传统反对党社会党和尤比克党表现的失望和不满，他们认为社会党是“陈旧的左派”，而尤比克党则有太强的民族主义倾向，因此新成立的动量党成为满足这部分选民替代需求的新赢家。

总之，欧洲议会选举的结果显示，匈牙利社会仍然表现出执政党和反对派政党两大阵营大致旗鼓相当的局面。执政党青民盟支持率继续保持高位，甚至比一年前匈牙利国会选举时更受欢迎，主要原因是欧尔班在欧盟内高调提出的“反移民”政策，赢得了匈牙利民众的支持。反对派政党的支持者

① 欧洲议会官网，https://europarl.europa.eu/election－results－2019/hu/nemzeti－eredmenyek/magyarorszag/2019－2024/，检索日期：2020年4月30日。

仍然分散。尽管反对派阵营内部出现政党间力量消长变化，但各政党未能团结力量以增强反对派整体实力，更没有任何一党或政党联盟可以与青民盟相抗衡。

（二）匈牙利地方政府选举

2019 年 10 月 13 日，匈牙利举行地方政府选举。民众投票率为 48.58%。在本届地方政府选举中，反对派相较之前的散弱状态，表现良好。

首先是反对派在首都布达佩斯联合战胜执政党青民盟。5 个反对党共同推举的市长候选人考拉乔尼·盖尔盖伊（Karácsony Gergely）战胜了执政党青民盟支持的前任市长陶尔洛什·伊什特万（Tarlós István），二人支持率分别为 50.86% 和 44.10%。首都市议会的代表构成也发生变化，反对党成为多数，反对党与青民盟获得的市议员席位之比为 18∶15。此外，反对党候选人或反对党支持的候选人在布达佩斯 23 个区中得到多数区的区长职位。①

在匈牙利首都以外的城市，执政党青民盟的市长候选人赢得了全国 23 个州级市中的 13 个城市，反对派市长候选人在余下的 10 个州级市中胜出。而在上一届地方选举中，反对派仅在 2 个州级市中获胜。令执政党青民盟欣慰的是，青民盟在全国 19 个州议会中均获得多数席位。

青民盟能赢得此次地方选举，很大程度上也得益于其颁布的小城镇振兴计划。匈牙利全国 3200 个城市中，有近一半为人口不足 1000 人的小城镇。许多小城镇财政状况、基础设施、教育、医疗等方面均处于较低水平，小城镇对年轻人的吸引力不断降低。而小城镇正是青民盟选票的重要来源，大多数农村地区更是青民盟的传统票仓。这是因为青民盟倡导的传统基督教发展理念与农村地区相对传统保守的社会形态相契合。青民盟政府的小城镇振兴计划成效明显，在 2019 年的地方选举中帮助其守住和扩大了在农村地区的支持率，赢得选票。

① 匈牙利 portfolio 新闻网站，https：//www.portfolio.hu/gazdasag/20191014/szavazott - az - orszag - nagy - valtozasokat - hozott - az - onkormanyzati - valasztas - 403753，检索日期：2020 年 5 月 1 日。

从此次地方选举的结果看，匈牙利政治力量对比基本保持稳定，即执政党青民盟和反对派阵营之间的力量对比旗鼓相当。与此同时，反对派表现出更强的团结能力和意愿，通过联合推举候选人，在首都和首都以外的地方选举中均取得良好成绩。这一结果虽然目前尚难对青民盟执政形成掣肘，但反对派在团结上实现突破，必将激励和促进反对派政党未来进一步加强协调与合作，共同对抗青民盟。

（三）继续进行反移民、反索罗斯宣传

继2018年匈牙利通过《反索罗斯法》以来，2019年，匈牙利政府在反难民和反索罗斯问题上继续大做文章。2019年2月，匈牙利政府制作了一幅宣传海报，海报上有金融大鳄索罗斯和欧洲委员会主席容克二人半身照，并配上一句“您也有权知道，布鲁塞尔正在谋划什么”的文字，暗指欧盟与索罗斯共同密谋强制分摊难民的政策，号召本国民众为捍卫民族国家主权而抗争。匈牙利政府此举招致欧盟机构和领导人，甚至是青民盟所属的欧洲议会欧洲人民党（EPP）的强烈批评和谴责。面对来自欧盟的批评和指责，匈牙利政府认为，政府最重要的任务是代表匈牙利人民的利益，这胜过来自欧盟机构以及欧洲人民党党内的要求和期待。

二　经济发展状况

（一）宏观经济数据

根据匈牙利中央统计局的统计结果，2019年，匈牙利全年GDP增长4.9%，[①] 居欧洲前列，为世界经济贡献了0.13%的GDP。[②]

① 匈牙利中央统计局，http://www.ksh.hu/docs/hun/xstadat/xstadat_evkozi/e_qpt001.html，检索日期：2020年5月1日。

② 贸易经济学网站，https://tradingeconomics.com/hungary/gdp，检索日期：2020年5月1日。

从 GDP 增长趋势看，2019 年上半年，匈经济发展势头强劲，第一、第二季度 GDP 增长率原始数据分别为 5.3%、4.9%，经过季节调整，GDP 增长率分别为 5.5% 和 5.2%；下半年，经济增速开始放缓，第三、第四季度，GDP 增长率原始数据分别回落至 5% 和 4.5%，经过季节调整后均为4.7%。[①]

从行业对 GDP 的贡献率看，服务业、建筑业和工业对匈经济的贡献率最高。以 2019 年上半年为例，服务业为 GDP 贡献了 2.2%，建筑业和工业分别为 GDP 贡献了 1.2% 和 0.9%。服务业之所以对 GDP 贡献大，一方面是因为服务业在匈国民经济中的比重最大，占比约 60%；另一方面是就业率提高、工资上涨、欧盟基金资助等因素促使匈家庭消费和投资大幅度增长，进一步促进了服务业的发展。建筑业对 GDP 的贡献位居第二，居民住宅、文化机构、工业建筑、道路建设、铁路翻新等建设成效最为显著。2019 年 1～12 月，建筑业产值同比增长 24.4%，3 月达到 67.5% 的峰值，之后一直保持 8%～20% 的增长。2019 年下半年，建筑业的活跃度有所下降，11 月，建筑业产值仅比 2018 年同期增长 6.8%，比 10 月下降 4.5%。[②] 2019 年，匈牙利工业产值增长 5.4%。其中，食品、饮品和烟草制品生产持续增长，约一半的加工制造行业产值下降；车辆制造业产值同比显著下降，计算机、电子、光学产品生产增速下滑。[③]

2019 年，匈牙利本土公司以及海外投资公司共签署了 101 项在匈境内进行大型投资的投资协议，首次突破 100 项协议，打破了历史纪录。2019 年，海外对匈投资总量为 17050 亿福林，约占当年 GDP 的 4%。此外，匈政府注资 1560 亿福林，用以支持这些投资项目。值得一提的是，2019 年的海

① 匈牙利《世界经济》杂志官网，https：//www. vg. hu/gazdasag/makrogazdasag/kozel - 5 - szazalekkal - nott - tavaly - a - magyar - gdp - 2046882/，检索日期：2020 年 5 月 1 日。

② 匈牙利《每周世界经济》杂志官网，https：//hvg. hu/kkv/20200115_ epitoipar_ epitkezes_ ksh，检索日期：2020 年 2 月 10 日。

③ 中国驻匈牙利大使馆经济商务处，http：//hu. mofcom. gov. cn/article/jmxw/202002/20200202934504. shtml，检索日期：2020 年 2 月 10 日。

外投资中，韩国对匈牙利的投资力度最大，超过匈牙利的传统合作伙伴德国。[①]

2019 年，匈牙利进出口总额为 2087 亿欧元，其中出口额为 1039 亿欧元，进口额为 1048 亿欧元，分别同比降低 2.3% 和 0.2%，贸易逆差为 9 亿欧元。匈牙利失业率为 3.4%，同比下降 0.3 个百分点。2019 年，匈牙利经常项目赤字率为 1.2%，通货膨胀率为 3.4%，高于央行预期。2019 年匈牙利中央财政收支状况表现良好，收入 21.44 万亿福林，支出 22.66 万亿福林，分别同比增长 7.6% 和 6.0%。财政赤字率从 2018 年的 2.3% 降为 1.8%，实现连续 8 年下降。[②] 这主要得益于宏观经济向好以及国家税收收入提高。

总体而言，2019 年，尽管外部商业环境欠佳，但匈牙利主要依靠内部因素（如对 GDP 贡献较大的消费、投资、建筑业，以及国内食品和烟草业等）推动经济发展，并在一定程度上通过内部因素平衡了外部影响。然而，匈部分行业因人才紧缺，劳动者工资收入增长过快，导致企业成本和商品价格压力持续加大，降低了产品出口的竞争力。

（二）相关经济政策

2019 年，匈政府继续实行减税降费措施：企业税降至 9%，达到欧盟成员国最低水平；个人所得税降至 15%，是欧盟国家中个税最低的三个国家之一；社保金缴纳比例从 2016 年的 27% 降至 2019 年的 17.5%，这为企业提高职工劳动报酬和扩大再生产提供了政策保障。[③] 为补充政府收入来源，缓解减税降费造成的收入降低，2019 年匈政府增发国债“MÁP +”（匈牙利

---

① 匈牙利《每周世界经济》杂志官网，https：//hvg. hu/gazdasag/20200108_ szijjarto_ peter_ beruhazas_ rekord，检索日期：2020 年 2 月 10 日。

② 《匈牙利民族报》官网，https：//magyarnemzet. hu/gazdasag/pm – a – koltsegvetesi – bevetelek – 2019 – ben – nagyobb – novekedest – ertek – el – mint – a – kiadasok – 7697243/，检索日期：2020 年 5 月 1 日。

③ 匈牙利 inforadio 网站，https：//infostart. hu/gazdasag/2020/01/02/joval – tobb – adobevetel – folyt – be，检索日期：2020 年 2 月 13 日。

国债+），受到匈牙利民众的欢迎。截至2019年12月25日，匈牙利民众已购买超过3万亿福林的"MÁP+"国债；[①] 外国人在政府债务融资中所占的份额正在减少。欧盟委员会认为，匈政府近年来对家庭的支持和对购房者的支持将有助于促进家庭投资，而收益率高的政府债券有助于提升匈民众的储蓄率。

2019年，匈牙利财政部对最低工资标准进行了调整。根据匈牙利工会与匈牙利企业家和雇主协会于2018年底签署的一份两年工资实际增长协议，最低工资标准涨幅被定为每年8%。2019年，由于匈牙利经济表现超出预期，匈牙利工会提出将最低工资标准的涨幅提升至两位数，遭到匈牙利企业家和雇主协会反对，认为不可忽视2020年世界经济增长放缓甚至衰退的因素，因此不可大幅度提高最低工资标准。鉴于企业家和雇主协会不愿提高最低工资标准的涨幅，匈牙利财政部于2019年12月底宣布，从2020年1月1日起，月最低工资标准将由2019年的税前14.9万福林提高到16.1万福林（约合人民币3577元），技术工种的月最低工资标准增长到21.06万福林（约合人民币4680元）。两类最低工资标准的涨幅均实现了8%的既定目标。

三　外交与安全

（一）与欧盟的关系

2019年，欧盟继续在中欧大学、难民安置与法治问题上对匈牙利政府施压，双方冲突不断。

3月20日，欧洲议会中最大的中右翼党团欧洲人民党投票通过决议，宣布匈牙利执政党青民盟在其党团内的成员资格自行终止。这意味着青民盟将无法继续参加欧洲人民党的任何会议，以及行使投票权或为党内任何职务提名候选人。欧洲人民党提出的留党条件是青民盟将不会再次发起反欧盟运

① 匈牙利 inforadio 网站，https：//infostart. hu/gazdasag/2019/12/25/erdekes - szamot - mondott - az - allamdossagrol - varga - mihaly，检索日期：2020年2月6日。

动，并保证中欧大学在布达佩斯的正常运营。青民盟能否继续留在欧洲人民党，其合法性和有效性将由“智者委员会”进行审查。本次事件的前因是匈牙利政府在欧洲议会选举之前在竞选海报上指责欧洲委员会意图削弱成员国的边境保护权，实行强制性的难民安置配额，并通过特殊的移民签证促进移民。①

7 月 25 日，在 2021 ~2027 年欧盟预算会议上，匈牙利司法部部长瓦尔加·尤迪特（Varga Judit）否认匈牙利意图违反法治原则的说法，表示匈牙利政府将拒绝与法治有关的欧盟资金。瓦尔加部长称：欧盟委员会将欧盟发展援助与法治联系起来，并对法治进行定期审查的提议违反了欧盟条约，该问题将成为匈牙利在预算谈判中的“红线”；匈牙利政府希望新的欧盟委员会可以在成员国之间“架起桥梁，而不是设置阻碍”。②

12 月 10 日，欧盟理事会就 2018 年秋季欧洲议会对匈牙利启动欧盟《里斯本条约》第七条的决议举行听证会，以判断匈牙利是否存在违反欧盟核心价值观的风险。匈牙利政府代表、匈牙利司法部部长瓦尔加·尤迪特在听证会后表示，欧盟理事会关于匈牙利法治情况的听证会是一场针对外部问题的程序。会议证明，某些利益集团想在成员国之间“抱团”。如果欧盟真的担心法治问题，那么这一程序早就应该终止，因为匈牙利代表团已经对所有问题都提供了详尽的答案。③

（二）与美国的关系

欧尔班政府和美国特朗普政府在许多政治和国际问题上持相似立场，如

① 匈牙利新闻 24 小时官网，https：//24. hu/belfold/2019/03/20/fidesz – epp – szavazas – felfuggesztes/，检索日期：2020 年 3 月 21 日。

② 匈牙利政府官网，https：//www. kormany. hu/hu/igazsagugyi – miniszterium/hirek/a – kormany – visszautasitja – a – jogallami – kriteriumokhoz – kotodo – unios – finanszirozast，检索日期：2019 年 12 月 20 日。

③ 匈牙利政府官网，https：//www. kormany. hu/hu/igazsagugyi – miniszterium/hirek/a – kormany – visszautasitja – a – jogallami – kriteriumokhoz – kotodo – unios – finanszirozast 检索日期：2020 年 4 月 15 日。

爱国主义政策、安全政策、移民问题、保护基督教价值观和公共安全以及以色列问题等。经济上，美国是目前匈牙利境内的第二大投资国。[①] 2019 年，匈牙利继续加强与美国在经贸、安全与能源等领域的合作。

2 月 11 日，美国国务卿蓬佩奥访问匈牙利，除了为美匈双边关系体系提供强有力的经济与国防支持外，还为双方的政治合作注入新动力。2019 年是匈牙利加入北约 20 年，在此次会面中，双方计划重建 1997 年匈美防卫合作框架协议。4 月，双方外长在华盛顿签署新的防卫合作协议，该协议于 8 月 21 日正式生效。

5 月 13 日，匈牙利总理欧尔班访美，与美国总统特朗普举行会晤。本次会谈的重点是加强两国贸易关系，增强两国之间区域合作与全球合作的可能，减少匈牙利对俄罗斯的能源依赖，以及通过购买美国军事技术提升匈牙利国防军实力等。匈牙利总理与美国总统的本次会晤具有特殊意义——这是欧尔班时隔 14 年后第一次访美。自 2010 年以来，欧尔班政府与奥巴马政府之间的关系一直冷淡，直到共和党人特朗普当选总统之后，匈美政治关系才得以改善。两国领导人的此次会晤有助于加强两国之间的贸易往来，保护双方的安全利益，以及加强美国在中欧的政治影响。

（三）与俄罗斯的关系

2019 年，匈俄两国在经贸合作，尤其是能源合作方面取得重大进展。

10 月 30 日，俄罗斯总统普京访问匈牙利，与匈牙利总理欧尔班举行会晤。欧尔班表示，匈牙利政府有意推动匈牙利企业在俄罗斯肉类、动物健康保护、医疗和制药领域投资的落地与进一步扩大；俄罗斯在匈牙利的能源供应中一直起着关键作用，为加强能源供应安全，匈牙利政府希望推动能源运

---

① 匈牙利政府官网，https：//www. kormany. hu/hu/kulgazdasagi - es - kulugyminiszterium/hirek/az - amerikai - kulugyminiszter - latogatasa - bizonyitja - hogy - magyarorszag - megbizhato - szovetseges，检索日期：2020 年 3 月 21 日。

输路线多样化，除乌克兰之外，开发新的经由土耳其的俄罗斯天然气管道。[①] 普京表示，匈牙利在俄罗斯向西欧地区运输石油和天然气方面发挥着重要作用；匈俄贸易额在 2018 年首次增加；双方正在努力实现双边货物贸易多样化，减少天然气在俄罗斯出口产品中的比重，并在匈牙利找到购买其他俄罗斯产品的买家。[②] 此外，作为欧盟和北约的成员，匈牙利谋求与俄罗斯就某些政治问题进行合作，如保护基督教徒，尽早稳定中东政治与安全形势等。

普京访匈期间，双方达成一系列协议，主要成果如下：关于匈牙利技术支持俄罗斯航天业和太空研究项目的国家间协议，可以使匈牙利以俄罗斯伙伴的身份更多地参与国际太空的和平利用；[③] 由匈牙利和俄罗斯公司组成的联合体赢得了埃及铁路公司的招标，将在未来几年为埃及提供 1300 辆货运火车；俄罗斯天然气工业股份公司（Gazprom）为匈牙利提供大部分的天然气，同时匈牙利也为这家俄罗斯公司提供了天然气储存空间；而对于俄罗斯原子能公司（Rosatom）而言，匈牙利能够长期增加其核能在国内能源供应中的份额；匈牙利帕克斯（Paks）核电站扩建的基本计划通过审批，投资准备工作已经开始。[④]

（四）与德国的关系

2019 年，匈牙利进一步加强了与德国在经济、科技和创新及安全领域的合作。

---

① 匈牙利政府官网，https：//www. kormany. hu/hu/a – miniszterelnok/hirek/magyarorszag – a – nyugat – es – oroszorszag – egyuttmukodeseben – erdekelt，检索日期：2020 年 2 月 10 日。

② 匈牙利资讯网，https：//infostart. hu/belfold/2019/10/30/vlagyimir – putyin – budapesten – egyik – orszag – sem – tudja – megvaltoztatni – a – hazszamat，检索日期：2020 年 3 月 15 日。

③ 匈牙利政府官网，https：//www. kormany. hu/hu/kulgazdasagi – es – kulugyminiszterium/hirek/szijjarto – peter – az – orosz – ipari – es – kereskedelmi – miniszterrel – targyalt，检索日期：2020 年 3 月 10 日。

④ 匈牙利政府官网，https：//www. kormany. hu/hu/kulgazdasagi – es – kulugyminiszterium/hirek/fontos – egyuttmukodesi – szerzodeseket – irunk – ala – putyin – budapesti – latogatasakor，检索日期：2020 年 3 月 10 日。

德国是匈牙利最重要的贸易伙伴和匈境内最大的投资国。1 月 11 日，匈牙利创新和科技部部长帕尔科维奇·拉斯洛（Palkovics László）在柏林会见了德国联邦交通和数字基础设施部部长安德里亚斯·朔伊尔（Andreas Scheuer），希望继续推进两国合作。双方一致认为，匈德目前在经济、科技和创新等领域合作顺利，两国在其他许多领域有进一步加强合作的可能，如电动汽车、自动驾驶汽车技术和其他数字化解决方案、第五代移动通信网络（5G）的建设，以及交通能源的解决方案（例如路边充电技术）等。帕尔科维奇·拉斯洛部长呼吁，加强德国和匈牙利大学与研究机构之间的科研与创新合作，此类合作可以在 2021 ~ 2027 年欧盟预算中获得大量资金支持。①

8 月 19 日，匈牙利总理欧尔班在索普隆（Sopron）会见德国总理默克尔，庆祝泛欧野餐 30 周年。② 本次双边会谈的重点是进一步加强匈德两国在经济与安全政策方面的合作。30 年前，匈奥边境的开放成为柏林墙倒塌和东西欧统一的起点。目前中欧正在积极为欧洲的经济发展做出贡献，并在维护欧洲一体化方面发挥关键作用。除经济发展外，中欧在欧洲政治决策中的地位也日益凸显，中欧的利益表达也完善了欧洲传统的德法轴心政治模式。此外，双方还达成共识，德国军事技术公司将继续在匈牙利军队和军事工业的发展中发挥重要作用。2019 年，德国军工出口创下新纪录，而匈牙利则是德国军工出口的最大买家。③ 欧尔班强调，保护匈牙利南部边境等欧盟边境符合各方的共同利益，因为制止非法移民能保证匈牙利、奥地利和德国公民在欧盟内部更加自由、安全的生活。两国总理还一致同意为非洲的联

---

① 匈牙利政府官网，https：//www. kormany. hu/hu/innovacios – es – technologiai – miniszterium/hirek/magasabb – szintre – kell – emelni – a – magyar – nemet – technologiai – es – innovacios – egyuttmukodest，检索日期：2020 年 3 月 10 日。

② 泛欧野餐是 1989 年 8 月 19 日在匈牙利索普隆市附近的匈奥边境上举行的一次和平示威活动。经奥匈两国同意，两国边境象征性地开放了 3 小时，当时约 600 名民主德国人，利用这一短暂的开放时机，跨越边境逃往西方。该事件象征铁幕崩溃的开始，促成 3 个月后东西德之间的柏林墙倒塌及冷战结束，国际政治重新洗牌。

③ 匈牙利欧洲新闻网，https：//hu. euronews. com/2019/12/27/magyarorszag – a – nemet – fegyverexport – legnagyobb – vasarloja，检索日期：2020 年 4 月 10 日。

合发展项目提供财政支持。此类项目的成功将改善当地的生活条件，减少非洲移民数量，从而减轻欧洲的移民压力。①

四　社会与文化

（一）应对人口危机，推出“家庭保护行动计划”

近年来，为促进生育、减缓人口负增长，匈牙利政府采取了一系列应对措施。继 2018 年“家庭年”之后，政府于 2019 年推出“家庭保护行动计划”，主要针对年轻夫妇生育提供补贴、无息贷款、税收减免等支持和鼓励政策，旨在通过在组建家庭、购房、生育等方面提供政府补贴和优惠来刺激年轻人组建家庭和生育子女的意愿。政府的主要措施包括以下几个方面。

（1）家庭住房建设补贴。抚养两个及两个以上孩子的家庭在购买二手房时可享受住房建设补贴，其中抚养两个孩子的家庭可获得 2200 万福林（约合 6.6 万欧元）的政府补贴，抚养三个孩子的家庭则将得到 3500 万福林的政府补贴。

（2）生育补助金。所有 18～40 岁的女性在首次婚姻期间，可以申请 1000 万福林的无息贷款，贷款可用于自建、购买新房或二手房。偿还贷款过程中，第一个孩子出生时可暂停还款 3 年。第二个孩子出生时，再次暂停还款 3 年，并免除贷款本金的 1/3。如生育第三个孩子，将免除贷款的全部未偿还金额。

（3）生育 4 胎的母亲终身免除个人收入所得税。

（4）祖父母“带孙假”。如果父母同意，祖父母可以代替他们申请育儿假，代替父母留在家中照顾孩子。

（5）大家庭购车补贴。大家庭购买 7 座车时，政府将为其提供 250 万

① 匈牙利政府官网，https：//www.kormany.hu/hu/a-miniszterelnok/hirek/erositeni-kell-a-magyar-nemet-gazdasagi-egyuttmukodest，检索日期：2020 年 4 月 10 日。

福林补贴。

青民盟政府持续多年的家庭和生育支持政策，有效缓解了匈牙利社会的人口问题，2019 年有 10 万多个家庭申请了生育补贴。[①]

（二）继续推进教育科研领域改革

2019 年，匈牙利继续推进教育科研领域的改革。

自 2019 年 7 月 1 日起，布达佩斯考文纽斯大学（Budapesti Corvinus Eggetem）转为基金会运营模式，将其学术活动与经济活动分离。学校维护者由国家变为专门设立的信托基金会——梅纳威斯大学科尔文基金会（Maecenas Universitatis Corvini Alapítvány）。基金会董事会主席由莫尔石油公司总裁赫尔纳迪·尤尔特（Hernádi Zsolt）担任。布达佩斯考文纽斯大学未来还会对学院架构进行调整，取消一些不必要的重复专业，并按欧洲管理学院协会（CEMS）大学网络中的外国大学模式进行转型。布达佩斯考文纽斯大学旨在通过转型，吸引更多的外国学生和师资力量，与中东欧同类大学展开竞争。布达佩斯考文纽斯大学的目标是到 2030 年成为世界前 200 名、欧洲前 100 名的经济和社科类大学。布达佩斯考文纽斯大学采用的模式日后有望在匈牙利其他大学中推行。

受匈牙利《高等教育法》修正案影响，2019 年中欧大学新生开始在维也纳分校学习。作为过渡，2019/2020 学年入学的大一学生将在布达佩斯和维也纳往返上课。到 2020 年，在美注册的学位课程将全部转移至维也纳，但中欧大学高层仍希望保留布达佩斯分校。[②]

2019 年 9 月 1 日起，匈牙利高等教育的管理事务由人力资源部（EMMI）转至创新和科技部。匈牙利政府认为，这是为提高竞争力而采取的必要举措，同时也为科研创新管理提供了有力保障。[③] 同日，匈牙利罗兰

① 匈牙利政府官网，https：//www. kormany. hu/en/news/about – the – family – protection – action – plan，检索日期：2020 年 5 月 1 日。

② 中欧大学匈牙利分校的注册有效期至 2022 年。

③ 匈牙利《世界经济周刊》官网，https：//hvg. hu/itthon/20190821_ Palkovics_ kerte_ es_ megkapta_ a_ felsooktatast，检索日期：2020 年 3 月 15 日。

大学科研网络（ELKH）正式接管匈牙利科学院（MTA）下属的研究机构。匈牙利政府希望通过本次重组提升科研网络的效率，产生更多成果。匈牙利科学院将延续其职责和使命，继续为社会提供建议和方向引导，然而截至2019年底，该职责并非在科研网络中完成，而是依靠成员来完成。

（三）2019年文学领域大事件

2019年2月1日，埃尔代伊（今罗马尼亚境内特兰西瓦尼亚）作家德迈特尔·西拉尔德（Demeter Szilárd）被永久任命为裴多菲文学博物馆总经理。他主要致力于传承和发展匈牙利语文化，并且为匈牙利不同母语文化研究机构成立了一个“大本营”——匈牙利语言之家。[①] 裴多菲文学博物馆在传承、弘扬匈牙利文化方面举足轻重，历届政府均重视该博物馆领导人的聘任，在某种程度上该博物馆起到引导文化舆论风向的作用。

12月12日，塞尔弗佐·西蒙（Serfőző Simon）的诗集《我们的脸庞是天空》（*Arcunk az ég*）被匈牙利艺术研究院文学部授予2019年“年度最佳图书奖”。卡波德博·洛兰特（Kabdebó Lóránt）的《是埋首伏案？还是负重致远！》（*Esettanulmányok? Sorsvállalások!*）与马尔查克·盖尔盖伊（Marcsák Gergely）的诗集《黑色蒂萨》（*Fekete – Tisza*）则斩获2019年“卓越图书奖”。[②]

五　与中国的关系

2019年为中匈建交70周年，中匈两国关系稳步向前发展，领导人互访等各种形式往来密切，双边政治互信不断加深，各领域合作逐渐向纵深发展。

---

① 匈牙利 Origo 网，https：//www. origo. hu/kultura/20200128 – demeter – szilard – a – magyar – irodalom – infrastrukturajanak – a – megujitasara – kaptam – megbizast. html，检索日期：2020年月23日。

② 匈牙利新闻联播网，https：//hirado. hu/kultura – eletmod/konyv/cikk/2019/12/09/serfozo – simon – verseskotete – kapja – az – mma – ev – legjobb – konyve – dijat#，检索日期：2020年2月1日。

（一）“17 +1合作”

2019 年 4 月，匈牙利总理欧尔班先后参加了在克罗地亚杜布罗夫尼克举办的第八次中国—中东欧国家领导人会晤和在北京举办的第二届“一带一路”国际合作高峰论坛。在北京参加高峰论坛期间，欧尔班分别与习近平主席和李克强总理进行了会谈。欧尔班强调，匈牙利坚决支持中国的“一带一路”倡议，希望通过“17 +1 合作”促进欧中关系的发展；在与中国的双边合作中，匈牙利政府追求维护自身利益，不接受任何意识形态方面的外部压力，希望未来中国能够继续加大对匈投资力度。李克强总理高度赞扬中匈两国之间的密切合作关系，并期望这种合作关系能扩大到新领域（如数字化、体育等）。①

2019 年 4 月 27 日，与欧尔班一同参加第二届“一带一路”国际合作高峰论坛的匈牙利外交与对外经济部部长西雅尔多·彼得（Szijjártó Péter）与中国国务委员兼外交部部长王毅就进一步发展中匈关系达成了五点发展计划：（1）中国社会科学院与匈牙利国家公共服务大学合作建立一所中匈联合大学；（2）正在筹备的布达佩斯—克卢日-纳波卡—布加勒斯特（Budapest – Kolozsvár – Bukarest）高速铁路项目将在匈牙利与罗马尼亚政府合作的基础上实施，并得到中国的财政和技术支持；（3）匈牙利的建筑公司和工程师在中国城市化建设方面展开合作；（4）中匈企业共同在亚洲和非洲实施水利建设项目；（5）两国之间开通新航线。②

（二）经贸合作

2019 年 11 月 5 日，匈牙利外交与对外经济部部长西雅尔多·彼得出席

① 匈牙利政府官网，https：//www. kormany. hu/hu/a – miniszterelnok/hirek/az – egy – ovezet – egy – ut – kezdemenyezes – egybeesik – a – magyar – nemzeti – erdekekkel，检索日期：2020 年 2 月 10 日。

② 匈牙利政府官网，https：//www. kormany. hu/hu/kulgazdasagi – es – kulugyminiszterium/hirek/otpontos – fejlesztesi – tervben – allapodott – meg – szijjarto – peter – a – kinai – kulugyminiszterrel，检索日期：2020 年 2 月 10 日。

了在上海举办的第二届中国国际进口博览会，与中方达成开通西安、成都和重庆到布达佩斯的直飞航线协议。匈牙利成为中国在中东欧地区每周直航班次最多的国家。

2019 年 11 月 26 日，匈牙利财政部部长瓦尔高·米哈伊（Varga Mihály）与中国财政部部长刘坤在北京举行会谈。双方明确表示，在中国银行匈牙利总部成功设立之后，可以继续探索在布达佩斯设立中国其他的大型银行（中国工商银行、中国国家开发银行、中国建设银行）区域办事处的可能性。[①] 次日，瓦尔高·米哈伊与中国工商银行行长谷澍签署战略合作协议，根据协议，中国工商银行将在匈牙利推动发行人民币债券，并在布达佩斯开设办事处。[②]

中国是匈牙利在欧洲以外最重要的外贸伙伴。据中国海关统计，2019 年，中匈贸易额为 102.2 亿美元，同比下降 6.2%。其中中国对匈出口 64.7 亿美元，同比下降 1.1%；中国自匈进口 37.5 亿美元，同比下降 13.7%。中国对匈贸易顺差 27.2 亿美元，同比增长 23.8%。2019 年，匈牙利对华直接投资 2189 万美元，同比增长 1571%。[③] 中国目前是世界上最大的游客输出国家。截至 2019 年 11 月，约有 26.2 万人次中国游客出游匈牙利，住宿达 42.9 万晚，均超过了 2018 年的数据。目前匈牙利已在中国设立 14 个签证中心，将在接受签证申请后 48 小时内决定是否签发签证。[④]

① 匈牙利国家银行官网，https：//www.mnb.hu/sajtoszoba/sajtokozlemenyek/2020 – evi – sajtokozlemenyek/az – uj – selyemuton – jonnek – a – vilag – legnagyobb – bankjai – magyarorszagra，检索日期：2020 年 3 月 1 日。

② 《匈牙利联合报》，http：//www.lianhcnews.com/index.php? m = Xapp&c = Article&a = set&id = 3084&cid = 4，检索日期：2020 年 6 月 3 日。

③ 中华人民共和国驻匈牙利大使馆，http：//www.chinaembassy.hu/chn/jmhzxyl/t1749311.htm，检索日期：2020 年 3 月 1 日。

④ 匈牙利政府官网，https：//www.kormany.hu/hu/kulgazdasagi – es – kulugyminiszterium/hirek/hivatalosan – is – koszontottek – a – hainan – airlines – budapest – csungking – jaratat，检索日期：2020 年 3 月 15 日。

（三）教育合作

2019年2月14日，在匈牙利国家银行（MNB）的支持下，复旦—考文纽斯MBA双学位项目正式启动，这是中国—中东欧国家合作创办的第一个创新型MBA双学位培养模式。该项目主要面向对中国和亚洲的文化、经济和创新型教育模式感兴趣，并希望在工作中将这些知识学以致用的政府工作人员、企业人员和金融部门人员。项目第一学年已招收18名学员。完成课程的学员将获得复旦大学的金融硕士学位（MSc）和布达佩斯考文纽斯大学工商管理硕士学位（MSc MBA）。①

2019年11月11日，匈牙利创新和科技部部长帕尔科维奇访华，与中国教育部副部长郑富芝举行会谈，双方签署了2019～2022年教育合作协议。② 根据为期三年的框架协议，两国将提供230个奖学金名额，包括理学硕士、理学学士、博士学位和短期研究奖学金。新的框架协议还包括专业培养合作。中国的“一带一路”倡议延伸到了教育、科研合作领域。③

2019年11月13日，帕尔科维奇部长与清华大学签署了一项关于创新与科研转让的合作协议。在此基础上，匈牙利软件公司E-Group与清华大学签订了建立技术转让中心协议。布达佩斯考文纽斯大学也和中国旅行服务公司携程达成协议，在其校园成立携程办事处与双重培训中心。④

2019年12月16日，帕尔科维奇部长与复旦大学签署关于复旦大学在

① 匈牙利国家银行官网，https：//www. mnb. hu/sajtoszoba/sajtokozlemenyek/2019 – evi – sajtokozlemenyek/elindult – az – elso – kina – kozep – kelet – europa – oktatasi – program，检索日期：2020年2月21日。

② 中华人民共和国教育部，http：//www. moe. gov. cn/jyb _ xwfb/gzdt _ gzdt/moe _ 1485/201911/t20191111_ 407805. html，检索日期：2020年6月3日。

③ 匈牙利政府官网，https：//www. kormany. hu/hu/innovacios – es – technologiai – miniszterium/hirek/szakkepzesi – egyuttmukodessel – is – bovul – a – magyar – kinai – oktatasi – keretmegallapodas，检索日期：2020年2月10日。

④ 匈牙利政府官网，https：//www. kormany. hu/hu/innovacios – es – technologiai – miniszterium/hirek/az – innovacio – a – kutatas – es – a – logisztika – teruleten – szulettek – uj – magyar – kinai – megallapodasok – pekingben，检索日期：2020年2月10日。

匈牙利布达佩斯办学的合作意向谅解备忘录。匈牙利政府将为复旦大学布达佩斯大学园区提供土地、教学科研设施以及其他资源，并提供在匈的法律与行政支持。复旦大学将在布达佩斯大学园区开设符合当地及欧洲需求的相关及新兴专业，开展科学研究和人才培养，推进高科技创新和技术转化。①

（四）基建合作

2019 年，中匈基建合作主要围绕布达佩斯—贝尔格莱德铁路（匈塞铁路）翻新工程的招标工作展开。4 月 9 日，双方就建设的融资问题展开谈判。② 4 月 25 日，匈方宣布招标工作顺利完成。匈牙利国家铁路公司持股 15%，中国持股 85% 的中匈铁路非营利封闭股份有限公司负责匈塞铁路 152 公里长的匈牙利段（索罗克萨尔—克莱比亚）现代化改造的招标。最终，由匈牙利 RM 国际有限公司（持股 50%）与中国铁九局工程建设公司和中铁电气化局集团有限公司（持股 50%）组成的三方联合体中标。翻新后的匈塞铁路，可以将布达佩斯至贝尔格莱德段的运行时间从目前的 8 小时减少到 3.5 小时。③ 5 月 24 日，相关主要承包商签署了索罗克萨尔—克莱比亚铁路段翻新项目的合同。该承包合同将在匈牙利财政部和中国进出口银行签订贷款协议后生效。

11 月 11 日，中匈双方就匈塞铁路项目的融资准备工作达成系列协议，除匈塞铁路外，还包括通过匈牙利扎霍尼（Záhony）物流工业园区与中欧商贸物流合作园区之间的物流与铁路运输合作，建立中国内地与扎霍尼之间的铁路线路，为两国之间的贸易提供更多机会。④

---

① 复旦大学官网，http：//www. fao. fudan. edu. cn/2f/62/c15883a208738/page. htm，检索日期：2020 年 3 月 20 日。

② 匈牙利政府官网，https：//www. kormany. hu/hu/nemzetgazdasagi – miniszterium/hirek/hamarosan – megkezdodhet – a – budapest – belgrad – vasutvonal – kivitelezese，检索日期：2020 年 2 月 25 日。

③ 匈牙利“每日”官网，https：//www. napi. hu/tozsdek – piacok/opus – global – vasut – szerb – kina – meszaros – lorinc. 685972. html，检索日期：2020 年 3 月 20 日。

④ 匈牙利政府官网，https：//www. kormany. hu/hu/innovacios – es – technologiai – miniszterium/hirek/az – innovacio – a – kutatas – es – a – logisztika – teruleten – szulettek – uj – magyar – kinai – megallapodasok – pekingben，检索日期：2020 年 2 月 10 日。

（五）技术合作

2019 年 4 月 25 日，匈牙利创新和科技部部长帕尔科维奇与中国机械进出口总公司（简称“中机公司”）董事长阮光在北京签署合作备忘录。中机公司目前正在匈牙利考波什堡（Kaposvár）建造中欧最大的太阳能发电园区。中机公司未来准备在匈牙利投资 10 亿欧元用于能源开发，还打算在匈牙利建立地区总部，负责准备和管理地区计划中的 16 个中东欧国家的开发项目。合作备忘录中还涉及可再生能源工厂的建设，传统燃料发电厂的改造，储能的发展以及区域供热系统的改造、升级和效率提升。①

4 月 25 日，帕尔科维奇部长和全国政协副主席、国家发改委主任何立峰签署与《数字丝绸之路建设的合作谅解备忘录》相关的行动计划。这项为期三年的协议将促进匈牙利和中国数字经济的发展。双方承诺，将共同讨论和确定优先项目，鼓励双方企业进行合作，促进项目交流，支持展览和其他数字经济活动。物联网将是双方合作延续和深化的关键专业领域。②

7 月 1 日，帕尔科维奇部长与华为技术匈牙利公司首席执行官在布达佩斯签署谅解备忘录，提高华为在匈牙利信息通信技术产业的地位，协助该国信息通信技术产业建设工作。③ 11 月 13 ~ 17 日，帕尔科维奇部长代表主宾国匈牙利出席深圳 2019 年中国高科技博览会，其间访问了华为技术基础与应用研发中心。帕尔科维奇强调，匈牙利在第五代移动通信（5G）、物联网

---

① 匈牙利政府官网，https：//www. kormany. hu/hu/innovacios – es – technologiai – miniszterium/hirek/tovabbi – beruhazasokat – tervez – magyarorszagon – a – kaposvari – naperomuvet – epito – kinai – ceg，检索日期：2020 年 2 月 10 日。

② 匈牙利政府官网，https：//www. kormany. hu/hu/innovacios – es – technologiai – miniszterium/hirek/tovabbi – beruhazasokat – tervez – magyarorszagon – a – kaposvari – naperomuvet – epito – kinai – ceg，检索日期：2020 年 2 月 10 日。

③ 中国投资指南网，http：//www. fdi. gov. cn/1800000628_ 5_ 10939_ 0_ 7. html，检索日期：2020 年 6 月 3 日。

如无人驾驶汽车或人工智能自动生产线等领域制定了长期发展计划，匈牙利政府希望，作为5G技术和网络设备制造的全球领先者，华为的参与能推动该计划的实现。①

① 匈牙利政府官网，https：//www.kormany.hu/hu/innovacios－es－technologiai－miniszterium/hirek/magyarorszag－diszvendegkent－vett－reszt－kina－legjelentosebb－high－tech－esemenyen，检索日期：2020年2月10日。

附　　录

Appendix

B.23
2019年中东欧国家大事记

1月

1月1日　克罗地亚实行第三轮税制改革。

1月1日　拉脱维亚开始推行“限塑令”，禁止商户免费向顾客提供厚度超过15微米的塑料袋。

1月1日　罗马尼亚开始首次担任欧盟轮值主席国，任期至2019年6月30日。

1月4日　作为保加利亚第一个获得“欧洲文化之都”的城市，普罗夫迪夫举办了“2019年欧洲文化之都”的第一场活动，开始了为期一年的该市文化生活的展示和推广，全年共举办活动近500场。

1月中旬　黑山阿特拉斯集团董事长杜什科·克奈热维奇向总统久卡诺维奇的社会主义者民主党提供竞选资金一事被曝光。

1月14日 拉脱维亚警方破获历史上最大的可卡因过境案，涉案金额高达6500万欧元。

1月17日 俄罗斯总统普京对塞尔维亚进行为期一天的国事访问。

1月23日 以柯里施雅尼斯·卡林斯为总理的新一届拉脱维亚政府成立。

1月28日 拉脱维亚大学学术中心科学大楼启用，作为该校成立一百周年的献礼。新大楼也成为拉脱维亚大学的标志性建筑。

1月28日 中国科学院代表团在卢布尔雅那向斯洛文尼亚科学与艺术院赠送玑衡抚辰仪复制品，复制品再现了当年由清朝钦天监监正斯洛文尼亚人刘松龄监制的玑衡抚辰仪的风貌。

1月29日 立陶宛派遣两名军官参与北约在伊拉克巴格达的行动。

1月31日 黑山政府通过工作方案，将“保持欧洲一体化进程的活力，实现强劲经济增长，压制灰色经济和改善公共服务”设为优先目标，并通过《2019~2020年黑山加入欧盟计划》。这是一项黑山政府在欧洲一体化和履行谈判进程义务方面的立法、战略和行政改革活动计划。

2月

2月初 黑山首都波德戈里察爆发反对米洛·久卡诺维奇统治的抗议活动。

2月6日 北约签署《北马其顿北约成员资格议定书》，将北马其顿纳入成员国批准程序中，揭开了该国的入约序幕。

2月10~16日 2019年欧洲冬季青年奥林匹克节在萨拉热窝和东萨拉热窝举行，这是波黑继1984年冬奥会之后举办的最大规模国际体育赛会。

2月12日 马其顿正式更名为“北马其顿共和国”。

2月13日 美国国务卿蓬佩奥访问波兰，并参加由波兰举办的中东会议。

2月14日 黑山政府确认了《同意北马其顿共和国加入北约协定书的

法案》，并呈交议会以紧急程序通过。

2月21日 立陶宛总统达利娅·格里包斯凯特访问波兰。

3月

3月2日 因一年前的示威活动所提出的问题并未得到实际改善，保加利亚医护工作人员群体重启系列性的示威活动（主要是用帐篷设置路障），希望以此推动医疗改革，改善医护人员的工作环境及薪资待遇。

3月3日 阿尔巴尼亚人论坛联盟在图兹市地方选举中击败黑山执政党社会主义者民主党获得胜利。

3月4日 波黑主席团主席多迪克代表波黑向欧盟提交了共有655道题的波黑入盟问卷补充问卷的答卷。

3月5日 阿尔巴尼亚民主党议员候选人拒绝进入议会工作的要求，民主党支持者举行大规模抗议游行。

3月6日 希腊总统对黑山进行国事访问，表示支持黑山加入欧盟的进程。

3月11日 波黑部长会议（波黑政府）通过决定，允许通信管理局向移动服务商发放4G牌照。波黑是最后一个引入4G移动通信网络的欧洲国家。

3月11日 波兰举行庆祝加入北约20周年军事演练。

3月11日 立陶宛庆祝国家独立30周年。

3月16日 罗马尼亚颁布2019年度政府预算草案。

3月19日 保加利亚公寓门事件被曝光，包括时任议长、议员、政府部门高级官员和公民党高层领导在内的多名官员因陷“公寓门”房产贪污丑闻引咎辞职。

3月20日 欧洲议会中的欧洲人民党（EPP）以190∶3的结果投票通过决议，宣布中止匈牙利执政党青民盟在其党内的成员资格。

3月22日 北约轰炸南斯拉夫联盟20周年纪念活动在贝尔格莱德举行。

3月30日 玲珑轮胎欧洲工厂——兹雷尼亚宁项目启动，塞尔维亚总统武契奇和中国驻塞尔维亚大使陈波等为项目奠基。

3月30日 在斯洛伐克举行的总统选举第二轮投票中，苏珊娜·恰普托娃胜出，成为斯洛伐克第五任总统，也是斯历史上首位女性总统。

4月

4月1日 克罗地亚阿格罗科尔集团更名为福尔特诺瓦集团。

4月 由出逃的黑山商人杜什科·克内热维奇经营的两家银行——阿特拉斯和IBM银行被宣告破产。

4月4日 黑山议会通过《能源效率法修正案》，对现有能源效率领域的法律框架进行了修正，并进一步向欧盟指标靠拢。

4月4日 大型商业娱乐中心“卫城”（Akropole）开业。该项目是近年来拉脱维亚首都里加重要投资项目之一。

4月4日 罗马尼亚旅游部部长特里夫（Bogdan Trif）表示，2019年罗马尼亚将在国外设立10个旅游宣传办事处，其中2个将设在中国。

4月9日 阿尔巴尼亚地拉那国际机场停机坪发生巨额现金劫案。

4月9日 波兰教师罢工。

4月9~12日 国务院总理李克强对克罗地亚进行正式访问并出席第八次中国—中东欧国家领导人会晤。

4月10日 中克文化和旅游年正式拉开帷幕。

4月11日 李克强总理会见在杜布罗夫尼克出席中国—中东欧国家（“16+1”）领导人会晤的捷克总理巴比什。

4月11~12日 匈牙利总理欧尔班出席在克罗地亚杜布罗夫尼克举办的第八次中国—中东欧国家领导人会晤。

4月12日 李克强总理在克罗地亚杜布罗夫尼克会见阿尔巴尼亚总理拉马。

4月12日 国务院总理李克强参加在杜布罗夫尼克举行的第八次中

国—中东欧国家领导人会晤，其间会见了爱沙尼亚总理拉塔斯。

4月12日 波兰总理莫拉维茨基出席第八次中国—中东欧国家领导人会晤，国务院总理李克强在杜布罗夫尼克与其会面。

4月12日 北马其顿与中国签署《农业合作行动计划（2020～2022）》。

4月12日 时任罗马尼亚总理登奇勒出席在克罗地亚杜布罗夫尼克举行的第八次中国—中东欧国家领导人会晤。

4月12日 国务院总理李克强会见出席第八次中国—中东欧国家领导人会晤的塞尔维亚总理布尔纳比奇。

4月17日 全国政协副主席张庆黎访问阿尔巴尼亚，会见总统梅塔。

4月17～26日 捷克总统泽曼率政府高层官员访华，出席第二届“一带一路”国际合作高峰论坛，会见习近平主席。

4月17日 律师伊万·菲亚奇安被任命为斯洛伐克宪法法院院长。

4月18日 爱沙尼亚总统卡柳莱德与俄罗斯总统普京在克里姆林宫举行会晤。

4月25日 匈牙利外交与对外经济部部长西雅尔多在北京宣布已成功完成匈塞铁路的翻新工程招标，中匈中铁三方联合体中标。

4月25日 匈牙利创新和科技部部长帕尔科维奇·拉斯洛与中国国家发改委主任何立峰签署与《数字丝绸之路建设的合作谅解备忘录》相关的三年行动计划。

4月25～27日 匈牙利总理欧尔班在北京参加第二届“一带一路”国际合作高峰论坛。

4月26日 中国国家主席习近平会见出席第二届“一带一路”国际合作高峰论坛的塞尔维亚总统武契奇。

4月27日～5月11日 克罗地亚工会发起“67岁太多了”倡议，就养老保险制度改革方案部分规定进行全民公决。

4月27日 匈牙利外交与对外经济部部长西雅尔多与中国外交部部长王毅在北京就进一步发展中匈关系达成五点发展计划，重点强调了教育、物流、建设、水利与旅游等领域的合作。

5月

5月1日 立陶宛庆祝国家成为欧盟成员国15周年。

5月4日 在波黑战争期间被摧毁的位于福查的波黑最古老清真寺之一的阿拉扎清真寺正式重新开放。

5月9~10日 首届“亚洲商业论坛”在爱沙尼亚塔尔图举办，驻爱沙尼亚大使李超出席论坛。

5月10日 罗马尼亚举行阅兵仪式，并通过展览、音乐会和电影展等活动，纪念罗马尼亚国家独立日、第二次世界大战同盟国胜利日以及欧洲日。

5月12日 斯特沃·彭达罗夫斯基正式就任北马其顿共和国总统。

5月13日 克罗地亚乌利亚尼克集团进入破产程序。

5月16日 爱沙尼亚时任农村事务部部长马特·雅尔维克率团出席中国国际食品和饮料展览会（中食展）。

5月17日 农业部部长韩长赋在杭州会见来华出席第四届中国—中东欧国家（“17+1”）农业部长会议的爱沙尼亚时任农村事务部部长马特·雅尔维克。

5月17日 第七届“中国—中东欧国家教育政策对话”在罗马尼亚蒂米什瓦拉西部大学举行。包括罗马尼亚在内的11个中东欧国家的教育部长和代表与会，中国驻罗马尼亚大使姜瑜代表中国教育部发表讲话。

5月18日 黑山政府通过《宗教自由法案》草案，因涉及“教会财产国有化”受到塞尔维亚东正教教会的强烈批评和反对。

5月18日 中国企业承建的塞尔维亚E763高速公路普雷利纳至波热加段正式开工。

5月19日 中国国务委员、公安部部长赵克志访问塞尔维亚。

5月21日 塞尔维亚议会通过《反腐败法》修订案。

5月21日 塞尔维亚规模最大的国有银行——商业银行被拍卖出售。

5月23～26日 欧洲议会大选，保加利亚公民党以31.07%的得票率赢得多数席位，此结果似乎并未受此前“公寓门”丑闻的影响。

5月23～26日 波兰举行欧洲议会选举。

5月24～25日 捷克国内欧盟议会政党选举。

5月25日 斯洛伐克举行第四次欧洲议会选举。自由主义政党进步斯洛伐克运动和共同党组成竞选联盟，分得4个议席。方向党获3个议席。我们的斯洛伐克—人民党、基督教民主运动、自由与团结党各获2席，普通公民与独立人格运动获1席。

5月26日 克罗地亚举行欧洲议会选举。

5月26日 立陶宛举行总统选举，吉塔纳斯·瑙塞达当选。

5月26日 罗马尼亚举行欧洲议会罗马尼亚代表选举，约翰尼斯总统就司法问题发起全民公投。

5月26日 匈牙利举行欧洲议会选举，青民盟在欧洲议会选举中的得票率为52.56%，在欧洲各国政党支持率中排名第二。

5月28日 捷克总统泽曼不接受文化部原部长的辞呈及新任部长的提名，引发政府危机。

5月28日 捷克驻华大使佟福德向习近平主席递交国书，接替上一任驻华大使柯佩德。

5月29日 欧盟委员会对波黑出具《关于波黑申请加入欧盟的意见》。

5月29日 拉脱维亚第十三届议会首次使用记名投票方式选举出新一任总统埃吉尔斯·莱维茨。

6月

6月1日 波黑即日起禁止进口低于欧4排放标准的二手乘用车。

6月1日 财政部前部长彼得·卡日米尔被任命为斯洛伐克新任央行行长。

6月4～10日 波兰举行转型30周年庆祝活动。

6月7日 爱沙尼亚以132票入选2020年和2021年联合国安理会非常任理事国。

6月8日 拉脱维亚新任总统莱维茨宣誓就职。

6月9~21日 波兰参加北约“波罗的海行动-2019”联合军演。

6月10日 黑山议会通过《关于国家标志法和国庆日法的修正案》，其中规定了对亵渎黑山国徽、国旗和国歌的罚款项目和金额。

6月12日 波兰总统杜达访问美国。

6月15日 斯洛伐克新任总统恰普托娃宣誓就职。

6月17日 首个位于波黑塞族共和国境内的泛欧“5c走廊”高速公路路段开建。

6月20日 捷克接替斯洛伐克出任维谢格拉德四国集团（V4）轮值主席国。

6月20~21日 “罗马尼亚区块链峰会”在首都布加勒斯特举行。罗马尼亚通信和信息社会部部长彼得雷斯库（Alexandru Petrescu）出席并发言，表示罗马尼亚将按照本国5G技术部署稳步推进各项日程，2019年底将举行5G频谱招标。

6月26日 克罗地亚原副总理兼外交和欧洲事务部部长玛丽娅·佩契诺维奇·布里奇当选欧洲委员会新任秘书长。

6月27日 塞尔维亚开启入盟谈判第九章（金融服务）。

6月30日 阿尔巴尼亚举行地方选举，社会党获胜。

7月

7月1~5日 应国家主席习近平邀请，保加利亚总统鲁门·拉德夫借出席第13届夏季达沃斯论坛之机对中国进行国事访问。会谈中，两国元首一致同意将两国关系提升为“战略伙伴关系”。

7月1日 波兰“家庭500+”计划新的修正案正式实施，取消收入和二孩门槛。

7月3~5日 欧盟—西巴尔干峰会（又称柏林进程峰会）在波兰波兹南举行。

7月3~5日 黑山总理率领政府代表团参加在波兰波兹南举行的欧盟－西巴尔干峰会，签署了黑山提出的《关于建立东南欧可持续技术国际研究所的合作备忘录》。

7月4日 第27届爱沙尼亚歌唱节开幕。

7月4日 克罗地亚递交加入欧洲汇率机制II正式意向书。

7月6日 由中国水利水电建设股份有限公司承建的北马其顿米拉蒂诺维奇至斯蒂普的高速公路正式通车。

7月9日 波兰总统杜达会见中国国务委员兼外长王毅。

7月10日 斯洛伐克总统恰普托娃在布拉迪斯拉发会见中国国务委员兼外长王毅。

7月12日 中匈建交70周年之际，中国国务委员兼外交部部长王毅访问布达佩斯。

7月13日 中克第二次旅游季警务联巡在克罗地亚启动。

7月13日 罗马尼亚网坛名将哈勒普以2:0的大比分战胜美国选手小威廉姆斯，赢得了2019年温布尔登网球公开赛女单决赛的冠军。

7月16日 立陶宛总统吉塔纳斯·瑙塞达访问波兰。

7月17日 克罗地亚总理安德烈·普连科维奇宣布内阁改组，提名政府新成员。

7月19日 克罗地亚议会投票通过总理普连科维奇提名的2名副总理和7名部长，克罗地亚内阁改组顺利完成。

7月22日 保加利亚国家税务局遭黑客攻击，超过500万保加利亚公民及外籍居民的姓名、身份证件及收入资料被泄露。

7月25日 黑山执政党社会主义者民主党通过《特许经营法》，以对外租赁黑山机场。黑山机场是黑山最有价值和最赚钱的国有企业之一。

7月31日 由于执政联盟的少数党投了反对票，黑山议会未能通过《同性伴侣关系法》。

8月

8月1日 波兰新的《个人所得税法》修正案正式生效。

8月7日 立陶宛总统吉塔纳斯·瑙塞达批准新的内阁成员名单。

8月15日 拉脱维亚金融和资本市场委员会暂停该国PNB银行一切金融服务。

8月18日 中国企业承建的塞尔维亚E763高速公路奥布雷诺瓦茨至利格段通车。

8月19~20日 罗马尼亚总统约翰尼斯应邀访问美国华盛顿特区，并与美国总统特朗普举行会晤，双方就国防和能源等问题深入交换意见，并通过一项联合声明。

8月20日 罗美两国政府于华盛顿签署备忘录。根据该备忘录，罗政府将于2020年启动5G电信许可证的招标程序。

8月21日 第26届北京国际图书博览会在京开幕，罗马尼亚再次以主宾国身份参加图博会，并举办了新书发布、中罗文化交流、版权签约等各项活动。

8月28日 立陶宛政府提名时年28岁的韦金尼尤斯·辛克维休斯为欧盟委员会委员。

8月29日 为期四天的斯洛伐克民族起义75周年纪念活动拉开帷幕，其中包括在班斯卡·比斯特里察举行阅兵仪式。

8月30日 全国政协副主席李斌访问塞尔维亚，与总统武契奇会晤。

8月31日~9月22日 第24届埃内斯库音乐节在罗马尼亚布加勒斯特举行。

9月

9月1日 美国副总统彭斯访问波兰。

9月1日 匈牙利高等教育的管理事务由人力资源部转至科技创新部。

9月6日 中共中央政治局委员、中央军委副主席张又侠访问塞尔维亚，与总统武契奇举行会晤。

9月7日 因保加利亚计划根据欧盟的要求修订《儿童保护法》以向欧盟标准靠拢，遭到保社会强烈反对，全国数个城市家长共同走上街头进行游行示威。

9月9日 普通教育课程改革引入克罗地亚所有中小学。

9月10日 克罗地亚原欧洲议会欧洲人民党议员杜布拉夫卡·舒伊察被任命为欧盟委员会副主席，负责民主与人口事务。

9月10日 在参议院议长第二轮选举大会上，社会民主党提名的自由民主联盟参议员梅莱什卡努（Tedor Meleșcanu）当选为罗马尼亚参议院议长。

9月10日 斯洛文尼亚总理沙雷茨率代表团出访俄罗斯。

9月11日 拉脱维亚大型输电网项目“库尔泽梅之环”（Kurzemes loks）第三阶段启动，这是拉脱维亚再次独立以来最大的输电网项目之一。

9月11日 贝尔格莱德举行名为“塞尔维亚与美国关系”国际科学会议，主要议题为反恐合作和改善两国关系。

9月11日 中国政协副主席杨传堂率中国政协代表团访问斯洛文尼亚。

9月12日 以推介中国经贸政策和市场机会为主题的“中国经贸论坛”在爱沙尼亚首都塔林举行。来自爱沙尼亚政、商、学、研各界约120人参加会议。

9月12日 拉脱维亚PNB银行宣布破产。

9月17日 黑山公共行政部提出《关于自由获取信息法的修正案草案》，该草案被认为将官员对媒体和公众的信息不透明合法化，遭到国内外公众的广泛批评。

9月18日 黑山电力公司与德国复兴信贷银行签署了“佩鲁齐查”水电站改造和现代化项目合同，该项目价值3300万欧元。

9月18~21日 中华人民共和国首席大法官、最高人民法院院长周强率中国法院代表团对塞尔维亚进行友好访问。

9月19～21日 全国人大中国—爱沙尼亚友好小组组长徐绍史率团访问爱沙尼亚。爱沙尼亚议会第二副议长卡拉斯和外事委员会主席埃斯玛分别会见代表团成员。

9月20日 中国驻罗马尼亚大使姜瑜拜会罗马尼亚司法部部长伯查尔（Ana Birchall），就中罗关系以及加强双方司法领域的务实合作交换了意见。

9月21日 阿尔巴尼亚发生5.8级浅源地震，108人受伤，无人员死亡。

9月22日 波兰总统杜达访问美国。

9月23日 罗马尼亚外交部部长曼内斯库（Ramona-Nicole Manescu）出席在美国纽约召开的联合国“气候行动峰会”。

9月24日 波黑塞族共和国内务部宪兵队成立。

9月25日 保加利亚籍官员克里斯塔利娜·格奥尔基耶娃当选国际货币基金组织总裁，于同年10月1日上任。

9月25日 罗马尼亚总统约翰尼斯在第74届联合国大会全体会议上发表宣言，表示罗马尼亚支持通过多边治理方式应对全球主要挑战。

9月27日 拉脱维亚大学在首都里加体育馆举办庆祝成立100周年大型活动。

9月30日 斯洛文尼亚亚得里亚航空公司正式提交破产申请。

10月

10月1日 立陶宛总理萨乌柳斯·斯克韦尔内利斯致信祝贺中华人民共和国成立70周年。

10月3日 美国总统特朗普任命驻德国大使格伦内尔兼任塞尔维亚与科索沃谈判特使。

10月4日 爱沙尼亚运动员麦塞尔·乌博参加2019年世界田径锦标赛，获得十项全能比赛亚军。

10月4日 中捷两国建交70周年。

10月6日 爱沙尼亚运动员玛古斯·基尔特参加2019年世界田径锦标赛，获得标枪比赛亚军。

10月6~9日 塞尔维亚东正教会独立800周年纪念活动在全国各地举行。

10月8~9日 匈牙利创新和科技部部长帕尔科维奇·拉斯洛出席在贝尔格莱德举办的第四届中国—中东欧国家“17+1”创新合作大会。

10月10日 波兰作家奥尔加·托卡尔丘克荣获2018年诺贝尔文学奖。

10月10日~12月2日 克罗地亚教师工会与教师举行全国性大规模按地域轮番罢工，以实现提高工资的诉求。

10月10日 罗马尼亚议会通过了国家自由党对政府提出的不信任案，登奇勒政府因此下台。

10月10日 塞尔维亚、阿尔巴尼亚和北马其顿三国签署《建立西巴尔干“迷你申根区”的宣言》，推进区域合作和改善地区经济。

10月11日 波黑塞族共和国格拉迪什卡的跨萨瓦河大桥开建，此桥将连接波黑塞族共和国和克罗地亚境内的高速公路。

10月11日 由中国企业承建的黑山南北高速公路项目斯莫科瓦茨—马泰舍沃段莫拉契查大桥合龙，标志着这一路段主体结构施工全面进入收尾阶段。

10月12~13日 中国和阿尔巴尼亚共同主办庆祝中阿建交70周年系列活动。阿总统梅塔为郑恩波和王洪起颁授“纳伊姆·弗拉舍里”金质荣誉奖章。

10月12日 应前进党邀请，中央政治局委员、中央书记处书记、中央纪委副书记、国家监委主任杨晓渡率中共代表团访问塞尔维亚。

10月13~14日 波兰举行议会选举。

10月13日 匈牙利举行地方政府选举。反对派表现良好，在首都布达佩斯联合战胜执政党青民盟。

10月14日 爱沙尼亚经济部副部长卢比率领爱沙尼亚电子商务及物流

企业代表团在北京希尔顿酒店举行 B2B 商务洽谈会议，两国多家企业参与此次洽谈会。

10 月 16 日 斯洛伐克大型投资公司鹏塔集团高管 2005 ~ 2006 年同菲佐等方向党要员的谈话录音被匿名人士在互联网发布。录音中谈及影响政府采购项目、对政治家行贿等话题。

10 月 18 ~ 21 日 中国文化和旅游部长雒树刚率团访问爱沙尼亚。

10 月 18 日 克罗地亚议会接受克工会“67 岁太多了”倡议，启动紧急程序修改养老保险法案。

10 月 19 日 俄罗斯总理梅德韦杰夫访问贝尔格莱德。

10 月 21 ~ 24 日 民航局局长冯正霖率团访问爱沙尼亚。

10 月 22 日 欧盟委员会评定克罗地亚已满足加入申根区所需的所有技术要求。

10 月 22 日 罗马尼亚总统约翰尼斯偕妻子卡门在东京出席日本德仁天皇即位大典。

10 月 25 日 中国—中东欧国家首都市长论坛在地拉那举行，中国和波黑、黑山、北马其顿、塞尔维亚等中东欧国家的首都城市市长或代表出席论坛，主题为城市可持续发展。

10 月 25 日 俄罗斯与塞尔维亚联合举行名为“斯拉夫盾牌”的军事演习。

10 月 25 日 塞尔维亚与欧亚经济联盟签订《自由贸易协议》。

10 月 27 日 爱沙尼亚汽车拉力赛选手奥特·塔那科夺得世界汽车拉力锦标赛冠军，这是爱沙尼亚历史上首个 WRC 冠军。

10 月 27 日 保加利亚四年一度的地方选举开始。索非亚市长的竞争将保加利亚总统鲁门·拉德夫和总理博伊科·博里索夫之争公开化。

11月

11 月 1 日 爱沙尼亚总理拉塔斯与美国副总统彭斯签署第五代移动通

信网络安全协议。

11 月 4 日 由国家自由党主席奥尔班领导的罗马尼亚新政府正式上任，并逐步开始“清洗”社民党的政治力量。

11 月 4 日 中国国家主席习近平会见出席第二届中国国际进口博览会的塞尔维亚总理布尔纳比奇。

11 月 5 ~ 10 日 波兰企业参加 2019 年第二届中国国际进口博览会。

11 月 5 日 匈牙利外交与对外经济部部长西雅尔多出席第二届中国国际进博会，达成开通西安、成都和重庆至布达佩斯的直飞航线协议，匈牙利成为中国在中东欧地区每周直航班次最多的国家。

11 月 7 日 黑山表示拒绝加入阿尔巴尼亚、北马其顿和塞尔维亚针对巴尔干地区发起的“迷你申根区”协议。

11 月 8 日 拉脱维亚独立电视台（LNT）改组。

11 月 9 日 塞尔维亚高速公路“10 号走廊”两路段通车。

11 月 10 日 罗马尼亚举行总统选举的第一轮投票，共有 14 位符合条件的候选人参与竞选。根据第一轮投票结果，约翰尼斯和登奇勒进入第二轮投票。

11 月 11 日 阿尔巴尼亚总理府举办纪念中阿建交 70 周年艺术展开幕式。

11 月 11 日 美国正式对波兰居民实行免签。

11 月 11 日 匈牙利创新和科技部部长帕尔科维奇·拉斯洛与中国教育部副部长郑富芝签署 2019 ~ 2022 年教育框架协议。根据协议，两国将提供 230 个高校与短期研究奖学金。匈牙利政府希望在匈牙利建立第一所欧洲的中国大学。

11 月 13 日 布拉格查理大学关停社会科学院下属的捷克—中国研究中心。

11 月 13 ~ 17 日 匈牙利作为主宾国出席深圳 2019 年中国高科技博览会。匈牙利创新和科技部部长帕尔科维奇·拉斯洛在参观华为技术基础与应用研发中心时表示，希望华为参与到 5G 移动网络、无人驾驶汽车和人工智能自动生产线领域的建设中来。

11月15日 意大利和黑山之间价值约10亿欧元的海底能源电缆项目历经10年后正式投入运营。

11月15日 第23届塔林黑夜国际电影节开幕。

11月16日 25万名捷克民众于布拉格进行反政府示威，要求总理巴比什下台。

11月17日 捷克斯洛伐克“天鹅绒革命”30周年纪念日，捷克查理大学举行大规模游行活动。

11月18日 耗资9000万欧元的黑山第二大风电站——莫茹拉风电站开始投入使用。

11月19日 波黑主席团一致通过提交给北约的《改革纲要》，同时决定提名2018届波黑部长会议主席（波黑政府总理）人选。

11月20日 为期4天的第26届罗马尼亚高迪亚姆斯国际书展在罗马尼亚展览馆开幕。

11月22日 中国建筑股份有限公司和中国电力建设集团有限公司承建的波黑泛欧“5C走廊”高速公路查普利纳段项目正式开工。这是中国企业首次在波黑同欧盟开展三方合作项目。

11月24日 罗马尼亚举行第二轮总统选举。现任总统约翰尼斯获得连任。

11月27日 立陶宛总统吉塔纳斯·瑙塞达与乌克兰总统弗拉基米尔·泽连斯基在维尔纽斯会晤。

11月24~26日 保加利亚总统博里索夫访问美国，其间两国共同发表《美国和保加利亚在战略伙伴关系框架下的联合声明》和《美国、保加利亚两国领导人联合声明》。

11月26日 阿尔巴尼亚发生6.4级强烈地震，造成51人死亡，900余人受伤。

11月26日 匈牙利财政部长瓦尔加·米哈利与中国财政部部长刘坤在北京会谈，中国几家大型银行（中国工商银行、中国国家开发银行、中国建设银行）将考察在布达佩斯设立地区办事处的可能性。

11 月 27 日 中国教育部部长陈宝生同斯洛伐克教育、科研和体育部部长马丁娜·卢比奥娃共同签署《中华人民共和国政府与斯洛伐克共和国政府关于相互承认高等教育学历学位的协议》。

12月

12 月 1 日 罗马尼亚国庆节，约 4000 名军人参加了在布加勒斯特凯旋门广场举行的阅兵仪式。罗马尼亚总统约翰尼斯及政府其他官员出席了该仪式。

12 月 3～4 日 北大西洋公约组织（北约）峰会在英国伦敦举行。

12 月 4 日 立陶宛总统吉塔纳斯·瑙塞达在伦敦北约峰会期间与美国总统特朗普会晤。

12 月 6 日 爱沙尼亚、拉脱维亚、立陶宛总理在里加举行的波罗的海三国三方会谈中商定，三人将亲自负责监督波罗的海铁路项目的实施。

12 月 6 日 塞尔维亚议会通过《残疾人养老保险法》修正案。

12 月 6 日 斯洛伐克东部普雷绍夫市一栋居民楼发生燃气爆炸，造成 7 人死亡、40 人受伤、1 人失踪。

12 月 9 日 拉脱维亚政治家埃瓦尔斯·莱姆博尔格斯（Aivars Lembergs）及其管理的文茨皮尔斯自由港、文茨皮尔斯发展局、商业发展协会和拉脱维亚过境商业协会被美国财政部海外资产控制办公室列入制裁名单。拉脱维亚政府决定通过修正法律接管里加和文茨皮尔斯两大自由港。

12 月 10 日 捷克俄斯特拉发大学医院发生大规模枪击事件，警方声称与恐怖主义无关。

12 月 10 日 塞尔维亚开启入盟谈判第四章（资本自由流通）。

12 月 12 日 立陶宛总统吉塔纳斯·瑙塞达在年度对外政策会议上表示中国正试图根据自身利益“改变”现有国际秩序，呼吁北约成员共同应对。

12 月 14 日 中国国务委员兼外长王毅出访斯洛文尼亚。

12月17日　捷克国家网络信息安全局发表关于华为、中兴公司产品服务的“安全警示”。

12月17日　斯洛文尼亚总理沙雷茨和塞尔维亚总理布尔纳比奇各自率领政府部分内阁成员举行两国政府正式会晤。

12月18日　阿尔巴尼亚宣布对短期赴阿的中国公民实行免签政策。

12月18日　捷克总理巴比什要求政府工作人员停止使用华为手机。

12月18日　美国财政部海外资产控制办公室取消对拉脱维亚文茨皮尔斯自由港的制裁。

12月18日　中国企业承建的塞尔维亚E763高速公路苏尔津至奥布雷诺瓦茨段通车。

12月19日　拉脱维亚议会原则上同意解散里加市议会。

12月20日　波兰通过一项新的司法改革法案，禁止波兰法官参与政治活动或任何可能伤害司法系统的活动，任何质疑国家司法委员会提名合法性的法官都可能被处以罚款或被解雇。

12月20日　罗马尼亚总统约翰尼斯建议政府暂缓5G许可证项目的招标。

12月21日　爱沙尼亚总理拉塔斯与英国首相鲍里斯·约翰逊会面，拉塔斯表示希望两国在所有领域，特别是外交、国防、安全政策以及经济和教育领域，建立最密切的关系。

12月21日　罗马尼亚连任总统约翰尼斯在参众两院联席会议上宣誓就职。中国驻罗马尼亚大使姜瑜及各国驻罗使节应邀出席该仪式。

12月22日　克罗地亚举行第7届总统选举第一轮投票。

12月23日　波黑议会代表院批准由波黑主席团一致提名的2018届波黑部长会议（波黑政府）成员人选。

12月24日　黑山议会通过《宗教自由法案》。

Abstract

The compilation of this book was organized by Beijing Foreign Studies University (BFSU) Center for Central and Eastern European Studies (CCEES), which hosts the Regional and Country Studies Base (RCSB) designated by the Ministry of Education (MOE). The authors are mainly professors from the BFSU School of European Languages and Cultures (SELC), but also include academics from the Ministry of Foreign Affairs (MFA) and the Chinese Academy of Social Sciences (CASS). The authors aim to objectively present the political, economic, social and cultural developments of Central and Eastern European countries (CEECs) and their cooperation with China in 2019, using first-hand and detailed information.

The book is divided into four sections, namely: a General Report, Special Reports, Country Reports and an Appendix. The General Report An Overview of Developments in Central and Eastern European Countries in 2019 describes major events and trends in politics, foreign relations, economy, trade, and culture. It also addresses the cooperation between China and CEECs. The Special Reports section includes five reports. The Security Environment and International Relations of Central and Eastern European Countries in 2019 covers the international environment and choices faced by CEECs. An Overview of China-CEEC Cooperation in 2019 comprehensively introduces the progress in the cooperation between China and CEECs. An Overview of Migration in Central and Eastern European Countries Since 1990 focuses on changes in the number of migrants to and from other EU countries, the unique phenomenon of two-way migration and the contributing factors. The report also mentions the negative impact of migration on society and economy of Central and Eastern Europe. The Orbán Phenomenon—How the Hungarian Government Uses Law to Reshape the Political Ecology analyzes the measures taken by the Orbán administration since its inception and its impact on Hungarian society. The "Normalization of Relations" between Serbia and Kosovo describes the latest advances in the Kosovo issue. The Country Report section includes 16 country-specific annual development reports. The reports cover domestic politics, economy, international relations, security issues, society, culture, and exchanges and cooperation with China. The reports present each country's development in 2019 in a comprehensive but concise manner. The last section of the book presents Milestone Events that occurred in CEECs in 2019.

It should be noted that in April 2019, Greece was accepted as a full member of the China-CEEC "17 + 1" Cooperation initiative. However, as Greece is not generally regarded as a Central and Eastern European country, this book has not included Greece.

In 2019, CEECs faced an increasingly complex international situation. As major stakeholders such as the EU, the US, and Russia intensified their rivalry in the region, relations between CEECs and these external forces have become complicated. The policies of individual countries towards the EU, the US, Russia and other forces were not entirely consistent due to different geopolitical considerations.

In 2019, CEECs maintained political stability in general. Some countries, however, suffered from political turbulences and intensified power struggle. In particular, partisan conflicts became fiercer in some countries as important elections were held in 2019.

In 2019, most CEECs enjoyed steady economic growth. Countries such as Hungary delivered impressive growth, which not only created greater policy space for their ruling parties or coalitions, but also gave them more room for maintaining policy independence. However, affected by multiple factors such as sluggish global growth and Brexit, most CEECs kept moderate to slow growth in 2019; some countries registered lower growth than 2018.

In 2019, most CEECs continued to adopt social reform policies that supported families, encouraged childbirth and promoted education and technological competitiveness in response to their challenges.

In 2019, CEECs organized diversified cultural activities that expanded their international influence.

The year 2019 marks the 70th anniversary of diplomatic relations between China and Bulgaria, Romania, the Czech Republic, Slovakia, Hungary, Poland and Albania. The two sides took this opportunity to carry out a series of commemorative activities.

In 2019, the China-CEEC "17 + 1 Cooperation" has made new progress, but there were also negative factors and phenomena worthy of vigilance.

For CEECs, the biggest challenges remained how to maintain domestic political stability, achieve steady growth, solve social problems and find a suitable position and development path in the context of increasingly complicated international situations and technological revolution.

Keywords: Central and Eastern Europe; "17 + 1 Cooperation"; Political Situation; Economy, Trade and Culture

Contents

Ⅰ General Report

Abstract: This article first analyzes the international situation faced by CEECs in 2019 and the evolution of their intricate relations with major stakeholders such as the EU, the United States, and Russia, and then outlines the features and major events in their domestic political life. The article also analyzes the macroeconomic trends of CEECs in 2019, as well as reforms adopted by these countries in social policies. In addition, the article briefly introduces landmark events in the cultural life of these countries, and analyzes the progress made by China and CEECs under the "17 +1" Cooperation platform in 2019 and the problems they faced.

Keywords: Central and Eastern Europe; Political Situation; Society and Culture; China-CEEC Cooperation

Ⅱ Special Reports

Abstract: Joining the EU and NATO has long been the major goals of CEE countries as well as an important factor that affects their security and international environment. In 2019, this situation had not been fundamentally changed. Although CEE countries and EU had different views on some issues, their disputes were still constrained within the framework of European Integration, which was making encouraging progress despite difficulties. The US and NATO had reinforced their military presence in Central and Eastern Europe, maintaining a balanced and autonomous diplomatic strategy became increasingly difficult for CEE countries. Accordingly, their diplomatic choices had become increasingly differentiated.

Keywords: Central and Eastern Europe; Security Environment; European Integration; Military Cooperation

B. 3 An overview of China-CEEC Cooperation in 2019

Huo Yuzhen / 029

Abstract: In 2019, China-CEEC ("17 + 1") cooperation expanded in both quantitative and qualitative terms, demonstrating great vigor and vitality. The membership enlarged for the first time since its inception, increasing from "16 + 1" to "17 + 1". The year was designated as Year of Education and Youth Exchange, and a series of events were organized. The 17 + 1 Cooperation had synergized with the EU-China Connectivity Platform, contributing to high-quality development of the Belt and Road Initiative.

Keywords: China-CEEC Cooperation; Year of China-CEEC Education and Youth Exchange; Expansion of Cooperation Mechanism between China and CEEC

Abstract: Since 1990, especially after the 2004 eastward enlargement of the European Union, there had been large-scale migration from CEECs. Compared with non-EU countries, such as CIS countries, CEECs exhibited a unique pattern of migration. The pattern was the result of a complex and long-term transition and was characterized by two-way migration. As these countries differed greatly in national conditions, factors driving migration varied from country to country, and the impacts of migration on the social economy of CEECs were also different. The research helps to better understand the changes in the European labor market after the eastward enlargement, their impact on the integration process, the relationship between countries of origin and destination, and how the migration pattern will change in the future

Keywords: Central and Eastern Europe; Migration; EU; CIS

Abstract: The Hungarian Prime Minister Orbán Viktor entered politics in 1989. After his first term from 1998 to 2002 and his failure in the subsequent election, he had been amassing power as the leader of the opposition for 8 years. He made a strong comeback in 2010. In 2010, 2014, and 2018, the Fidesz led by Orbán won three parliamentary elections, making it the first to be elected three times in a row in the history of the Hungarian parliament, and all by an absolute majority of two-thirds. The Orbán administration has taken advantage of the absolute majority to amend the constitution and laws, advance judicial reforms in a roundabout way, and reshape the political landscape of Hungary. This had laid the legal foundation for Fidesz's long-term governance.

Keywords: Hungary; Orban Phenomenon; Political Ecology

Abstract: Under the common vision of integration into Europe, Serbia and Kosovo strived to to "normalize relations", and the two sides signed the Brussels Agreement in 2013. However, due to the lack of internal political foundation and external push, this process had made little progress. In 2019, negotiations were at an impasse and the process of normalization was stalled. After the Kosovo election, the ruling party stepped down, but the opposition parties failed to form a new government, causing chaos in Kosovo's politics. During this year, the EU also faced many challenges and could not prioritize the Kosovo issue. However, the active intervention of the United States brought about a new turn for the stalled situation.

Keywords: Serbia; Kosovo; Serbian-Kosovo Negotiations

Ⅲ Country Reports

Abstract: In politics, local elections in Albania in the first half of 2019 triggered a "political crisis" that intensified relations among parties and caused instability. Albania also failed to open the membership negotiations with the European Union, but the European Commission, European Parliament, most European countries and the US expressed support for its membership and recognized its reform measures for the accession. In economics, although Albania was affected by the slowdown of global growth and the earthquakes that struck the country in 2019, the economy was growing. Tourism was the fastest growing sector and infrastructure and transportation developed steadily. In international relations, Albania signed the Mini-Schengen agreement to advance economic cooperation among Western Balkan countries. Meanwhile, Albania was in negotiations with the US and NATO on the establishment of a new military base in the country as a response to security threats. In social and cultural fields, Albanian writer Ismail Kadare received two international prizes for literature, and the renovated Skanderbeg Square won the EU Prize for Contemporary Architecture—Mies van der Rohe Award. Albania is thus gaining a higher profile in literature and art. In bilateral relations, cultural activities were held in 2019 for the 70th anniversary of diplomatic ties between China and Albania. Relations were friendly in all areas. The two countries held the fourth "16 +1" Mayors Forum; Albania granted visa-free treatment to Chinese citizens; and China offered earthquake relief to Albania.

Keywords: Albania; Political Crisis; "Mini-Schengen"

Abstract: In 2019, Estonia held parliamentary elections and the Reform Party remained the largest party in parliament. The promising Eesti 200 gained no seats in the parliament. The Centre Party, the Conservative People's Party and Isamaa formed a new ruling Coalition, and Jüri Ratas was re-elected Prime Minister. In 2019, Estonia's economy developed well and its GDP continued to grow steadily. In this year, Estonia was elected a non-permanent member of the United Nations Security Council for 2020 and 2021. It also reopened the high-level meeting with Russia suspended for many years, which helped normalize trade between the two countries. However, the two countries still had disputes over language and territory issues. In 2019, the new government launched the state reform action plan for 2019 – 2023, which outlines comprehensive reforms in multiple fields. Estonia held the 150th anniversary of the Song Celebration; and the country ranked first in Europe in the latest PISA test. With the deepening of China-CEEC Cooperation, mutual political trust between China and Estonia was strengthened and economic cooperation and cultural exchanges become diversified.

Keywords: Estonia; Economy Situation; Estonia-Russia Relations; China- Estonia Relations

B. 9 North Macedonia *Chen Qiao* / 117

Abstract: In 2019, as a condition for Greece to agree to its accession to the European union and NATO, Macedonia officially changed its name to Republic of North Macedonia according to the agreement reached with Greece. On this basis, the process of the country's accession to NATO was relatively smooth, but it had been repeatedly blocked in joining the EU. In the same year, the so-called 'Extortion' scandal caused the Zaev government to face double pressure at home and abroad. The economy of North Macedonia grew steadily in 2019, and the country gradually came out of the low growth caused by the political crisis in 2016. In society and culture, the Ohrid region of the country risked being included in the "World Heritage in Danger" due to severe damage. In relations with China, the two sides have deepened political, economic, and cultural cooperation.

Keywords: North Macedonia; Name Dispute; China-North Macedonia Relations

B. 10 Bulgaria

Zhang Shuping, Zhan Yanyi and Liu Changjing / 128

Abstract: In 2019, Bulgarian was politically stable. The ruling coalition led by the GERB (Citizens for European Development of Bulgaria) continued to dominate the Bulgarian political life as it managed the 2019 European Parliament election in Bulgaria and local elections. However, GERB's political position was undermined by the resignation of senior officials over scandals involving real estate corruption, conflicts within the ruling coalition, and confrontation with the president. Bulgarian economy maintained steady growth in 2019, with indices such as GDP, annual household income per capita, and import and export all increasing significantly year on year. Bulgarian high-level officials took relations with the United States and Russia seriously and had close contacts with high-level officials of the two countries. In addition, the Bulgarian government continued intensive consultations with the EU on accession to the Schengen Area and the Eurozone, and successfully joined the Schengen airspace.

Keywords: Bulgaria; European Parliament Election; Schengen Airspace

Abstract: Due to the disagreements between Bosniak and Serb parties on Bosnia and Herzegovina's policy towards NATO, the new Bosnian and Herzegovinian government was born only at the end of 2019, more than a year after the general election in 2018. Due to the weak economic performances of its major trade partners, Bosnia and Herzegovina's economy slowed down in 2019, with export dropping for the first time in recent years. Bosnia and Herzegovina submitted its answers to the supplementary questions from the EU on its accession preparations in 2019, and the EU raised demanding requirements in its opinion on the political reform of the country. The problem of migration in Bosnia and Herzegovina, which arose the year before, worsened in 2019. The relationship between Bosnia and Herzegovina and China continued to development both in depth and in width in 2019. The visa-free regime brought significant results in tourism and major projects between the two countries blossomed.

Keywords: Bosnia and Herzegovina; BIH-EU Relations; China-BIH Relations

B. 12 Poland *Chen Siyang* / 160

Abstract: In political development, Poland held its parliamentary elections in 2019. The ruling party Law and Justice (PiS) retained its majority in the Sejm but lost its majority in the Senate to the opposition. This means the party would face a complicated situation in its governance. In the economic sphere, Poland maintained a 4% growth in GDP, and its unemployment rate further lowered, though the economy was under a downward pressure. In foreign affairs, Polish foreign policies are characterized by its pro-US, Eurosceptic and anti-Russian attitude. In 2019, Poland and the US carried out close security and military cooperation. In social policies, the ruling party PiS implemented the "Family 500 +" plan, pension reforms and youth tax exemption, which yielded good results. In the cultural area, a Polish writer won the 2018 Nobel Prize in Literature. In China-Poland relations, cooperation progressed steadily under the "Belt and Road" initiative and the "17 + 1" cooperation platform.

Keywords: Poland; Parliamentary Elections; Social Policies; China-Poland Relations

B. 13 Montenegro *Hong Yuqing* / 176

Abstract: In 2019, a suspicion of corruption by the ruling Democratic Party of Socialists (DPS) triggered by an "envelop" affair turned into protests against the government and president Milo Đukanović. Large protests lasted for months. DPS lost majority in the local election held in a new-established municipality Tuzi. Milo Đukanović was again elected as the party leader in the DPS Congress at the end of the year. Compared to 2018, economic growth in Montenegro slowed down in 2019. Inflation rate dropped rapidly and public debts remained huge. In 2019, European integration continued to be the diplomatic priority of Montenegro. At the same time, Montenegro was active in cooperation with West Balkan countries, despite occasional conflicts. In 2019, communication and cooperation between China and Montenegro were at the highest point.

Keywords: Montenegro; Milo Đukanović; European Integration; China-Montenegro Relations

Abstract: Politically, 2019 saw turbulences in the Czech Republic, yet support for the coalition government remained stable. Economy-wise, the Czech Republic launched policies to support research and innovation, with special focus on the development of transportation, industry, and nuclear energy. In international relations, the Czech Republic was generally in line with the European Union despite a few disputes around the acceptance of immigrants and environmental laws. The country remained dependent on institutions like the European Union, NATO, and Visegrad Group to exert influence on international issues. Echoing the appeal for "democracy" and "freedom" during the Velvet Revolution thirty years ago, the masses gathered again and launched protests against the government. The relationship between the Czech Republic and China experienced difficult moments throughout the year, caused by the country's restriction of Huawei, the termination of the sister city agreement between Prague and Beijing, and the closing down of the China Centre at Charles University.

Keywords: Czech; EU; China-Czech Relations

Abstract: In 2019, the European Parliament election and the presidential election were successively held in Croatia; the superior position of the Croatian Democratic Union, the largest political party in Croatia led by Andrej Plenković, had declined; in response to negative comments and conflicts within the party, Plenković launched a broad government reshuffle; but the overall political situation in Croatia was stable. In regard to economy, growth continued in 2019, the credit rating returned to an investment grade, and Croatia was one step closer to the euro zone; however, the Croatian economy also faced problems and challenges, such as the shortage of labor and serious crises in traditional large enterprises. Concerning international affairs and security, Croatia had made further progress in European integration, and strengthened security and national defense. In the social area, public protests and strikes arose one after another. In China-Croatia relations, the year was featured by frequent official bilateral visits, fruitful economic cooperation, and rich and colorful cultural exchanges; China-Croatia bilateral relations had entered a "diamond" period.

Keywords: Croatia; European Parliament Election; Presidential Election; China-Croatia Relations

B. 16 Latvia *Lv Yan, Huang Shan* / 218

Abstract: In 2019, the political situation in Latvia was generally stable. Three months after the 13th Saeima election, the new government was finally established and it gradually implemented the Government Declaration. A new president was subsequently elected. The European Parliament election was held. Latvia elected 8 EP members. The Riga municipal government was trapped in a series of crises since the corruption case in Riga Municipal Transportation Company was revealed. In December, Saeima supported the dismissal of the Riga City Council in principle, and a special election would be held in 2020. Latvian economy continued to grow, but the speed was lower than expected. Fights against money laundering led to positive results. In 2019, In foreign policy and security, Latvia participated more actively in the affairs of international organizations, sought to consolidate and expand bilateral relationships, and tried to improve its image in the world. The new government accelerated the reform on administrative demarcations, which aroused heated debates in society. In 2019, The trade volume between China and Latvia continued to rise, and cooperation projects were implemented. People-to-people exchanges diversified and covered more areas.

Keywords: Latvia; European Parliament Election; Anti-Money Laundering; Reform of Administrative Demarcation

Abstract: In 2019, Gitanas Nausėda, a non-partisan economist, was elected the President of Lithuania. In the parliament, the coalition led by Farmers and Greens Union incorporated new partners. They were the Order and Justice party and the Electoral Action of Poles in Lithuania-Christian Families Alliance party. The re-formulated coalition regained majority in the Lithuanian parliament. But the coalition was unstable because Ramunas Karbauskis, head of the Farmers and Greens Union, had open conflicts with Saulius Skvernelis over the nomination of 28-year-old Virginijus Sinkevičius as the Lithuanian candidate for the EU Commission. The Lithuanian economy maintained growth in 2019 and government's financial position was relatively stable. The foreign trade of Lithuania continued to expand. Nonetheless, future growth of Lithuania was still limited by the lack of high-level labor force. China-Lithuania relations deteriorated in 2019. Lithuania strengthened its military links with the USA and the EU and embraced their values. In social issues, Polish and Russian ethnic groups in Lithuania could better participate in Lithuanian society. But the poverty problem had not been solved.

Keywords: Lithuania; Farmers and Greens Union; China-Lithuania Relations; Baltics Countries

B. 18 Romania *Pang Jiyang, Xu Taijie and Liu Yifan* / 251

Abstract: In 2019, Romania's presidential election was held, and the current president Klaus Iohannis was re-elected. In this year, the domestic political situation was characterized by continued turbulence, intensified conflicts between the president and the prime minister, frequent cabinet changes, declining public trust in the government, and the arduous task of anti-corruption. The Romanian economy continued to grow in 2019, and had become the 14th largest in the EU, but the GDP per capita still ranked next to last. In international relations and security, Romania continued to enhance its influence in the EU and NATO and strengthened its strategic partnership with the United States, while continuing efforts to join the Schengen area. In relations with China, 2019 was the 70th anniversary of diplomatic relations between the two countries and the 15th anniversary of the comprehensive friendly cooperative partnership. The two countries enjoyed frequent official exchanges, growing bilateral trade, and flourishing cooperation in culture and education.

Keywords: Romanian; Presidential Election; Anti-Corruption; China-Romania Relations

B. 19 Serbia *Peng Yuchao* / 271

Abstract: In 2019, Serbia's political situation was stable. Despite anti-government demonstrations, the ruling party's position was consolidated. Serbia made little progress in 2019 in accession to the EU. On the one hand, internal reforms were not effective enough; on the other hand, the international environment worsened. On the economic front, Serbia's macroeconomic indicators were sound and the economy maintained a growth momentum. In international relations, Serbia was seeking help from the United States for a way out on the Kosovo issue. While developing good relations with Europe, Serbia continued to maintain friendly exchanges with Russia; meanwhile, Serbia was actively involved in regional cooperation with western Balkan countries. Serbia disputed with Montenegro on religious property. In society and culture, various events were held in Serbia to commemorate the 800th anniversary of the independence of the Orthodox Church. China-Serbia relations further developed, political trust continued to increase, and pragmatic cooperation developed rapidly. China had become the largest source of foreign tourists in Serbia.

Keywords: Serbia; Reform for EU Accession; China-Serbia Relations

Abstract: In 2019, the presidential election and the European Parliament election were held in Slovakia. The country witnessed the inauguration of its first female President and the entering of its non-parliamentary parties into the European Parliament. Support for the coalition parties fell as a result of political scandals. Slovak's economic growth slowed down due to both domestic and international factors. The foreign trade balance was positive. In foreign affairs, Slovakia was actively engaged in EU affairs as a part of the Visegrád Group. While regarding NATO as a key security assurance for the country, Slovakia was seeking balanced relations with the USA and Russia. In the social and cultural dimension, Slovakia organized a series of nationwide commemorative events in 2019, including the 100th anniversary of the death of Milan Rastislav Štefánik, one of the Czechoslovak co-founders, the 75th anniversary of Slovak National Uprising and the 30th anniversary of the Velvet Revolution. China and Slovakia deepened cooperation in political, economic and cultural fields to commemorate the 70th anniversary of diplomatic relations between China and former Czechoslovakia.

Keywords: Slovakia; Presidential Election; European Parliament Election

B. 21 Slovenia *Bao Jie* / 296

Abstract: In 2019, the minority coalition government led by Marjan Šarec delivered a satisfactory answer for the people. Although many political conflicts and issues remained unresolved, the government did its best to improve people's life. At the same time, the pressing call for political reforms exposed the weaknesses of the Šarec's government and the tension between the coalition parties. Slovenia's macro-economy run well in 2019, with slower growth, higher average wages, and gradual growth in inflation. The Adriatic Airlines declared bankruptcy due to poor management. In 2019, Slovenia continued to promote relations with non-EU countries. In society and culture, the University of Ljubljana, the most elite higher education institution, celebrated its centenary. China and Slovenia arranged constant mutual visits of high-level officials and economic cooperation and cultural exchanges between them became more frequent.

Keywords: Slovenia; People's Livelihood; China-Slovenia Relations

B. 22 Hungary *Guo Xiaojing*, *Wang Qiuping* / 307

Abstract: In 2019, Hungary's political situation remained generally stable. In May and October, the European Parliament election and local government election were held separately in Hungary; the government increased publicity on its anti-refugee and anti-Soros position. In economy, Hungary's GDP grew by 4.9% in 2019, ranking among the highest in Europe; its economic policies generally benefited the average Hungarians as the government continued policies that cut taxes and fees and increased minimum wages. In foreign affairs, while the EU continued to pressure the Hungarian government on issues of the Central European University, refugee resettlement and the rule of law, Hungary strengthened cooperation with the United States and Germany in economy, trade, security and research, and made significant progress in energy cooperation with Russia. In social and cultural matters, Hungary launched the Family Protection

Action Plan to cope with the demographic crisis, and continued reforms in education and research. In 2019, China-Hungarian relations made progress in a number of areas, including the "17 + 1" initiative, trade, education, infrastructure, and technology. In particular, China-Hungarian cooperation enabled the Hungary-Serbia Railway project to make a breakthrough, as a tripartite consortium involving one Hungarian railway company and two Chinese railway companies won the bid to build the railway, and reached a financing agreement at the end of the year.

Keywords: Hungary; European Parliament Election; China-Hungary Relations

Ⅳ Appendix

皮书

智库报告的主要形式
同一主题智库报告的聚合

皮书定义

皮书是对中国与世界发展状况和热点问题进行年度监测，以专业的角度、专家的视野和实证研究方法，针对某一领域或区域现状与发展态势展开分析和预测，具备前沿性、原创性、实证性、连续性、时效性等特点的公开出版物，由一系列权威研究报告组成。

皮书作者

皮书系列报告作者以国内外一流研究机构、知名高校等重点智库的研究人员为主，多为相关领域一流专家学者，他们的观点代表了当下学界对中国与世界的现实和未来最高水平的解读与分析。截至 2020 年，皮书研创机构有近千家，报告作者累计超过 7 万人。

皮书荣誉

皮书系列已成为社会科学文献出版社的著名图书品牌和中国社会科学院的知名学术品牌。2016 年皮书系列正式列入“十三五”国家重点出版规划项目；2013~2020 年，重点皮书列入中国社会科学院承担的国家哲学社会科学创新工程项目。

S 基本子库
UB DATABASE

中国社会发展数据库（下设 12 个子库）

整合国内外中国社会发展研究成果，汇聚独家统计数据、深度分析报告，涉及社会、人口、政治、教育、法律等 12 个领域，为了解中国社会发展动态、跟踪社会核心热点、分析社会发展趋势提供一站式资源搜索和数据服务。

中国经济发展数据库（下设 12 个子库）

围绕国内外中国经济发展主题研究报告、学术资讯、基础数据等资料构建，内容涵盖宏观经济、农业经济、工业经济、产业经济等 12 个重点经济领域，为实时掌控经济运行态势、把握经济发展规律、洞察经济形势、进行经济决策提供参考和依据。

中国行业发展数据库（下设 17 个子库）

以中国国民经济行业分类为依据，覆盖金融业、旅游、医疗卫生、交通运输、能源矿产等 100 多个行业，跟踪分析国民经济相关行业市场运行状况和政策导向，汇集行业发展前沿资讯，为投资、从业及各种经济决策提供理论基础和实践指导。

中国区域发展数据库（下设 6 个子库）

对中国特定区域内的经济、社会、文化等领域现状与发展情况进行深度分析和预测，研究层级至县及县以下行政区，涉及地区、区域经济体、城市、农村等不同维度，为地方经济社会宏观态势研究、发展经验研究、案例分析提供数据服务。

中国文化传媒数据库（下设 18 个子库）

汇聚文化传媒领域专家观点、热点资讯，梳理国内外中国文化发展相关学术研究成果、一手统计数据，涵盖文化产业、新闻传播、电影娱乐、文学艺术、群众文化等 18 个重点研究领域。为文化传媒研究提供相关数据、研究报告和综合分析服务。

世界经济与国际关系数据库（下设 6 个子库）

立足“皮书系列”世界经济、国际关系相关学术资源，整合世界经济、国际政治、世界文化与科技、全球性问题、国际组织与国际法、区域研究 6 大领域研究成果，为世界经济与国际关系研究提供全方位数据分析，为决策和形势研判提供参考。

法律声明

“皮书系列”（含蓝皮书、绿皮书、黄皮书）之品牌由社会科学文献出版社最早使用并持续至今，现已被中国图书市场所熟知。“皮书系列”的相关商标已在中华人民共和国国家工商行政管理总局商标局注册，如LOGO（ ）、皮书、Pishu、经济蓝皮书、社会蓝皮书等。“皮书系列”图书的注册商标专用权及封面设计、版式设计的著作权均为社会科学文献出版社所有。未经社会科学文献出版社书面授权许可，任何使用与“皮书系列”图书注册商标、封面设计、版式设计相同或者近似的文字、图形或其组合的行为均系侵权行为。

经作者授权，本书的专有出版权及信息网络传播权等为社会科学文献出版社享有。未经社会科学文献出版社书面授权许可，任何就本书内容的复制、发行或以数字形式进行网络传播的行为均系侵权行为。

社会科学文献出版社将通过法律途径追究上述侵权行为的法律责任，维护自身合法权益。

欢迎社会各界人士对侵犯社会科学文献出版社上述权利的侵权行为进行举报。电话：010-59367121，电子邮箱：fawubu@ssap.cn。

社会科学文献出版社